OXFORD IB DIPLOMA PROGRAMME

SPANISH B

COURSE COMPANION

Suso Rodríguez-Blanco
Ana Valbuena

OXFORD
UNIVERSITY PRESS

OXFORD
UNIVERSITY PRESS

Great Clarendon Street, Oxford OX2 6DP

Oxford University Press is a department of the University of Oxford.
It furthers the University's objective of excellence in research,
scholarship, and education by publishing worldwide in

Oxford   New York

Auckland   Cape Town   Dar es Salaam   Hong Kong   Karachi
Kuala Lumpur   Madrid   Melbourne   Mexico City   Nairobi
New Delhi   Shanghai   Taipei   Toronto

With offices in

Argentina   Austria   Brazil   Chile   Czech Republic   France   Greece
Guatemala   Hungary   Italy   Japan   Poland   Portugal   Singapore
South Korea   Switzerland   Thailand   Turkey   Ukraine   Vietnam

Oxford is a registered trade mark of Oxford University Press
in the UK and in certain other countries

British Library Cataloguing in Publication Data

Data available

ISBN: 978-0-19-838916-3

10 9 8 7 6 5 4 3 2

Printed in Malaysia by Vivar Printing Sdn. Bhd.

Acknowledgments

Suso Rodríguez-Blanco: I would like to dedicate this book to the loving memory of
my mother, who inspired and supported me to undertake and complete this work.

The authors and publisher are grateful to the following for permission to reprint
extracts from copyright material.

Agencia Literaria Carmen Balcells S A: Isabel Allende: extract from 'Dos
Palabras' in *Cuentos de Eva Luna* (Nuevas Ediciones de Bolsillo, 2004), copyright ©
Isabel Allende 1989; Adolfo Bioy Casares: extract from *La aventura de un fotógrafo
en La Plata* (Alianza Editorial 1990), copyright © Herederos de Adolfo Bioy Casares,
1985; Carmen Laforet: *Nada* (Destino, 2009), copyright © Herederos de Carmen
Laforet 1945, 2011; and Ana María Matute: extract from 'Vida Nueva', copyright ©
Ana María Matute 1956.

Marta Botía: lyrics of 'La Patera' sung by Marta y Rocio, music & lyrics by Marta
Botía, from *Ella Baila Sola* (EMI Spain)..

Casanovas & Lynch, Literary Agency: extract from Esther Tusquets:
Correspondencia Privada (Editorial Anagrama, 2001), copyright © Esther Tusquets
2001.

Centros Europeos del Consumidor (CEC), Basque Government office: adapted
extract from 'Publicidad Engañosa'on their website.

Francisco Ortiz Chaparro: 'El teletrabajo y las relaciones sociales', *Tendencias 21*,
17.5.2007.

El Clarín (Argentina) www.clarin.com: Guillermo de Domini: 'El Podio de los
conflictos de padres e hijos se lo llevan los novios' 22.9.2009, © Clarín Contenidos
2009; and Fernando García: 'Botero: Desde hace 58 años he trabajado todos los días
de mi vida', 18.6.2006, © Clarín Contenidos 2006.

El Comercio (Lima, Peru): Erik Struyf Palacios: 'La UE reconoce la naturaleza
positiva de la inmigración latinoamericana', 18.10.2008.

Diario 20MINUTOS (Spain) www.20minutos.es under the Creative Commons
licence: David Fernandez: 'Los jóvenes se ven consumistas, egoístas y muy poco
tolerantes', 5.4.2006; C Galán and D Yagüe: 'Tendremos el próximo viaje tripulado
en 2020, así como la primera mujer en la luna', 8.3.2010, and Daniel Gil: 'Campaña
de acoso contra los clientes del "top manta"', 29.11.2005.

Diario La Nueva España for R García: 'Día histórico para un camarero', *La Nueva
España*, 3.1.2011.

El Economista (Mexico): Raúl Delgado y Nelly Acosta: 'Niños "gadgeteros", el
futuro en sus manos', *El Economista*, 17.4.2010.

Agencia EFE S.A: 'Un grupo de jóvenes latinoamericanos ha iniciado una
"cruzada" ...' EFE 17.8.2009; 'Ropa inteligente, una nueva forma de vestir', EFE
16.01.2010; and Deborah Hap: 'El primer hotel del espacio tiene ya 38 reservas para
pasar 4 días a 450 kilómetros de la Tierra', EFE 20.8.2008.

Revista Fusión (Spain) www.revistafusion.com: Marta Iglesias: 'Gitanos, la
integración opendiente', July 2001, and Alberto Montero: 'Transnacionales
Españolas en America Latina', October 2006.

El Mundo (Spain) www.elmundo.es: E Landaluce y G Castrillo: 'La digitalización
de las 'chuletas' pone en jaque a la Universidad', *El Mundo*, 22.01.2008; Ana Bravo
Cuiñas: 'Yasmina, reina de las fiestas, pese a todo', *El Mundo*, 8.5.2010; and Iván
García: 'Extravagantes fiestas de los 15 años en medio de pobreza', *El Mundo*,
12.2.2010.

El País (Spain):Guillermo Abril 'Ser negro en España', *El País Semanal*, 11.10.2009;
Malén Arnáez 'Album de familias' *El País*, 5 8.2007; Lali Cambra 'La tierra para quien
la paga, *El País*, 10.12.2008; Juan Cruz, interview with Marcos Ana: 'Tengo 90 años
menos 23', *El País*, 18.8.2009; Patricia Ortega Dolz: 'Los ecuatorianos revientan
por sorpresa las taquilllas', *El País*, 25.9.2007; Carlos Galilea: 'África y Cuba tocan
de la mano' *El País*,11.07.2010; Fani Losada 'Una casa en la que envejecer', *El País*,
11.7.2009; Diana Mandía 'Al rescate de la naturaleza', *El País*, 27.12.2009; Jaime
Prats: 'Nacidos para salvar', *El País*, 26.10.2008; Juanjo Robledo 'La transición multicultural' *El País* 06.7.2008; Delia Rodríguez: 'Conectados. La era de las redes sociales'
El País, 25.04.2010; and Rafael Ruiz: 'Transformar la Energía', *El País Semanal*,
05.7.2009.

Grupo Planeta: extract from Fernando Fernán-Gómez: *Las bicicletas son para el
verano* (Editorial Espasa Calpe, 2006).

R D C Agencia Literaria S L: extracts from Julio Llamazares: *Escenas de cine
mudo* (Alfaguara, 2006), copyright © Julio Llamazares; and Arturo Pérez Reverte:
'La Taberna del Turco' in *El Capitan Alatriste* (Alfaguara, 1996), copyright © Arturo
Pérez Reverte.

Sonia Garcia Soubriet: extract from Francisco García Pavón: 'El Mundo transparente' (1967) in Oscar Pérez Barreiro (ed.): *El Cuento Español 1940-1980*, (Castalia
Educativa, 1989).

SOITU (Spain) www.soitu.es under the Creative Commons licence: Almudena
Martín: 'El billete del transporte público sale más caro en España', 8.7.2009.

UNESCO for 'Types of Piracy' World Anti-Piracy Observatory, copyright © UNESCO
1995-2011, http://portal.unesco.org

El Sur (Chile) www.elsur.cl: Paz Correa Pavez: 'Cuando la amistad traspasa el
colegio y la universidad', 27.11.2005.

El Universal (Mexico) www.eluniversal.com.mx: 'Indígenas, representan el 90% de
la diversidad cultural del mundo'.

Union Romani for extract from Agustín Vega Cortés: 'Los Gitanos en España, at
www.unionromani.org.

World Health Organization (WHO) www.who.int: Youth Declaration on Road
Safety 2007.

The authors and publisher are grateful to the following for permission to reproduce
photographs

Cover Page: M.Brodie/Alamy; P7: Laura Guisti Joyas/Wordpress; P13: James Day/Taxi/
Getty Images; P21: Chad Ehlers/Alamy; P29: Danita Delimont/Alamy; P31: Joachim
Wendler/Shutterstock.com; P37: Rolf Bruderer/Blend Images/Corbis; P45: Mike
Flippo/Shutterstock.com; P47: El País; P53: Franck Boston/Shutterstock; P61t: Jeff
Greenberg/Alamy; P61b: Bruce Bi/Lonely Planet Images; P69: Pablo Zuleica/Acentos
Perdido; P71: Lev Olkha/Shutterstock.com; Vlad Gavriloff/Shutterstock.com; szefei/
Shutterstock.com; StockLite/Shutterstock.com; Catalin Petolea/Shutterstock.com;
Luna Vandoorne/Shutterstock.com; Yuri Arcurs/Shutterstock.com; Yuri Arcurs/
Shutterstock.com; Thefinalmiracle/Shutterstock.com; P77: Philippe Desmazes/AFP;
P79: © 2010 Vodafone Limited; P85l: Darren Baker/Shutterstock; P85tl: Jose Juan
Alberca Palop/Shutterstock; P85bl: Mikhail/Shutterstock; P85tr: Alysta/Shutterstock;
P85br: Ronald Sumners/Shutterstock; P87l: Bridgeman Art Library/Photolibrary;
P87r: El Corte Ingles; P93: George Tsafos/Lonely Planet Images/Photolibrary;
P95: PONGMANAT TASIRI/epa/Corbis; P101: Pierre-Philippe Marcou/AFP; P109:
Webeconomia; P111t: Katrina Brown/Shutterstock; P111m: Photodisc/PunchStock;
P111b: Irene Abdou/Alamy; P117: Gabe Palmer/Corbis; P119: © 2009 Spanish Patent
and Trademark; P125: Anwar Mirza/Reuters; P133: Comité Impulsor DD HH Piura;
P135: Americaeconomia; P141: © 2008 ALBOAN; P143: Losevsky Pavel/Shutterstock.
com; P149: Komar/Shutterstock.com; P151: Fulgor y Muerte Fernando Urcullo; P157:
Energy Control; P159: William Casey/Shutterstock.com; P165: Shehzad Noorani/
Still Pictures; P167: Uptton, Clive (1911-2006) Private Collection/ © Look and Learn/
The Bridgeman Art Library; P173: Dmitriy Shironosov/Shutterstock.com; P175t:
Brian Chase/Shutterstock.com; P175bl: Milos Jokic/Shutterstock.com; P175br: Nosha/
Shutterstock.com; P181t: EsSalud; P181l: Promonoticias79; P183: Mister Ekis;
P189: Cincodias; P191: Ayuntamiento de Cáceres; P197: Banegas; P199: Universidad
ICESI; P205: Biblioteca Nacional de España; P207: Dialogica; P213: Darren Hubley/
Shutterstock.com; P215: Dmitriy Shironosov/Shutterstock.com; P223: Lakov
Filimonov/Shutterstock.com; P229: Adisa/Shutterstock.com; P231: © UNESCO; P237:
Kevin Frayer/AP Photo; P239: Brian Rasic/Rex Features; P245: Mark Edward Smith/
Photolibrary; P247: Capital Pictures; P253: Palto/Shutterstock.com; P255: Pinosub/
Shutterstock.com; P263: Agrobiomexico; P269: Greenpeace; P271: Shutterstock;
P277: RIA Novosti; P279: © 2011 Hachette Filipacchi S.L; P285: Eneko; P287: Milena
Moiola/Dreamstime.com; Photodisc/OUP; Lozas/Shutterstock.com; P293: Ho New/
Reuters; P295: James Brunker/Alamy; P301: Paul Quayle/Photolibrary; P303: Michael
D Brown/Shutterstock.com; P309: CWS/Cartoonarts International; P311: Alexander
Studentschnig/Shutterstock.com; P317: Foro Por La Defensa De Los Derechos De
Los Inmigrantes; P319t: Rui Vale de Sousa/Shutterstock.com; P319b: © UNESCO/Felipe
Velasco Melo; P325: © UNESCO/Felipe Velasco Melo; P327l: VR Photos/Shutterstock;
P327r: Michele Constantini/PhotoAlto/Corbis.

We have made every effort to trace and contact all copyright holders before
publication but this has not been possible in all cases. If notified, the publisher will
rectify any errors or omissions at the earliest opportunity.

Course Companion definition

The IB Diploma Programme Course Companions are resource materials designed to support students throughout their two-year Diploma Programme course of study in a particular subject. They will help students gain an understanding of what is expected from the study of an IB Diploma Programme subject while presenting content in a way that illustrates the purpose and aims of the IB. They reflect the philosophy and approach of the IB and encourage a deep understanding of each subject by making connections to wider issues and providing opportunities for critical thinking.

The books mirror the IB philosophy of viewing the curriculum in terms of a whole-course approach; the use of a wide range of resources, international mindedness, the IB learner profile and the IB Diploma Programme core requirements, theory of knowledge, the extended essay, and creativity, action, service (CAS).

Each book can be used in conjunction with other materials and indeed, students of the IB are required and encouraged to draw conclusions from a variety of resources. Suggestions for additional and further reading are given in each book and suggestions for how to extend research are provided.

In addition, the Course Companions provide advice and guidance on the specific course assessment requirements and on academic honesty protocol. They are distinctive and authoritative without being prescriptive.

IB mission statement

The International Baccalaureate aims to develop inquiring, knowledgable and caring young people who help to create a better and more peaceful world through intercultural understanding and respect.

To this end the IB works with schools, governments and international organizations to develop challenging programmes of international education and rigorous assessment.

These programmes encourage students across the world to become active, compassionate, and lifelong learners who understand that other people, with their differences, can also be right.

The IB learner profile

The aim of all IB programmes is to develop internationally minded people who, recognizing their common humanity and shared guardianship of the planet, help to create a better and more peaceful world. IB learners strive to be:

Inquirers   They develop their natural curiosity. They acquire the skills necessary to conduct inquiry and research and show independence in learning. They actively enjoy learning and this love of learning will be sustained throughout their lives.

Knowledgable   They explore concepts, ideas, and issues that have local and global significance. In so doing, they acquire in-depth knowledge and develop understanding across a broad and balanced range of disciplines.

Thinkers   They exercise initiative in applying thinking skills critically and creatively to recognize and approach complex problems, and make reasoned, ethical decisions.

Communicators They understand and express ideas and information confidently and creatively in more than one language and in a variety of modes of communication. They work effectively and willingly in collaboration with others.

Principled They act with integrity and honesty, with a strong sense of fairness, justice, and respect for the dignity of the individual, groups, and communities. They take responsibility for their own actions and the consequences that accompany them.

Open-minded They understand and appreciate their own cultures and personal histories, and are open to the perspectives, values, and traditions of other individuals and communities. They are accustomed to seeking and evaluating a range of points of view, and are willing to grow from the experience.

Caring They show empathy, compassion, and respect towards the needs and feelings of others. They have a personal commitment to service, and act to make a positive difference to the lives of others and to the environment.

Risk-takers They approach unfamiliar situations and uncertainty with courage and forethought, and have the independence of spirit to explore new roles, ideas, and strategies. They are brave and articulate in defending their beliefs.

Balanced They understand the importance of intellectual, physical, and emotional balance to achieve personal well-being for themselves and others.

Reflective They give thoughtful consideration to their own learning and experience. They are able to assess and understand their strengths and limitations in order to support their learning and personal development.

A note on academic honesty

It is of vital importance to acknowledge and appropriately credit the owners of information when that information is used in your work. After all, owners of ideas (intellectual property) have property rights. To have an authentic piece of work, it must be based on your individual and original ideas with the work of others fully acknowledged. Therefore, all assignments, written or oral, completed for assessment must use your own language and expression. Where sources are used or referred to, whether in the form of direct quotation or paraphrase, such sources must be appropriately acknowledged.

How do I acknowledge the work of others?

The way that you acknowledge that you have used the ideas of other people is through the use of footnotes and bibliographies.

Footnotes (placed at the bottom of a page) or endnotes (placed at the end of a document) are to be provided when you quote or paraphrase from another document, or closely summarize the information provided in another document. You do not need to provide a footnote for information that is part of a 'body of knowledge'. That is, definitions do not need to be footnoted as they are part of the assumed knowledge.

Bibliographies should include a formal list of the resources that you used in your work. 'Formal' means that you should use one of the several accepted forms of presentation. This usually involves separating the resources that you use into different categories (e.g. books, magazines, newspaper articles, Internet-based resources, CDs and works of art) and providing full information as to how a reader or viewer of your work can find the same information. A bibliography is compulsory in the extended essay.

What constitutes malpractice?

Malpractice is behaviour that results in, or may result in, you or any student gaining an unfair advantage in one or more assessment component. Malpractice includes plagiarism and collusion.

Plagiarism is defined as the representation of the ideas or work of another person as your own. The following are some of the ways to avoid plagiarism:

- Words and ideas of another person used to support one's arguments must be acknowledged.

- Passages that are quoted verbatim must be enclosed within quotation marks and acknowledged.

- CD-ROMs, email messages, web sites on the Internet, and any other electronic media must be treated in the same way as books and journals.

- The sources of all photographs, maps, illustrations, computer programs, data, graphs, audio-visual, and similar material must be acknowledged if they are not your own work.
- Works of art, whether music, film, dance, theatre arts, or visual arts, and where the creative use of a part of a work takes place, must be acknowledged.

Collusion is defined as supporting malpractice by another student. This includes:

- allowing your work to be copied or submitted for assessment by another student
- duplicating work for different assessment components and/or diploma requirements.

Other forms of malpractice include any action that gives you an unfair advantage or affects the results of another student. Examples include, taking unauthorized material into an examination room, misconduct during an examination, and falsifying a CAS record.

Introduction

This book has been written specifically for the student studying standard level or higher level Spanish B for the International Baccalaureate Diploma Programme.

This new Course Companion supports the 2011 syllabus, providing material for all core themes and optional topics at both standard and higher level. Each unit is structured around a topic which is developed through reading activities, written tasks and oral proposals. The topics covered are explored from an international perspective in order to reflect the intercultural dimension of Spanish language. There is an emphasis on linguistic skills, as well as cultural aspects related to Spanish-speaking countries and a wide range of ideas for internal and external assessment are considered in every chapter.

Moreover, the units include links to the areas of theory of knowledge, creativity, action, service (CAS), extended essay and the IB learner profile in order to promote critical thinking and a cross-curricular approach.

Under the spirit of the IB mission statement, this book promotes intercultural understanding and respect among young people who feel committed to create a better and more peaceful world.

Students are provided with introductory photos and discussion questions to start learning about each different topic. These will encourage the use of the language from the very beginning as well as a reflection on the unit's theme. Then, two texts with different activities are provided. The range of activities that follow the texts allow for a variety of exercises with varying degrees of complexity. They will help students develop different strategies to improve their reading skills.

The texts themselves, all of them authentic, have been chosen for the themes that they cover and were considered of interest for young readers.

The content of this book will encourage students' interest in the culture of the Spanish-speaking world and provide them with the necessary language and cultural skills to enable them to not only improve their Spanish but also be successful in the IB exam.

Please note, you can find a full set of answers to the activities in this book at www.oxfordsecondary.co.uk/spanishcc.

Suso Rodríguez-Blanco and Ana Valbuena

About the authors

Suso Rodríguez-Blanco currently teaches at St. Clare's, Oxford. Suso is a team leader of Spanish B examiners as well as a workshop leader and he took part in the IB joint groups 1 & 2 curriculum review. He also works every summer for the Department of International Courses of the University of Santiago de Compostela (Spain), where he teaches Spanish literature and culture to Spanish teachers from all over the world.

Ana Valbuena has been teaching in various institutions since 1994. She is also a trainer of future MFL teachers. Ana has been an IB Spanish examiner and a team leader in different subjects and components for more than 10 years, including internal assessment and the extended essay and is now examiner responsible of Spanish A2.

Contenidos

See www.oxfordsecondary.co.uk/spanishcc for a full set of answers to the activities in the book

A1 La identidad familiar: relaciones y responsabilidades

Objetivos

Considerar…

▶ diferentes aspectos de las relaciones familiares.

▶ la función de los abuelos en la familia.

▶ causas de la tardía emancipación de los jóvenes.

Lengua: el uso del adjetivo para las descripciones e introducción al sistema verbal español.

Contextualización

Una foto de familia

▶ Observa esta foto de una familia. Un alumno del grupo le dará un nombre a uno de los miembros y lo describirá. El primero de la clase que lo adivine pasará a dar otro nombre a un segundo miembro de la familia y así continuaremos hasta completar las descripciones y dar nombre a todos los miembros.

▶ Ahora, en parejas o pequeños grupos, vamos a dibujar un árbol genealógico para establecer las relaciones familiares entre los miembros que hemos descrito.

▶ Finalmente, exponemos nuestros resultados:

– ¿Hay muchas diferencias?

– Comenta si no estáis de acuerdo con alguna interpretación y por qué.

Lengua

El adjetivo

▶ Para hacer descripciones necesitaremos repasar el uso del adjetivo.

▶ Recuerda la importancia de la concordancia: género y número (*alto*, *alta*, *altos*, *altas*).

▶ Intenta incluir en la descripción de cada miembro de la familia tantos detalles como puedas: edad, altura, volumen, información sobre el pelo, color de ojos y prendas de vestir con sus colores.

Texto A

Cómo fomentar la relación
abuelos-nietos

1 La mayor esperanza de vida y los complicados horarios laborales de los progenitores han hecho que, actualmente, los abuelos sean unos segundos padres que pasan mucho tiempo con sus nietos.

2 **¿Qué aportan los abuelos?**

Las funciones principales de los abuelos son:

Cuidar: Muchas veces, los horarios de los padres no son compatibles con los de sus hijos – salen pronto del cole, no les pueden llevar a la guardería, tienen días festivos diferentes, etc. – y en ese momento los abuelos son una gran ayuda.

Contar historias: Los abuelos son una fuente viva de información sobre acontecimientos pasados trascendentales que los niños no vivieron, así como de modos de vida totalmente diferentes (sin Internet, ni consolas, ni móviles) o de la historia familiar.

Transmitir valores morales: Otra función muy común es la de aconsejar, guiar, asesorar y transmitir valores morales.

Pacificar: Los abuelos ayudan a amortiguar las malas relaciones o las dificultades entre los padres y sus hijos. Son como un árbitro y pueden aliviar las tensiones, ya que su posición es neutral.

Mimar: Este hecho de mimar a los nietos puede tener consecuencias positivas en los niños y en la relación que mantienen, pero también negativas cuando los mimos llegan a anular la figura de los padres.

3 **Consejos para optimizar la relación**

Un factor muy importante para que exista una buena relación entre un abuelo y su nieto es que se vean con frecuencia y que tanto uno como otro se adapte a la edad que tienen. También es importante que los abuelos estén al tanto de los gustos y deseos de sus nietos, ya que las cosas han cambiado increíblemente en los últimos 50 años y los niños de ahora no se divierten como los de hace unos años. Y, sobre todo, buscar actividades que les gusten a todos y que puedan realizar juntos para fortalecer su relación. Cuanto más te diviertes con alguien, más ganas tienes de verle y estar con él.

4 **Leno-relajación**

"La Leno-relajación – explica Noemí Suriol, directora del método Lenoarmi – mejora mucho la comunicación y el vínculo afectivo se enriquece mutuamente". El nieto está iniciando su recorrido vital, está en su momento de expansión, de vitalidad. Su cuerpo se está desarrollando y tiene una agilidad natural sin inhibiciones ni excesivas tensiones. Mientras que su abuelo se encuentra en el polo opuesto, finalizando su recorrido vital. El hecho de que estén en momentos tan aparentemente antagónicos permite que la relación entre ambos sea rica y que haya un intercambio complementario.

5 "En esta actividad – añade Noemí Suriol – trataremos de …14… el abuelo vaya encontrando su propio rol de abuelo, donde se encuentre cómodo …15… relacionarse con su nieto. El niño va a seguir explorando su cuerpo en relajación y el abuelo va a recuperar el contacto con el …16… propio, aumentando el conocimiento de este vehículo que le ha acompañado durante toda …17… vida. El pequeño va a recibir del abuelo la tranquilidad, el sosiego, la experiencia, el cariño, los valores y el respeto a la madurez. Mientras que el abuelo va a recibir del nieto el espíritu de juego y la imaginación, le ayudará a incorporar nuevos valores y …18… desechar algún concepto ya caduco".

6 Estas sesiones del método Lenoarmi constan de tres fases. La primera es más dinámica, se utilizan diversos materiales para adentrarse en una historia. En la segunda fase el vehículo de expresión ya no son los materiales sino el cuerpo. En la tercera fase hay una proximidad total a través del contacto directo. Reciben y se dan masajes, descubriendo el poder del tacto.

Irene García
Todopapás

1 ¿Qué **palabra** en el párrafo **(1)** del artículo se emplea como sinónimo de "padres"?

¿Qué **palabras o expresiones** del párrafo **(2)** transmiten las siguientes ideas?

2 Las actividades rutinarias de padres e hijos no ocurren al mismo tiempo.

3 Los niños conocen hechos importantes que sucedieron gracias a sus abuelos.

4 Los abuelos reducen los problemas que los padres tienen con sus hijos.

Basándote en el párrafo **(2)** identifica la **palabra del texto** que significa:

5 acción de contribuir o añadir

6 lugar donde se cuida y atiende a los niños de corta edad

7 persona que soluciona un conflicto entre dos partes

8 tratar con excesivo cariño y consideración a un niño

9 Solamente **tres** de las siguientes frases son verdaderas según la información contenida en el párrafo **(3)**. ¿Cuáles son?

A El contacto frecuente entre abuelos y nietos no es un factor determinante para una buena relación.
B Los abuelos y nietos deben acomodarse a los diferentes momentos que están viviendo.
C Los abuelos deben practicar fútbol con sus nietos.
D Los niños actuales se entretienen de una forma diferente.
E La conexión entre el abuelo y el nieto es mejor cuando hacen cosas que les agradan a los dos.
F Las obras de teatro infantiles aburren a los abuelos.

Basándote en el párrafo **(4)** indica si estas frases son verdaderas **(V)** o falsas **(F)** e indica las **palabras del texto** que justifican tu respuesta.

10 Las clases de Leno-relajación no facilitan la transmisión recíproca de sentimientos.

11 El niño vive el primer período de su vida.

12 El niño es naturalmente lento, tímido y exaltado.

13 Parece que el abuelo y el nieto viven circunstancias contrarias.

Basándote en el párrafo **(5)** copia y completa los espacios numerados **(14–18)** con una palabra tomada de esta lista.

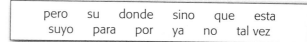

| pero | su | donde | sino | que | esta |
| suyo | para | por | ya | no | tal vez |

Basándote en los párrafos **(4)**, **(5)** y **(6)** identifica la **palabra del texto** que significa:

19 ruta

20 uno de los dos extremos de una situación

21 reciprocidad de consideraciones

22 edad en que se alcanza la plenitud de la vida

23 sentido corporal con el que percibimos sensaciones de contacto

Texto B

¿Cuándo se irán de casa?

1 Según Juan Antonio Fernández Cordón, demógrafo del CSIC (Consejo Superior de Investigaciones Científicas), "la bandera de los padres de finales de los años 60, que en cuanto pudieron huyeron del hogar paterno, no ha sido recogida por la mayor parte de sus hijos". Según el CSIC, un 60% de los jóvenes españoles de entre 25 y 30 años que trabajan aún no se han despegado del hogar familiar.

2 Si las cifras españolas se comparan con las de Francia, Reino Unido o Alemania, triplicamos el número de jóvenes con empleo que permanecen en casa de sus padres, sin independizarse. Tan solo griegos e italianos comparten en Europa una parecida actitud a la de los españoles. Una buena parte de los jóvenes afirma que se iría de casa si pudiera (aquí interviene el elevado precio de la vivienda, nueva y usada, y lo escaso y caro de los alquileres, así como la inestabilidad laboral), pero en los diez últimos años ha aumentado la postura acomodaticia y son mayoría los jóvenes que, sin falsos pudores progresistas, reconocen que se sienten "muy a gusto" en casa de sus padres.

3 Lo habitual es que en el hogar no se aborde claramente este tema, espinoso donde los haya. Las relaciones padres-hijos son complejas y deudoras de una doble circunstancia: el fuerte vínculo emocional y el largo pasado en común lleno de vivencias muy distintas, muchas veces hondamente sentidas pero no comentadas. Por eso, la comunicación entre progenitores y vástagos precisa, y por ambas partes, mucho mimo, sinceridad, una dedicación generosa y un lenguaje asertivo que evite culpabilidades y chantajes emocionales, que tan proclives somos a introducir en los debates intergeneracionales cuando surgen temas de gran calado.

4 El carácter precario del trabajo no hace sino cargar de razones a los jóvenes que no se atreven a dejar la casa paterna: los principales destinatarios de los contratos temporales son los jóvenes y estos quieren tener el futuro laboral más despejado antes de someterse a la servidumbre de los millonarios préstamos que supone la compra de una vivienda. Por otro lado, todavía hay poca cultura de arrendamiento en nuestro país. Y no olvidemos otro planteamiento, mucho más prosaico y utilitarista: solo quienes tienen un empleo estable y piensan que en su propia vivienda disfrutarán de una calidad de vida similar o mejor de la que ofrece el hogar paterno, se van de casa de mamá. Los jóvenes de hoy lo han tenido todo más fácil que sus padres, y eso marca mucho. Ahora bien, si para muchos jóvenes la autosuficiencia económica no es razón suficiente para despegarse del hogar familiar, habrá que buscar las respuestas al margen del mercado laboral.

5 Uno de los principales factores de freno para la emancipación de los jóvenes es la creciente permisividad de la familia en lo que respecta a los horarios y costumbres de vida en el seno del hogar. Los jóvenes no se sienten presionados …22… vigilados en exceso y rige un cierto ambiente de complicidad …23… padres e hijos. Por otra parte, el bienestar, la comodidad y la ausencia …24… escasa relevancia de las preocupaciones domésticas anima …25… a mantener la situación. Incluyamos asimismo la posibilidad de ahorrar, …26… que los progenitores normalmente no exigen la entrega del sueldo en casa y menos aún, íntegro. Por último, un motivo de infraestructura: los hijos disponen de una habitación propia, un territorio exclusivo que cuenta con el equipamiento relacionado con el ocio y sus aficiones (informática e internet, TV, música e incluso biblioteca propia).

Eroski Consumer

1 ¿Cuál de las siguientes frases resume el párrafo **(1)**?

   A El 60% de los jóvenes en España tiene trabajo.
   B En los años 60 se creó el CSIC.
   C La juventud actual no muestra la misma tendencia emancipadora de sus padres.
   D Los jóvenes entre 25 y 30 años todavía no han formado una familia.

Basándote en el párrafo **(2)** completa las siguientes frases con **palabras tomadas del texto**.

2 Grecia e Italia son los dos únicos países europeos que muestran…

3 Además del precio de los alquileres y pisos, otro factor que retiene a muchos jóvenes en casa de sus padres es…

4 Hay un número creciente de jóvenes que viven contentos con sus padres y que muestran una actitud…

5 Solamente **tres** de las siguientes frases son verdaderas según la información contenida en el párrafo **(3)**. ¿Cuáles son?

   A En un año la mayoría de los jóvenes consiguen trabajo permanente.
   B Las familias dialogan abiertamente sobre el asunto de la emancipación.
   C En las relaciones familiares no siempre se dialoga sobre los sentimientos y experiencias compartidas.
   D La delicadeza es imprescindible para mejorar el entendimiento intergeneracional.
   E A menudo la amenaza se manifiesta al tratar temas familiares complejos.
   F Tanto padres como hijos muestran ante la emancipación actitudes similares.
   G Al final los hijos se van de casa de forma indefinida.

Basándote en los párrafos **(1)**, **(2)** y **(3)** identifica la **palabra del texto** que significa:

6 tela que representa una nación

7 alejarse deprisa

8 número

9 limitado

10 modestia

11 arduo

12 persona descendiente de otra

13 afirmativo

14 inclinado o propenso a algo

Basándote en el párrafo **(4)** indica si estas frases son verdaderas **(V)** o falsas **(F)** e indica las **palabras del texto** que justifican tu respuesta.

15 Para la gente joven tener un trabajo seguro es prioritario a adquirir una casa.

16 La gente alquila muchas casas.

17 La vida actual de los jóvenes es más sencilla que la de generaciones anteriores.

18 Hay jóvenes que siguen viviendo con sus padres a pesar de ser solventes.

Lengua

Sistema verbal español

▸ En los Textos A y B hay una gran variedad de verbos: intenta identificarlos y clasificarlos en grupos.

▸ ¿Cuántos puedes reconocer? ¿Hay algún tiempo verbal nuevo para ti? Comenta con tu grupo tus resultados utilizando siempre ejemplos procedentes de los textos leídos.

▸ Durante el curso tendremos oportunidad de estudiar cada tiempo verbal detenidamente.

Basándote en el párrafo (4), copia y completa la tabla en tu cuaderno.

En la frase...	la(s) palabra(s)	en el texto se refiere(n) a...
19 ...**estos** quieren tener el futuro laboral...	"estos"	
20 ...similar o mejor que **la** que ofrece...	"la"	
21 ...Los jóvenes de hoy **lo** han tenido todo...	"lo"	

Basándote en el párrafo (5), copia y completa los espacios numerados (22–26) con una palabra tomada de esta lista.

| que | ya | tampoco | o | sino | por | ni | sobre | entre | también | para | con |

27 ¿Qué dos palabras del párrafo (5) se relacionan con el tiempo libre de una persona?

Basándote en los párrafos (4) y (5) indica la **palabra** del texto que significa:

28 temporal e inestable

29 claro

30 adelanto de dinero

31 vulgar

32 relación cordial

33 completo

34 área

Basándote en el párrafo (5) sólo **una** de las siguientes afirmaciones es falsa. ¿Cuál es?

35 A Los padres de hoy en día controlan menos a sus hijos.
    B Los jóvenes apenas ayudan con las tareas de la casa.
    C Los jóvenes tienen que dar su salario a sus padres.
    D Los jóvenes pueden disfrutar de sus pasatiempos sin salir de casa.

Para ir más lejos...

- ¿Y qué pasa en tu país? ¿Se quedan los jóvenes viviendo con sus padres mucho tiempo o prefieren independizarse pronto?
- ¿Cómo ves tú esta cuestión personalmente? ¿Te gustaría permanecer con tus padres durante unos años o preferirías dejar tu casa familiar pronto? Da razones que justifiquen tu respuesta y compártela con tu clase.

Actividades orales

1 Actividad oral individual

Las celebraciones familiares

1 ¿Puedes identificar a los miembros de esta familia?

2 ¿Qué están celebrando?

3 ¿Cuál es el miembro de esta familia que más te gusta?

4 ¿Sería muy diferente esta celebración familiar en tu cultura?

2 Actividad oral interactiva

Tras ver la película *El hijo de la novia* de Juan José Campanella se puede entablar un debate sobre relaciones familiares y el papel de las personas mayores en la familia. Podemos tener en cuenta estos aspectos.

▶ Descripción del entorno familiar en esta película.

▶ Lluvia de ideas sobre temas presentes en la película relacionados con la familia.

▶ Compara el tipo de familia en la película con tu propio entorno. ¿Qué aspectos hay en común? ¿Cuáles no? ¿Y cuál es tu opinión personal?

Tareas escritas

1 Respuesta personal

Lee el siguiente fragmento y elabora una respuesta personal usando cómo mínimo 150 palabras. Compara las actitudes y situaciones, tanto similares como diferentes, sobre este tema en la cultura hispana y en la tuya propia.

> En los países de tradición hispana el porcentaje de personas mayores que viven en un hogar de ancianos es muy pequeño, ya que las relaciones familiares son uno de los valores principales de esta cultura. Sin embargo, con la incorporación de la mujer al mercado de trabajo resulta cada vez más difícil atender a los ancianos en casa, puesto que ellas han sido tradicionalmente las que se ocupaban de esta tarea.

2 Tareas de redacción

Realiza una de estas tareas relacionadas con el tema de las relaciones familiares. Escribe un mínimo de 250 palabras.

a Las relaciones entre padres e hijos no resultan siempre fáciles y hoy te has sentido muy incomprendido en casa. Escribe en tu **diario** personal cómo te sientes y por qué razón.

> ● Incluye encabezamiento (*Querido diario…*), despedida y fecha.
> ● Usa un tono personal, informal e íntimo.
> ● Da información detallada sobre tu problema.

b *"Los padres muestran cada vez menos autoridad y esto perjudica la convivencia familiar"*. Escribe un **artículo** para la revista de tu colegio explicando si estás de acuerdo o no con esta afirmación y por qué.

> ● Incluye un título, firma y fecha.
> ● Usa un tono semiformal.
> ● Planifica una exposición de la idea, una argumentación con razones y datos a favor y en contra y una conclusión con tu opinión personal.

CAS

Proyecto de CAS

● ¿Tiene tu colegio una atmósfera internacional con estudiantes de países diferentes?

● En ese caso, ¿por qué no propones la creación de una actividad de CAS llamada **Amistad intercultural**?

● Podríamos reunirnos una vez a la semana para comentar y comparar diferentes comportamientos culturales que representamos.

● El primer tema podría ser los modelos de familia predominantes en nuestras culturas las funciones que habitualmente le corresponde a cada miembro, el papel de la mujer y los abuelos, los cambios que ha provocado la evolución de la sociedad, etc.

Amor y amistad

Objetivos

Considerar…

▷ diferentes aspectos de las relaciones entre padres e hijos.

▷ Los cambios que se han producido entre las relaciones amorosas en los jóvenes en comparación con las de sus padres.

▷ diferentes aspectos de las relaciones de amistad entre los jóvenes en la actualidad.

Lengua: el uso del pretérito imperfecto.

Contextualización

1 En parejas reflexiona sobre lo siguiente:

▷ ¿Crees que la generación de tus padres y la tuya se relaciona con el sexo opuesto de la misma manera? Compara los noviazgos de tus padres con los noviazgos de tu generación.

▷ ¿Cómo ha cambiado la vida en pareja? ¿Qué cambios han sido positivos? ¿Qué cambios no han sido tan positivos?

▷ De la misma manera que las relaciones amorosas han cambiado, también han cambiado las relaciones de amistad. ¿Cómo han cambiado? Analiza los factores positivos y negativos de esos cambios.

2 Reflexiona sobre las características de las relaciones amorosas y de amistad de tus padres y las tu generación. Copia y completa el gráfico con palabras que los describan.

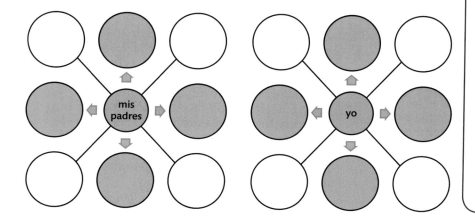

Lengua

El pretérito imperfecto

▷ Recuerda que el pretérito imperfecto se usa para expresar hábitos, acciones habituales o repetidas en el pasado. En este caso hablarás de lo que solía hacer la generación de tus padres:

Cuando era niño mi padre jugaba al fútbol todos los días. Un día le regalaron un balón nuevo y se puso muy contento.

El podio de los conflictos de padres e hijos se lo llevan los novios

1 La libre elección de pareja no es tan libre como se cree. Los nuevos modelos de familia no dejaron de lado el "qué dirán" y a los hijos todavía les pesa la aprobación de los padres a la hora de elegir un novio. Y esto se ha convertido en uno de los principales conflictos entre padres e hijos.

2 Así lo aseguran los expertos en vínculos familiares. La Sociedad Argentina de Terapia Familiar (SAFT) afirma que el 30% de las consultas que reciben son por este conflicto, luego de los que se generan por familias de tipo "binuclear, uniparental o ensamblada a partir de una separación o un divorcio", que representan la mitad de las consultas. Incluso distintos hospitales dictan talleres de terapia familiar para resolver este tema.

3 Miguel Espeche, psicólogo especialista en vínculos familiares señala que los problemas comienzan cuando los hijos comienzan a buscar una pareja estable. Algunos quieren independizarse, pero la mayoría no lo logra y como viven en casa de sus padres mantienen la necesidad de que ellos aprueben a su novio.

4 "Pueden ocurrir tres cosas que cambien las expectativas inconscientes de los jóvenes cuando buscan pareja", explicó Diana Rizzatto, psicóloga especialista. Primero: lo que más asusta a los hijos es el desencanto y el escepticismo sobre amor de sus progenitores, sobre todo si son hijos de padres divorciados. Segundo: si los padres están insatisfechos por la mediocridad de su pareja, les exigen inconscientemente a sus hijos que encuentren a un novio con todas las cualidades que ellos quisieron tener y no pudieron. Y tercero: al vivir con los padres, las relaciones entre novios y suegros se fraterniza y si hay una pelea, los padres quedan involucrados.

5 Espeche dijo que cuando los hijos se independizan buscan inconscientemente la imagen más parecida a sus padres (física y personalmente) aunque sean rasgos negativos, para "tapar el vacío" que les dejan; o buscan a alguien totalmente diferente por las mismas razones. En otras palabras: deciden en función de las necesidades incompletas que tuvieron durante la infancia. Y da un ejemplo: "Si tus padres te dieron mucha libertad y no fueron protectores durante tu infancia o adolescencia, vas a buscar a una persona que te de la libertad de resolver las cosas por tu cuenta, que no sea absorbente, porque al independizarte te queda la sensación de que te falta un tipo de relación en tu vida. O bien, puedes buscar a una persona que te cuide, y dependerás de ella al 100% para curar las heridas o traumas que te dejaron tus padres".

6 Lo que más determina la elección son los mandatos socioculturales y religiosos. "Las experiencias y aprendizajes en los diversos contextos socioculturales conforman y organizan el cerebro de cada persona originando capacidades y comportamientos propios y diferenciales", dijo Facundo Manes, director del Instituto de Neurología Cognitiva (INECO).

7 ¿Cuáles son las expectativas de pareja de un joven hoy? Una encuesta de SAFT sobre 500 jóvenes entre 18 y 26 años remarcó que el 75% de los chicos espera contención, seguridad, sostén, confianza, estabilidad, apoyo, entretenimiento, completarse con otro y compartir vivencias cotidianas. En la encuesta las mujeres resaltaron la necesidad de sentirse protegidas. Y los hombres, la búsqueda de alguien que los acompañe en su desarrollo personal.

Guillermo de Domini
El Clarín

1 Solamente **tres** de las siguientes frases son verdaderas según la información contenida en los párrafos (1) y (2) del texto. Escribe las letras correspondientes y justifícalo con información del texto.

    A La opinión del entorno social no influye a la hora de buscar pareja.

    B Los hijos son completamente libres para elegir compañero.

    C Los hijos toman en consideración la opinión de los padres cuando eligen pareja.

    D El mayor problema entre padres e hijos es la elección de novio.

    E El conflicto que causa la elección de pareja ha llevado a algunos hospitales a ofrecer recursos específicos para poder resolverlos.

2 Según el párrafo (2), ¿qué problemas representan el 50% de las consultas recibidas por la SAFT?

Basándote en los párrafos (3), (4) y (5) completa las siguientes frases (3–5) con **palabras tomadas del texto**.

3 Es necesario que los padres aprueben a la pareja de los hijos porque…

4 Los hijos de padres divorciados tienen miedo del…

5 Cuando los hijos buscan pareja buscan plenitud para las…

6 Según el párrafo (5), ¿qué **dos** características opuestas buscan los jóvenes en sus parejas según el psicólogo Espeche?

7 Decide si la siguiente afirmación es verdadera **(V)** o falsa **(F)** y justifícalo con información del párrafo (7):

    Los hombres y las mujeres buscan cosas diferentes en sus parejas.

8 Haz una lista de los puntos más conflictivos de tu relación con tus padres, ¿es la elección de novio uno de ellos? Después compártela con un compañero y analizad si tenéis el mismo tipo de problemas. Intentad encontrar una solución posible a esos conflictos.

9 En parejas (intentad ser un chico y una chica) compartid qué características esperáis que tengan vuestras parejas y por qué deseáis que tengan esos atributos. ¿Hay alguna diferencia entre lo que busca un chico y lo que busca una chica?

Texto B

Los adolescentes y las redes sociales

Del patio del colegio a la Red desde la habitación

❶ Son muchos los padres que afirman conocer el significado de algunas de las palabras más utilizadas por sus hijos, como Tuenti, MySpace, Live Spaces o Facebook. Sin embargo, cuando se les pregunta por su significado se limitan a responder de forma vaga que "es algo relacionado con Internet". Todos estos términos hacen referencia a nombres de redes sociales muy populares y en las que los jóvenes participan de forma activa. Esta práctica refleja el cambio de hábitos que han experimentado los adolescentes en los últimos años: ya no se pelean por ver la televisión, ni se pasan las tardes enganchados al teléfono, sino que controlan la comunicación con todas sus amistades a través de Internet.

[A] …

❷ Lo más común es mantener la comunicación que ha iniciado a mediodía en el patio del colegio. La relación en las redes sociales ofrece cientos de maneras de comunicarse sin la necesidad física de verse frente a frente: vídeo, audio, voz, imagen, texto, juegos… Esta fórmula no es exclusiva para los amigos del colegio, del lugar de veraneo o la discoteca; hay miles de adolescentes más de todos los rincones del mundo en Internet con los que pueden establecer este tipo de relaciones virtuales. Para el adolescente, la red social es una prolongación de su mundo, del grupo donde se siente comprendido y con el que se identifica.

[B] …

❸ El primer objetivo del adolescente es conformar su página personal y crear así su identidad virtual. En esta página 'colgará' fotografías con su imagen y la de sus amigos, incluirá los vídeos que le gusten, los enlaces a sus sitios de la Red favoritos, las canciones que más escucha y contará sus experiencias y pensamientos. A partir de ahí, se encontrará con amigos virtuales con los que interactuará y ampliará su espectro comunicativo.

❹ Es normal que muchos padres quieran saber qué hacen sus hijos en estas redes. Con el fin de que este interés no sea calificado por los hijos como una intromisión, conviene preguntarles directamente y que les inviten a observar alguna de sus charlas. Pero ante todo no hay que obsesionarse, tampoco se tiene un conocimiento exhaustivo de lo que hacen los jóvenes en cada momento cuando van a las discotecas y no por ello se les prohíbe ir.

[C] …

❺ Aunque se han dado algunos casos en que las redes juveniles se han utilizado con fines deshonestos por parte de adultos, estos han sido minoritarios. Además, estos servicios cuentan con un estricto control de la privacidad y de los contenidos que se publican para evitar que se expongan mensajes perniciosos o que vulneren los derechos del menor.

❻ Por lo general, la influencia de las redes en sus usuarios es muy positiva. En primer lugar, porque les familiariza de un modo lúdico con unas tecnologías que serán en unos años sus principales herramientas laborales. También porque las redes sociales suponen una segunda oportunidad para los jóvenes que en el mundo exterior no logran comunicarse con su entorno.

❼ Otra de las grandes ventajas de las redes es su carácter colaborativo. Sus jóvenes comparten contenidos y también conocimientos. Incluso se pasan apuntes y se consultan dudas. Es decir, aprenden a estudiar y trabajar en equipo, cualidad muy valorada en las empresas. Por tanto, estas redes, lejos de aislarles, socializan todavía más a los jóvenes.

Eroski Consumer

Para reflexionar

En parejas discute y reflexiona sobre lo siguiente.

▸ ¿Usas estas redes sociales? ¿Con qué frecuencia las usas? ¿Para qué las usas? ¿Crees que son útiles? ¿Por qué?

▸ ¿Crees que pueden llegar a ser peligrosas? ¿Qué haces para protegerte? ¿Y para proteger a tus amigos?

▸ ¿Cómo reaccionarías tú si tus padres entraran en tu red social para espiarte? ¿Crees que tienen el derecho de hacerlo para protegerte o lo considerarías una violación de tu privacidad?

1 A continuación te proporcionamos los títulos de las diferentes partes del texto **[A–C]**. Relaciónalos con la parte apropiada.

1 ¿Son peligrosos estos sitios?
2 ¿Qué hace mi hijo adolescente toda la tarde frente al ordenador?
3 ¿Por qué les interesa tanto?

Basándote en el texto identifica la **palabra** que significa:

2 contestar (*párrafo 1*)

3 costumbre (*párrafo 1*)

4 forma (*párrafo 2*)

5 cara a cara (*párrafo 2*)

6 finalidad (*párrafo 3*)

7 profundo (*párrafo 4*)

8 entretenido (*párrafo 6*)

9 conseguir (*párrafo 6*)

10 intercambiar (*párrafo 7*)

11 Basándote en el párrafo (**3**) enumera las **cinco** formas en las que los jóvenes pueden compartir o relacionarse con otros jóvenes.

Basándote en el texto indica si estas frases son verdaderas (**V**) o falsas (**F**) y escribe las **palabras del texto** que justifican tu respuesta.

12 La mayoría de los padres sabe exactamente lo que son las redes sociales de Tuenti, MySpace o Facebook.

13 En estos sitios los jóvenes pueden relacionarse con sus amigos o hacer amigos nuevos.

14 Los padres deben usar cualquier método para saber con exactitud lo que sus hijos hacen cuando están conectados a estos sitios.

15 Estos sitios tienen mecanismos para proteger a los jóvenes de posibles peligros.

Basándote en el texto, copia y completa la tabla en tu cuaderno.

En la frase...	la(s) palabra(s)	en el texto se refiere(n) a...
16 ...en **las** que los jóvenes participan de forma activa... (*párrafo 1*)	"las"	
17 ...es conformar **su** página personal... (*párrafo 3*)	"su"	
18 ...que **les** inviten a observar... (*párrafo 4*)	"les"	
19 ...**estos** han sido minoritarios... (*párrafo 5*)	"estos"	

20 Según el párrafo (6), ¿de qué manera pueden influir positivamente estas redes sociales en la futura vida laboral de los jóvenes?

Basándote en los párrafos (5), (6) y (7), completa las siguientes frases.

21 Estas redes intentan que...	**A** atraer al máximo posible de jóvenes.
	B se respeten los derechos de los menores.
22 El mal uso de estas redes por parte de los adultos...	**C** más consecuencias positivas que negativas.
23 El uso de estas redes tiene...	**D** a la vez que colaboran en diferentes proyectos a través de estas redes.
24 Los chicos con problemas para relacionarse...	**E** pueden beneficiarse de estas redes sociales.
25 Los jóvenes pueden relacionarse...	**F** ha aumentado en los últimos años.
	G ha sido mínimo.
	H los jóvenes piensan sobre los posibles peligros.

Actividades orales

1 Actividad oral individual

1 ¿Puedes identificar a los miembros de esta foto?

2 ¿Qué hacen estos jóvenes? ¿Qué relación piensas que tienen entre ellos? ¿Qué piensas que los une?

3 ¿Por qué piensas que han sacado la foto?

4 ¿Qué diferencias crees que hay entre estos jóvenes y tu grupo de amigos?

5 ¿Qué te hace pensar que estos jóvenes sean sanos o no?

2 Actividad oral interactiva

Tras ver la película *Cobardes* de José Corbacho y Juan Cruz se puede entablar un debate sobre los diferentes tipos de relaciones de amor y amistad dentro de la familia y dentro de la sociedad. Algunas ideas para la reflexión podrían ser:

▶ ¿Cuál es la relación de Gaby con su familia? ¿Cómo es la relación con su padre? ¿Y con su madre? ¿Y con su hermana?

▶ ¿Cuál es la relación de Guille con su familia? ¿Cómo es la relación con su padre? ¿Y con su madre?

▶ ¿A través de qué medio se relacionan los jóvenes en la película?

▶ ¿Cómo son esas relaciones de amistad?

▶ ¿Cómo es la relación de Guille y sus amigos con el resto de los alumnos en general? ¿Y con Gaby en particular?

▶ ¿Cómo es la relación de Guille con sus amigos de pandilla?

▶ ¿Cómo es la relación de Carla y Guille?

▶ ¿Es una película realista? ¿Puede ocurrir en la realidad? ¿Conoces algún ejemplo parecido?

▶ ¿Qué harías tú si te encontraras en la posición de Gaby?

Tareas escritas

1 Respuesta personal

Lee la siguiente propuesta y elabora una respuesta personal usando como mínimo 150 palabras. Compara las actitudes y situaciones, tanto similares como diferentes, sobre este tema en la cultura hispana y en la tuya propia.

> Tradicionalmente las personas de los países hispanos optaban por bodas religiosas cuando decidían formar una familia. Hoy en día esto ha cambiado. Muchos jóvenes optan por diferentes opciones como las bodas civiles o simplemente el convivir sin ningún tipo de trámite administrativo o incluso por ser padres solteros.

2 Tareas de redacción

Realiza una de estas tareas relacionadas con el tema de las relaciones amorosas o de amistad. Escribe un mínimo de 250 palabras.

a Has leído un artículo en el periódico donde se afirma que…

> …Los jóvenes han perdido la habilidad de relacionarse con sus amigos cara a cara ya que en la actualidad la mayoría de las interacciones son a través de Internet o teléfono móvil.

Escríbele una **carta** al director explicándole por qué estás de acuerdo o no con esta frase.

b Imagina que has descubierto a tus padres espiándote en tu Facebook. Escribe en tu **diario** cómo los has descubierto, tus sentimientos sobre la experiencia y cómo piensas resolver esta situación con ellos.

CAS

Proyecto de CAS

▶ Una de las características de las escuelas internacionales es que los estudiantes no se quedan durante los 12 años de colegio, sino que la población estudiantil cambia mucho, ¿es ese el caso en tu colegio?

▶ ¿Cómo son las relaciones de amistad de los estudiantes? ¿Tienen los estudiantes nuevos dificultades para hacer amigos? ¿Cómo se siente cuando acaban de llegar?

▶ En parejas, escribid un informe sobre un proyecto de **CAS** para facilitarles la integración en el colegio a los estudiantes que llegan nuevos (350–400 palabras).

▶ Cuando lo escribas ten en cuenta los siguientes factores: cómo se sienten los estudiantes nuevos, su integración en un nuevo país, cultura, ciudad, colegio, entorno, el hecho de que echan de menos "su mundo" conocido, sus amigos, su familia, etc.

▶ Proponed actividades que ayudarán a estos estudiantes a sentirse cómodos en el nuevo entorno y que les faciliten conocer a gente nueva.

▶ Pensad en cómo os sentisteis vosotros cuando llegasteis por primera vez y qué cosas os ayudaron a hacer más fácil la transición.

Relaciones escolares y laborales

Objetivos

Considerar…

▶ diferentes aspectos relacionados con la interacción social en el colegio y en el trabajo.

▶ la importancia de la amistad en el contexto escolar.

▶ cómo las nuevas modalidades de trabajo afectan las relaciones personales.

Lengua: la sugerencia y la obligación; el presente regular e irregular; el uso de *se*.

Contextualización

Fiesta en el instituto

▶ Vamos a organizar una fiesta de comienzo de curso en nuestro instituto para conocernos mejor.

▶ En grupos, tenemos que pensar en todo lo que vamos a necesitar y decidir quién será la persona responsable de cada aspecto:

la comida, las bebidas, la música, las decoraciones, pedir permisos en el colegio, el lugar, el horario, las actividades, las invitaciones…

▶ Finalmente, decidiremos la organización final de la fiesta y diseñaremos un cartel que incluya todos los datos necesarios: nombre de la fiesta, fecha, hora, lugar y cualquier otra información que consideréis oportuna: ¿Cuál es el cartel preferido por todos?

Lengua

Sugerencia y obligación

▶ Para **sugerir** podemos utilizar estas fórmulas:

Puedo/Podemos… + infinitivo (*…traer música latina*)

Me/Nos gustaría… + infinitivo (*…traer música latina*)

¿Por qué no… + presente (*…traemos música latina?*)

¿Qué os parece si… + presente (*…traemos música latina?*)

▶ Para expresar **obligación** podemos utilizar estas fórmulas:

Hay que… + infinitivo (*…reservar la cafetería*)

Hace falta… + infinitivo (*…reservar la cafetería*)

Tenemos que… + infinitivo (*…reservar la cafetería*)

Necesitamos… + infinitivo (*…reservar la cafetería*)

Texto A

Cuando la amistad traspasa el colegio y la universidad

1 Pueden pasar cinco, diez, treinta o muchos más años, ...1... el lazo nunca se rompe. En las salas de clases se viven experiencias únicas y se forjan nexos ...2... perduran más allá de la titulación. A menudo las personas pasan mucho más tiempo fuera de casa que con la propia familia, especialmente en la época del colegio y la universidad. En ...3... escenarios se pueden formar lazos de compañerismo, amistad ...4... incluso amor, que se mantendrán o esfumarán ...5... concluir un ciclo. Sin embargo, existen muchas generaciones de ex alumnos que se organizan para no perder el contacto y se reúnen cada vez que pueden y comparten con sus actuales familias las historias y anécdotas de épocas pasadas, que para muchos forman parte de los mejores años de sus vidas.

2 Con sello Inmaculada
"Siempre adelante con valores, avanzar con alegría por María", lema que las ex alumnas de la Inmaculada Concepción ponen en práctica en el quehacer diario, asegura Carol Blümel Seguel, miembro del nuevo Centro de Ex Alumnas del establecimiento. El nexo con el colegio nunca lo pierden, están en constante comunicación, de hecho todos los años realizan un té, ocasión en que se reúnen las distintas generaciones para compartir sus vivencias. "Todas son bien organizadas, así es que basta con que se le avise a una para que reúna al curso en pleno". Agrega, además, que son muy detallistas y perfeccionistas. Este año, por ejemplo, se preocuparon de mandar a hacer el kuchen[1] favorito de la fundadora del colegio, la madre Paulina von Mallinckrodt, el que compartieron durante la reunión como una forma simbólica de recordarla. Las charlas las ofrecen generalmente ex alumnas, una de las últimas fue sobre porcelana, otras han sido sobre crewel[2], clases de baile, etc., ya que muchas se destacan en la parte artística. Carol Blümel

cuenta que apenas salen las niñas, se les hace un regalo y se les invita a participar del grupo, para que continúen relacionándose con el establecimiento que las vio crecer.

3 Amigos médicos
La generación de 1975 de la carrera de Medicina de la Universidad de Concepción se reúne cada cinco años desde que egresaron, con la clara intención de recordar la época universitaria y ponerse al día respecto al acontecer actual de cada uno de ellos. La actividad gestionada desde un principio por cuatro compañeros, entre ellos el doctor Víctor Acevedo Fariña, es una ardua labor de organización, pero a la vez una experiencia inolvidable, según él mismo cuenta. "Dicen que hemos sido el curso más unido que ha pasado por la facultad, a pesar de que eran contados con los dedos quienes tenían un papá o mamá médico".

4 La reunión se realiza casi siempre a fines de octubre, pero la coordinación comienza a mediados de julio para ubicar a la gente y mandarles el programa. "Lo bueno es que en la guía aparecen casi todos los médicos". Además, habitualmente se cruzan en los servicios de salud o en congresos y seminarios. El punto de encuentro siempre es el Arco de Medicina al mediodía y de ahí se van a los Campos del Colegio Médico donde comparten un almuerzo para luego irse todo un fin de semana a las Termas de Chillán. Pero, además de mantener la tradición cada año, tratan de hacer cosas diferentes y entretenidas, con entrega de premios y todo. Finalmente, cuenta el doctor Acevedo, evalúan el reencuentro en torno a un asado y pensando ya en la próxima reunión.

Paz Correa Pavez
El Sur

---

[1] Dulce alemán introducido en Chile por los colonos germanos del sur.
[2] Tipo de bordado.

Basándote en el párrafo (1), copia y completa los espacios numerados (1–5) con una palabra tomada de esta lista.

que todavía todos e desde pero
quien ambos hacia tras cual

Basándote en los párrafos (1) y (2) identifica las **palabras** del texto que significan:

6 diploma universitario

7 desaparecer

8 presente

9 tema

10 ocupación

11 ser suficiente

12 disertación oral

Basándote en el párrafo (2) del texto, copia y completa la tabla en tu cuaderno.

En la frase…	la(s) palabra(s)	en el texto se refiere(n) a…
13 …nunca **lo** pierden…	"lo"	
14 …el **que** compartieron durante la reunión…	"que"	
15 …**otras** han sido sobre crewel…	"otras"	
16 …con el establecimiento que **las** vio crecer.	"las"	

Basándote en el párrafo (2) indica si estas frases son verdaderas (**V**) o falsas (**F**) e indica las **palabras del texto** que justifican tu respuesta.

17 Las antiguas alumnas que acuden a los encuentros son de edades diversas.

18 La madre Paulina von Mallinckrodt mandó preparar un kuchen.

19 Numerosas ex alumnas sobresalen académicamente.

20 Las alumnas entregan una donación al colegio en cuanto salen.

Basándote en los párrafos (3) y (4) identifica las **palabras del texto** que significan:

21 lustro

22 salir

23 administrar

24 muy difícil

25 situar

26 recompensa

Basándote en los párrafos (3) y (4) indica si estas frases (27–30) son verdaderas (**V**) o falsas (**F**) e indica las **palabras del texto** que justifican tu respuesta.

27 Los encuentros sirven para mantenerse al corriente de sus vidas.

28 La mayoría de los participantes tienen médicos en la familia.

29 La organización de la reunión lleva más de cuatro meses.

30 Durante una comida valoran la reunión.

31 ¿Qué palabra en el párrafo (4) del artículo se emplea como sinónimo de "listado profesional"?

Texto B

EL TELETRABAJO y las RELACIONES SOCIALES

1 Uno de los inconvenientes, para el teletrabajador, que se suele citar siempre que se toca el tema del teletrabajo es el de que se pierden las relaciones sociales que se entablan en las empresas. Es cierto que, al trabajar en casa, se pierden todas o parte de las relaciones que se desarrollan en el lugar de trabajo, y que tan útiles son para la integración social y el aprendizaje (aprendizaje que se realiza por "ósmosis", al preguntar a los compañeros las dudas profesionales o tecnológicas). Pero, a cambio, el teletrabajo incrementa las posibilidades del teletrabajador de establecer nuevas relaciones con el entorno social más cercano (familiares, vecinos, amigos).

2 Ello le permite realizar muchas actividades que si se desplaza a trabajar una jornada entera le resulta casi imposible: estar más en contacto con el colegio donde estudian los hijos, hablar con los profesores u ocuparse de las actividades de su comunidad, por ejemplo, y en muchos casos estas actividades se producen en forma de acciones de voluntariado. En una encuesta entre teletrabajadores de BT, un 14% manifestó que el teletrabajo favoreció su participación en organizaciones de tipo social, incrementándose el tiempo dedicado a estas actividades entre una y 23 horas a la semana.

3 En general, a la posibilidad de que se dé una deshumanización por la desvinculación de la empresa y los compañeros, se suele oponer el enriquecimiento de las relaciones personales que pueden significar el trabajo y el uso de las redes. Un estudio de Daiga Kamerade y Brendab Burchell pone de manifiesto que "contrariamente a lo que se pretende de que el teletrabajo pueda conducir a la sociedad de individuos aislados, de hecho, el teletrabajo parece ser una forma de trabajo proclive a las relaciones comunitarias. Los resultados revelan que los teletrabajadores tienden a participar en actividades voluntarias y de calidad, así

como también en las políticas y sindicales, más que los no trabajadores". Los autores definen estas actividades como aquellas que ayudan a resolver problemas colectivos que no solucionan las empresas ni el gobierno, y ponen de relieve que la participación social incentiva la confianza generalizada dentro de la sociedad. El teletrabajo puede proporcionar espacio para integrar la vida laboral con las actividades cívicas por su mayor flexibilidad, autonomía y control.

4 ...22... no todos los autores son de la misma opinión, pues algunos afirman que el teletrabajo, ...23... bien planificado, podría llegar a ser una fuente de aislamiento social. ...24..., teniendo en cuenta que el número de teletrabajadores es cada vez mayor, esta nueva forma de trabajo puede convertirse tanto en una fuente ...25... en una barrera para el compromiso cívico. Los teletrabajadores, opinan unos terceros, son más activos socialmente porque necesitan compensar las reducidas oportunidades de socialización relacionadas ...26... su modo de trabajo. Lo que está claro es que el teletrabajo modifica el modo de relacionarse las personas, pero solo el tiempo y estudios más fundamentados pueden acabar diciéndonos ...27... el fenómeno acentuará la cohesión social o, ...28... el contrario, contribuirá a la plena individualización, una tendencia cada vez más manifiesta en las sociedades modernas.

5 Por ello animamos a los lectores con experiencia en actividades de teletrabajo a que nos manifiesten su opinión, que se integrará en un estudio que estamos llevando a cabo sobre la materia.

Francisco Ortiz Chaparro
Blog sobre modalidad laboral de Tendencias21

1 Solamente **una** de las siguientes afirmaciones es verdadera según la información contenida en el párrafo (1). ¿Cúal es?

A Los teletrabajadores resuelven sus dudas con los compañeros de trabajo.
B El teletrabajo es útil para desarrollar relaciones desde casa.
C El teletrabajo hace posible el trabajo con familiares, vecinos y amigos.
D El teletrabajo posibilita otros vínculos con personas próximas.

Basándote en los párrafos (2) y (3) indica si estas frases son verdaderas **(V)**, falsas **(F)** o no se mencionan **(NM)**. Corrige las frases falsas.

2 Las actividades voluntarias de los teletrabajadores suponen desplazarse una jornada entera.

3 Es muy difícil para un teletrabajador visitar el colegio de sus hijos.

4 Las actividades comunitarias que realizan los teletrabajadores incluyen labores con ancianos.

5 Un teletrabajador de BT podría dedicar ocho horas semanales a actividades sociales.

6 El alejamiento de los colegas provoca una fuerte depresión en el teletrabajador.

7 Las cadenas laborales mejoran el trato personal.

8 El estudio de Daiga Kamerade y Brendab Burchell es contrario al teletrabajo porque aísla a las personas.

9 Los teletrabajadores a menudo colaboran con asociaciones de trabajadores.

10 Los gobiernos son incapaces de resolver los problemas laborales.

11 La colaboración común impulsa el sentido de seguridad colectiva.

12 El espacio cívico es flexible y autónomo.

Basándote en los párrafos (1), (2) y (3) identifica las **palabras del texto** que significan:

13 dar comienzo

14 aumentar

15 día

16 indagación o investigación

17 separación

18 inclinado

19 estimular

20 fusionar

21 ¿Qué **tres expresiones verbales** en el párrafo (3) significan "descubrir, destacar, proporcionar una certidumbre"?

Lengua

El presente

▸ Identifica todos los verbos en presente en los Textos A y B.

▸ ¿Cuántos son regulares?

▸ ¿Puedes identificar ejemplos de algunos que sufren un cambio radical?

▸ Recuerda: **o** > **u**e (*poder > puedo*) **e** > **ie** (*perder > pierdo*)

Basándote en el párrafo (4) completa los espacios numerados (22–28) con una palabra tomada de esta lista.

sin	a	por eso	con	para	que
sí	pero	por	si	entre	no	como

Basándote en los párrafos (3) y (4) del texto, copia y completa la tabla en tu cuaderno.

En la frase...	la(s) palabra(s)	en el texto se refiere(n) a...
29 ...así como también en **las** políticas y sindicales...	"las"	
30 ...**aquellas** que ayudan a resolver...	"aquellas"	
31 ...pues **algunos** afirman que el teletrabajo...	"algunos"	
32 ...**contribuirá** a la plena individualización...	"contribuirá"	

33 Solamente **una** de las siguientes frases es incorrecta según la información contenida en el párrafo (4). ¿Cuál es?

A   Los expertos mantienen visiones diversas sobre la repercusión que el teletrabajo tiene sobre las relaciones sociales.
B   Actualmente la sociedad es menos solidaria.
C   La interacción social resulta transformada por el teletrabajo.
D   La cantidad de teletrabajadores ha crecido.
E   A veces los teletrabajadores desequilibran su situación con la cooperación comunitaria.

34 ¿Qué se pide a los lectores en el párrafo (5)?

A   ...que experimenten actividades relativas al teletrabajo.
B   ...que lleven a cabo un estudio sobre el teletrabajo.
C   ...que envíen su parecer para formar parte de una investigación.
D   ...que se animen a aumentar sus relaciones sociales.

Para ir más lejos...

- ¿Te imaginas dentro de diez años celebrando una fiesta de reunión de estudiantes que hacéis ahora juntos el Bachillerato Internacional? ¿Puedes pensar en alguna anécdota que ha pasado que probablemente recordarás y compartirás en el futuro?
- Después de leer el Texto B sobre el teletrabajo, ¿crees que te gustaría trabajar de esta manera o preferirías un trabajo más convencional con horarios regulares de asistencia? Da razones que justifiquen tu respuesta.

Lengua

El uso de *se*

▶ En los Textos A y B puedes encontrar ejemplos de dos usos importantes de *se* en español:
  – como verbo reflexivo (*los ex alumnos **se** organizan*)
  – como construcción impersonal (*se* *suele citar siempre*)

▶ Busca e identifica ejemplos de ambos usos para consolidar tu comprensión sobre los verbos reflexivos y las construcciones impersonales.

CAS

Proyecto de CAS

▶ ¿Ya tenemos un anuario de nuestro año académico?

▶ ¡Podría ser una divertida actividad de CAS y un buen recuerdo para el futuro!

▶ Podemos incluir información sobre los viajes realizados, experiencias y anécdotas vividas, entrevistas con profesores y estudiantes...

▶ ¡No olvidemos incluir fotos interesantes y datos de contacto para el futuro!

Actividades orales

1 Actividad oral individual

En el colegio

1 ¿Qué está ocurriendo en esta foto: crees que es un recreo o una clase?

2 ¿Qué tipo de colegio crees que es éste?

3 ¿Podría darse esta situación en tu propio colegio?

4 ¿Observas alguna diferencia entre los chicos y las chicas?

2 Actividad oral interactiva

Tras ver los 33 primeros minutos de la película *El método* de Marcelo Piñeyro (hasta la expulsión del primer candidato) se puede entablar un debate sobre las relaciones profesionales. Podemos tener en cuenta estos aspectos:

▶ Individualismo y competitividad frente al trabajo en equipo en el trabajo.

▶ ¿Tienes experiencia en alguna prueba o proceso de selección?

▶ ¿Está el mundo moderno tecnológico matando las relaciones personales en el trabajo? (el ordenador o computadora como "gran hermano" en la entrevista de trabajo)

▶ La importancia del liderazgo en el trabajo: características de un buen líder.

▶ El beneficio empresarial frente a los principios morales.

▶ ¿Quién piensas que es el "topo" (candidato infiltrado) y por qué?

▶ ¿Decidiríais eliminar a Julio de la selección? Vamos a formar dos grupos de opinión razonando nuestras posturas.

Tareas escritas

1 Respuesta personal

Lee el siguiente fragmento y elabora una respuesta personal usando cómo mínimo 150 palabras. Compara las actitudes y situaciones, tanto similares como diferentes, sobre este tema en la cultura hispana y en la tuya propia.

> Cada vez hay más extranjeros presentes en las aulas españolas. Los más optimistas piensan que esta nueva situación va a mejorar las relaciones y el entendimiento intercultural entre los estudiantes. Otros, más pesimistas, opinan que va a aumentar la discriminación y el racismo y que no se va a producir la interacción deseada.

2 Tareas de redacción

Realiza una de estas tareas relacionadas con el tema de las relaciones escolares y laborales. Escribe un mínimo de 250 palabras.

a La semana pasada presenciaste un enfrentamiento violento entre dos estudiantes de tu colegio. Redacta un **informe** sobre los hechos para el director del colegio.

> ▶ Incluye un título, fecha y firma.
> ▶ Usa un tono formal y objetivo evitando tu opinión personal.
> ▶ Planifica bien los datos que vas a incluir y ordénalos adecuadamente.

b En la empresa en que trabajas algunas horas por semana después de salir del colegio, se acaba de introducir una nueva medida que tú consideras muy injusta. Escribe un **correo electrónico** a tus colegas para hacerles entender tu postura sobre la nueva medida y para convocarles a una reunión general para tratar el tema más detenidamente.

> ▶ Incluye asunto, fecha, encabezamiento y despedida.
> ▶ Usa un tono semiformal y persuasivo.
> ▶ Planifica una información detallada sobre la nueva medida y agradece de antemano la colaboración de tus compañeros.

Teoría del conocimiento

▶ Cada vez hay más empresas multinacionales que se instalan en diferentes países que tienen códigos de comportamiento diferentes unos de otros. Esto puede generar situaciones particulares en que habrá que poner en práctica la resolución de conflictos en el trabajo debido a las diferencias culturales entre la empresa y un país determinado.

▶ En un caso semejante, ¿qué aspecto crees que debería tener prioridad para resolver un conflicto: el código de comportamiento de la cultura de la que procede la empresa o el respeto por la cultura local en que se encuentra?

▶ Vamos a preparar un debate sobre esta propuesta para poner en práctica nuestro pensamiento crítico. Tenemos que ponernos de acuerdo sobre un conflicto concreto que pueda ser significativo en nuestra cultura para desarrollar el debate.

Objetivos

Considerar…

▸ diferentes aspectos de las relaciones entre los jóvenes y la sociedad y el entorno donde viven.

▸ los cambios que se están produciendo en los valores de los jóvenes en la sociedad actual.

▸ diferentes valores positivos y negativos de nuestra sociedad.

Lengua: el uso del condicional simple.

Contextualización

▸ Mira la siguiente foto e, individualmente, escribe un mínimo de seis palabras (adjetivos o sustantivos) que te sugiere.

▸ Ahora en parejas comparte tus palabras y explica por qué las has elegido. ¿Son las mismas? ¿Cuáles son iguales? ¿Y diferentes? ¿Qué tipo de palabras son?

▸ En parejas reflexiona sobre lo siguiente.

– ¿Qué valores pensáis que son importantes que una persona posea? Escribid una lista.

– ¿Por qué son importantes esos valores? ¿Qué beneficios tienen esos valores para esa persona en particular y para la sociedad en general?

– ¿Crees que nuestra sociedad está cambiando sus valores? ¿De qué manera? ¿Son positivos o negativos esos nuevos valores? Explicad.

– ¿Quién piensas que es responsable de inculcar los valores a los niños y jóvenes? ¿los padres?, ¿la familia?, ¿el entorno?, ¿la sociedad?, ¿la escuela? ¿todos ellos? Razona tu respuesta.

▸ A continuación aparecen unas citas de personas famosas relacionadas con distintos valores. Cópialas en tu cuaderno y decide qué cita se corresponde con cada valor.

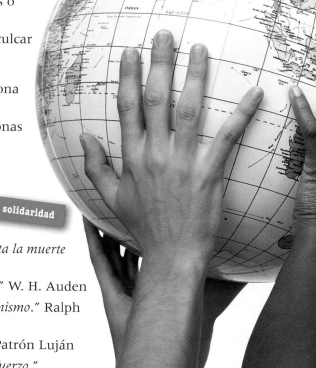

generosidad | amistad | justicia | tolerancia | solidaridad

a *"No comparto lo que dices, pero defenderé hasta la muerte tu derecho a decirlo."* Voltaire

b *"Estamos en la Tierra para ayudar a los otros."* W. H. Auden

c *"El regalo más grande es dar una parte de ti mismo."* Ralph Waldo Emerson

d *"Un amigo es una luz que nos guía."* Roger Patrón Luján

e *"La justicia proporciona paz, pero requiere esfuerzo."* Ramón Llull

¿Qué es la Red Solidaria de Jóvenes?

¿A quiénes se dirige?

[1] La propuesta de la Red Solidaria de Jóvenes se dirige a jóvenes de 12 a 18 años, ubicados en centros educativos acompañados por un educador o educadora.

¿Qué propone?

[2] Tiene como objetivo apoyar el proceso de educación integral de los y las jóvenes fomentando el cuestionamiento y la compresión de la realidad social en que viven, la reflexión sobre las causas que generan situaciones de desigualdad e injusticia, el reconocimiento de los valores universales y los derechos humanos como pautas de convivencia, el encuentro con otras personas y el desarrollo de los sentimientos de pertenencia a la comunidad local y global. La Red Solidaria de Jóvenes impulsa además la participación de los y las jóvenes como ciudadanos y ciudadanas activos y responsables que asumen de manera crítica, reflexiva y progresiva el ejercicio de sus derechos y sus deberes, participando en la sociedad con conciencia de su capacidad para construir un mundo más justo para todos y todas.

¿En qué consiste?

[3] Se concreta en cada centro educativo en uno o más grupos de jóvenes que quieren profundizar en la realidad del mundo en que viven y en la posibilidad que tienen de transformar esa realidad, en el lugar en que se encuentran y con la edad que tienen. Y que quieren compartir sus experiencias, inquietudes, reflexiones y propuestas de acción con otros grupos de jóvenes de otros lugares. Es necesario que cuenten con el apoyo de un educador o educadora que les acompañe en todo este proceso.

[4] Estos grupos elaboran su propia agenda solidaria para cada curso escolar, en la que planifican las acciones y proyectos que quieren llevar a cabo en el centro y en la comunidad cercana. A principio y a final de curso, se reúnen con los grupos de otros centros de su comunidad autónoma en asambleas, en las que se forman y comparten experiencias.

[5] Asimismo, participan en encuentros estatales en los que se reúnen con jóvenes de todas las redes de España y que cuentan con representantes de redes juveniles del hemisferio Sur, fundamentalmente latinoamericanas.

[6] Desde Entreculturas se organizan estos espacios de encuentro, al tiempo que se plantean actividades conjuntas a nivel autonómico, estatal e internacional que favorezcan el trabajo en red y el sentimiento de pertenencia a un movimiento común, como medio fundamental para motivar a los y las jóvenes.

[7] Ofrece además materiales didácticos y formativos, y herramientas basadas en las nuevas tecnologías (blogs, web, ciberacciones), para facilitar el trabajo en los grupos y el establecimiento de redes entre las personas y los grupos que participan en el programa.

[8] Los equipos educativos de Entreculturas están además a disposición de los centros para ofrecer asesoría y acompañamiento en todo el proceso.

¿Cómo participar?

[9] Para participar en la propuesta de la Red Solidaria de Jóvenes tan solo hay que estar motivado para educar en la solidaridad y el compromiso, y ponerse en contacto con Entreculturas en: *Red Solidaria de Jóvenes* educacion@entreculturas.org

Entreculturas

Basándote en el texto elige la opción que completa mejor la frase.

1 La Red Solidaria de Jóvenes…

  A está formada por jóvenes.
  B está dirigida a educadores.
  C está ubicada en las escuelas.

2 Los jóvenes que participan en esta red…

  A tienen dificultades en los centros educativos.
  B se comprometen a participar en actividades para ayudar a los necesitados.
  C son ciudadanos desfavorecidos.

3 Las actividades propuestas por la Red Solidaria de Jóvenes…

  A están diseñadas por un educador.
  B ocurren en los colegios.
  C están directamente ligadas a las edades y ubicación de los participantes.

Basándote en el texto transcribe la palabra que significa:

4 forma (*párrafo 2*)

5 obligación (*párrafo 2*)

6 cambiar (*párrafo 3*)

7 sitio (*párrafo 3*)

8 realizar (*párrafo 4*)

9 reunión (*párrafo 4*)

10 nacional (*párrafo 5*)

Basándote en el texto indica si estas frases son verdaderas (**V**) o falsas (**F**) y escribe las **palabras del texto** que justifican tu respuesta.

11 Los grupos formados deben de estar supervisados por un profesor.

12 En un colegio puede haber solamente un grupo.

13 Los grupos hacen una propuesta de actividades solidarias anualmente.

14 Hay dos reuniones al año para compartir experiencias con otros centros.

Completa las siguientes frases con **palabras tomadas del texto** literalmente.

15 Para … su tarea hay materiales a disposición de los participantes.

16 Para … a los jóvenes, Entreculturas organiza actividades y encuentros entre los diferentes grupos.

17 Las asambleas … con participantes españoles y latinoamericanos.

Basándote en la información de los párrafos (7), (8) y (9) responde a las siguientes preguntas.

18 ¿De qué manera apoya Entreculturas a los participantes en su programa?

19 ¿Qué dos requisitos se necesitan para poder participar en estos programas?

Para reflexionar

En parejas discute y reflexiona sobre lo siguiente.

▸ ¿Conocías con anterioridad la existencia de la Red Solidaria de Jóvenes? ¿Sabías que los jóvenes voluntarios son la parte esencial de esta organización?

▸ Después de leer las diferentes áreas de actuación de la Red Solidaria de Jóvenes, ¿cómo calificarías la labor de esta institución dentro de la sociedad? ¿Te gustaría participar activamente en ella? ¿En qué programa te gustaría participar? ¿Por qué?

▸ ¿Haces algún tipo de servicio a la comunidad? Si es así, ¿qué te mueve a hacerlo?

▸ Basándote en el entorno en el que vives ¿en qué áreas piensas que es más importante el servicio a la comunidad?

Estudio de la Fundación Santa María

Los jóvenes se ven consumistas, egoístas y muy poco tolerantes

(1) Tienen una imagen muy negativa de ellos mismos. La familia y los amigos son las prioridades principales de su vida. El 60% relaciona el aumento de la delincuencia con la inmigración.

(2) ¿Cómo son los jóvenes españoles? Quién mejor que ellos mismos para responder a la pregunta. Nuestros chavales se definen como consumistas, rebeldes, egoístas, que «sólo piensan en el presente» y sin «sentido del deber». También se retratan como poco tolerantes y poco trabajadores y, sobre todo, como inmaduros, según un estudio elaborado por la Fundación Santa María (4.000 entrevistas a jóvenes de 15 a 24 años).

(3) En definitiva, los jóvenes tienen una imagen muy negativa de sí mismos.

(4) «Esto es así porque han internalizado la imagen social que se tiene de ellos, que en general es mala. Nuestros jóvenes, pese a declararse libres y felices, ni son libres ni están felices. En el fondo están muy atados, básicamente a su familia», explica el sociólogo Javier Elzo, uno de los autores del estudio.

La familia, una prioridad

(5) Precisamente la familia es, junto con los amigos, dos de las principales prioridades en su vida. «Les preocupan los problemas cotidianos y próximos, en detrimento de los más generales», explica Elzo. Aunque el estudio también señala, no obstante, que dan mucha importancia «a ganar dinero» y «a llevar una vida sexual satisfactoria». Otro de los aspectos que destaca el informe, y que preocupa a sus autores, es que los jóvenes se declaran muy poco tolerantes con los demás.

Más permisivos con lo privado

(6) Un aspecto positivo que resalta este estudio es que los jóvenes españoles son cada vez más permisivos con los comportamientos privados (con las decisiones personales) y más exigentes con los de carácter público, «los valores éticos se han liberalizado», asegura el informe. Por ejemplo, la juventud valora que en nuestra sociedad exista el divorcio y la adopción de hijos por parejas homosexuales. También les gustaría que se permitiera la eutanasia. Por contra, creen intolerable la pena de muerte, la violencia doméstica y aceptar sobornos en el trabajo.

La España de las autonomías

(7) Uno de cada cuatro jóvenes se siente más identificado con su autonomía que con España. Los que más, los canarios y los vascos. En el lado contrario, los castellanos, «los más españoles».

Terrorismo y drogas, problemas sociales

(8) El terrorismo, las drogas y el paro son los tres principales problemas que tiene la sociedad española, según los jóvenes. Los que menos preocupan son la corrupción política y el medio ambiente.

ONG, la institución más valorada

(9) Sólo cinco de las 16 instituciones que enumera el estudio merecen el aprobado de los jóvenes: las ONG, el sistema educativo, la Seguridad Social, la Policía y la UE.

David Fernández
20 Minutos

Basándote en los párrafos (1) y (2) los seis adjetivos con los que se describe a los jóvenes españoles son:

1 ......

2 ......

3 ......

4 ......

5 ......

6 ......

Basándote en los párrafos (2), (3) y (4) completa las siguientes frases para que tengan sentido.

7 Los jóvenes son…	**A** unos vínculos muy estrechos con su familia.
8 La juventud es…	**B** los mejores jueces de sí mismos.
9 Los adolescentes españoles afirman que…	**C** una imagen negativa de la juventud.
10 La juventud tiene…	**D** menos feliz de lo que piensa.
11 La sociedad tiene…	**E** felices y libres.
	F no son responsables y no les gusta trabajar.
	G mucha tolerancia con los demás.

Basándote en el texto elige la opción que sustituye mejor a la(s) palabra(s) en negrita.

12 el aumento de la **delincuencia** (*párrafo 1*)

    A criminalidad
    B tolerancia
    C negatividad

13 pese a **declararse** libres (*párrafo 4*)

    A independizarse
    B considerarse
    C verse

14 los problemas **cotidianos** (*párrafo 5*)

    A del día a día
    B graves
    C laborales

Basándote en los párrafos (2) y (5) indica si estas frases son verdaderas **(V)** o falsas **(F)** y escribe las **palabras del texto** que justifican tu respuesta.

15 En la entrevista participaron solamente adolescentes.

16 Para los jóvenes los amigos son más importantes que la familia.

17 La tolerancia es un valor en alza entre los jóvenes.

18 Según el párrafo (6), ¿cuál es la postura de los jóvenes españoles frente al divorcio?

Completa la siguiente frase con una palabra del párrafo (6).

19 Los jóvenes están a favor de legalizar el/la…

Para reflexionar

En parejas discute y reflexiona sobre lo siguiente.

▶ Lee el título del artículo, ¿estás de acuerdo con esta frase? ¿Por qué? ¿Cómo te ves a ti mismo? ¿Y a los otros jóvenes de tu entorno? Haz una lista con los adjetivos que crees que describen a tu generación.

Basándote en el texto transcribe la **palabra** que significa:

20 destacar (*párrafo 6*)

21 conducta (*párrafo 6*)

22 haber (*párrafo 6*)

23 desempleo (*párrafo 8*)

24 citar (*párrafo 9*)

25 Basándote en el párrafo (8), ¿qué dos temas no preocupan mucho a los jóvenes?

26 Basándote en el párrafo (9), ¿cuántas instituciones no están positivamente valoradas por los jóvenes?

Completa las siguientes frases con **palabras tomadas del texto** literalmente.

27 Los jóvenes que se consideran más españoles son…

28 Los jóvenes españoles no están preocupados por…

29 La ONG es la organización… por los jóvenes.

Perfil de la comunidad del IB

▶ En parejas elabora una encuesta para averiguar cómo se ven los jóvenes de tu escuela. Proporciona la encuesta a todos los estudiantes de español.

▶ A partir de sus respuestas debemos sacar nuestras conclusiones sobre los resultados y escribir un informe similar al elaborado por la Fundación Santa María. (Quizás necesites la colaboración de los profesores de español para que los estudiantes de niveles iniciales puedan contestar a todas las preguntas.)

Actividades orales

1 Actividad oral individual

1 ¿Quién aparece en esta foto?

2 ¿Qué están haciendo?

3 ¿Qué relación piensas que hay entre los jóvenes y los mayores?

4 ¿Qué piensas que mueve a estos jóvenes a pasar tiempo con estos mayores?

5 ¿Qué beneficio reciben los jóvenes de esta relación? ¿Y los mayores?

2 Actividad oral interactiva

Tras escuchar la canción *"No Dudaría"* de Antonio Flores se puede entablar un debate sobre la violencia en nuestro mundo, así como el tema del arrepentimiento. Algunas ideas para la reflexión podrían ser:

▶ ¿De qué dos temas principales trata la canción?

▶ ¿Cómo se siente el protagonista de esta canción?

▶ ¿Qué cosas positivas y negativas encontramos en ella?

▶ ¿Por qué ocurren las guerras? ¿Son inevitables? ¿Cómo podríamos evitarlas? ¿Quién tiene el poder para evitarlas?

▶ ¿Por qué crees que una persona puede sentir arrepentimiento?

▶ ¿A qué conflicto de ahora mismo o de la historia podría corresponder esta canción?

Lengua

Condicional simple

1 Puede expresar consejo, deseo y cortesía:

*Yo **estudiaría** más.*
***Me gustaría** ir a verte*
*¿Me **darías** un consejo?*

2 Puede expresar la probabilidad en el pasado:
***Tendría** unos treinta años cuando la conocí.*

3 Cuando depende de otro tiempo, expresa futuro con respecto del pasado: *Dijo que **llegaría** a las tres.*

Tras escuchar la canción *"Mujer Florero"* de Ella Baila Sola se puede entablar un debate sobre los papeles del hombre y la mujer dentro de la familia y dentro de la sociedad. Algunas ideas para la reflexión podrían ser:

▶ ¿Hasta qué punto hay desigualdad entre el hombre y la mujer?

▶ ¿Hay diferencias entre lo que se espera de un hombre y una mujer?

▶ ¿Hasta qué punto influye la cultura en estas desigualdades? ¿Y la educación? ¿Y los medios de comunicación?

▶ ¿Hasta qué punto influyen estas diferencias en la calidad de vida de hombres y mujeres?

▶ ¿Qué podemos hacer para eliminar las desigualdades entre hombre y mujer?

Tareas escritas

1 Respuesta personal

Lee la siguiente carta y elabora una respuesta personal usando como mínimo 150 palabras. Compara las actitudes y situaciones, tanto similares como diferentes, sobre este tema en la cultura hispana y en la tuya propia.

> La juventud es la edad de los sacrificios desinteresados, de la ausercia de egoísmo, de los excesos superfluos.
>
> *Vincente Blasco Ibáñez*

2 Tareas de redacción

Realiza una de estas tareas relacionadas con el tema de los jóvenes y valores. Escribe un mínimo de 250 palabras.

a La Navidad pasada un grupo de estudiantes de tu colegio participó en una actividad promovida por una ONG local que consistía en visitar a niños enfermos en los hospitales de vuestra comunidad. Tú entrevistaste a un miembro de este grupo. Transcribe esa **entrevista** donde te narró como entraron en contacto con esa ONG, qué hicieron, cómo se sintieron, por qué piensan que es importante esa actividad y cualquier otra información relevante.

b Quieres empezar un nuevo club en tu colegio dedicado a ayudar a personas necesitadas en tu comunidad (por ejemplo: inmigrantes que no hablan el idioma, niños con problemas de alcohol, ancianos que viven solos, etc.). Diseña un **folleto** para animar a tus compañeros a unirse al club, dándoles toda la información necesaria sobre las actividades que llevaréis a cabo.

c Tras leer el artículo en el periódico del Texto B, escríbele una **carta** al director explicándole por qué estás de acuerdo o no con la frase *"Los jóvenes se ven consumistas, egoístas y muy poco tolerantes"*.

A5 Grupos y discriminación en la sociedad: identidad, similitudes y diferencias, inclusión y exclusión

Objetivos

Considerar…

▸ la realidad de las sociedades multiculturales y reflexionar sobre la nueva generación multicultural.

▸ las necesidades de integración de culturas marginadas

Lengua: estructuras de opinión y argumentación; repasar tiempos de pasado (*hablaba*, *hablé*, *he hablado*) y presente condicional (*hablaría*).

Contextualización

▸ ¿Qué representa para ti este dibujo? Intenta, con ayuda de tus compañeros, crear una lista de palabras y compartirla con el resto de la clase.

▸ Ninguna cultura se puede entender como algo aislado. ¿Estás de acuerdo con esta opinión? ¿Cómo la explicarías?

▸ ¿Cómo describirías los conceptos de discriminación e integración? Consulta un diccionario si es necesario y después contrasta

tu respuesta con la de tus compañeros para ampliar la definición.

▸ ¿Qué ventajas crees que puede aportar una sociedad en la que haya varias culturas? ¿Y qué problemas puede haber?

▸ Utiliza los siguientes conceptos para construir una lista de palabras relacionadas con **Interculturalidad**. Intenta añadir otros. ¿Estás de acuerdo con el resto de tus compañeros?

fomento de tópicos / conocimiento del otro / cooperación / aceptación / rechazo / desinterés / ausencia de solidaridad / comunicación / destrucción de estereotipos / participación / desprecio desconocimiento / desigualdad / reconocer la diversidad exclusión social / igualdad de derechos / miedo / inclusión problemas / eliminar barreras / egoísmo / apertura / ausencia de compromiso / falta de respeto

La transición multicultural

1 **España es ya el segundo país del mundo**, después de EE UU, con más inmigración. Y, a diferencia de otros, ha recibido la inmigración en pleno 'boom' tecnológico. Uno de cada seis jóvenes ha venido de fuera. Insuflan[1] juventud a una sociedad que envejece. Y tienen rasgos que les hacen muy preparados para el futuro. Esta es la generación i.

2 A Chong Jon Chao Yang, de 22 años, se le olvida que tiene rasgos asiáticos. Llegó a Madrid siendo un niño y quizá por ello vacila cuando le preguntan de dónde es: "Soy español... y chino. Pero soy diferente a mis padres, tengo otra mentalidad".

3 **Uno de cada seis jóvenes** en España siente algo parecido. Encarnan el punto de inflexión de una sociedad que cambia de rostro. Son la generación de la transición multicultural. Según la OCDE, España es ya el país con más porcentaje de inmigrantes de Europa (10%, 4,5 millones de personas) y el segundo del mundo, después de Estados Unidos. La generación de enlace comienza a brotar. "Estos jóvenes le van a dar un tinte distinto a España, la van a transformar en una sociedad pluricultural. Empiezan a verse en trabajos, servicios y puestos medios de poder. Puede ser un cambio prometedor, o conflictivo si no se prevén aspectos como los prejuicios", opina Tomás Calvo, director del Centro de Estudios sobre Migraciones y Racismo (Cemira) de la Universidad Complutense de Madrid.

4 **La inmigración insufla juventud** a una población española que envejece (el ritmo más acelerado de la UE, según la OCDE). Según el Injuve, es la población que más crece. En los últimos cuatro años, los jóvenes inmigrantes de entre 15 y 29 años han aumentado un 64%, hasta llegar a 1,3 millones. Tres nacionalidades concentran el 40% de esta generación: Rumania (211.127), Marruecos (193.393) y Ecuador (141.252). El perfil de este joven es un puzle[2] de acentos, nacionalidades y matices. Pero hay rasgos comunes: comienzan a trabajar pronto, dejan la casa de sus padres antes que la media española, participan un poco más en voluntariados, prefieren ir de compras que de marcha y tienen mucho interés por las nuevas tecnologías, detalla la socióloga Sonia Parella, de la Universidad Autónoma de Barcelona. En muchos casos son trilingües: hablan el idioma materno, el castellano y el de la comunidad en la que residen.

5 **La mayoría de los jóvenes** inmigrantes aterrizan, después de la reagrupación familiar, en el aula de un instituto. Según el Ministerio de Educación hay más de 600.000 alumnos extranjeros en las aulas (uno de cada siete), esto sin contar los hijos de inmigrantes que ya han nacido en España. La inmigración ha llenado los institutos tras años de sucesivos descensos de la escolarización, derivados de la reducción de la natalidad.

6 **Prejuicios, *'game over'*.** El muro de los prejuicios se construye desde ambos lados. La encuesta *Aprendiendo a Convivir Culturas y Religiones*, que el Cemira adelanta con diez mil jóvenes en España, detecta prejuicios comunes. "Los grupos de menor simpatía entre alumnos españoles son: marroquíes, gitanos y subsaharianos. Lo llamativo es que los alumnos inmigrantes señalan el mismo orden. Los extranjeros redefinen sus lealtades de acuerdo al grupo mayoritario. El nivel de prejuicio no es alarmante, pero sí alto, sobre todo hacia marroquíes y gitanos", comenta el director del centro, Tomás Calvo, mientras agrega que después del 11-S los marroquíes encabezan la lista. Irónicamente, según el estudio de Aparicio, los chicos marroquíes (el colectivo inmigrante más grande en España) son los más integrados en la sociedad española, tienen amigos y están bien ubicados en sus trabajos.

Juanjo Robledo
El País

---

[1] inyectan, transmiten
[2] rompecabezas

Busca en el texto una **palabra** o **estructura** que tenga un significado similar a la palabra o estructura que aparece.

1 ser extranjero *(párrafo 1)*

2 aportar *(párrafo 1)*

3 borrarse *(párrafo 2)*

4 representar *(párrafo 2)*

5 de transformación *(párrafo 3)*

6 nacer *(párrafo 3)*

7 cambiar *(párrafo 3)*

8 esperanzador *(párrafo 3)*

9 se hace mayor *(párrafo 4)*

10 rápido *(párrafo 4)*

11 retrato *(párrafo 4)*

12 salir por la noche *(párrafo 4)*

13 llegar *(párrafo 5)*

14 baja *(párrafo 5)*

15 encontrar *(párrafo 6)*

16 añadir *(párrafo 6)*

17 ser los primeros *(párrafo 6)*

18 situados *(párrafo 6)*

Las frases que aparecen a continuación contienen información errónea. Busca en el texto la **información correcta.**

19 La inmigración no ha aumentado en España.

20 Gracias a los jóvenes inmigrantes la sociedad española ha parado su aumento en población mayor.

21 Las segundas generaciones de inmigrantes se sienten iguales a sus padres.

22 Los prejuicios no van a ser un problema para esta nueva generación.

23 La población marroquí es la que más ha crecido en España.

24 Los nuevos jóvenes inmigrantes se van de casa de sus padres después de la media española.

25 Estos jóvenes utilizan menos la tecnología.

26 En las escuelas ha habido un aumento de alumnos derivado de este proceso migratorio.

27 El sector más integrado en la sociedad actual son los jóvenes rumanos.

28 ¿Qué otro título utilizarías para este artículo? Justifica tu respuesta. ¿Qué destacarías del texto como más interesante? Escribe cuatro o cinco frases para resumirlo.

29 Chong Jong Chao Yang explica que tiene otra mentalidad a la de sus padres, ¿a qué se refiere? Intenta explicarlo con ejemplos.

30 En el texto se habla de un nuevo joven pluricultural. Describe cómo es según el texto. ¿Qué cambios están ocurriendo en la juventud de tu país? Piensa en cómo podría ser un joven prototipo de la "aldea global" y descríbelo.

31 Piensa en otros cambios que hayan ocurrido en la juventud de tu país o de otras culturas que conozcas. Algunos temas para considerar: las nuevas tendencias, el papel de la tecnología, la forma de relacionarse entre los jóvenes, las expresiones artísticas como música, vídeo, graffiti, etc.

Lengua

Los tiempos del pasado

▶ Para los ejercicios revisa los siguientes tiempos de pasado: pretérito perfecto *(he hablado)*, pretérito imperfecto *(hablaba)* y pretérito indefinido *(hablé)*. Haz una lista de los verbos que se utilizan en los Textos A y B y con tus compañeros describe el uso de los mismos en las frases.

El condicional presente

▶ Revisa también el uso del presente condicional *(hablaría)* para realizar la actividad 5 del Texto B.

Las perífrasis verbales

▶ ¿Has descubierto algunas perífrasis verbales en los dos textos? Amplía esta lista con ellas: *comenzar a* + infinitivo, *acabar de* + infinitivo etc. Después intenta emplear el mayor número posible en las actividades.

Texto B

GITANOS
la integración pendiente

1 Después de siglos de convivencia con el pueblo gitano, la ONG Médicos del Mundo ha puesto el dedo en la llaga denunciando las condiciones en las que viven. Mediante la creación de "Romeurope" se puso en marcha una red en lucha por la salud en particular y contra la exclusión en general. En España nos toca de cerca.

2 Como informa Mª Ángeles Rodríguez Arenas, Responsable de Programas Cuarto Mundo, en Médicos del Mundo llevan ya cuatro años promocionando la salud de los gitanos que viven y pasan por Alemania, Francia, Grecia, Italia y España. En nuestro país atienden a los que viven aquí y a los que están de paso, como los gitanos portugueses que vienen a trabajar como temporeros o los de los países del Este.

3 *¿Por qué en España motiva poco la lucha por ayudar a los gitanos, cosa que no sucede con los emigrantes, por ejemplo, o con las grandes catástrofes naturales?*

Nos importa más luchar contra esas catástrofes cuando la situación está fuera, pero cuando bajas a la calle y te encuentras a un pobre en la puerta miras para otro lado. Son temas que, no es que no toquen a la conciencia, pero a los que uno pone más barreras porque cada cual se hace su composición para vivir. Das los 10, 30 o 50 euros para una obra humanitaria, a ser posible lejos, pero luego te molesta ver la miseria justo a la puerta de tu casa.

4 *Habláis en vuestro informe de que ser gitano, chabolista y nómada produce un cuadro sanitario bastante desalentador. De esas tres características, para no romper la identidad cultural de ese pueblo, solo es posible cambiar el chabolismo. ¿Qué propone vuestro programa para reducir sus problemas de salud?*

Lo que se intenta es lograr la integración de estas personas en las redes normalizadas. Eso con los gitanos españoles es bastante fácil, en el sentido de que son muy poco nómadas y tienen pleno derecho a utilizar la red sociosanitaria, pero no lo hacen porque no se ajusta a su forma de vida. También se puede intentar que las condiciones de vivienda no sean tan precarias, y ahí se puede actuar en la medida en que las políticas de los gobiernos quieran.

5 *¿Ellos consideran como prioritaria su salud, o valoran otras cosas por encima de ello?*

Imagina una persona que tiene unas condiciones económicas y de vivienda probablemente bastante malas. Por ejemplo, los gitanos de Europa del Este que nosotros atendemos no saben dónde quedarse una noche, no saben si va a venir la policía y los va a quitar del asentamiento en el que están. Evidentemente tienen cosas que están por encima, dentro de su lista de prioridades. Para ellos se hace prioritaria la salud cuando se les desestabiliza de una manera importante. Y es que viven una situación mucho más inmediata que es la de la subsistencia, por lo que la salud quedaría un poquito al margen.

6 *La creencia generalizada es que, para aceptarlos, debieran sumarse a nuestro estilo de vida. ¿Tememos la pluralidad, las creencias y estilos de vida diferentes?*

Evidentemente, sí. Todo lo que es diferente, cuando menos lo miramos de reojito. Hay cierto recelo a la diferencia, eso siempre ha existido y me imagino que seguirá existiendo. Todo lo que sea relativizar tus propios valores, compararlos con los que tiene una persona de una cultura diferente, sencillamente removerte un poco los cimientos, te deja en una cierta incertidumbre que siempre da miedo. Todo lo que es igual a nosotros nos parece mucho más cercano y lo miramos con mucho más cariño. Tienen que ser *payitos* para que les queramos mucho, y ya está.

7 *¿Los excluimos o se autoexcluyen?*

Es una mezcla. Yo creo que esta es una lucha de hace muchísimos años. Desde que los Reyes Católicos establecieron su expulsión no ha habido nadie que establezca su integración total, en el sentido de que son diferentes, tienen una cultura diferente y son minoritarios. Por tanto siempre van a sentir lo que las minorías: la pérdida frente al mayor, frente al que establece las normas, las leyes y la forma de vivir. Pensamos 'son gitanos y viven así'. Es el ponernos esas gafas negras que no dejan ver nada más que lo que queremos y lo que menos nos molesta a la conciencia.

Marta Iglesias
www.revistafusion.com

Busca la **estructura** con un significado parecido en el texto.

1 señalar lo más polémico *(párrafo 1)*

2 afectar *(párrafo 1)*

3 ayudar *(párrafo 2)*

4 estar temporalmente en un lugar *(párrafo 2)*

5 trabajadores eventuales *(párrafo 2)*

6 límites *(párrafo 3)*

7 desesperante *(párrafo 4)*

8 casas marginales *(párrafo 4)*

9 personas que no tienen un lugar permanente *(párrafo 4)*

10 acoplarse *(párrafo 4)*

11 insuficientes *(párrafo 4)*

12 poblado *(párrafo 5)*

13 manutención *(párrafo 5)*

14 mirar disimuladamente *(párrafo 6)*

15 desconfianza *(párrafo 6)*

16 duda *(párrafo 6)*

17 personas que no son gitanas *(párrafo 6)*

Relaciona las dos partes de la frase para que tengan sentido.

18 El programa *Cuarto Mundo* de *Médicos del Mundo* se encarga…	**A** más importante que el de la salud sanitaria.
19 Muchos gitanos portugueses vienen…	**B** a trabajar en la agricultura.
	C siendo una minoría.
20 En muchas situaciones el problema de la manutención es…	**D** un problema que se está intentando erradicar.
21 La etnia gitana sigue…	**E** sean lo menos básicas posible.
22 El chabolismo es…	**F** de prestar servicios sanitarios a algunos gitanos que viven en España.
23 Lo importante es que las condiciones de vivienda…	

24 ¿Qué opinas del contenido de las frases del ejercicio anterior? ¿Estás de acuerdo? Justifica tu respuesta.

Basándote en los párrafos (3), (4) y (5) del texto, copia y completa la tabla en tu cuaderno.

En la frase…	la(s) palabra(s)	en el texto se refiere(n) a…
25 … pero a **los** que uno pone más barreras…	"los"	
26 …pero no **lo** hacen porque…	"lo"	
27 …y **los** va a quitar del asentamiento …	"los"	
28 …que es **la** de la subsistencia…	"la"	

29 Según la información del artículo, ¿cuáles son las propuestas del programa *Cuarto Mundo* para mejorar la calidad de vida de los gitanos?

30 En el texto el entrevistado expresa algunas de sus opiniones. Cuando dice *"Nos importa más luchar contra esas catástrofes cuando la situación está fuera, pero cuando bajas a la calle y te encuentras a un pobre en la puerta miras para otro lado"*, ¿qué quiere decir? Explícalo en otras palabras. ¿Estás de acuerdo con esta afirmación?

31 Comenta lo siguiente: *"También se puede intentar que las condiciones de vivienda no sean tan precarias"*. ¿Cómo te imaginas una vivienda precaria y qué harías para conseguir que tuviera las condiciones básicas cubiertas? Trabaja con un compañero y amplia la siguiente tabla. Después se pueden comparar las respuestas con el resto de la clase.

Para mejorar la vivienda…
…instalaría una calefacción eficiente.
…pintaría las paredes si lo necesitan.

32 En el texto se habla de los miedos que los gitanos del Este experimentan al llegar a España. ¿Puedes ampliar la lista del párrafo (5) con las ideas que compartas en pequeños grupos?

33 ¿Qué sabes de la cultura gitana? Busca información para definir al pueblo gitano: lugar de procedencia, lengua, costumbres, tradiciones. Busca en Internet algunos datos para compartir con tus compañeros.

34 La importancia de la solidaridad se resalta en el texto. ¿De qué forma podemos ser más solidarios? Trabaja en pequeños grupos para compartir ideas y elaborar una lista.

35 ¿Qué minorías étnicas existen en tu país y en otros países que conozcas? ¿Tienen prioridades similares a las que se comentan en el texto? Comparte con tus compañeros lo que conozcas.

Actividades orales

1 Actividad oral individual

1 Vamos a utilizar esta fotografía como parte del cartel para promocionar una semana de actividades interculturales. Haz una presentación individual de los tipos de actividades que se realizarán.

2 En clase se va a celebrar un encuentro entre culturas titulado *"Somos iguales, somos diferentes"*. Cada participante deberá representar a una minoría étnica del país en que resida o de una minoría que tenga representación en el ámbito de habla española.

3 *"El restaurante del mundo"*: En pequeños grupos vamos a investigar la riqueza culinaria de algunas etnias asentadas en países de habla española y después preparar un informe para presentar al resto de la clase.

4 *"El nuevo"*: Vamos a imaginar que a nuestra clase llega un nuevo estudiante. En pequeños grupos presentaremos un proyecto para celebrar la llegada de nuestro nuevo compañero.

2 Actividad oral interactiva

Podemos elegir una de estas películas para ver en clase y después realizar un debate sobre los siguientes puntos:

▶ ¿Cómo se representa la multiculturalidad en la película?
▶ ¿Se presentan algunos estereotipos?
▶ ¿Qué otras películas en las que la multiculturalidad juega un papel importante para la trama del filme conoces?

Películas
El próximo oriente (Fernando Colomo, 2006), *Un novio para Yasmina* (Irene Cardona, 2008), *El truco del manco* (Santiago Zannou, 2008), *Fuerte Apache* (Mateu Adrover, 2006), *Masala* (Salvador Calvo, 2007), *Arena en los bolsillos* (César Martínez, 2006)

Perfil de la comunidad del IB

▶ Intenta utilizar las ideas y opiniones de los materiales para comparar la situación que respecto a estos temas se percibe en tu comunidad, país y países de habla española.

▶ Reflexiona con tus compañeros sobre el trabajo de ayuda humanitaria que realiza Cruz Roja en distintos países de habla española.

Perfil de la comunidad del IB

▶ Podemos familiarizarnos con la declaración universal de la diversidad cultural confeccionada por la UNESCO (2 de noviembre de 2001). Anotaremos los puntos más interesantes y después debatiremos en clase la necesidad de implementar esta declaración.

Tareas escritas

1 Respuesta personal

Lee la siguiente cita y elabora una respuesta personal usando como mínimo 150 palabras. Compara las actitudes y situaciones, tanto similares como diferentes, sobre este tema en la cultura hispana y en la tuya propia. La respuesta deberá expresar tu opinión sobre el tema y justificarla.

> "Para conseguir una multiculturalidad completa es importante trabajar hacia la integración social y la igualdad de derechos."

2 Tareas de redacción

Realiza una de estas tareas relacionadas con el tema de discriminación en la sociedad. Escribe un mínimo de 250 palabras.

a Trabajas en la revista del colegio y te han encargado que prepares un **artículo** sobre la necesidad de destruir estereotipos en la escuela. El tema del artículo es: *"La inclusión tiene solución"*. Puedes hablar de:

> - La situación actual de la diversidad cultural en la escuela.
> - La necesidad de promover dicha diversidad.
> - Las maneras en las que podemos fomentar la integración de las culturas en ese ámbito.

Recuerda repasar los tiempos de presente y utilizar una variedad de conectores para que el texto sea coherente y esté bien estructurado. Puedes cambiar el título también.

b *La multiculturalidad es la realidad*: Escribe una entrada en tu **diario** en la que describes cómo la diversidad cultural se percibe en tu comunidad.

> - Comenta cómo era tu barrio y cómo es ahora, qué cambios ha habido.
> - Da tu opinión personal sobre esta nueva realidad.

Recuerda repasar los tiempos de pasado para utilizarlos bien en tu redacción.

Lengua

Las estructuras de opinión y argumentación

- Haz una lista de todos los sinónimos del verbo *"decir"* que aparecen en los textos. Te servirá a la hora de hacer las actividades orales y escritas. Intenta ampliarla con más palabras equivalentes.

- Es importante también, a la hora de ordenar un discurso oral o escrito, la utilización de conectores (*primero, después, también, además, por otra parte, en cambio,* etc.). Haz una lista para tener siempre a punto con los distintos conectores que conozcas y comparte la información con tus compañeros para ampliarla.

- Revisa y amplía también tu repertorio para expresar opinión, pues tendrás que hacer uso del mismo en las tareas escritas y orales.

CAS

Proyecto de CAS

Escribe un informe sobre un proyecto de **CAS** relacionado con la inclusión en la comunidad (250–400 palabras). Puedes elegir algún proyecto que se esté realizando en tu escuela (deberás hablar para ello con el profesor de CAS) o elegir una de estas tres posibilidades:

- Una biblioteca del mundo con libros de distintas historias.
- La celebración de un festival multicultural.
- La creación de *"El espacio de la identidad"*: una exposición fotográfica en la que la gente utilizará las fotografías de sus familias y recuerdos para fomentar el diálogo intercultural.

Puedes incluir en el proyecto el objetivo de su creación, cómo se llevará a cabo y cómo se creará el anuncio ó póster que servirá para anunciarlo.

A6 Cambios económicos, culturales y sociales

Objetivos

Considerar…

- los nuevos cambios sociales, culturales y económicos que están ocurriendo en la actualidad.
- los nuevos modelos de familia que están presentes en nuestra sociedad.
- situaciones concretas de la nueva sociedad como pueden ser las relaciones entre

mayores y jóvenes en modelos concretos de viviendas urbanas.

- Promover la investigación y el análisis crítico de la realidad social actual.

Lengua: estructuras de argumentación; revisar la utilización de las preposiciones (*a, ante, de, por, para,* etc.).

Contextualización

Perfil de la comunidad del IB

- Intenta encontrar información sobre la dibujante Maitena y comentarla con tus compañeros. También puedes consultar el Informe de la Juventud en la página web del Ministerio de Igualdad de España o el Departamento de la Juventud de otro país donde se hable español y buscar información interesante y relevante.

- Observa estos fragmentos de una tira cómica de la dibujante argentina Maitena sobre cambios en la sociedad y comenta lo que más te llame la atención. En grupos vamos a intentar explicar el sentido de las cinco viñetas. ¿Crees que estos dibujos pueden tener una aplicación universal? ¿Ha ocurrido lo mismo en tu país o en otros países donde se habla español? Explícalo recurriendo a ejemplos y contrastándolos.

- ¿Qué otros aspectos han cambiado en la sociedad actual? Podemos hablar sobre las relaciones entre los miembros de las familias, la constitución de las familias, las costumbres, la economía de los países, el comportamiento de los jóvenes, cómo han afectado la globalización, las nuevas tecnologías o la conciencia medioambiental u otros temas importantes.

Lengua

- Prepara una lista de expresiones para utilizar a la hora de expresar tu opinión y estructurar el texto. Por ejemplo: *para empezar, en primer lugar, después, finalmente, por último, además, también…* Incluye otras expresiones que puedas utilizar, tanto en la expresión oral como escrita.

Plaza de América

Plaza de América es el primer edificio de España de pisos para mayores y jóvenes. Las 72 viviendas que se entregan en noviembre son las primeras de un programa con dos proyectos más en la antigua Lonja Mercado y Catedrático Soler.

El **Patronato Municipal de la Vivienda** tiene a punto la inminente entrega de las primeras 72 viviendas intergeneracionales con servicios comunes ubicadas en el vanguardista edificio municipal de la Plaza de América, que también da cabida a un centro de día para mayores, un centro de salud y un aparcamiento público en rotación. Se trata del primer edificio de España en el que podrán vivir de alquiler a precios muy asequibles personas mayores no dependientes y jóvenes que se comprometen por contrato a dedicar horas a trabajos comunitarios y a convivir con sus vecinos de más edad. Este proyecto se integra en el programa de viviendas intergeneracionales y servicios de proximidad, que también contempla la construcción a partir de enero próximo de otro edificio de esta naturaleza con centro comunitario en la avenida del Catedrático Soler, en Benalúa, y más a medio plazo de un tercero en la antigua Lonja del Mercado, en el centro tradicional. La inversión total de las tres actuaciones ronda los 50 millones de euros con una superficie construida de 59.000 metros cuadrados.

El próximo 15 de noviembre es la fecha inicialmente prevista para entregar las viviendas de protección pública en régimen de alquiler de la Plaza de América, que serán ocupadas en un 80% por personas mayores – en su mayoría con más de 80 años – y el 20% restante por jóvenes de 18 a 35 años sin cargas familiares. El proceso de selección y el sorteo posterior ya se han efectuado. "Hemos comprobado que en los últimos años ha crecido considerablemente la población mayor de 80 años", explicó Asunción Sánchez Zaplana, concejala de Asuntos Sociales, "y somos partidarios de que estos mayores no dependientes mantengan su autonomía el mayor tiempo posible; y si es en compañía de jóvenes, mejor, para que exista convivencia y enriquecimiento mutuo".

Las viviendas tienen una superficie media de 40 metros cuadrados y el alquiler más caro asciende a 179 euros mensuales. Todas están dotadas de aire acondicionado para frío y calor, cocinas completamente equipadas de electrodomésticos, ventilación cruzada y baños con todos los accesorios necesarios para personas mayores.

Pero, además de la convivencia intergeneracional en viviendas perfectamente equipadas, los tres edificios aportarán servicios y recursos a sus respectivos barrios de influencia. Los tres cuentan con centro de día para mayores, que en el caso de Plaza de América comenzará con 40 plazas para llegar hasta las 65, "siempre destinadas a los mayores más desfavorecidos, que suelen vivir solos y su familia apenas les puede atender", explicó Sánchez Zaplana. Este edificio, que ocupa una manzana completa con más de 2.100 metros cuadrados, también cuenta con un centro de salud de primaria y una terraza-jardín en la que está previsto un huerto urbano.

J.E. Munera
www.diarioinformacion.com

1 Antes de leer el texto relaciona las palabras de la primera columna con una palabra de significado similar en la otra columna.

1 estar situado en un lugar	**a** sin cargas familiares
2 moderno	**b** asequible
3 económico	**c** contar con
4 unirse	**d** ubicarse
5 de estas características	**e** destinadas
6 acercarse	**f** integrarse
7 jóvenes solteros	**g** de esta naturaleza
8 conservar	**h** mantener
9 equipado	**i** dotado
10 dedicadas	**j** vanguardista
11 cuidar	**k** rondar
12 tener	**l** atender

Forma frases coherentes utilizando las dos partes de las columnas:

2 Las viviendas intergeneracionales están…	
3 El alquiler del piso…	**A** no es demasiado caro.
4 Tenemos un huerto urbano…	**B** con todo lo necesario para la vida moderna.
5 Los apartamentos están equipados…	**C** supera los 80 años ha aumentado considerablemente.
6 El barrio cuenta con numerosos servicios…	**D** situadas en el centro de la ciudad.
	E es de 60 metros cuadrados.
7 Últimamente la población de mayores que…	**F** para jóvenes y mayores.
	G en el que plantamos verduras de temporada.
8 Los centros de día acogen…	**H** a mayores que necesitan ayuda.
9 La superficie media de las terrazas…	

10 Resume las ideas más importantes del texto en un máximo de 150 palabras. Trabaja con un compañero y después compara las respuestas con el resto de la clase. ¿Coincidís?

11 ¿Qué opinión tienes sobre que las generaciones de jóvenes y mayores compartan espacios como centros sociales, bloques de apartamentos u otras instalaciones…?

12 ¿Qué ventajas tienen las relaciones intergeneracionales? ¿De qué se pueden beneficiar los jóvenes de los mayores y al revés? Habla con un compañero y después comenta con el resto de la clase.

13 ¿Qué tipo de instalaciones tendría un edificio en el que jóvenes y mayores pudieran compartir espacios?

14 Piensa en algunas actividades que podrían realizar las dos generaciones juntas.

15 ¿Qué te parece esta iniciativa? Piensa en otras posibles soluciones para que las relaciones intergeneracionales puedan incorporarse a esta sociedad.

16 ¿Qué tipo de tareas podrían hacer los jóvenes para ayudar a los mayores y estos para ayudar a los jóvenes? Vamos a trabajar en pequeños grupos y después compararemos las respuestas con las del resto de la clase.

Texto B

Modelos de familias

"Debemos aprender a vernos como lo que somos, no como éramos hace 20 años"

① **Familias urbanas y rurales**, extensas o nucleares, nacionales y extranjeras, de razas y nacionalidades diferentes, pasadas por la iglesia o sin papeles, acomodadas o modestas, de gays y lesbianas, monoparentales, de jóvenes que inician su andadura o mayores que repiten, familias que adoptan o acogen niños y niñas de países lejanos y futuro incierto. Clásicas y modernísimas. Están todas, o casi todas, y algunas de ellas, impensables hasta hace muy poco en España.

② **La familia no está para nada en crisis**; más bien al contrario, se encuentra en una fase de apertura y expansión, producto de experiencias vitales compartidas, tiene una enorme vitalidad y es capaz de crear nuevos y variadísimos tipos de relaciones, desde micro hasta macrofamilias. Asistimos a un increíble desarrollo, casi proliferación, de la familia, pero las de ahora son muy distintas.

③ **El cambio**, reflexiona la socióloga Constanza Tobío, es similar al que antes han realizado otros países europeos de nuestro entorno, sólo que mucho más rápido y con mayor mezcla, lo que significa un paso más allá. "A la diversidad está superpuesta la inmigración de todo tipo, jóvenes, niños, los hijos de los inmigrantes que nacen aquí, las adopciones de niños extranjeros, los matrimonios entre distintas razas y nacionalidades… Estamos creando unos nuevos tejidos sociales enormemente novedosos e interesantes desde el punto de vista de la complejidad y variedad…"

④ **En el nuevo panorama** aparecen entremezcladas familias nucleares y numerosas sin que eso presuponga una etiqueta de modernidad o antigüedad, uno de los tópicos que quizá haya que empezar a desterrar. Abuelos, hijos, nietos, primos y hermanos se mezclan hoy con un estilo de vida poco convencional o tradicional. "Hay una vieja idea", dice Tobío, "de asociar la modernidad a pequeñas familias. Y es verdad que los que conviven son unidades cada vez más pequeñas de individuos, pero esos hogares están integrados, cada día más, en redes familiares que tienen relaciones estrechísimas y en las que se ejerce, igual que en otros momentos históricos, la solidaridad y la ayuda mutua. Hoy, las abuelas se vuelcan con el proyecto profesional y familiar de sus hijas, y cuidan a los nietos para que ellas puedan trabajar. Pero el segundo personaje principal, e interesantísimo, es el abuelo materno, que mantiene con los nietos un tipo de relación que no pudo tener con los hijos y con la que está aprendiendo mucho".

⑤ **¿Ha fracasado la familia nuclear** que tantas expectativas suscitó en los años setenta del pasado siglo? Hay, explican los expertos, dos modelos de familia nuclear: la basada en la división de roles, madre, padre, hijos (padre proveedor y madre cuidadora), y el modelo nórdico, en el que madre y padre trabajan, pero tienen una serie de apoyos estatales, servicios colectivos y permisos parentales, que generalmente disfruta la mujer. "A lo mejor, en España podemos ir a un modelo que, sin perder del todo las redes familiares, pueda tener muchos más recursos públicos y sociales que los actuales, apoyos a la conciliación y al cuidado de los niños y ancianos, un poco como el caso francés", dice Tobío.

⑥ **¿Están todas estas familias innovadoras** contempladas en las leyes? Los cambios sociales son siempre más rápidos que los legislativos, pero los importantes avances realizados por el Gobierno en los últimos tres años van en la línea de ampliar la protección social y jurídica de todas las familias (reconocimiento de nuevas formas familiares, mejora de prestaciones económicas, impulso de la conciliación familiar y laboral, aumento de los servicios de atención a los menores de tres años y a los mayores dependientes, reglamentos de familias numerosas…).

Malén Arnáez
El País

Explica con otras palabras las palabras que aparecen en negrita.

1 familias urbanas y rurales, **extensas** o **nucleares**, nacionales y extranjeras, de razas y nacionalidades diferentes, **pasadas por la iglesia** o sin papeles, **acomodadas** o **modestas**

2 jóvenes que inician su andadura o mayores **que repiten**

3 asistimos a un increíble desarrollo, casi **proliferación**, de la familia

4 a la diversidad está **superpuesta** la inmigración de todo tipo

5 creando unos nuevos **tejidos sociales** enormemente novedosos

6 aparecen entremezcladas familias nucleares y numerosas sin que eso **presuponga** una etiqueta de modernidad

7 quizá haya que empezar a **desterrar**

8 Hoy, las abuelas **se vuelcan** con el proyecto profesional y familiar

Las frases que aparecen a continuación contienen información errónea. Busca en el texto la información correcta.

9 El concepto de familia tiene cada vez más problemas.

10 Se pueden determinar claramente los nuevos tipos de familia.

11 España ha realizado un desarrollo en cuanto a las familias al mismo tiempo que el resto de Europa.

12 La complejidad en el contexto familiar no es atractivo para la socióloga.

13 El cambio que sufre España en cuanto al panorama familiar no está exento de problemas.

14 Los abuelos han cambiado su función dentro de la familia, ya que están más separados de ellas.

15 La legislación siempre se adelanta a los cambios sociales.

Escoge la opción que mejor resuma algunas de las ideas expuestas en cada uno de los párrafos (1), (3), (4) y (5) del texto:

16 *Párrafo 1*:
  A En la actualidad hay muchas familias modernas en España.
  B Muchos de los modelos de familia actuales en España eran imposibles hace algunos años.
  C El modelo tradicional de familia ha desaparecido en España.

17 *Párrafo 3*:
  A El cambio en España ha sucedido al mismo tiempo que en otros países europeos.
  B El cambio en España ha sido muy diferente del resto de Europa.
  C El cambio en España ha sido más rápido que en el resto de los países europeos.

18 *Párrafo 4*:
  A La idea de unir familia pequeña y modernidad es un estereotipo.
  B Modernidad y familia pequeña son conceptos que siempre van unidos.
  C El concepto de familia numerosa no está relacionado con modernidad.

19 *Párrafo 5*:
  A La familia nuclear está formada por padre, madre, abuelos e hijos.
  B Ya no existe la familia nuclear.
  C Hay dos tipos de familias nucleares.

Lengua

Las preposiciones y su uso

▶ ¿Te acuerdas de todas las preposiciones en español? Prepara una lista para revisarlas.

▶ Señala en los dos textos de esta unidad ejemplos de uso de las preposiciones para revisarlas.

▶ Es importante recordar que las preposiciones sirven para relacionar elementos de una oración y que pueden significar origen, procedencia, destino, dirección, lugar, medio, punto de partida, punto de llegada, motivo, etc.

▶ Es importante fijarse y practicar el uso de determinados verbos y las preposiciones que estos rigen, así como los cambios que supone el uso de una preposición u otra (*hablar con, casarse con, soñar con, contar con alguien, contar a alguien, prepararse para/a*, etc.).

▶ Revisa también el uso de la *a* personal (*ver a Juan, ver un cuadro*).

20 Con ayuda de un diccionario y de Internet define cada uno de estos conceptos:

> familia nuclear   apoyos estatales   permisos parentales
> recursos públicos   conciliación laboral
> prestaciones económicas   mayores dependientes

21 Lee estas citas y piensa qué tipo de familia de las que aparecen en la caja pueden decir eso:

A *"Disfrutamos mucho todos viviendo cerca de la naturaleza. Mis dos hijos van a una escuela pequeña, cerca de casa y podemos pasar mucho tiempo juntos."*

B *"Al ser tantos a veces me equivoco de nombre. Las comidas son una gran fiesta, ya que nos sentamos 12 a la mesa."*

C *"Mi marido llegó al país buscando trabajo. Nos conocimos y al cabo de cinco meses ya nos casamos. Eva nació dos años después. En casa hablamos español y francés y eso es una ventaja para nuestra hija."*

D *"Para mi hijo no ha sido ningún problema adaptarse a la nueva situación: sabe que tiene dos papás y lo más importante para nosotros es que su educación sea lo más coherente y completa posible."*

E *"Siempre tuve muy claro que deseaba tener un hijo, pero en mis planes no estaba el convivir con su padre."*

F *"Siempre habíamos contemplado la idea de extender la familia, pero mi mujer no quería tener más hijos, así que lo más natural fue solicitar la adopción. Nuestra gran alegría fue conocer a Sohana. Mis hijas se llevan muy bien."*

G *"Al principio nos costó bastante adaptarnos a la vida tan estresante de una ciudad, pero creemos que es lo mejor para nuestros hijos porque tienen más posibilidades que en un lugar más pequeño. Les encantan sus clases de música, visitar museos y asistir a talleres de cerámica los fines de semana."*

> familia monoparental   familia homoparental   familia que adopta
> familia numerosa   familia rural   familia urbana
> familia con distintas nacionalidades

22 En este texto sobre el papel de los abuelos faltan algunos conectores que se encuentran en el recuadro. Copia el texto y complétalo.

> ... la función de los abuelos, ... no constan en las estadísticas de empleo ni reciben el reconocimiento que merecen, muchos hogares pueden llegar a fin de mes. ... tenemos que pensar en todas las familias que sin la ayuda de un mayor no podrían trabajar fuera del hogar, ... no dispondrían de ese apoyo extra. ... suponen un refuerzo económico, ... constituyen una fuente de sabiduría, ... son un recurso de cuentos, juegos, adivinanzas, ... brindan tiempo para el diálogo, la ternura y el apoyo. ..., suponen una parte importantísima de la sociedad actual.

> solo   aunque   en definitiva   y   también   no solo
> puesto que   sino que   ya que   gracias a

Actividades orales

1 Actividad oral individual

1 En clase vamos a realizar un congreso titulado *"Nuevos modelos de familia en el siglo XXI"* en el que cada uno de nosotros va a presentar la situación de las nuevas familias. Traeremos un recorte de prensa y presentaremos esa noticia al resto de la clase. Después entre todos deberemos reflexionar sobre las familias representadas y sacaremos conclusiones sobre las características y problemas que las definen.

2 Como reporteros de la radio de nuestro instituto nos han encargado investigar la situación de los mayores en distintos países/ciudades. En pequeños grupos haremos una presentación sobre un tema en particular. Después todos juntos estableceremos algunas conclusiones. Algunos temas para investigar pueden ser:

Los mayores y las ayudas estatales; Los mayores y algunas enfermedades crónicas (Alzheimer, Parkinson, etc.); *Los mayores y su independencia; Los mayores y la tecnología* (blogs de mayores y para mayores, redes sociales de mayores, etc.); *Los mayores y su representación en la tele, cine, publicidad; La función de los mayores como pilar de las nuevas familias; La nueva juventud de los mayores.*

3 Vamos a realizar una campaña informativa sobre algunos de los cambios sociales que se han dado en el mundo de los jóvenes en estos últimos 20 años. Deberemos elegir una fotografía o dibujo para ilustrar esa campaña y después hacer una presentación individual de unos tres minutos para después establecer un debate con el tema: *"La juventud actual tiene nuevas prioridades"*. Podemos concentrarnos en aspectos como educación, consumo, relaciones personales y sociales, sueños y aspiraciones, o en otros que se consideren interesantes.

4 Como veíamos en la viñeta de Maitena, también ha habido cambios sociales para las mujeres. En pequeños grupos vamos a especializarnos en algunos aspectos que hayan cambiado en el mundo de las mujeres: la mujer

y el trabajo, la mujer y la familia, la mujer y los estereotipos, la mujer y la educación, la mujer y su función social, la mujer y la representación política, etc.

Cada grupo tendrá que presentar uno de estos temas u otro que considere interesante para informar al resto de la clase. Después se establecerá un turno de preguntas y se terminará con un resumen de todo lo que hemos aprendido.

2 Actividad oral interactiva

Podemos ver una de estas películas y después comentarla en clase: *El nido vacío* (Daniel Burman, 2008), *El cuerno de la abundancia* (Juan Carlos Tabío, 2008) *Derecho de familia* (Daniel Burman, 2006), *El viento* (Eduardo Mignogna, 2005), *Familia* (Fernando León de Aranoa, 1996).

▶ Nos podemos fijar en el tema, los problemas que plantean, las relaciones entre los miembros.

▶ Comenta otras películas que muestren las relaciones que se establecen entre distintas generaciones y habla de sus parecidos o diferencias.

Tareas escritas

1 Respuesta personal

Lee el siguiente enunciado y elabora una respuesta personal usando como mínimo 150 palabras. Compara las actitudes y situaciones, tanto similares como diferentes, sobre este tema en la cultura hispana y en la tuya propia. La respuesta deberá expresar tu opinión sobre el tema y justificarla:

> Las relaciones intergeneracionales siempre serán necesarias y son importantes para el enriquecimiento mutuo.

2 Tareas de redacción

Realiza una de estas tareas relacionadas con el tema de los cambios sociales, culturales y económicos. Escribe un mínimo de 250 palabras.

a Cada vez hay más personas mayores que no viven con su familia natural. Una nueva iniciativa ha surgido en la ciudad de Málaga: "*Adopta un abuelito*". Como periodista del periódico de la escuela, te han pedido que escribas un **artículo** sobre esta original iniciativa. Deberás tratar los siguientes puntos en tu redacción:

> ▶ El tipo de programa que intenta rescatar lo esencial que hay en los abuelos, manteniendo su individualidad (las personas que se preparan para tener un protegido mayor reciben de forma gratuita capacitación en nueve talleres que los forman).
>
> ▶ Los beneficios para las dos partes (el abuelo y la familia o persona que lo adopta).
>
> ▶ La opinión personal sobre esta iniciativa.

b Las relaciones entre padres e hijos no siempre son fáciles. Como parte de la celebración de la Semana de la Familia que se celebra este mes, te han propuesto que escribas un texto que anime a los hijos y a los padres a llevarse mejor. Deberás mencionar qué tipo de problemas suelen tener y dar consejos para que la convivencia pueda ser lo mejor posible para ambas partes.

c Elige una de las siguientes opciones que tienen como tema central los cambios sociales y escribe un texto. Para ello tendrás que investigar y recoger textos y recursos sobre la opción seleccionada.

> ▶ Cada vez hay más diferencias entre padres e hijos y la comunicación se hace más difícil.
>
> ▶ Las nuevas tecnologías han fomentado que los jóvenes sean cada vez personas más solitarias.
>
> ▶ Los mayores, en un mundo cada vez más fraccionado, necesitan de servicios ajenos a la familia para poder vivir en condiciones adecuadas.
>
> ▶ La educación es un factor muy importante para poder cambiar las actitudes violentas de algunos jóvenes.
>
> ▶ Los distintos tipos de discriminación (laboral, de género, etc.) son cada vez más evidentes en esta sociedad.

d Escribe un **texto en forma de memoria** que refleje algunos cambios económicos (el mundo del trabajo, las variedades de industrias, etc.), culturales (el mundo de la gastronomía, el ocio, las aficiones, etc.) o sociales (las formas de relacionarse, las tribus urbanas, etc.) de los que hayas sido testigo. Recuerda repasar los usos de los tiempos del pasado para hablar de cómo ha cambiado todo.

f Después de leer el Texto B, decides escribir una **carta** para explicar la necesidad de cuidar a los mayores. En tu carta al director puedes escribir sobre:

> ▶ Los cambios en la sociedad actual y cómo afectan a las personas mayores.
>
> ▶ La necesidad de mejorar tanto los espacios públicos como los privados (parques, bibliotecas, supermercados, etc.) para que sean más accesibles para los mayores con problemas de movilidad.
>
> ▶ Lo importante de presentar ambientes seguros e integrados para los mayores.
>
> ▶ Otras ideas.

1 La relación entre pasado, presente y futuro: aspectos históricos y geográficos

Objetivos

Considerar…

▷ la situación de los pueblos indígenas o aborígenes, aquellas que estaban viviendo en sus tierras antes de que llegaran los colonizadores de otros lugares de distintos países de habla hispana.

▷ algunos acontecimientos históricos y su implicación en el presente y en el futuro: la memoria histórica.

▷ la investigación sobre la realidad social actual de estas comunidades.

Lengua: utilizar los conectores del discurso para ordenar textos e ideas; practicar estructuras para expresar deseo, voluntad y necesidad con subjuntivo; repasar algunas expresiones impersonales y de verbos pronominales con **se**; emplear estructuras de estilo indirecto.

Contextualización

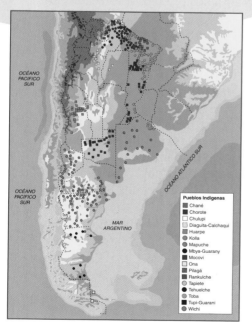

América Latina

Mi cuate
Mi socio
Mi hermano
Aparcero
Camarado
Compañero
Mi pata
M'hijito
Paisano…
He aquí mis vecinos.
He aquí mis hermanos.
Las mismas caras latinoamericanas
de cualquier punto de América Latina:
Indoblanquinegros
Blanquinegrindios
Y negrindoblancos
Rubias bembonas
Indios barbudos
Y negros lacios
Todos se quejan…
Alguien pregunta de dónde soy
(Yo no respondo lo siguiente):
Nací cerca del Cuzco
admiro a Puebla
me inspira el ron de las Antillas
canto con voz argentina
creo en Santa Rosa de Lima
y en los orishás de Bahía.
Yo no coloreé mi Continente
ni pinté verde a Brasil
amarillo Perú
roja Bolivia.
Yo no tracé líneas territoriales
separando al hermano del hermano.
Poso la frente sobre Río Grande
me afirmo pétreo sobre el Cabo de Hornos
hundo mi brazo izquierdo en el Pacífico
y sumerjo mi diestra en el Atlántico.
Por las costas de oriente y occidente
doscientas millas entro a cada Océano
sumerjo mano y mano
y así me aferro a nuestro Continente
en un abrazo Latinoamericano.

Nicomedes Santa Cruz (1963)

▷ Observa el mapa y busca información sobre alguno de los pueblos que aparecen y después comenta lo que has encontrado con tus compañeros.

▷ Busca una definición de poblaciones indígenas en un diccionario enciclopédico o en Internet y contrástala con las de tus compañeros. ¿Conoces el nombre de alguna población indígena de un país de habla hispana?

▷ Lee el poema de Nicomedes Santa Cruz y establece qué conexiones y diferencias tiene con el mapa. ¿Qué elementos e ideas destacarías del poema? ¿Cómo lo interpretas?

Texto A

Indígenas representan el 90% de la diversidad cultural del mundo

En México, en el año 2000, el INEGI identificó alrededor de 60 lenguas indígenas, de las cuales 23 contaban con una cantidad menor a los 2 mil hablantes.

"No tienen cara, sino brazos; no practican cultura, sino folclore; no hacen arte sino artesanía, no profesan religiones, sino supersticiones", dice Eduardo Galeano[1], cita con la que recordamos el Día Internacional de las Poblaciones Indígenas del Mundo ...1... por la ONU en 1994.

Los indígenas son los habitantes autóctonos de las tierras de más de 60 países. Las Naciones Unidas definen la palabra "indígena" como aquella persona ...2... de una determinada región y con unas características nativas, propias e ...3... a la misma. Componen más de 5 mil pueblos y, lo que es más importante, representan el 90% de la ...4... cultural del mundo.

En América, más de 400 grupos étnicos se expresan en sus propias leguas y dialectos. Desde 1980 han nacido en todo el mundo más de mil asociaciones de pueblos indígenas que *piden que su voz se escuche.*

En 1994 la ONU estableció el Decenio Internacional de las Poblaciones Indígenas del Mundo, que ...5... todos los 9 de agosto.

En México, en el año 2000, el INEGI identificó alrededor de 60 lenguas indígenas, de las cuales 23 contaban con una cantidad ...6... a los 2 mil hablantes.

Puede decirse que algunos de los factores históricos que han puesto en riesgo la reproducción de estas lenguas son la convivencia de manera ...7... de los pueblos indígenas con la sociedad, las acciones que buscaban la homogeneidad, entre las cuales *se encontraban* la sustitución de la lengua materna por el español en los centros escolares, y la negación de los ancianos y padres ante los fenómenos sociales del racismo y la discriminación.

Otros factores son la dispersión y la tendencia a que el número de hablantes jóvenes *se encuentra* en ...8... El caso extremo es el de los kiliwa, cuyos pocos hablantes son únicamente personas adultas; de manera general, se han abandonado los mecanismos de transmisión de la oralidad.

México se *reconoce* de manera oficial como culturalmente diverso desde 1992, con las modificaciones al artículo 4º de la Constitución Política de los Estados Unidos Mexicanos, ahora artículo 2º. Esta diversidad *se basa* en la ...9... de múltiples pueblos indígenas, que *se distinguen* por sus diferentes formas de pensar, de actuar y de representar el mundo, para lo cual la lengua es el principal ...10....

El Instituto Nacional de las Lenguas Indígenas (INALI) pone especial interés en las *lenguas indígenas en riesgo con* ...11... *que fortalezcan* a aquellos pueblos interesados en la reactivación de sus lenguas, el ...12... de la tradición oral, expresado a través de la poesía, la narrativa y los cantos.

Las lenguas son el referente inmediato de cualquier sociedad indígena de nuestro país. A través de las lenguas *se desencadenan* los procesos de expresión ...13..., a través de ellas se da pie a las múltiples formas de expresar la diversidad cultural. Los pueblos indígenas ocupan un lugar ...14..., representativo de la diversidad cultural y con visiones diferenciadas del mundo, íntimamente ...15... a la naturaleza y a la tierra.

El Universal

---

[1] Eduardo Galeano: escritor uruguayo.

Completa los espacios numerados **1–15** en el texto con la palabra más adecuada del recuadro.

> inherentes   coexistencia   establecido   vinculado
> simbólica   medio   diversidad   menor
> se conmemora   disminución   reforzamiento
> originaria   significativos   desigual   estrategias

16 Vamos a seguir trabajando con el vocabulario del texto. Copia y completa la tabla. Trabaja con un compañero.

sustantivo	adjetivo	verbo
		representar
componente		
	hablador	
disminución		
	diverso	
coexistencia		
		interesar
		expresar
proceso		
	vinculado	
		arriesgar

17 ¿Qué quiere decir la cita de Galeano que aparece al principio del texto? Explícala con otras palabras.

18 ¿Qué características de la definición de pueblo indígena del artículo coinciden con la explicación que preparaste en los ejercicios de contextualización?

19 Enumera los cinco factores de riesgo para las lenguas indígenas que se mencionan en el texto e intenta buscar el mayor número de ejemplos para ilustrar esos elementos.

20 ¿Crees que la labor de instituciones como INALI es importante? Busca el mayor número de puntos para justificar tu respuesta. ¿Coinciden tus compañeros? Enumera también todos los nombres con siglas que aparecen en el texto y explica qué son y cuál es su función.

21 Resume lo más importante del artículo en un máximo de 150 palabras.

> respetar   implementar   obligar
> autorizar a   permitir

Vamos a seguir practicando con las formas del subjuntivo y del impersonal con *se*, utilizando algunas de las peticiones y derechos especificados en la Declaración sobre los Derechos de los Pueblos Indígenas de la ONU. Utiliza los verbos del recuadro para construir frases lógicas. ¿Puedes añadir alguna frase más utilizando el resto de la Declaración?

Por ejemplo: Pedimos que **se nos permita** establecer nuestros propios medios de información en nuestros propios idiomas.

22 Pedimos que … el disfrute pleno de todos los derechos humanos.

23 Necesitamos que … el derecho a la autonomía o al autogobierno en las cuestiones relacionadas con nuestros asuntos internos y locales.

24 Urgimos a que … el derecho colectivo de vivir en libertad, paz y seguridad como pueblos distintos.

25 Queremos que no … a ser desplazados por la fuerza de nuestras tierras o territorios.

26 Deseamos que … practicar y revitalizar nuestras tradiciones y costumbres culturales.

Lengua

El subjuntivo y los diferentes usos de *se*

Para los ejercicios revisa los siguientes puntos gramaticales: la formación y principales usos del modo subjuntivo y los diferentes usos de *se*. Fíjate en las estructuras de los dos textos que contienen estos aspectos gramaticales y confecciona una lista de ejemplos y usos para revisarlos. Hay algunas que están en cursiva en el Texto A para que las escribas junto a una de estas funciones:

▶ Subjuntivo en estructuras con verbos de deseo, necesidad y voluntad. (**Quiero que** todo **tenga** pronta solución.)

▶ Uso de *se* con valor impersonal. (**Se** comenta que el tiempo va a cambiar.)

▶ Uso de *se* con verbos pronominales. (**Se** arrepintió de todo lo que dijo.)

Aprovecha las tareas escritas y orales para poner en práctica diferentes estructuras que contengan tanto frases en subjuntivo como con *se*.

Texto B

Memoria histórica:
"Tengo 90 años menos 23"

Es increíble que este hombre, Marcos Ana, poeta, **preso** durante 23 años en las cárceles de Franco, tenga casi 90. Él lo explica, sentado cerca de la bicicleta estática que le han prestado en el gimnasio de sus vecinos, citando precisamente esos años **entre rejas**. "Tengo 90 años menos 23". Desde que salió de la cárcel, Marcos Ana *se convirtió* en un **apóstol** de la memoria histórica. El Partido Comunista le llevó por el mundo para **predicar** lo que significa la dignidad de los perseguidos.

Para explicar su **lucha**, que ahora ha cobrado **relevancia** cuando en España **escarbar** en la memoria histórica sigue creando tantas **riñas**, refiere una anécdota que le contó su compañero Simón Sánchez Montero: "Simón estaba siendo torturado, y ya sangraba; entonces el policía, irritado, le gritó: ¿Y por qué lucháis vosotros? Simón le dijo: *Por una sociedad donde a usted no le puedan hacer lo que me está haciendo a mí*. Pues yo lucho por eso".

Marcos Ana contó su historia en *Decidme cómo es un árbol* (Umbriel), y desde el año 2008, cuando apareció, ese libro se ha convertido en un **emblema** de los que luchan, como él, por combinar dignidad y memoria, "*y porque no nos* ***arrebaten*** *la dignidad queriendo quitarnos la memoria*". Esa expresión, decidme cómo es un árbol, no es una metáfora. En la cárcel, Marcos Ana dejó de tener una **percepción** de lo que podría ser un bosque.

Conoció dos penas de muerte y la tortura. Ahora vive en paz, optimista. Le pregunté por qué se mantenía tan optimista. "Eso es bueno para vivir". ¿Una **receta** para tener su alegría? "Tener proyectos sanos. Creo que el fin de la vida es cuando acaban los proyectos. Vivo así, como un joven, con la **inquietud** de un joven, aunque tenga, ¡y me da risa decirlo!, 90 años el 20 de enero".

En la **divulgación** de su lucha por la memoria ha encontrado un **aliado** rendido, Pedro Almodóvar, que va a hacer una película sobre su vida. "La culpa es vuestra, de EL PAÍS. Ustedes publicaron un capítulo de mi autobiografía y Pedro llamó a la editorial; quería hacerse con los derechos. Me encontré con un hombre de una enorme densidad humana, con una sensibilidad a flor de piel… Me dijo: 'El único problema que tendré es cómo llevar al cine a una persona que representa tanto como tú, pero voy a poner mi talento en conseguirlo".

¿Y qué tiene que poner Almodóvar para representarlo?, le pregunté. "Lo primero, dignidad; ha sido la **clave** de mi resistencia, y la de tantos y tantos que sufrieron la cárcel o tuvieron que enfrentarse con la muerte… Eso lo va a hacer él".

"La memoria es dignidad, pero en mí no hay **habitación** para el rencor; he dicho siempre que la venganza no es un ideal político, ni un **fin** revolucionario, aunque no hay que confundir venganza con justicia. Sería absurdo ahora satisfacer mis años de cárcel rompiendo la cabeza del que me la partió a mí". Ni **rencor**, ni venganza, ni olvido. "Ni olvido, por supuesto".

¿Qué le **subleva** más, o qué le reconforta de aquellos años de cárcel? "En primer lugar, cuando cada noche, a excepción de los sábados, tenía que dar el último abrazo a un grupo de compañeros que iban a ser fusilados. Y lo que más me **compensaba** era la dignidad con la que se enfrentaban a la última madrugada de su vida".

¿Siempre, Marcos? "A veces la gente me pregunta qué pensaba cuando sabía que me podían matar. En realidad vivía obsesionado por que cuando llegara mi hora tuviera el valor para saltar sobre un **petate** y despedirme de mis compañeros, darle un viva a la República, a la libertad".

Cuando salió a la calle descubrió "la llama excitante de la vida", y a partir de ahí vivió "como un sonámbulo **apresurado**" que ahora ve la vida "con la misma esperanza que tienen los jóvenes: que otro mundo es posible". "Me marcharé sin verlo. Pero pienso que eso va a ser posible un día".

Juan Cruz
El País

1 Relaciona las **palabras en negrita** del texto con un sinónimo del recuadro:

> lugar   resarcía, indemnizaba   divulgador   fórmula   rápido
> batalla   esencia   amigo   quiten, despojen   encarcelado
> desasosiego, turbación   difundir   información   importancia   inquina
> recluso   objetivo   hatillo   disputas   averiguar   insignia   irrita

2 ¿Qué significa el título del texto? Explícalo con otras palabras. Busca otros títulos alternativos basados en la información del texto.

3 En el texto aparecen muchas frases en estilo directo. Hemos creado una lista con algunas de ellas para que las reescribas en un párrafo completo utilizando el estilo indirecto.

En el texto que he leído Marcos Ana decía que…

- "Tengo 90 años menos 23".
- "Lucho por una sociedad en la que no se pueda hacer lo que me están haciendo a mí", me comentó mi amigo Simón.
- "El optimismo es bueno para vivir".
- "Mi receta para tener alegría es tener proyectos sanos."
- "El fin de la vida es cuando acababan los proyectos".
- "Vivo así, como un joven, con la inquietud de un joven, aunque tenga 90 años".
- "La dignidad, eso ha sido la clave de mi resistencia".

Basándote en la información del texto, copia y completa la tabla en tu cuaderno.

En la frase...	la(s) palabra(s)	en el texto se refiere(n) a...
4 Él **lo** explica, sentado cerca de…	"lo"	
5 …el policía, irritado, **le** gritó…	"le"	
6 Eso **lo** va a hacer él…	"lo"	
7 …**eso** va a ser posible un día…	"eso"	

Basándote en el texto indica si estas frases son verdaderas **(V)** o falsas **(F)** e indica las **palabras del texto** que justifican tu respuesta.

8 Marcos Ana fue desde joven un representante de la memoria histórica.

9 Estuvo encarcelado más de 20 años por sus convicciones políticas.

10 Para él es muy importante preservar la memoria histórica.

11 Se siente, a los 90 años, una persona calmada y cansada.

12 Almodóvar acaba de rodar una película sobre Marcos Ana.

13 Ahora tiene sentimientos de rencor para aquellas personas que le encarcelaron.

14 El último abrazo a sus compañeros de lucha suponía el momento más difícil para él.

15 Cree que el mundo nunca va a cambiar.

Lengua

Estilo indirecto

▶ Revisa los cambios que se producen al pasar de estilo directo a estilo indirecto (tiempos y modos verbales, pronombres personales [*yo*, *nosotros*, etc.] y deícticos [*este*, *eso*, etc.]). Por ejemplo: Juan:"***Viajo*** a México con mis padres" (estilo directo) > Juan ***dijo que viajaba*** a México con sus padres (estilo indirecto).

▶ Intenta incluir conectores del discurso (*primero*, *después*, *también*, *además*, etc.) y también utiliza sinónimos del verbo *decir* para crear un texto fluido.

16 Explica las siguientes estructuras sacadas del texto. ¿A qué hacen referencia?

> la llama excitante de la vida   la memoria es dignidad
> ni rencor, ni vergüenza, ni olvido   sensibilidad a flor de piel
> un sonámbulo apresurado

17 ¿Cómo describirías al poeta Marcos Ana? ¿Qué cualidades tiene? Trata de dar una descripción lo más completa posible.

18 Imagina cómo fueron los años que Marcos Ana pasó en la cárcel. ¿Qué cosas no podía hacer? ¿Qué echaba de menos?

19 ¿Sabes qué es la memoria histórica a la que hace referencia el texto? Busca una definición e información para compartir con tus compañeros.

20 ¿Qué opinas del proyecto de Almodóvar? ¿Cómo te imaginas el argumento de la película? ¿Qué personajes podría tener? ¿Qué localizaciones y lugares serían los principales escenarios de la acción? ¿Y la banda sonora de la película? Elige algunas canciones para incluir en el filme. Trabaja con otros compañeros y después se puede contrastar la información con el resto de la clase.

Perfil de la comunidad del IB

▶ Busca información relativa a la Ley de Memoria Histórica de España u otros países como pueden ser Argentina, El Salvador, Guatemala, Chile, etc. y analiza la implicación que para el presente y el futuro puede tener.

Actividades orales

1 Actividad oral individual

1 Vamos a utilizar una de estas fotografías como anuncio del Día de la Lengua Materna. Haz una presentación individual de los tipos de actividades que se realizarán y de la importancia de hacer esa celebración. Elige una de las fotografías y da las razones que argumenten tu elección. También puedes utilizar otras ilustraciones para el cartel.

2 En clase se va a celebrar un encuentro titulado *"Mosaico de culturas"*. Cada participante deberá representar a un pueblo indígena de los que se presentan en el mapa de los ejercicios de contextualización. Podemos hablar de: sus orígenes, su lengua, sus tradiciones y costumbres, su situación actual en cuanto a su economía, empleo, representación en la prensa, etc.

Al final de las presentaciones haremos un resumen de todo lo nuevo que hemos aprendido y crearemos una serie de recomendaciones para tener en cuenta la importancia de reconocer la pluralidad cultural de nuestro planeta.

3 *"La celebración del Día de la Pachamama"*: Como parte de una aldea global, vamos a hablar de la celebración de este día tan importante para los pueblos indígenas. Cada uno buscará información sobre qué se celebra ese día y propondrá una serie de actividades para celebrar una fiesta en el colegio.

4 *"Una mirada al pasado"*: Podemos establecer en clase una mesa redonda en la que recopilemos diversas noticias de la prensa que traten sobre aspectos de la memoria histórica de varios países como pueden ser Argentina, El Salvador, Guatemala, Chile, España u otros países que os interesen.

Trabajaremos en pequeños grupos para presentar un dosier de cada país. Después podemos presentar toda la información encontrada en forma de póster para decorar nuestra clase de español. ¿Qué grupo ha sido el más original? ¿Qué conclusiones podemos sacar? ¿Qué hemos aprendido?

5 Muchas veces las **canciones** son una forma de presentar de una forma crítica el pasado. Podemos elegir una canción para presentar al resto de la clase. Hablaremos del intérprete, título, tema, relación con la realidad histórica, contenido de la letra y opinión personal. Algunas sugerencias son: *"Pobre Juan"* (Maná), *"Papa cuéntame"* (Ismael Serrano), *"La muralla"* (Quilapayún), *"Desapariciones"* (Rubén Blades), *"Dinosaurios"* (Charly García), pero puedes incluir en la lista otras que te gusten.

2 Actividad oral interactiva

Una sesión de cine: Podemos elegir una de estas películas para ver en clase y después realizar un debate sobre los siguientes puntos:

◗ Diversidad cultural y representación étnica: ¿Cómo se presentan los distintos rasgos étnicos en la película?

◗ ¿Se presentan algunos estereotipos?

Películas

Apaga y vámonos (Manel Mayol, 2005); *Cocochi* (Cárdenas y Guzmán, 2007); *Diarios de motocicleta* (Walter Salles, 2004); *El corazón del tiempo* (Alberto Cortés, 2009); *La teta asustada* (Claudia Llosa, 2008); *Una estrella y dos cafés* (Alberto Lecchi, 2006)

Tareas escritas

1 Respuesta personal

Expresa tu opinión ante una de las siguientes afirmaciones, argumentando tus propias ideas y recogiendo otras de diversas fuentes como periódicos, libros o Internet.

Recuerda recoger información de los ejercicios que has realizado anteriormente, así como de las fuentes que hayas utilizado para tus investigaciones, presentar vocabulario variado e intenta utilizar el presente de subjuntivo con las estructuras practicadas en esta unidad.

> *"Conocer la historia es importante para poder interpretar el pasado de una cultura y para construir su futuro."*
>
> *"Una sociedad totalmente multicultural debe tener en cuenta todos los pueblos que la forman."*

2 Tareas de redacción

Realiza una de estas tareas relacionadas con el tema de las interacciones interculturales. Escribe un mínimo de 250 palabras.

a Tras leer un artículo en un periódico local, decides escribir una **carta** al director del mismo sobre:

> ▶ La necesidad de proteger las culturas indígenas.
>
> ▶ La necesidad de comprender nuestro pasado para poder mejorar el presente y el futuro.

Recuerda utilizar una variedad de conectores para que el texto sea coherente y esté bien estructurado.

b Escribe una entrada en tu **diario** en el que describes tu visita a un pueblo de los que aparecen en el mapa.

> ▶ Describe cómo son sus pobladores (tradiciones, costumbres, lengua).
>
> ▶ Escribe qué sensaciones y sentimientos te ha producido la visita.

Recuerda repasar los tiempos de pasado para utilizarlos bien en tu redacción.

c Una **entrevista** a un delegado de una comunidad indígena: como parte del equipo de redacción del periódico escolar, has tenido la oportunidad de realizar una entrevista a un representante de una comunidad de un pueblo indígena para el próximo número de la revista. En la entrevista este representante ha hablado de la situación en que se encuentra su pueblo, las necesidades, sus tradiciones y costumbres y cómo ve el futuro de su cultura y lengua.

CAS

Proyecto de CAS

Escribe un informe sobre un proyecto de CAS relacionado con una de estas posibilidades, aunque puedes utilizar otras que te parezcan interesantes. Utiliza un mínimo de 250 palabras:

▶ La celebración de El Día Internacional de los Pueblos Indígenas (9 de agosto).

▶ La creación de *"El espacio de la memoria"*: un rincón en el que se recogerán testimonios, fotografías, poemas, recortes de prensa sobre algunos momentos históricos importantes en algunos países de habla española (España, Argentina, Chile, Guatemala, Nicaragua, El Salvador, Panamá, etc.).

Puedes incluir en el proyecto: por qué es importante realizarlo, cuáles son sus objetivos y cómo se llevará a cabo.

2 Lengua y cultura

Objetivos

Considerar…

▷ algunos aspectos relacionados con lenguas como el español y las lenguas amerindias.

▷ la relación entre lengua y cultura.

▷ situaciones concretas de la lengua española como son su relación con lenguas de contacto, el inglés y las lenguas amerindias por ejemplo, y reconocer la importancia de otras lenguas en la formación de la misma a través de la identificación de préstamos del latín, griego, árabe, etc.

▷ la investigación y el análisis crítico de fenómenos lingüísticos actuales: el spanglish, el lenguaje de los jóvenes, la tecnología y su implicación en el uso de la lengua, etc.

Lengua: practicar estructuras de opinión personal; revisar la utilización de las estructuras de relativo (Este organismo es *el que* ayuda a…).

Contextualización

▷ Observa esta nube de palabras. Elige tres palabras y explica a tus compañeros qué significan para ti. ¿Están ellos de acuerdo?

▷ En pequeños grupos, cada uno elige la palabra en español: que más le gusta, que más le irrita, que le produce alegría, que le produce tristeza. Podemos añadir más palabras a la lista y después comparar con el grupo. ¿Se repite alguna?

▷ ¿Crees que lengua y cultura son dos conceptos independientes? En pequeños grupos vamos a buscar razones a favor o en contra de esta idea. ¿Qué ideas podemos sacar de las conclusiones de la clase?

▷ Los jóvenes siempre están innovando la lengua. ¿Te parece bien el uso de la jerga coloquial de los jóvenes? Argumenta tus opiniones. ¿Conoces palabras del argot juvenil español de los distintos países de habla española? Te proponemos que en grupos busques el significado y procedencia de estas palabras: *mola mucho, se le va la pinza, el curro, chamba, plata, boliche, estar al loro, un emilio, papear*… ¿Puedes añadir más?

LENGUA
DIALECTO SONIDO ARTE MATERNA PALABRA PRONUNCIACÓN
FRASE ACCIÓN ENTONACIÓN ESCRITURA
NARRACIÓN GRAFÍA LETRA IDEA EXTRACTO
LENGUAJE
CULTURA

Los «cruzados ortográficos» reivindican el uso de la tilde en las calles

La movida nació en junio pasado en México, por iniciativa del joven vasco Pablo Zulaica Parra, y pronto se extendió a Perú y Argentina, donde se multiplican las «intervenciones» en todo tipo de carteles donde las tildes brillan por su ausencia.

Apenas detectan la falta, estos «cruzados ortográficos» pegan un acento de papel visible en el que además se explica la regla ortográfica violada.

Cada acto de reivindicación gramatical es fotografiado y las imágenes se suben a los diversos blogs de la iniciativa «Acentos perdidos», donde además se generan interesantes debates sobre el español, una iniciativa que también suma adeptos a través de la red social Facebook.

«El principal objetivo es que la gente tome conciencia de la importancia de usar bien nuestra lengua», dijo a Efe Rodrigo Maidana, un estudiante de Economía de la ciudad argentina de La Plata que comanda la iniciativa en su país.

Como regla, estos jóvenes solicitan autorización para pegar las tildes siempre que sea posible, pero si se trata de anuncios comerciales o políticos lo hacen sin permiso pues «semejante desafío, con tantos ojos responsables de ese mensaje, merece ser visiblemente señalada», dijo a Efe Zulaica, redactor publicitario que vive en México.

Falta de educación, desinterés y malas costumbres son algunas de las razones que estos jóvenes descubren para el abandono progresivo de las tildes, agravado por una no muy buena ortografía entre los publicitarios.

Las mayúsculas, por ejemplo, son candidatas usuales a la ausencia de tilde, y por argumentos históricos, como que las máquinas de escribir no permitían su acentuación y que a los impresores se les salían los tipos de la tilde de los rótulos, se asentó la falsa norma de que las mayúsculas no llevan acento gráfico.

A diferencia de otras «intervenciones urbanas» como los grafiti o los esténciles (técnicas decorativas con plantillas), estos chicos no actúan furtivamente.

«Es bueno que la gente te vea e intercambiar opiniones. La gente principalmente se sorprende. Esta cruzada no trata de hacer enojar a nadie, al contrario, trata de sacar

Un grupo de jóvenes latinoamericanos ha iniciado una «cruzada» por la reinserción del acento gráfico en la vía pública, donde señalan su ausencia con un toque de buen humor y rebeldía ante la incorrección ortográfica en las calles.

una sonrisa y de ayudar a mejorar el uso de nuestra lengua», dijo Maidana, de 18 años.

Según Zulaica, de 27 años, el proyecto «tiene un componente lúdico muy importante» y «es una 'desacademización' de lo académico, como un vandalismo suave que conserva todo el rigor en el fondo. Gusta a grafiteros y a editores y lingüistas. Además, tiene un punto de activismo que nos hace sentir como ciudadanos que nuestra voz sí puede oírse».

Para los dubitativos, los blogs de «Acentos perdidos», http://acentosperdidos.blogspot.com/, tienen un enlace a la Ortografía de la Lengua Española de la Real Academia Española.

Aún así, estos defensores de la tilde no tienen nada de dogmáticos y hasta se muestran comprensivos con el colombiano Gabriel García Márquez, que en 1997, en el primer Congreso Internacional de la Lengua, celebrado en México, sugirió poner «más uso de razón» en los acentos escritos como parte de su polémica propuesta para «jubilar la ortografía», que tanto revuelo generó.

«García Márquez emitió una opinión que debe respetarse, porque sinceramente a todos nos gustaría una lengua más sencilla, como la que él pide», señaló Maidana, hijo de periodistas y que asegura que «desde chiquito» siempre tuvo «un gran interés por la ortografía».

Como parte de esta iniciativa, la joven peruana Lorena Flores Agüero ha creado el «tildetón», una salida planificada para pegar acentos en las calles que ya se organizó en México y Perú y que próximamente se hará en Argentina.

«Acentos perdidos» también organiza «cruzadas puntuales» a favor de la acentuación; la primera se hizo en Lima y tuvo como blanco al logotipo carente de acento gráfico del grupo español Telefónica, al que acusan de ser «uno de los mayores irresponsables en el uso de la tilde».

EFE

1 Antes de leer el texto relaciona las palabras de la primera columna con una palabra de significado similar en la otra columna.

1	reivindicar	a	enfadado
2	movida	b	empeorar
3	tildes	c	lidera
4	generar	d	iniciativa
5	comanda	e	acento gráfico
6	desafío	f	precisión
7	agravar	g	producir
8	furtivamente	h	reclamar
9	enojado	i	secretamente
10	asentar	j	no tiene
11	rigor	k	establecer
12	revuelo	l	alboroto
13	carente	m	reto

Perfil de la comunidad del IB

▶ Averigua haciendo una búsqueda en Internet qué son la Agencia Efe y la RAE. Visita el blogspot que se menciona en el texto, la página de la Fundéu, e indaga qué otras academias de la lengua española existen en otros países.

Estas son algunas expresiones que aparecen en el texto. Elige la opción que mejor defina cada frase.

2 brillar por su ausencia

A brilla incluso cuando no está
B destaca en todos momentos
C no aparece

3 tratar de sacar una sonrisa

A siempre está sonriendo
B intenta ser gracioso
C le sobran las sonrisas

4 poner más uso de razón

A ser lógico
B razonar
C ser obstinado

5 tener como blanco

A ser limpio
B tener como objetivo
C tener como ayuda

6 Explica con otras palabras lo que significan las siguientes palabras y expresiones dentro del contexto del artículo: *intervenciones, cruzados ortográficos, intervenciones urbanas, grafitero, jubilar la ortografía*. Trabaja en grupo y después compara lo que han escrito el resto de compañeros. ¿Coincides con ellos?

7 En el texto aparecen los siguientes nombres: Pablo Zulaica Parra, Rodrigo Maidana, Gabriel García Márquez, Lorena Flores Agüero. Di por qué son importantes cada uno de ellos y se mencionan en el texto.

Basándote en el texto indica si las frases **8–15** son verdaderas (**V**) o falsas (**F**). Corrige las falsas.

8 La iniciativa nació en Perú y se extendió a otros países.

9 Pablo Zulaica Parra ha sido el creador de esta "cruzada".

10 Los jóvenes de "acentos perdidos" se conforman con pegar un acento de papel en los carteles donde se infringe la norma ortográfica.

11 No suelen utilizar mucho las nuevas tecnologías en sus campañas.

12 Suelen pedir permiso a las empresas de los carteles implicados a la hora de llevar a cabo su iniciativa de pegar acentos.

13 El desinterés es el mayor motivo de la desaparición de las tildes.

14 No es necesario acentuar las letras mayúsculas.

15 La iniciativa es dogmática y seria.

16 Resume lo más importante del texto en 150 palabras.

17 ¿Te parecen bien las iniciativas que proponen estos jóvenes? ¿Y el hecho de pegar los acentos en lugares públicos? ¿Por qué? ¿Se te ocurren otras campañas relacionadas con los idiomas? Comparte tus ideas con el resto de la clase. ¿Qué iniciativa es la más original?

18 ¿Qué importancia tienen en el éxito de estas campañas las nuevas tecnologías? ¿Pueden las nuevas tecnologías beneficiar o perjudicar la expansión de un idioma? Coméntalo con tus compañeros y con ellos redacta algunas conclusiones.

Texto B

El español y las lenguas amerindias

Un patrimonio intangible

Recordaré un hecho que mucho atañe a la lengua española, que cerca de 400 millones de mujeres y hombres tenemos como materna. El que llamaré romance castellano se fue formando a partir sobre todo del latín, haciendo suyos a la vez elementos de otras lenguas. De ello dan testimonio sus helenismos, hebraísmos, arabismos y germanismos, para solo nombrar los más obvios. [...]

Traigo esto a la memoria porque quiero fijar la atención en lo que ha ocurrido y ocurre hoy al español en su situación de contacto con diversas lenguas. Pienso sobre todo en el inglés y en las amerindias que, como consecuencia del encuentro entre dos mundos, le salieron al paso. Me refiero a las que se hablaban al tiempo del encuentro original, las no pocas que han muerto y las que hasta hoy siguen vivas.

Mientras hay quienes temen la influencia del inglés, la mayoría contempla con desdén los idiomas indígenas, designándolos frecuentemente como meros "dialectos". De la convivencia del español con el inglés diré solo que no debemos temer que nuestra lengua, saludable y en expansión, esté en peligro por esto y que incluso incremente su léxico con anglicismos siempre y cuando ello sea necesario.

Volvamos ya la mirada precisamente a la convivencia del español con los centenares de lenguas amerindias que aún perduran. El tema es de enorme interés puesto que ningún otro idioma, de modo tan intenso, comenzó a convivir con una Babel lingüística de tal magnitud desde fines del siglo XV y en las centurias siguientes hasta hoy. [...]

La situación contemporánea

...(1)... en las últimas décadas del siglo XX la palabra de algunos de los cerca de cuarenta millones de amerindios sobrevivientes se ha alzado y comienza a ser escuchada. Ello ha ocurrido casi siempre de forma pacífica, ...(2)... algunas veces con violencia, ...(3)... en el caso de Chiapas en México. Los indígenas demandan respeto y, ...(4)... ocurre en otros muchos lugares del mundo, incluyendo algunos de Europa, exigen se reconozcan sus diferencias culturales y el derecho al uso y cultivo de sus lenguas. A la luz de las demandas de los pueblos amerindios, vuelve a plantearse de forma apremiante la pregunta acerca del destino de estas lenguas.

Hay, por supuesto, personas que consideran que la muerte de ellas es inevitable y que, además, no hay razón para dolerse de ello, ...(5)... la unificación lingüística es altamente deseable. ...(6)... semejante actitud, hay otros que pensamos que la desaparición de cualquier lengua empobrece a la humanidad. Todas las lenguas en las que mujeres y hombres aprendieron a pensar, amar y rezar, merecen ser respetadas como parte de sus derechos humanos y de su patrimonio cultural. [...]

¿Perdurar puede ser el destino de las lenguas amerindias hasta hoy vivas? ¿ ...(7)... será ello teniéndolas como reliquias exóticas del pasado? ¿O, ...(8)..., reconociendo que son vehículo de comunicación para transmitir ideas y sentimientos profundamente humanos, con raíces en arraigadas formas de concebir el mundo? [...]

Una conclusión

Y aquí viene la conclusión que quiero deducir de lo expuesto. ¿Cuál debería ser la actitud de los hablantes del español, tanto en Hispanoamérica como en España y en dondequiera que se habla nuestra lengua materna, ante la convivencia con los idiomas de los pueblos originarios? ¿Continuará prevaleciendo la actitud de desprecio hacia ellos? [...]

Rica será la humanidad en posesión de lenguas ecuménicas como el español, hablado por cientos de millones, y a la vez dueña de otros muchos idiomas vernáculos. Son ellos patrimonio espiritual muy valioso, no solo de quienes los hablan, sino de la humanidad entera. Por eso es imprescindible que los gobiernos implanten de manera efectiva la educación bilingüe en los lugares en que cada una de estas lenguas tiene vigencia. Su florecer hará de nuevo verdad que la diferencia es fuente de creatividad cultural.

Miguel León-Portilla
Letras Libres

Explica con otras palabras las palabras que aparecen en negrita según el contexto del texto. Utiliza un diccionario o pregunta a tu profesor si tienes dudas.

1 un hecho que **atañe**

2 quiero **fijar** la atención

3 las (lenguas) amerindias que le **salieron al paso**

4 la mayoría contempla con **desdén** los idiomas indígenas, **designándolos** frecuentemente como **meros** "dialectos"

5 incluso **incremente** su léxico con anglicismos

6 la convivencia del español con los **centenares de** lenguas amerindias que aún **perduran**

7 la palabra de algunos de los cerca de cuarenta millones de amerindios sobrevivientes se ha **alzado**

8 los indígenas **demandan** respeto

9 vuelve a plantearse de forma **apremiante** la pregunta

10 con raíces en **arraigadas** formas de **concebir** el mundo

11 continuará **prevaleciendo** la actitud de desprecio

12 rica será la humanidad en posesión de lenguas **ecuménicas** como el español

13 dueña de otros muchos idiomas **vernáculos**

14 los lugares en que cada una de estas lenguas tiene **vigencia**

15 su **florecer** hará de nuevo verdad que la diferencia es fuente de creatividad cultural

16 En el apartado "*La situación contemporánea*" del texto faltan algunos conectores del discurso (**1–8**). Selecciona de la caja que aparece a continuación la opción más adecuada. Trabaja con un compañero.

como	en cambio	ya que	en contraste con
solo	aunque	pero	como

Escoge las opciones que contengan algunas de las ideas expuestas en cada uno de los apartados del texto. Hay más de una opción en cada apartado.

17 *Un patrimonio intangible:*

A El español goza de buena salud.
B Todas las lenguas amerindias se han extinguido.
C El español, como otros idiomas, ha convivido desde hace mucho tiempo con otros idiomas.

18 *La situación contemporánea:*

A La voz de los amerindios se está empezando a escuchar.
B La desaparición de las lenguas debilita culturalmente nuestro planeta.
C Todo el mundo piensa que la muerte de algunas lenguas es inevitable.

19 *Una conclusión:*

A Los gobiernos deben buscar nuevas formas de promocionar los idiomas menores.
B Las lenguas constituyen un patrimonio espiritual muy valioso.
C La diversidad cultural ha dejado de aportar creatividad cultural.

Lengua

Expresar opinión

▶ Prepara una lista de estructuras para utilizar a la hora de expresar tu opinión. Tendrás muchas oportunidades de utilizarlas en las tareas escritas y orales. Divide la lista entre expresiones que se utilizan con indicativo y las que se escriben con subjuntivo.

▶ Aquí te damos algunas para empezar: *yo creo/pienso/opino/considero que* + indicativo (*Creo que* **tienes** *razón*), *no creo/pienso/opino/considero que* + subjuntivo (*No creo que* **tengas** *razón*), *en mi opinión* + indicativo (*En mi opinión* **se debe** *considerar la otra opción*), *es un/a desastre/vergüenza/lástima/alegría que* + subjuntivo (*Es una lástima que el proyecto* **no haya salido** *como queríamos*).

Basándote en los primeros dos apartados del texto (*Un patrimonio intangible* y *La situación contemporánea*), copia y completa la tabla en tu cuaderno.

En la frase…	la(s) palabra(s)	en el texto se refiere(n) a…
20 …de **ello** dan testimonio…	"ello"	
21 …la atención en **lo** que ha ocurrido…	"lo"	
22 …me refiero a **las** que se hablaban…	"las"	
23 …esté en peligro por **esto**…	"esto"	
24 …que la muerte de **ellas**…	"ellas"	

25 En el texto se habla de los helenismos, hebraísmos, arabismos, germanismos y anglicismos que han ayudado a formar el castellano. En pequeños grupos, vamos a preparar una lista de préstamos del griego, hebreo, árabe, alemán, francés, italiano e inglés que se utilicen en el español. ¿De qué idioma hemos encontrado más? Después confeccionaremos una lista de americanismos incorporados al español. ¿Tienen los otros idiomas que conocéis la misma cantidad de palabras importadas? ¿Qué conclusiones se pueden sacar?

26 Resume con tus propias palabras las ideas principales que expone Miguel León Portilla sobre el español, las lenguas amerindias y el futuro de estos idiomas. ¿Estás de acuerdo con él? Manifiesta tu opinión aportando ejemplos.

27 El texto habla de lo importante que es el papel de los gobiernos a la hora de proteger las lenguas menores o en peligro de extinción. En pequeños grupos vamos a diseñar un plan de intervención para ayudar a promover esos idiomas. ¿Qué haríamos como miembros del gobierno? ¿Qué estrategias podríamos emplear para dar a conocer esas lenguas? Vamos a pensar en premios, programas audiovisuales, periódicos, campañas que se podrían crear. ¿Coincide el plan con el del resto de la clase?

Lengua

Las oraciones de relativo y su uso

▶ Las oraciones adjetivas modifican sustantivos o pronombres de la oración principal, como lo podría hacer un adjetivo. Se introducen mediante relativos: pronombres relativos (*que, el que, el cual, quien, cuanto*, etc.), adjetivos relativos (*cuyo*, etc.) o adverbios relativos (*donde, a donde, adonde*).

▶ Recuerda que existe concordancia de género y número entre el pronombre y el adjetivo con su antecedente. Es importante revisar y practicar estas construcciones pues las utilizamos ampliamente.

▶ Fijándonos en los primeros tres párrafos del Texto B podemos hacer una lista con algunos ejemplos de frases de relativo utilizados. ¿Cuáles son los antecedentes en cada caso?

▶ Aprovecha las tareas escritas (página 68) para practicar más estas estructuras.

Actividades orales

▲ Acentos perdidos en acción

1 Actividad oral interactiva

1 **Debate:** ¿Podría llegar a ser el español la única lengua del planeta? Vamos a dividir la clase en dos grupos: uno defenderá que el español puede llegar a ser la lengua común de todos los habitantes del mundo, mientras que el otro grupo hará lo contrario. Antes de empezar el debate buscaremos el mayor número de razones y ejemplos posibles que ayuden a sustentar nuestra propuesta.

2 **Podcast:** Vamos a preparar una grabación en forma de podcast en la que el tema central será *"El lenguaje de los jóvenes"*. Trabajaremos en parejas y elegiremos un subtema relacionado con el tema central. Se puede hacer en forma de entrevista, debate, comentario personal, etc. La fotografía que aparece al principio de esta página también puede servir de inspiración.

3 Vamos a leer este poema escrito por Miguel León Portilla y después en pequeños grupos haremos una comprensión del mismo. Podemos utilizar el poema como introducción para presentar un idioma que esté en peligro de extinción. También se puede hacer una presentación en la que hablemos de la historia del idioma, quiénes y cuántos son sus hablantes y si se está haciendo algo para recuperarlo. Entre esos idiomas están el teco, el kiliwia, el totonaco, el zoque, etc., pero podemos elegir otros.

Perfil de la comunidad del IB

▸ Investiga por tu cuenta otros temas que sobre las diferentes lenguas y culturas del planeta te interesen.

▸ Presenta después al resto de tus compañeros lo que has encontrado sobre el tema elegido.

CAS

Proyecto de CAS

▸ Dividiremos la clase en pequeños grupos para preparar un proyecto relacionado con la celebración de la diversidad lingüística y cultural. Después haremos una presentación al resto de la clase.

▸ Puedes incluir en el proyecto: por qué es importante realizarlo, cuáles son sus objetivos y cómo se llevará a cabo.

Cuando muere una lengua

Cuando muere una lengua
Las cosas divinas,
Estrellas, sol y luna;
Las cosas humanas,
Pensar y sentir,
No se reflejan ya
En ese espejo.

Cuando muere una lengua
Todo lo que hay en el mundo
Mares y ríos,
Animales y plantas,
Ni se piensan, ni pronuncian
Con atisbos y sonidos
Que no existen ya.

Cuando muere una lengua
Para siempre se cierran
A todos los pueblos del mundo
Una ventana, una puerta,
Un asomarse
De modo distinto
A cuanto es ser y vida en la tierra.

Cuando muere una lengua,
Sus palabras de amor,
Entonación de dolor y querencia,
Tal vez viejos cantos,
Relatos, discursos, plegarias,
Nadie, cual fueron,
Alcanzará a repetir.

Cuando muere una lengua,
Ya muchas han muerto
Y muchas pueden morir.
Espejos para siempre quebrados,
Sombra de voces
Para siempre acalladas:
La humanidad se empobrece.

(*Extraído de http://www.letraslibres.com/*)

69

Tareas escritas

1 Respuesta personal

Lee el siguiente enunciado y elabora una respuesta personal usando como mínimo 150 palabras. Compara las actitudes y situaciones, tanto similares como diferentes, sobre este tema en la cultura hispana y en la tuya propia. La respuesta deberá expresar tu opinión sobre el tema y justificarla.

> "Las lenguas se mueren cuando se dejan de hablar en la vida diaria. Al morir una lengua lo que se pierde es más que un particular sistema de comunicación entre un grupo de personas: con ella se extingue también una forma única de ver la vida, de pensarla, de reflexionar sobre lo que es el universo y la naturaleza."
>
> *(http://www.sepiensa.org.mx)*

2 Tareas de redacción

Realiza una de estas tareas relacionadas con el tema de lengua y cultura. Escribe entre 250 y 400 palabras.

a Como periodista del periódico de la escuela, te han pedido que entrevistes a una de las personas que se mencionan en el Texto A. Redacta la **entrevista**. Deberás tratar los siguientes puntos en tu redacción:

- Cómo y por qué empezó la iniciativa.
- El tipo de iniciativa que propone.
- Comentar alguna anécdota en alguna de sus "cruzadas".
- Cómo ve el progreso de su iniciativa.
- Otras ideas.

b Investigamos la desaparición de las lenguas. Cada dos semanas desparece un idioma y como parte de las celebraciones del Día Mundial de la Lengua Materna te han propuesto que escribas un **artículo** periodístico que explique las causas de esta desaparición y dé ideas para ayudar a preservarlas. Deberás mencionar qué tipo de problemas pueden tener estas lenguas en peligro de extinción, estudiar algún caso concreto y proponer algunas actividades que ayuden a mantener vivas esas lenguas, dando también una opinión personal de por qué es importante la diversidad lingüística en el mundo.

c Elige una de las siguientes opciones que tienen como tema central algún aspecto relacionado con el español y su entorno. Escribe un **texto**. Para ello tendrás que investigar y recoger textos y recursos sobre la opción seleccionada, además de aportar una opinión personal sobre el tema:

- El spanglish no es una lengua.
- El argot juvenil es una forma de expresión de la juventud.
- ¿Existe el imperialismo lingüístico?
- Es necesario reconocer y proteger las lenguas minoritarias y así fomentar la diversidad.

d Después de leer el Texto B, decides escribir un **comentario** destinado al sitio web para expresar tu opinión y contestar algunas de las preguntas que Miguel León Portilla lanza como asuntos de reflexión.

3 La inmigración

Objetivos

Considerar…

- diferentes aspectos relacionados con el fenómeno de la inmigración en el mundo hispano.

- la problemática de los inmigrantes en España.

- la política de inmigración de la Unión Europea hacia Latinoamérica.

Lengua: siglas, acrónimos y abreviaturas.

Contextualización

Vamos a preparar un **juego de rol** en el que dos periodistas van a entrevistar a una pareja de inmigrantes en Madrid para elaborar un reportaje.

- **Los periodistas**, prepararán preguntas para saber cuánto tiempo llevan en España, por qué razón decidieron venir, en qué trabajan, la escolarización de los hijos, problemas que sufrieron de adaptación y cualquier otro aspecto de interés.

- **Los inmigrantes**, prepararán respuestas para preguntas relacionadas con el tiempo que llevan en España, por qué razón decidieron venir, en qué trabajan y las dificultades que han encontrado para conseguir un puesto de trabajo, la escolarización de los hijos, problemas que han sufrido de adaptación y cualquier otro aspecto de interés.

- Después de las entrevistas, vamos a hacer un mural titulado *"Los inmigrantes responden"* con las preguntas de la entrevista seguidas de los extractos más interesantes tomados de las diferentes respuestas.

- Vamos a seleccionar algunas fotos interesantes relacionadas con la inmigración para completar el mural que finalmente expondremos en la clase.

Perfil de la comunidad del IB

- Como miembros de la Comunidad de aprendizaje del IB nos esforzaremos por ser solidarios y de mentalidad abierta.

- ¿Crees que el tema que vamos a estudiar en esta unidad puede ayudarnos a poner en práctica los dos aspectos mencionados? Vamos a debatir entre todos las posibles respuestas.

Ser negro en España

(1) ¿Quién es el camarero? ¿Quién es el médico? ¿El inmigrante ilegal? ¿Y el policía? Todos están aquí, entre nosotros. Les hemos quitado el "uniforme" para mostrarlos tal cual, sin prejuicios añadidos. Son sólo un puñado de los 700.000 descendientes de africanos que viven en España. Llevan la diferencia en la piel. Los vemos cada día, pero ¿les conocemos? Ésta es su historia, contada por ellos mismos. La de su lucha contra el recelo blanco. Y la de su orgullo de ser quienes son.

(2) **JEAN LUCKSON COMPÈRE Y SU HIJA RITA:** Todavía …2… quienes se sorprenden al ver una bata blanca y un medico negro. "La piel, el color, guía a la gente. La aceptación es un proceso que lleva su tiempo", dice Jean Luckson, de 33 años. Se formó …3… médico en Cuba, …4… de abandonar su Haití natal. Llegó a España becado …5… el Ministerio de Asuntos Exteriores a estudiar un doctorado …6… medicina preventiva. Su filosofía: "Entiendo que la vida no es sólo venir a un país extranjero y contemplar. Tenemos que aportar cosas. Y si queremos que mejore la situación en nuestro país, también debemos volver y poner a prueba lo que hemos aprendido". Se casó con una española hace dos años. Se les cae la baba con su hija del color del café con leche.

(3) **MARCIA SANTACRUZ:** Esta psicóloga colombiana, especializada en la emancipación de las minorías en su país, percibe un doble estigma en España: "Aquí no sólo eres negro, que ya es sinónimo de pobreza. Un negro es además inmigrante. Y esto le añade un matiz aún más peyorativo". Marcia, de 32 años, fue becada para estudiar un 'master' en Gobierno y Administración Pública en Madrid. Dice que volverá a Colombia y seguirá haciendo visibles a las minorías.

(4) **MOUSSA KANOUTE:** Cruzó desiertos y fronteras. Dejó su huella en cinco países desde que salió de Malí. Entró en España por Melilla. Era 1995. Se escondió en los bajos de un camión. Apareció en Málaga. Allí le detuvieron. "Tenía una orden de expulsión, pero alguien me dijo: 'Necesitamos mano de obra'. Y me quedé". En España ha hecho de todo. De la construcción a la agricultura. Con y sin papeles. Hoy tiene 38 años, una novia española y se ocupa de ordenar los carros en un hipermercado.

(5) **LORENZO BACALE:** Hay un personaje querido en San Sebastián: Lorenzo Bacale, policía municipal durante 33 años. Vino a España en 1965, cuando Guinea Ecuatorial era aún provincia española. Estudió ingeniería en Jaén, se mudó al norte y se puso a trabajar de linotipista en un periódico. Después aprobó las oposiciones de Policía Local y se casó con una salmantina. "Nunca he tenido un problema por ser negro. Si acaso, por poner alguna multa". A sus 63 años, ha escrito varios libros: 'Visite Guinea Ecuatorial'; un diccionario de fang y euskera; y otro de fang y catalán.

(6) **AWA CHEIKH MBNEGUE:** Vino en avión sola a buscarse la vida. Después de trabajar de chica interna y externa, como ayudante de cocina y abrir el primer restaurante senegalés de Madrid, Awa se reinventó el día en que llegó su hija a casa y dijo: "Hay unos niños africanos en la puerta del supermercado". Eran menores tutelados por la Comunidad de Madrid. Habló con ellos. Awa, de 36 años, es la educadora social de la ONG Colectivo La Calle. Una madre para los adolescentes que vienen en cayuco. También preside la Asociación de Senegalesas en España. Y de su relación con los españoles dice: "A los negros aún nos miran como a bichos raros".

Guillermo Abril
El País Semanal

1 Según el párrafo **(1)** este reportaje está basado en los testimonios ofrecidos por… Elige la opción correcta.

   A   700.000 inmigrantes africanos
   B   un camarero, un médico, un inmigrante y un policía
   C   un grupo de ciudadanos al azar
   D   un pequeño grupo de negros

Basándote en el párrafo **(2)** completa los espacios numerados **(2–6)** con una palabra tomada de esta lista.

pero	en	donde	después	que	como
	suyo	aunque	por	ya	hay

7 Solamente **tres** de las siguientes frases son verdaderas según la información contenida en los párrafos **(1)** y **(2)**. ¿Cuáles son?

   A   Se ha puesto un uniforme a los encuestados sobre su piel.
   B   La gente blanca muestra desconfianza.
   C   Los negros tienen en estima su origen.
   D   Jean Luckson fue médico en Haití.
   E   El gobierno español le concedió una subvención académica.
   F   A Jean Luckson le gusta tomar café con leche con su hija.

8 ¿Qué significa la expresión *"se les cae la baba con su hija"* en el párrafo **(2)**?

   A   Su hija es muy traviesa.
   B   Están encantados con su hija.
   C   Su hija es todavía muy pequeña.

Basándote en los párrafos **(3)** y **(4)** identifica las **palabras** del texto que significan:

9 infamia

10 tono

11 rastro

12 mandato

13 documento

Basándote en los párrafos **(5)** y **(6)** indica si estas frases son verdaderas **(V)** o falsas **(F)** e indica las **palabras del texto** que justifican tu respuesta.

14 Lorenzo Bacale se hizo policía hace 33 años.

15 Lorenzo trabajó en un periódico de Jaén.

16 Awa viajó a España con su hija.

17 Awa lleva 36 años como educadora social.

¿A **quién** o **quiénes** de los cinco entrevistados se refieren las siguientes informaciones según el texto?

18 Llegó a España de forma ilegal.

19 Vino a España a estudiar.

20 Tiene una hija.

21 Tiene propósito de regresar a su país a colaborar activamente.

22 Tiene una pareja española.

23 Habla varios idiomas.

24 No se ha sentido discriminado por su color.

Texto B

La UE reconoce la naturaleza positiva de la inmigración latinoamericana

(1) La comisaria de Relaciones Exteriores de la Unión Europea, Benita Ferrero-Waldner, sostuvo que la inmigración latinoamericana es enriquecedora para el continente europeo y que por sus especificidades merece ser tema de conversaciones birregionales que conduzcan a gestionarla mejor. Por el momento, este reconocimiento no se traduce en un tratamiento preferencial para los millones de latinoamericanos que viven en la UE o que aspiran a instalarse en uno de sus 27 estados.

(2) "Ante flujos migratorios distintos faltan soluciones más ajustadas a su realidad. La migración de América Latina se caracteriza por un alto y rápido nivel de integración", consideró la comisaria, quien además destacó la enriquecedora y positiva participación de esos inmigrantes en las sociedades europeas. La Comisión Europea (CE), en un documento titulado "Reforzar el planteamiento global de la migración", considera importante entablar con América Latina un diálogo global y estructurado sobre la migración.

(3) "Es fundamental que nos entendamos. Si logramos entendernos, podremos encontrar juntos soluciones que convengan a todos", dijo la comisaria de RR.EE. Aunque el reconocimiento de las particularidades positivas de la inmigración latinoamericana abre perspectivas de diálogo, por el momento, los latinoamericanos, como el resto de inmigrantes, se verán afectados tanto por el Pacto de la Inmigración y por la directiva del retorno.

(4) Respecto al pacto, respaldado por los 27 en la cumbre que tuvo ...15... en Bruselas el miércoles 15 y jueves 16 de octubre, el embajador argentino Jorge Remes Lenicov, ...16... país ejerce la presidencia pro témpore del Grupo Latinoamericano y el Caribe (Grulac), opinó que ha habido mejoras ...17... a las primeras versiones del documento: "Dos cuestiones importantes. Un cambio de términos, que no es cosa menor. No es ...18... mismo decir inmigrante ilegal que decir inmigrante irregular". En segundo lugar, Remes rescató el hecho ...19... que la versión adoptada "habilita a la CE a armar un diálogo (sobre migración) con las distintas regiones". El argentino añadió que ...20... contrapartida le seguía preocupando la directiva del retorno, que se ha mantenido inalterada y que puede conducir a violaciones de derechos humanos.

(5) Jorge Valdez, embajador del Perú, sostuvo que "no es realista pretender que se derogue la directiva de retorno porque ha costado mucho trabajo y tiempo consensuarla entre los 27 países" de la UE. No obstante, consideró que la nueva legislación les deja un espacio de negociación, puesto que le corresponde a cada Estado decidir la intensidad con que la aplica. El jefe de la diplomacia peruana en Bruselas consideró pertinente mantener una relación constructiva con países como España o Italia, en donde se concentra la mayor parte de la inmigración proveniente de América Latina.

(6) La directiva de retorno, aprobada en junio, armoniza las condiciones de expulsión de los inmigrantes irregulares en la UE y permite encarcelar durante 18 meses a adultos y menores que rehúsen irse voluntariamente, además de imponer una prohibición de regresar al territorio del bloque por cinco años. El Pacto Europeo de Inmigración y Asilo consta de principios adoptados por los 27 estados para favorecer una inmigración escogida según las necesidades laborales de cada país y pone fin a las regularizaciones masivas.

(7) **Precisiones: quiénes llegan y cuánto envían**

- El 25% de los inmigrantes son profesionales técnicos formados en sus países.
- No menos de 60 millones de europeos emigraron a América Latina entre el siglo XIX y las primeras décadas del siglo pasado.
- Entre 3 y 4 millones de latinoamericanos viven en la UE, sobre todo en España, Italia y Alemania. Envían remesas por 60 mil millones de euros a sus países.

Erik Struyf Palacios
El Comercio

1 ¿Cuál de las siguientes frases resume el párrafo (1)?

    A Los latinoamericanos se benefician de un trato prioritario en Europa.
    B La Unión Europea consta de 27 regiones.
    C La inmigración latinoamericana es de alto poder adquisitivo.
    D La inmigración procedente de Latinoamérica debe ser mejor administrada.

Basándote en los párrafos (2) y (3) completa las siguientes frases con **palabras tomadas del texto**.

2 Según la comisaria, el principal rasgo distintivo de los inmigrantes latinoamericanos es su…

3 Con respecto al asunto migratorio, entre Latinoamérica y la Unión Europea se debe emprender…

4 Por medio de la comprensión mutua es posible alcanzar…

5 La valoración de la inmigración latinoamericana posibilita…

Basándote en los párrafos (1), (2) y (3) identifica las **palabras** del texto que significan:

6 ser digno de   **7** pretender   **8** movimiento

9 apropiado   **10** asimismo   **11** tomado en conjunto

12 rasgo   **13** demás   **14** trato

Basándote en el párrafo (4) del texto completa los espacios numerados (15–20) con una palabra tomada de esta lista.

lo	respecto	tampoco	lugar	sino	por
de	cuyo	entre	también	para	con	en

Basándote en el párrafo (5) del texto, copia y completa la tabla en tu cuaderno.

En la frase…	la(s) palabra(s)	en el texto se refiere(n) a…
21 …puesto que **le** corresponde…	"le"	
22 …la intensidad con que **la** aplica…	"la"	
23 …en **donde** se concentra…	"donde"	

Basándote en los párrafos (4) y (5) identifica las **palabras** del texto que significan:

24 apoyar   **25** reunión   **26** conducir   **27** texto

28 palabra   **29** invariable   **30** transgresión   **31** anular

32 fuerza   **33** oportuno   **34** originario

Basándote en los párrafos (4), (5) y (6) indica si estas frases son verdaderas **(V)** o falsas **(F)** e indica las **palabras del texto** que justifican tu respuesta.

35 El acuerdo ha sido favorecido unánimemente por los estados europeos en el encuentro.

36 El Caribe preside el Grulac.

37 El último texto aprobado permite una nueva consulta acerca de la inmigración.

38 El representante argentino expresó su preocupación por los directores del encuentro.

Lengua

Siglas, acrónimos y abreviaturas

▶ Identifica las siglas, los acrónimos y las abreviaturas presentes en el Texto B y su significado.

▶ ¿Puedes entender la sutil diferencia entre los tres conceptos?

▶ ¿Puedes pensar en otros ejemplos de estos tres aspectos en español: OTAN, ONU, ADENA, AVIANCA, EE. UU., JJ.OO., …?

▶ ¡Te será muy útil para entender la prensa en español!

39 Los países europeos adoptaron un común acuerdo sobre la directiva del retorno.

40 El representante peruano ha viajado a España e Italia para comprobar la situación de los inmigrantes latinoamericanos.

41 Los inmigrantes irregulares pueden ir voluntariamente a la cárcel durante 18 meses.

42 El Pacto Europeo de Inmigración y Asilo promocionará la inmigración durante cinco años.

Basándote en los párrafos (6) y (7) identifica las **palabras del texto** que significan:

43 ajustar

44 rechazar

45 selecto

46 decenio

47 envío

Basándote en la información recogida en el párrafo (7) identifica el error contenido en las siguientes afirmaciones.

48 El 75% de los inmigrantes se ha preparado profesionalmente en su país natal.

49 Se han registrado al menos 60 millones de inmigrantes latinoamericanos entre el siglo XIX y principios del XX.

50 En España, Italia y Alemania residen entre 3 y 4 millones de latinoamericanos.

Para ir más lejos…

▶ ¿Puedes pensar en alguna minoría en tu país que se sienta marginada o excluida de alguna manera?

▶ Con respecto a las políticas de inmigración, ¿crees que deberían ser más estrictas o más flexibles? ¿Por qué?

▶ ¿Piensas que cada país debe decidir la forma de gestionar la inmigración o crees que deberían existir medidas internacionales respetadas por todos? Da razones que justifiquen tu respuesta.

CAS

Proyecto de CAS

▶ ¿Hay inmigrantes en tu ciudad?

▶ Si es así, ¿por qué no poner en práctica el perfil de la comunidad del IB mediante una actividad de CAS relacionada con los inmigrantes?

▶ Podemos considerar visitas para compartir sus experiencias, ayudarles a aprender nuestro idioma, compartir aficiones sociales, culturales o deportivas,…

▶ ¡Esta actividad podría ser una oportunidad real para desarrollar nuestra solidaridad!

Actividades orales

1 Actividad oral individual

La cola de inmigrantes

1 ¿Qué están esperando estos inmigrantes?

2 ¿Cuánto tiempo llevan haciendo cola?

3 Escoge a uno de ellos e imagina brevemente su situación personal.

4 ¿Cómo te sentirías tú si estuvieras en esta cola?

2 Actividad oral interactiva

Tras escuchar la canción *"El emigrante"* del grupo Celtas Cortos se puede entablar un debate sobre la inmigración y las actitudes racistas e insolidarias. Podemos tener en cuenta estos aspectos.

▶ ¿Qué tipo de racismo sufren los inmigrantes aludidos en la canción?

▶ ¿Estás de acuerdo con la actitud de denuncia de la canción?

▶ ¿Apoyas a los gobiernos que convierten automáticamente en delincuentes a los inmigrantes que entran irregularmente en su país?

▶ ¿Has sido testigo personalmente de actitudes racistas contra inmigrantes?

▶ ¿Conoces algún grupo de apoyo a inmigrantes que defienda sus derechos y promocione la solidaridad?

▶ ¿Cómo podría la escuela potenciar la solidaridad con los inmigrantes para eliminar los comportamientos racistas?

Tareas escritas

1 Respuesta personal

Lee el siguiente fragmento y elabora una respuesta personal usando como mínimo 150 palabras. Compara las actitudes y situaciones, tanto similares como diferentes, sobre este tema en la cultura hispana y en la tuya propia.

> En España no existe ningún partido político abiertamente xenófobo que tenga apoyo electoral. Sin embargo, los últimos informes sobre racismo e intolerancia indican que el 60% de la población identifica "inmigrante" con "delincuente". Asimismo, se observa un aumento de actitudes racistas entre la población más joven.

2 Tareas de redacción

Realiza una de estas tareas relacionadas con el tema de las relaciones escolares y laborales. Escribe entre 250 y 400 palabras.

a *"La libre circulación de las personas debería ser un derecho humano"*. Redacta un discurso para un foro organizado por las Naciones Unidas sobre los derechos humanos.

> ▶ Incluye un título, firma y fecha.
>
> ▶ Usa un tono formal y persuasivo.
>
> ▶ Planifica bien los datos que vas a incluir e incluye una presentación de la idea, una argumentación del tema con razones y una conclusión que confirme tu opinión.

b Una organización que ayuda a los inmigrantes ha organizado un concurso literario. El primer premio será para la mejor entrevista a un inmigrante. Redacta el texto de la entrevista con la que vas a participar en el concurso.

> ▶ Incluye un título, firma y fecha.
>
> ▶ Usa un tono personal y semiformal.
>
> ▶ Planifica bien las preguntas y ofrece respuestas detalladas. Asegúrate de que sigues un orden y una progresión lógica para evitar ser repetitivo o incoherente.

Monografía en Español B

La evolución de la inmigración en España es un posible tema de investigación para desarrollar una monografía en Español B. Algunos aspectos a tener en cuenta podrían ser:

▶ Los años noventa como punto de inflexión con la llegada masiva de inmigrantes.

▶ Procedencia de los inmigrantes y razones que les impulsaron a elegir España como destino (latinoamericanos, africanos y europeos del este).

▶ La evolución económica española y su efecto en el flujo migratorio.

▶ La aportación de los inmigrantes a la economía española.

▶ Los problemas de adaptación social que los inmigrantes encuentran.

▶ Las instituciones y asociaciones a las que se pueden dirigir los inmigrantes para obtener información sobre sus derechos.

▶ La problemática de los inmigrantes irregulares.

4 Los estereotipos culturales

Objetivos

Considerar…

▶ diferentes aspectos relacionados con la construcción y difusión de estereotipos culturales.

▶ el papel que pueden tener los colegios para romper tópicos y promover la comunicación intercultural.

▶ la presencia de estereotipos latinos en el cine.

Lengua: la formación y uso del adverbio.

Contextualización

▶ La mayoría de la gente relaciona ciertas virtudes o defectos con determinadas nacionalidades, incluso a veces sin conocer a personas concretas de los países en cuestión.

▶ A la derecha tenemos dos columnas: la de la izquierda contiene nacionalidades y la de la derecha adjetivos.

▶ En pequeños grupos vamos a comentar qué adjetivos corresponden a las nacionalidades mencionadas, en nuestra opinión.

▶ ¡Podemos añadir más nacionalidades y adjetivos si queremos!

▶ Ahora vamos a comentar entre todos nuestros resultados: ¿Hay muchos desacuerdos?

▶ ¿Piensas que algunos de estos estereotipos tienen una base real?

▶ ¿Tienes experiencias personales que te hayan hecho romper estereotipos?

▶ ¿Te has sentido tú mismo/a maltratado/a debido a un estereotipo?

▶ ¿Es posible librarse de los estereotipos cuando juzgamos?

Como probablemente has comprobado, los estereotipos están basados más en prejuicios e ignorancia que en realidades objetivas.

españoles	simpáticos
rusos	fríos
argentinos	metódicos
estadounidenses	efusivos
árabes	liberales
chinos	afectivos
sudafricanos	seductores
franceses	creativos
colombianos	alegres
británicos	desorganizados
alemanes	conservadores
mexicanos	materialistas
indios	religiosos
suecos	mafiosos
italianos	secos
	puntuales
	efusivos
	rústicos
	estafadores
	charlatanes

Texto A

Escuelas del norte y del sur, hermanadas para cambiar estereotipos

1 **Cambiar tópicos**, conocer cómo viven otros jóvenes e incitar al voluntariado son los objetivos de Intered y Educación sin Fronteras y de sus proyectos de hermanamiento entre escuelas españolas y de América Central y del Sur.

2 **En quechua y aymara**, la palabra *yanasi* significa ayudarse, ser solidario creando reciprocidad y complementariedad. La ONG[1] Intered quiere impulsar este concepto invitando a jóvenes estudiantes y maestros de países del norte y del sur a conocerse e intercambiar experiencias. Se trata de un proyecto de hermanamiento entre dos escuelas – una de Valencia en España y otra de la ciudad boliviana de La Paz – que, en el marco de la educación para el desarrollo, quiere animar a estudiantes de 11 a 17 años a conocerse mejor y saber cómo viven.

3 **De momento**, las primeras cartas ya han cruzado el Atlántico llenas de preguntas sobre tradiciones, comidas típicas y asignaturas favoritas. "Tengo 11 años. Lenguaje es la asignatura que más me gusta. Vivo en el barrio de Villa Armonía y mis hermanos también vienen a este colegio. Me gustaría conocer España y Valencia, ¿y a ti Bolivia y La Paz?", escribe Fernando, uno de los alumnos del colegio boliviano Pedro Poveda. Los estudiantes del centro El Armelar, en Paterna (Valencia), contestan a esta y otras cartas explicando qué son Las Fallas[2], los ingredientes de platos como la paella y afirmando que, con esta correspondencia, les gustaría "aprender nuevas costumbres, culturas, formas de vida, intercambiar relaciones, contrastar opiniones…".

4 **"Estamos seguros** de que este proyecto va a permitir a los alumnos y también a los padres y madres de familia valorar la amistad, sentir que no estamos solos en nuestras dificultades y que tenemos amigos que piensan en un mundo diferente, mejor, con justicia, equidad y solidaridad", asegura la directora de secundaria del colegio Pedro Poveda de La Paz, Clotilde Delgadillo.

5 **La escuela Pedro Poveda** está en el barrio popular de Villa Armonía, en una zona muy sensible a deslizamientos de tierra que ponen en peligro muchas de las edificaciones y en la que viven cerca de 13.000 personas con muy pocos ingresos. El colegio es el único centro público de la zona y cuenta con el apoyo de Intered.

6 **En otros casos** de hermanamientos entre escuelas, de …9…, el punto conector son también ONG que tienen proyectos en países …10… sur y trabajan en el ámbito de la sensibilización. Educación sin Fronteras es un ejemplo de ello. Desde …11… más de tres años, …12… entidad promueve hermanamientos entre colegios de Andalucía y de países como Guatemala y El Salvador. La idea, explican, es acercar …13… los jóvenes la realidad de otro país, hacer que reconozcan que hay otras maneras de vivir …14… implicar también al profesorado en un proceso de intercambio de experiencias y conocimientos.

7 **Según Educación sin Fronteras**, a través de los hermanamientos los estudiantes del norte "conocen y modifican las imágenes, concepciones y estereotipos falsos" sobre los países del sur, se convierten en protagonistas de proyectos de desarrollo, conocen iniciativas de ONG y pueden implicarse a través del voluntariado.

8 **En este contexto**, el proyecto de hermanamientos de Educación sin Fronteras ha ido más allá y ha invitado a participar, además de a alumnos menores de edad, a adultos. En la provincia de Huelva, la Escuela de Personas Adultas y la Asociación de Mujeres de Higuera de la Sierra colaboran desde hace tres años con una organización guatemalteca, que califica el proyecto de "enriquecedor" porque, según esta entidad local, "permite el intercambio de conocimientos, actitudes y prácticas en diversos temas, además del cambio mutuo de medios escritos y visuales".

Silvia Torralba
Agencia de información solidaria

[1] ONG: Organización No Gubernamental.

[2] Las Fallas son una fiesta celebrada en Valencia en la que se queman públicamente figuras de carácter burlesco.

1 Según el párrafo (1), ¿cuál es la prioridad de Intered y Educación sin Fronteras?

A cambiar el tipo de vida de los jóvenes voluntarios
B buscar hermanos entre las escuelas de España y América
C crear escuelas en España y en América Central y del Sur
D romper los estereotipos sobre el modo de vida de los jóvenes hispanos

2 ¿Qué **tres palabras** en los párrafos (1) y (2) se usan con el sentido de "*estimular*"?

Basándote en los párrafos (2), (3) y (4) indica si estas frases (3–7) son verdaderas (V) o falsas (F) y escribe las **palabras del texto** que justifican tu respuesta.

3 La ONG Intered intenta salvar las lenguas quechua y aymara.

4 El objetivo es mejorar el nivel educativo en dos escuelas de La Paz y Valencia.

5 La asignatura preferida de Pedro es el lenguaje.

6 Los estudiantes valencianos están deseando conocer las costumbres bolivianas.

7 La directora Clotilde Delgadillo cree que con este intercambio se va a apreciar más el afecto personal.

8 Identifica **dos palabras** en el párrafo (5) que se usan para designar el distrito de una ciudad.

Basándote en el párrafo (6) completa los espacios numerados (9–14) con una palabra tomada de esta lista.

hace	e	esta	antes	hecho
por	de	del	con	también
	y	a	este	

15 Solamente **tres** de las siguientes frases son verdaderas según la información contenida en los párrafos (7) y (8). ¿Cuáles son?

A Los estudiantes crean representaciones estereotípicas.
B Los países del sur han desarrollado proyectos de voluntariado.
C Como voluntarios, los estudiantes del norte pueden participar en planes de crecimiento.
D Tanto jóvenes como mayores pueden colaborar en el proyecto.
E En la provincia de Huelva hay un grupo guatemalteco que colabora con el proyecto.
F El intercambio lleva tres años funcionando.

Basándote en los párrafos (3) a (8) identifica las **palabras del texto** que significan:

16 disciplinas
17 canjear
18 obstáculos
19 sueldo
20 ayuda
21 espacio
22 aproximar
23 variar
24 colaborar
25 caracterizar
26 recíproco

Sigue luchando contra los estereotipos

1 A veinte años de haber alcanzado renombre internacional por su papel en la película "La Bamba", el actor puertorriqueño Esaí Morales confiesa abiertamente que cada día se le hace más difícil hacer cine en Hollywood, donde se siguen perpetuando los estereotipos sobre los latinos y se glorifica a los actores más jóvenes. "Todavía tengo que luchar por los papeles y por atraer la atención, porque hay una veneración por la juventud. Y aunque yo me siento joven, a la gente que te ha visto por veinte años hay que reeducarla. Se trata de una lucha de los actores en general, pero es mayor para los actores latinos, porque hay muy pocas oportunidades buenas. Todavía no he encontrado un papel ...8... bueno como el de 'La Bamba', lleno de emociones, que era un ser humano con sus cosas buenas y malas. Los latinos somos como adobo para las películas, nos ponen para añadir sazón, pero yo no quiero ser eso", expresó Morales, ...9... en octubre cumplirá 45 años de edad.

2 "Pero, ¿cuándo somos nosotros (los latinos) los héroes de la película? Raramente y eso es una desgracia". Para sustentar esa postura ha tenido que rechazar muchas ofertas. No obstante, aclara que no busca necesariamente papeles protagonistas, ...10... que representen al latino de una forma digna. "Los hispanos en Hollywood tenemos que tener las cuatro 'h' para salir en una película: ser hostiles, hormonales, histéricos y humildes", dice Esaí mientras caracteriza ...11... una de estas cualidades. "Somos fundamentalmente nosotros los que tenemos que entrar en conciencia de no ser parte de esa propaganda que nos quita nuestra dignidad. Ya estoy cansado ...12... hacer el papel de maltratador, drogadicto e ignorante, que son tan distintos ...13... mí".

3 Sin reparos admite que "el papel de sus sueños" era el de Che Guevara, que llegó a la pantalla grande interpretado por su compatriota Benicio del Toro. Esaí ha visto crecer la carrera de muchos actores latinos en Hollywood, pero siente que aún debería haber más solidaridad entre todos. "Muchos cuando me ven me dicen que me admiran, que han visto mis películas y que he sido una inspiración, pero también me gustaría que se acordaran de mí cuando van a hacer la película, porque soy un actor con 30 años de experiencia y tengo mucho que ofrecer".

4 Toda esta realidad es la que ha motivado a Esaí a invertir su tiempo y su dinero en otros negocios que no están relacionados con el mundo del entretenimiento. La gastronomía siempre le ha atraído enormemente, por lo que hace cinco años es accionista de un exitoso restaurante de comida japonesa en Los Ángeles y ahora ha puesto su nombre detrás del conocido restaurante italiano Mangére, en su nuevo local en la avenida Isla Verde, donde además aportará nuevas ideas para el menú.

5 Aunque mantiene su hogar en Los Ángeles, Esaí no descarta vivir en Puerto Rico o en cualquier otro país donde se desarrollen sus negocios. Por ahora está seguro de que visitará la Isla más frecuentemente, pues además de su restaurante espera desarrollar aquí otros proyectos. "Estoy estudiando el guión de 'Mark of Justice' de Flora Pérez Garay, porque me encantaría hacer más cine aquí. Además, quisiera establecer una fundación similar al National Hispanic Foundation for the Arts que hicimos en Estados Unidos junto a Jimmy Smits para ayudar a jóvenes a completar sus estudios", concluyó el actor.

Ana Enid López
El Nuevo Día (Puerto Rico)

1 Solamente **una** de las siguientes frases es verdadera según la información contenida en el párrafo (1). ¿Cuál es?

A Esaí Morales ha logrado fama internacional después de veinte años del estreno de su película "La Bamba".

B El cine de Hollywood ha decidido modificar la imagen que ofrece de los latinos

C Los jóvenes de veinte años necesitan un nuevo tipo de educación.

D Según Esaí Morales, los actores latinos son a menudo usados como simple condimento del cine.

Basándote en el párrafo (1) elige la opción que tiene **el mismo significado** que la palabra en negrita:

2 donde se siguen **perpetuando** los estereotipos sobre los latinos

A rompiendo   B manteniendo   C evitando

3 se **glorifica** a los actores más jóvenes

A exalta   B prefiere   C irrita

4 luchar por los papeles y por **atraer** la atención

A captar   B atacar   C distraer

5 porque hay una **veneración** por la juventud

A desprecio   B indiferencia   C adoración

6 Esa es una **lucha** de los actores en general

A estima   B unión   C pelea

7 porque hay muy pocas **oportunidades** buenas

A tiempos   B ocasiones   C rebajas

Basándote en los párrafos (1) y (2), completa los espacios numerados **(8–13)** con una palabra tomada de esta lista.

a	toda	de	tanto	sino	quien	entre	si
	no	con	tan	cada	cual		

Basándote en el párrafo (2) completa las siguientes frases con **palabras tomadas del texto**:

14 Esaí Morales considera … que los actores latinos casi nunca tengan papeles protagonistas.

15 Dada su coherencia con su punto de vista, ha sido capaz de…

16 Lo que más le interesa es la personificación … de los actores hispanos.

17 El cine de Hollywood manifiesta una falta de … en su representación del mundo latino.

18 Esaí Morales se muestra … de representar roles con los que no se identifica.

Basándote en el párrafo (2) identifica las **palabras del texto** que significan:

19 fatalidad

20 mantener

21 negar

22 propuesta

23 adverso

24 modesto

25 eliminar

Lengua

El adverbio

▸ Identifica los adverbios presentes en los tres primeros párrafos del Texto B.

▸ Recuerda: terminan en -*mente* y se toma la forma femenina del adjetivo, por ejemplo: *rápida* > *rápidamente*.

▸ Ahora escribe los adverbios correspondientes a estos adjetivos: *serio, fácil, triste, lento, amable*.

▸ Sin embargo, recuerda también estas formas especiales: *bueno > bien* *malo > mal*

▸ Por último, algunos adverbios son idénticos al adjetivo: *mejor, peor, mucho, poco, tarde, temprano, demasiado, bastante*.

▸ Sigue practicando y escribe frases que contengan estos adverbios.

Basándote en los párrafos (3) y (4) indica si estas frases son verdaderas (V) o falsas (F) e indica las **palabras del texto** que justifican tu respuesta:

26 Esaí Morales ha trabajado con Benicio del Toro en la película sobre el Che Guevara.

27 El compañerismo mostrado por los actores latinos les ha ayudado a desarrollar su profesión artística.

28 En su última película interpreta a un socio de un restaurante japonés.

29 Le interesa la gastronomía y sabe elaborar comida italiana.

Basándote en los párrafos (3) y (4) identifica las **palabras del texto** que significan:

30 inconveniente

31 representar

32 iluminación

33 emplear

34 comercio

35 diversión

36 contribuir

37 Basándote en el párrafo (5) sólo **una** de las siguientes afirmaciones es falsa. ¿Cuál es?

   A Esaí vive normalmente en Los Ángeles, donde conserva su casa.
   B No le desagradaría mudarse a Puerto Rico en el futuro.
   C Esaí está colaborando con Flora Pérez Garay como guionista de su película "Mark of Justice".
   D Esaí tiene sensibilidad social hacia los estudiantes.

Basándote en el texto, copia y completa la tabla en tu cuaderno:

En la frase...	la(s) palabra(s)	en el texto se refiere(n) a...
38 ...hay que reeducar**la**... (párrafo 1)	"la"	
39 ...tan bueno como **el** de "La Bamba"... (párrafo 1)	"el"	
40 ...**interpretado** por su compatriota... (párrafo 3)	"interpretado"	
41 ...me encantaría hacer más cine **aquí**... (párrafo 5)	"aquí"	

Perfil de la comunidad del IB

▶ Como miembros de la Comunidad de aprendizaje del IB nos esforzaremos por ser indagadores y de mentalidad abierta.

▶ Como indagadores, desarrollaremos nuestra curiosidad natural y disfrutaremos aprendiendo de forma constante.

▶ Es natural apreciar nuestra cultura e historia, pero también estaremos abiertos a las perspectivas y tradiciones de otras personas y comunidades.

▶ ¿Cómo crees que el tema de esta unidad nos puede ayudar a desarrollar estos dos valores? Debatid entre todos las posibles respuestas.

Para ir más lejos...

▶ Después de leer el Texto A, ¿crees que los intercambios entre colegios y universidades son una buena idea para romper los estereotipos culturales? Razona tu respuesta.

▶ Imagina que la ONG Intered te ofrece la oportunidad de hermanar tu colegio con otro de cualquier parte del mundo. ¿Qué país y tipo de colegio elegirías? ¿Por qué? Coméntalo con tus compañeros.

▶ Ahora piensa en la primera carta o correo electrónico que enviarías al colegio escogido. ¿Qué le contarías a tu amigo imaginario sobre tu vida en tu ciudad y en tu colegio y qué cosas te gustaría compartir? ¿Qué te interesa de la cultura del colegio, ciudad y país con el que se produciría este intercambio?

▶ ¿Crees que el cine tiene poder real para transmitir estereotipos culturales? ¿De qué manera? Piensa en algún ejemplo concreto de tu propia experiencia.

▶ En sentido contrario, ¿recuerdas alguna película en la que se rompen determinados estereotipos culturales? Comparte tu respuesta con tus compañeros.

▶ Con respecto a tu propia cultura, ¿hay alguna película que puedas recordar en la que aparezcan aspectos culturales relacionados con tu país? Según tu punto de vista, ¿se trata de un enfoque realista? Coméntale a tus compañeros tu postura y si el tratamiento de los estereotipos identificados te parece positivo o negativo y por qué.

Actividades orales

1 Actividad oral individual

Una visión de España

1 Describe los elementos típicos que representan a España en esta ilustración.

2 ¿A qué regiones de España corresponden las distintas imágenes?

3 ¿Crees que este tipo de representaciones se ajusta a la realidad?

4 ¿Con qué tipo de imágenes estereotipadas se suele identificar a tu país?

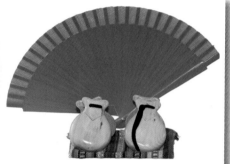

2 Actividad oral interactiva

Busca en YouTube para ver el video "El estereotipo latino según los europeos". Presta atención a las cuatro intervenciones por parte de Carlos Vives, Verónica Castro, Richard Gott y Rosa Montero. Después podemos entablar un debate teniendo en cuenta aspectos como estos:

▶ ¿En qué medida reconoces los estereotipos con que a menudo se caracteriza al mundo latino que se mencionan en este vídeo?

▶ ¿Crees que la propia gente latina es responsable de la propagación de sus estereotipos?

▶ Ahora podemos dividirnos y asumir la personalidad de cada uno de los personajes de este vídeo y continuar el debate en la clase como un juego de rol: podemos incluir otras personas de nuestra invención para extender nuestro debate y argumentar cuáles son los estereotipos latinos más difundidos, quiénes son los responsables de su propagación y cómo podrían evitarse.

Tareas escritas

1 Respuesta personal

Lee el siguiente fragmento y elabora una respuesta personal usando cómo mínimo 150 palabras. Compara las actitudes y situaciones, tanto similares como diferentes, sobre este tema en la cultura hispana y en la tuya propia.

> Según un reciente estudio internacional, los estereotipos se distorsionan tanto en sentido positivo como negativo. Así, los españoles se consideran menos responsables de lo que en realidad son y creen que son más sociables y amables de lo que verdaderamente son. Esta investigación concluye que los estereotipos sobre carácter nacional no se basan en realidad alguna, a pesar de su aceptación generalizada.

2 Tareas de redacción

Realiza una de estas tareas relacionadas con el tema de los estereotipos culturales. Escribe un mínimo de 250 palabras.

a El departamento de turismo de un país hispana ha elaborado una campaña publicitaria basada en estereotipos e imágenes falsas que, en tu opinión, no se corresponden con la realidad. Escribe una **carta** dirigida a las autoridades turísticas para expresarles por qué crees que esta representación del país no es positiva.

- ▶ Incluye fecha, encabezamiento y despedida.
- ▶ Usa un tono formal y correcto, pero firme a la vez.
- ▶ Planifica ordenadamente los argumentos y apóyalos con datos y razones que justifiquen tu opinión.

b ¿El turismo de masas permite el conocimiento de otras culturas o, por el contrario, refuerza los estereotipos existentes? Escribe un **ensayo** para la clase de español sobre este tema.

- ▶ Incluye el título y tu firma.
- ▶ Usa un tono semiformal y persuasivo.
- ▶ Planifica tu exposición con razones y datos a favor o en contra e incluye una conclusión que sintetice tu postura personal sobre esta cuestión.

Monografía en Español B

Como hemos visto a lo largo de esta unidad, la presencia y el tratamiento de los estereotipos latinos en el cine es un posible tema de investigación para desarrollar una monografía en Español B. Después de seleccionar películas adecuadas con la ayuda de tu profesor-supervisor se podrían considerar algunos aspectos de investigación como:

- modelos de vida familiar
- aspectos de la vida laboral
- cuestiones de sexo y género
- relación entre tradición y modernidad
- elementos supersticiosos "supuestamente" latinos
- tratamiento de la sensualidad y emociones.

En definitiva, ¿las películas seleccionadas propagan o destruyen los estereotipos culturales asociados a la cultura hispana?

5 Diversidad artística

Objetivos

Considerar…

- qué es el arte para cada uno, su definición personal.
- qué circunstancias personales pueden ayudar a un artista a desarrollar su obra.
- diferentes artistas del mundo hispanohablante, así como sus obras.

- diferentes tipos de manifestaciones artísticas: pintura, fotografía, escultura, arquitectura, etc.
- algunas manifestaciones artísticas.
- cómo la cultura está representada en las obras de un artista.

Lengua: verbos de complemento indirecto.

Contextualización

Para discutir en parejas

- ¿Qué es el arte para ti? Defínelo.
- ¿Cuál es la importancia del arte a nivel personal? ¿Cultural? ¿Social?
- A continuación hay dos versiones de una misma obra. Míralas y compáralas. Piensa en qué época está hecha cada una, qué tipo de técnica se usa, cómo el artista ha tratado los colores, la luz, los personajes y cuál ha sido su intención al elaborar dichas obras.

  Obviamente la segunda es una versión de la primera, ¿qué crees que ha inspirado al artista para hacer esta segunda versión del original?

  ¿Cuál de las dos te gusta más? ¿Cuál te parece más creativa? ¿Cuál te interesaría tener en tu casa?

Lengua

Gustar y verbos similares

El verbo "*gustar*" siempre requiere un pronombre de objeto indirecto para indicar quién recibe el gusto; el sujeto del verbo es la persona o cosa que da gusto. El verbo, por regla general, sólo tiene dos terminaciones:

- Terminación de tercera persona de singular si va seguido de singular (verbo en infinitivo o sustantivo en singular).
- Terminación de tercera persona de plural si va seguido de plural (sustantivo en plural).
- Otros verbos que siguen la misma estructura son *aburrir*, *interesar*, *encantar*, *fascinar*, *parecer* + adjetivo. Por ejemplo:

  Me gusta la música.

  Les parece viejo el profesor.

  No me interesan sus pinturas.

  Nos aburren las obras de teatro.

Antoni Gaudí

1 **Antoni Gaudí** es, con mucho, el arquitecto modernista más famoso. Más abajo encontrarás información sobre las mayores atracciones de la arquitectura modernista en Barcelona.

Información

Metro: *Sagrada Familia*

Abierto: *octubre–marzo 9am–6pm; abril–septiembre 9am-8pm*

Tarifas: *€8 adultos; €5 grupos de más de 20, jóvenes y estudiantes; €3.50 tour guiado*

Ascensor 65m: *€2*

La Sagrada Familia

2 Antoni Gaudí fue un catalán profundamente nacionalista y católico extremadamente devoto, especialmente durante sus últimos años. Su catedral, "El templo expiatorio de la **Sagrada Familia**" fue su última obsesión, la culminación de sus teorías arquitectónicas y su religiosidad. Gaudí murió en 1926; el templo sigue siendo una obra de arte por culminar. Su construcción se reanudó en la década de los 50 y continúa hoy en día.

3 Cuando el ascensor público está en funcionamiento, merece la pena el viaje de ascensión entre agujas (2€). De todas maneras, si te hacen sufrir las alturas, el vertiginoso descenso puede no ser una gran idea (no hay ascensor para bajar).

Información

Metro: *Lesseps;* Bus: *24*

Horarios: *de junio a septiembre, de 9am a 9pm; abril, mayo y octubre, de 9am a 8pm; marzo y noviembre, de 9am a 7pm; de diciembre a febrero, de 10am a 6pm*

Entrada: *gratuita*

Barcelona Parque Güell

4 Entrar en el **Parque Güell** es como entrar en otra dimensión, extraña y bella. El Conde Eusebi Güell, el principal mecenas de Gaudí, concibió el parque como una especie de comuna para las clases altas, totalmente segregada de la ciudad, pero el proyecto no prosperó y la ciudad compró este experimento sin finalizar en 1922 para su uso y disfrute público.

5 Los bancos, edificios, fuentes y caminos del **Parque Güell** están llenos de coloridos mosaicos y formas ondulantes en una especie de homenaje a la psicodelia de formas naturales. Desde el lagarto guardián de la entrada hasta el mirador con vistas espectaculares sobre Barcelona (perfecto para un picnic al atardecer sobre sus bancos), mejor no detallar todos sus atractivos y dejarte descubrirlos por ti mismo.

Información

Metro: *Diagonal*

Abierto: *diariamente de 10am a 8pm*

Tarifas: *€8.00 adultos; €4.50 estudiantes y jubilados (de la Unión Europea); entrada libre para menores de 12 años*

Fundació Caixa de Catalunya – La Pedrera

6 La Fundació Caixa de Catalunya se encuentra en la Casa Milà, más conocida como **La Pedrera**. La Casa Milà empezó a conocerse por **La Pedrera** debido a su fachada de piedra gris de formas irregulares (en la época de su construcción considerada como un insulto (1910), ahora es un apodo cariñoso).

7 Su sección más fascinante, sin lugar a dudas, es su tejado. Allí se encuentra una serie de chocantes esculturas de jardín de formas onduladas evocando, de alguna manera, caras humanas. Durante los meses de verano, esta terraza abre al público desde las 9 hasta la medianoche con música en directo y cava[1] por una entrada de 10€. El ático de **La Pedrera** está destinado a dar a conocer el legado de Gaudí. Es un espacio interactivo que explica la vida, filosofía del artista, así como su metodología arquitectónica.

www.barcelona-tourist-guide.com
www.whatbarcelona.com

[1] cava: vino espumoso típico de Cataluña.

Basándote en los párrafos (2), (3) y (4) identifica las **palabras** del texto que significan:

1 fallecer

2 en la actualidad

3 padecer

4 raro

5 separado

6 tener éxito

Basándote en las tres partes de **Información**, decide qué monumento es más apropiado para cada una de estas personas:

7 Alguien que durante las vacaciones de Navidad quiere conocer algo a partir de las seis de la tarde.

8 Alguien al que le gustaría tener una visita guiada.

9 Alguien que no tiene dinero para comprarse las entradas.

10 Alguien que no quiere usar el metro para acceder al monumento.

Basándote en la información que aparece en los párrafos (2) a (5) indica si estas frases son verdaderas (**V**) o falsas (**F**) y escribe las **palabras del texto** que justifican tu respuesta.

11 La Sagrada Familia comenzó a construirse en los años 50.

12 Puedes subir y bajar en ascensor a la parte superior de La Sagrada Familia.

13 El Parque Güell estaba pensado para que las clases acomodadas pudieran tener su propio espacio privado.

14 Un reptil da la bienvenida a los visitantes del Parque Güell.

Copia y completa las siguientes frases con información que aparece en los párrafos (6) a (7).

15 El otro nombre que tiene La Pedrera:…

16 Cuando se estaba construyendo, el nombre de La Pedrera se usaba como…

17 En la actualidad La Pedrera se usa como…

18 La parte más espectacular de la casa es…

19 Según el párrafo (7) cita los tres aspectos de Gaudí que La Pedrera tiene como objetivo dar a conocer.

Perfil de la comunidad del IB

▶ Busca información más detallada sobre la catedral de La Sagrada Familia. ¿Sabes que la catedral todavía está en construcción? Se alega que no se puede terminar porque no se dispone de los planos originales del arquitecto. Algunos afirman que puede haber algún otro motivo. ¿Se te ocurre qué puede ser?

▶ Elabora alguna otra hipótesis por la que no se ha terminado de construir este monumento tan emblemático. Una vez hayas llegado a alguna conclusión, compártela con la clase.

Cultura – exclusivo: habla el reconocido artista latinoamericano

Nacido en Medellín en 1932, **Botero** pasó la mayor parte de su vida fuera de Colombia: México, España, Estados Unidos, fueron su horizonte.

Desde Milán Botero resume para **Clarín** su credo personal. "Trabajo los veranos en Italia, donde vivo dedicado más que todo a la escultura. Los inviernos los paso entre París y Nueva York. Soy un trabajador incansable por el simple motivo de que nada me da más placer que mi trabajo. Por esto mi obra es muy extensa".

1 —Dejó Colombia hace 50 años, ¿qué impresiones lo marcaron para mantener esa identidad?
—Ser latinoamericano es algo que marca para siempre. No vemos nunca las cosas de la misma manera que las ve un europeo. En mi caso, solo vi obras de arte recién en el momento de llegar a España. En Medellín, mi ciudad natal, no había museos ni galerías. En cierta forma para ser artista en ese ambiente se necesitaba inventar la pintura.

2 —¿Cuál es su mejor y peor recuerdo de Colombia?
—El Medellín que yo conocí de adolescente era provincial, tranquilo, muy religioso. Nada tiene que ver con el de hoy de grandes torres, grandes avenidas y grandes problemas. Es quizás cierta nostalgia que me ha hecho adoptar ese Medellín de antes como mi temática principal.

3 —¿Cuál fue el primer y último artista que lo conmovió?
—Los muralistas mexicanos eran muy importantes en su momento y reproducciones de sus obras, de muy pobre calidad llegaban a Medellín. Después, a los 16 años, descubrí a Gauguin y Picasso. Al llegar a Italia me conmovió el "Quattrocento Florentino" y Piero Della Francesca. Y, aún hoy, me siguen conmoviendo.

4 —¿......?
—Como era muy aficionado a las corridas desde muy joven, mis principios fueron como pintor de toros y toreros. Hacía pequeñas acuarelas y las llevaba al almacén de don Rafael Pérez quien vendía las boletas de las corridas. Un día me llamó y me dijo "vendí una". El precio era dos pesos, como dos dólares de los de hoy. Me fui corriendo a mi casa a mostrarles a mis hermanos que había vendido un cuadro y en el camino se me perdieron los dos pesos.

5 —¿......?
—La belleza en el arte y en la vida son dos cosas distintas. Una bella mujer pintada como tal resulta banal. En cambio, una mujer horriblemente fea, como Battista Sforza, produjo el más bello retrato de la historia, obra de Piero della Francesca. El tema es que yo no pinto gordos. Yo exalto el volumen de lo que pinto… mujeres, animales, naturalezas muertas, buscando una mayor plasticidad, mayor sensualidad.

6 —¿......?
—La pintura es inagotable a pesar de lo que digan algunos. Los videos y las instalaciones son expresiones artísticas que no pueden reemplazar a la pintura.

7 —¿......?
—Un artista sin comprometer su estilo, su visión del arte, puede expresar lo que quiera, algunas veces como un paréntesis en su obra. Picasso estaba en su período de declaración de amor a su joven amante, Dora Maar, y realizó "Guernica" como un paréntesis. Lo mismo podría decirse de Goya y los fusilamientos.

Fernando García
El Clarín

1 En el texto faltan las preguntas **4**, **5**, **6** y **7**, que te proporcionamos a continuación. Relaciónalas con la respuesta correcta de la entrevista.

A En ese sentido, usted ha señalado que el gran arte se hizo para dar placer y no angustia ¿Qué decir entonces de Goya, Munch o el mismo Picasso?

B ¿Diría que sus "gordos" son bellos? ¿Cómo dio con esa figuración tan característica?

C Por su edad y por los lugares que transitó ha sido testigo de la transformación total del arte. ¿Por qué se mantuvo al margen?

D ¿Recuerda la primera vez que vendió una obra? ¿Cómo fue y a qué precio se vendió?

Basándote en la introducción responde a las siguientes preguntas.

2 ¿Cuál es el país de origen de Fernando Botero?

3 ¿Qué actividad realiza principalmente en Italia?

Basándote en los párrafos **5**, **6** y **7** de la entrevista completa las siguientes frases para que tengan sentido.

4 Los artistas tienen la libertad…	**A** no pudo hacer nada porque lo perdió antes de llegar a su casa.
5 Botero pinta…	**B** exagerando el volumen.
	C gordos.
6 Con el dinero que Botero recibió por su primer cuadro…	**D** de expresar lo que quieran con su arte.
	E de comprometer su estilo.
	F les compró un regalo a sus hermanos.
7 Es difícil sustituir…	**G** la pintura con otras expresiones artísticas.

Basándote en las preguntas **1**, **2**, **3**, **4** y **5** de la entrevista completa la siguiente información usando palabras del texto.

8 Se necesita inventar la pintura cuando uno nace en una ciudad…

9 Busca tres adjetivos que describen su ciudad en sus años jóvenes.

10 El sentimiento que menciona como causante de su adopción de Medellín como tema principal de su obra es…

11 Las versiones de los muralistas mexicanos a las que tenía acceso eran…

12 Las primeras obras que vendió estaban pintadas con…

Basándote en el texto, copia y completa la tabla en tu cuaderno.

En la frase…	la(s) palabra(s)	en el texto se refiere(n) a…
13 …qué impresiones **lo** marcaron… *(pregunta 1)*	"lo"	
14 …de la misma manera que **las** ve… *(pregunta 1)*	"las"	
15 Nada tiene que ver con **el** de hoy… *(pregunta 2)*	"el"	
16 …fui corriendo a mi casa a mostrar**les** a mis hermanos… *(pregunta 4)*	"les"	

Basándote en los párrafos **1**, **4** y **7** solo **una** de las siguientes afirmaciones es verdadera. ¿Cúal es?

17 *Párrafo 1:*

A Los latinoamericanos pueden acceder más fácilmente al arte que los europeos.

B Los europeos y los latinoamericanos tienen muchas cosas en común.

C Alguien nacido en Latinoamérica tiene una visión diferente de la vida que alguien nacido en Europa.

18 *Párrafo 4:*

A Botero quería ser torero por eso pintaba toros y toreros.

B Don Rafael iba a menudo a las corridas donde vendía las pinturas de Botero.

C A Botero le encantaban los toros y los toreros, por eso los pintaba.

19 *Párrafo 7:*

A Goya y Picasso tenían el mismo estilo.

B Picasso pintó el "Guernica" cuando estaba enamorado de Dora Maar.

C Los artistas siempre siguen un estilo muy claro y definido.

Elige **la palabra/expresión** que mejor explica el significado de la palabra en negrita.

20 Desde Milán Botero resume para Clarín su **credo** personal. *(Introducción)*

A filosofía   **B** religión   **C** obra

21 …solo vi obras de arte recién **en el momento** de llegar a España. *(Pregunta 1)*

A cuando   **B** ahora   **C** entonces

22 …reproducciones de sus obras, de muy **pobre** calidad llegaban a Medellín. *(Pregunta 3)*

A sin dinero   **B** sin recursos   **C** malas

23 La pintura es **inagotable**… *(Pregunta 6)*

A es maravillosa   **B** no tiene límites   **C** nos emociona

Para reflexionar

A continuación te proponemos que opines sobre algunas afirmaciones que Botero hace en la entrevista.

▶ Botero afirma que "*La belleza en el arte y en la vida son dos cosas distintas.*" ¿Estás de acuerdo con esta afirmación? ¿Por qué?

▶ Botero también dice: "*Los videos y las instalaciones son expresiones artísticas que no pueden reemplazar a la pintura.*" ¿Estás de acuerdo con esta afirmación? ¿Por qué?

▶ Cuando habla de lo que pinta Botero añade: "*El tema es que yo no pinto gordos. Yo exalto el volumen de lo que pinto… mujeres, animales, naturalezas muertas, buscando una mayor plasticidad, mayor sensualidad.*" ¿Estás de acuerdo con esta afirmación? ¿Estás de acuerdo en que estas figuras pueden resultar sensuales? ¿Crees que las pinturas de Botero pueden hacer que la gente aprenda a quererse como son sin buscar un prototipo de belleza determinado?

Actividades orales

1 Actividad oral individual

1 ¿Dónde se encuentran las personas en la foto?

2 ¿Es el teatro arte?

3 ¿Qué intención tienen los actores? (Piensa en los distintos tipos de representaciones.)

4 ¿Qué efecto puede tener en los espectadores? (Piensa en los distintos tipos de representaciones.)

5 Busca información sobre La Pedrera o El Parque Güell de Gaudí, y realiza una presentación PowerPoint ilustrando esas obras arquitectónicas y explicando con más detalle sus características. Da también tu opinión personal sobre las mismas.

6 Selecciona a un artista que te guste (puede tratarse de cualquier tipo de manifestación artística, pintura, escultura, cine, baile, etc.) y realiza una presentación detallada sobre él y su obra.

2 Actividad oral interactiva

Tras visionar la película "*Frida*" protagonizada por Selma Hayek se pueden realizar diversas actividades orales.

▶ Entablar un debate sobre las circunstancias personales que llevaron a Frida a ser la gran artista que fue. Tras analizar los factores que contribuyeron a su éxito artístico, debatidlos. Algunas sugerencias podrían ser:

¿Habría sido Frida Kahlo una gran artista…

a …si no hubiera tenido el accidente que la dejó prostrada en la cama durante un largo periodo de tiempo?

b …si no hubiera tenido una relación tan tempestuosa con su marido?

▶ Analizar y discutir las tradiciones y aspectos culturales que aparecen en la película (comidas, bebidas, música, monumentos, comportamientos, etc.) comparándolos con los de tu propia cultura.

Tareas escritas

1 Respuesta personal

Lee la siguiente carta y elabora una respuesta personal usando cómo mínimo 150 palabras. Compara esta actitud de Picasso con tu propia visión del arte.

> "El arte es una mentira que nos acerca a la realidad."
> —Pablo Picasso

2 Tareas de redacción

Realiza una de estas tareas relacionadas con el tema de la diversidad artística. Escribe un mínimo de 250 palabras.

a Imagina que durante tus vacaciones de verano trabajas para la oficina de turismo de tu ciudad. Elabora un folleto para que el visitante pueda hacerse una idea de la realidad artística del lugar. Para ello elige tres actividades, monumentos o eventos que ilustren esta parte tan importante del arte del lugar donde vives.

b En los museos europeos se exponen muchas obras que fueron sacadas de los países de procedencia durante la época colonial o robadas durante guerras o invasiones. Algunos opinan que estas obras deberían de devolverse a sus países originales ya que forman parte de su patrimonio cultural. Escribe un ensayo plasmando tu opinión al respecto.

c En la Tate Britain, uno de los principales museos londinenses, una mujer de la limpieza tiró una bolsa a la basura. El problema fue que la bolsa formaba parte de una exposición de arte moderno que exhibía el museo. La bolsa era una obra del artista Gustav Metzger, que la había titulado "Nueva creación de la primera presentación pública de un arte autodestructivo". Colocada sobre una mesa cubierta de desperdicios, la bolsa contenía trozos de cartón y periódicos viejos.

No era la primera vez que ese tipo de suceso pasaba. Reflexiona y escribe un ensayo sobre qué piensas que es el arte para ti y qué características debería tener una obra para exhibirse en un museo de renombre internacional.

6 Significado de internacionalismo

Objetivos

Considerar…

▶ diferentes aspectos relacionados con los cambios que ha supuesto para nuestras vidas la globalización: cambios positivos y negativos.

▶ cómo podemos minimizar el impacto negativo de la globalización.

▶ ejemplos positivos de la globalización y cómo podemos aplicarlos a otras aéreas.

Lengua: los comparativos.

Contextualización

En parejas discutid las siguientes preguntas.

▶ ¿De qué manera crees que ha cambiado la globalización…

…nuestra forma de relacionarnos (piensa tanto a nivel familiar como a nivel personal)?

…nuestra forma de viajar ?

…nuestra forma de trabajar o hacer negocios ?

▶ Mira la foto y reflexiona sobre cómo han cambiado nuestros hábitos de ocio con la globalización. Piensa en el deporte, las compras, la gastronomía, etc.

El fútbol y la globalización

(1) En el mundo del deporte, la competitividad de los países está fuertemente influida por su nivel de desarrollo y los recursos que destinan a las prácticas deportivas. Las olimpiadas son el mejor ejemplo: las mayores potencias son asimismo los países industriales más avanzados.

(2) La división entre ricos y pobres en el deporte se parece bastante a la observable en el plano económico y social. Existen algunas excepciones. Por ejemplo, las carreras de media y larga distancia, en las cuales, suelen prevalecer atletas africanos. Pero la excepción más importante es el fútbol. Situación extraordinaria porque se trata del deporte más popular del mundo. En el fútbol prácticamente toda la humanidad vive en una aldea global.

(3) El fútbol rompe las asimetrías ...6... desarrollo económico y excelencia. Los países del Mercosur, que representan el 5% de la población y de la producción mundiales, son la mayor potencia regional futbolística del planeta. Han ganado la mayor parte de las Copas ...7... Mundo y de los torneos intercontinentales de clubes campeones. ...8..., África, que es el continente económicamente más pobre del planeta, es una potencia regional emergente. ...9..., la asimetría que subsiste en el fútbol, entre países ricos y pobres, es la capacidad de los clubes de los primeros de incorporar a los mejores jugadores. ...10..., cuando llega la hora de la competencia entre las federaciones nacionales, cada uno juega para su propio país.

(4) Dos razones principales explican este carácter democrático del fútbol. ...11... de ellas obedece al hecho de que cualquier joven de cualquier clase social puede jugar al fútbol. La infraestructura para la práctica del fútbol puede ser menos elegante, ...12... el talento puede surgir en cualquier parte.

(5) La segunda razón radica en que la excelencia en el fútbol es la expresión, en un deporte, de la propia identidad y del acervo cultural de cada país. La globalización del fútbol tiene el mismo origen de otros fenómenos globales, comenzó por iniciativa de los países más avanzados. Aquí terminan las semejanzas. En el fútbol, el juego se realiza conforme a normas multilaterales establecidas por la FIFA que son exactamente iguales para todos.

(6) En cambio, en la globalización de la economía, las reglas del juego son asimétricas y favorecen a los países poderosos. En el fútbol las potencias mayores no pueden inclinar el campo a su favor. En la globalización del fútbol cada uno da lo mejor de sí mismo, aprende del otro y, a su vez, le enseña.

(7) El fútbol revela lo bueno que puede dar la globalización cuando existen reglas justas. La posibilidad de cada uno depende de sus aptitudes y no está sometido a reglas en beneficio de otros. El poder, en el juego, depende del talento y la capacidad de creación. En el campo, tienen lugar la libertad individual, la solidaridad y la capacidad de organización de recursos.

(8) Un mundo rico, global y variado el del fútbol, en que cada uno vive de lo suyo, lo comparte con los otros y aprende de los demás. En el cual, la competencia no es para destruir al otro porque, sin el otro, no se es nada. Donde ya casi no hay ricos ni pobres, sólo talentos distintos.

(9) La fiesta del fútbol tiene mucho que enseñarnos sobre cómo vivir en paz y crecer, en un mundo global. Es claro que, el juego moviliza enormes recursos e intereses no siempre transparentes y que, de vez en cuando, aparece la violencia. Pero cuán ínfimas suelen ser estas falencias comparadas con la pobreza, la injusticia y la corrupción, observables en la otra globalización.

Aldo Ferrer
www.elargentino.com

1 Basándote en el texto completa con la información que se te pide.

- **A** Dos nombres para designar a países poderosos en el párrafo (1).
- **B** El nombre de dos deportes en el párrafo (2).
- **C** Los ganadores de la mayoría de los torneos de futbol internacionales.
- **D** El continente con más potencial en el fútbol.
- **E** Los parecidos de la globalización en el fútbol y en otras aéreas.
- **F** Dos factores de los cuales depende el poder en el fútbol.
- **G** El objetivo de la competencia en el fútbol.

Basándote en el texto indica si estas frases son verdaderas **(V)** o falsas **(F)** e indica las **palabras del texto** que justifican tu respuesta.

2 Los países ricos tienen más posibilidades de triunfo en el deporte porque pueden dedicar más recursos.

3 Los africanos destacan en el fútbol.

4 Una potencia económica fue la responsable de la expansión del fútbol.

5 En la economía globalizada las reglas son justas para todas las partes.

Basándote en los párrafos (3) y (4) completa los espacios numerados (6–12) con una palabra tomada de esta lista.

> cuando pero (× 2) una en para por
> de también entre como a su vez
> probablemente del

Basándote en los párrafos (5) y (6) identifica las **palabras** del texto que significan:

13 motivo **16** nación **19** de acuerdo a

14 mundial **17** acabar **20** reglas

15 empezar **18** similitudes **21** beneficiar

Basándote en los párrafos (7) y (8) completa las siguientes frases con una **palabra tomada del texto**.

22 La globalización es positiva cuando existen ...... iguales para todos.

23 El talento y la capacidad de organización de recursos proporcionan el ...... a los jugadores.

24 En el fútbol todo el mundo ...... conocimiento.

Basándote en los párrafos (7) y (8) elige la opción que mejor completa la frase.

25 El fútbol…
- **A** posee las mismas características que la globalización económica.
- **B** es un ejemplo positivo de globalización.
- **C** se globalizó antes que la economía.

26 Podemos aprender…
- **A** sobre las características de la economía globalizada con el fútbol.
- **B** mucho sobre la globalización con el fútbol.
- **C** valores positivos del fútbol.

27 El fútbol también…
- **A** es una fiesta globalizada.
- **B** tiene su cara negativa.
- **C** se produjo en el siglo XX.

28 La corrupción y la injusticia…
- **A** también son parte del fútbol.
- **B** se mezclan con la violencia en el fútbol.
- **C** son la parte negativa de la globalización económica.

Basándote en el texto, copia y completa la tabla en tu cuaderno.

En la frase...	la(s) palabra(s)	en el texto se refiere(n) a...
29 … influida por **su** nivel de desarrollo…(*párrafo 1*)	"su"	
30 …**en las cuales**, suelen prevalecer atletas africanos… (*párrafo 2*)	"en las cuales"	
31 …no pueden inclinar el campo a **su** favor… (*párrafo 6*)	"su"	

Perfil de la comunidad del IB

▸ En parejas, elige dos equipos de fútbol famosos y analiza las nacionalidades de los jugadores. ¿De qué países proviene generalmente? ¿Son famosos esos jugadores como futbolistas en su país de origen? ¿Por qué crees que se decidieron a ir a otro país a jugar? ¿Qué aportan con su juego al equipo?

México y EEUU:
la identidad transnacional

El creciente flujo migratorio de mexicanos a EEUU encierra riesgos y oportunidades para ambas naciones, que están condenadas a entenderse.

(1) La población de origen mexicano en Estados Unidos, de 27 millones de personas, se ha convertido en la minoría más numerosa, hecho que tiene efectos políticos para ambos países. Los ciudadanos estadounidenses de origen mexicano ocupan, como nunca antes, puestos públicos de importancia en Estados Unidos. Paralelamente, el creciente flujo de mano de obra mexicana presiona a Washington para que reforme su política migratoria.

Primera fuente de divisas

(2) Las remesas, de dólares que envían los trabajadores migrantes desde Estados Unidos a sus familias en México, alcanzarán este año un volumen estimado de 20.000 millones de dólares, convirtiéndose en primera fuente de divisas, superando por primera vez los ingresos obtenidos por las exportaciones de petróleo. Como es comprensible, los migrantes ganan importancia en ambos países como actores políticos. Una importante victoria de estos grupos fue la decisión del congreso mexicano, en junio de 2005, de dar derecho de voto a los mexicanos en el exterior.

(3) Para Estados Unidos, un particular desafío es el creciente flujo de indocumentados mexicanos, actualmente unos 6 millones. Mientras la situación socioeconómica no mejore en México y la economía estadounidense siga demandando mano de obra barata, la migración mexicana hacia el norte continuará.

La línea de la muerte

(4) Desde la década de los 90, los esfuerzos estadounidenses por contener la inmigración ilegal, extremando la seguridad de sus fronteras e imponiendo leyes restrictivas, condujo a un dramático aumento de muertes de inmigrantes ilegales. Desde entonces se estima que diariamente muere una persona intentando cruzar la frontera.

Peso del voto latino

(5) Con una participación del 60%, los mexicano-estadounidenses conforman un segmento significativo en el voto latino que tradicionalmente se ha identificado con el partido demócrata. Sin embargo en las elecciones del 2000 un 35% de los latinos votó por George W. Bush, quien fue confirmado en el cargo en el 2004 por un 39% de los votos provenientes de esta minoría. Esta fuerte presencia se ha traducido además en una creciente fundación de organizaciones que representan los derechos de los habitantes mexicano-americanos.

(6) En este contexto han surgido figuras líderes, cuyo peso político tiene impacto también en México, como ha sido el caso de Héctor Flores, presidente de la organización LULAC (*League of United Latin American Citizens*), quien viajó a México en febrero de este año para defender ante el congreso mexicano el derecho de voto de los mexicanos en el exterior.

Crisis de identidad estadounidense.

(7) El aumento cuantitativo de la población estadounidense de origen mexicano en Estados Unidos tiene consecuencias para ambos países, concluye el estudio. No sólo Estados Unidos experimenta un proceso de *mexicanización*, también México, como resultado de las remesas y de la importación de costumbres a través de sus trabajadores migrantes sufre un proceso similar. El creciente peso político de sus nacionales en Estados Unidos, aunado al volumen creciente de las remesas, obligará al próximo gobierno mexicano, igual de que partido se trate, a fortalecer el vínculo con esta importante comunidad, parte integrante de la nación.

Condenados a entenderse

(8) Para las relaciones bilaterales, la inmigración creciente encierra riesgos y oportunidades. No está sólo el miedo de los estadounidenses a una creciente mexicanización y a la violencia en las fronteras. Oportunidades en la medida en que se vuelve evidente la imposibilidad de resolver los problemas como violencia y criminalidad en la frontera de manera unilateral. Ambas naciones tienen que cooperar en beneficio mutuo. Al fin y al cabo, la creciente población trasnacional en Estados Unidos, que conoce ambos mundos, podría contribuir a una mejor comprensión entre ambas naciones vecinas.

Eva Usi
Deutsche Welle

1 Basándote en el texto, completa con la información que se te pide.

A El campo en el que los inmigrantes mexicanos tienen mucha influencia en Estados Unidos.

B El logro que los mexicanos consiguieron en 2005.

C El partido político que prefieren los mexicanos.

D El país de residencia de Héctor Flores.

E Cita dos de los riesgos que tiene la inmigración de mexicanos para los estadounidenses.

F Cita un factor positivo que implica la inmigración de mexicanos a Estados Unidos.

Basándote en los párrafos (1) y (2) indica si estas frases son verdaderas **(V)** o falsas **(F)** e indica las **palabras del texto** que justifican tu respuesta.

2 Los mexicanos son la única minoría en Estados Unidos.

3 El aumento de inmigrantes mexicanos en Estados Unidos pone presión para que este país cambie sus leyes de inmigración.

4 México obtiene más dinero de los nacionales que viven en Estados Unidos que de la exportación de petróleo.

5 Muchos mexicanos son actores en Estados Unidos.

Basándote en los párrafos (2) y (3) identifica las **palabras del texto** que significan:

6 mandar

7 aproximado

8 protagonismo

9 extranjero

10 reto

11 sin documentación

12 pedir

13 seguir ocurriendo

Basándote en los párrafos (3), (4) y (5) completa las siguientes frases para que tengan sentido.

	A se produce la muerte de alguien que quiere llegar a Estados Unidos.
	B tienen una gran influencia en las elecciones de Estados Unidos.
14 Los inmigrantes seguirán yendo a Estados Unidos…	**C** cambiaron las fronteras de Estados Unidos.
	D aumentaron cuando las medidas de seguridad se fortalecieron en Estados Unidos.
15 Las muertes en la frontera…	**E** mientras que Estados Unidos no tenga suficiente mano de obra.
16 Todos los días…	**F** no están interesados en votar en las elecciones de Estados Unidos.
17 Los mexicanos…	**G** mientras que México no pueda ofrecer mejores condiciones de vida a sus ciudadanos.

18 Basándote en la **información del texto**, decide a qué se refieren las siguientes **cifras**.

A 27   **B** 20.000   **C** 6   **D** 90   **E** 60   **F** 39

Basándote en los párrafos (6) y (7) completa las siguientes frases con una **palabra tomada del texto**.

19 Políticos estadounidenses tienen un gran ...... en su país vecino

20 Tanto México como Estados Unidos sufrirán las ...... del aumento de estadounidenses de origen mexicano.

21 Los mexicanos exportan sus ...... a Estados Unidos cuando emigran.

22 Esta gran presencia de mexicanos en Estados Unidos favorecerá a la aparición de un ...... más estrecho entre los dos países.

Basándote los párrafos (7) y (8) elige la opción que tiene **el mismo significado** que la frase propuesta.

23 El aumento cuantitativo de la población…

    A Las buenas condiciones de vida de la población aumentarán.
    B La población aumentará en calidad.
    C La población aumentará en cantidad.

24 …, parte integrante de la nación

    A Es una parte intrínseca del país.
    B Es una parte importante del país.
    C Integrará a los inmigrantes en la nación.

25 …tienen que cooperar en beneficio mutuo.

    A Cada país debe trabajar en sus propios problemas.
    B Un país debe ayudar al otro para tener buenos resultados.
    C Tienen que trabajar juntos para que ambos obtengan buenos resultados.

26 El párrafo (8) se titula "*Condenados a entenderse*". Reflexiona sobre qué quiere decir el autor con estas palabras, ¿por qué crees que las ha elegido?

Perfil de la comunidad del IB

- En el texto se menciona la mexicanización de Estados Unidos, a la vez que los inmigrantes mexicanos siguen un proceso similar con la cultura de su país de acogida.

- Investiga en qué "consiste esta mexicanización" y "estadounidización" de la que se habla. Analiza los aspectos positivos y negativos de este fenómeno.

Lengua

Comparativos

- Revisa los comparativos y completa las frases con una de las siguientes palabras: *más, menos, más de, más que, menos que, menos de, tan, tanto, tanta, tantos, tantas, como de, que*.

1 Tú eres ...... alto que yo.

2 El tigre es menos fiero ...... el león.

3 Tu tío tiene ...... 25 vacas.

4 Ese vino es ...... que este. (*bueno*)

5 Mi madre tiene ...... interés en la naturaleza como mi padre.

6 Mi abuelo tiene ...... noventa años.

7 No tengo ...... siete euros.

8 Tu español es ...... que el mío. (*malo*)

9 Hay ...... veinte estudiantes en la clase.

10 Sus estudiantes aprenden ...... como mis estudiantes.

11 La cocinera tiene ...... ingredientes como yo.

12 Las naranjas cuestan ...... como las manzanas.

13 Pedro trabaja ...... duro como Juan.

14 Ellos duermen ...... poco como ella.

15 Tengo ...... dinero como tú.

Actividades orales

1 Actividad oral individual

1 ¿Dónde crees que tiene lugar esta foto?

2 ¿Qué te llama la atención o sorprende de la foto?

3 ¿Qué impacto crees que ha tenido la introducción de ciertos productos extranjeros en nuestras vidas?

2 Actividad oral interactiva

Escucha la canción *"La muralla"* de Ana Belén y haz las siguientes actividades.

▶ Analizar el significado de la canción. ¿Cuál es el mensaje? ¿A quién va dirigido? ¿Qué nos quiere enseñar?

▶ Realizar un debate usando las siguientes preguntas como guía:

– Aspectos positivos y negativos del tránsito de gente a nivel mundial y local.

– Contribuciones de los inmigrantes al país de acogida.

– Contribuciones del país de acogida para los inmigrantes.

– Factores que ayudan o impiden la integración de los inmigrantes.

Tareas ecritas

1 Respuesta personal

Lee el siguiente fragmento y elabora una respuesta personal usando como mínimo 150 palabras. Compara las actitudes y situaciones, tanto similares como diferentes, sobre este tema en la cultura hispana y en la tuya propia.

> Uno de los fenómenos más recientes y populares que ha aparecido en España a consecuencia de la globalización es el top manta. Esta expresión popular viene de la palabra 'top' (*top ten*) y 'manta', objeto sobre el que se muestran las mercancías a vender. Se trata generalmente de CDs musicales y DVDs de video piratas que se venden en la calle a precios muy por debajo de los precios que ofrecen las tiendas autorizadas. Esta actividad es ilegal, y en cuanto se acerca un agente de policía, los vendedores recogen su muestrario rápidamente y huyen. Los discos están sobre una manta o sábana extendida (de ahí el nombre) para facilitar su recogida.
>
> En el top manta, además de discos de música, se venden películas en DVD y videojuegos, pero también ropa, relojes y otros productos de imitación, y que también son piratas.

2 Tareas de redacción

Realiza una de estas tareas relacionadas con el tema del significado de internacionalismo. Escribe un mínimo de 250 palabras.

a Imagina que la revista de tu colegio ha entrevistado a un inmigrante que vende productos pirateados en la calle. Transcribe el texto de esa **entrevista** donde te cuenta cómo llegó a este país y por qué se dedica a la venta ambulante de estos productos.

b Eres un joven que vive en un país en desarrollo y que sueña con llegar a ser una estrella de fútbol en un equipo famoso. Escribe una **entrada a tu diario** explicando cómo es un día en tu vida, cómo has entrenado y lo que estás haciendo para poder alcanzar ese sueño.

c Escribe un **artículo de periódico** para concienciar a la población de un país de acogida de la importancia de dar la bienvenida a los inmigrantes al país y de tratarlos bien, ya que la inmigración, aunque tiene aspectos negativos, también tiene muchos aspectos positivos que pueden beneficiar al país de acogida.

d Trabajas en el departamento de recursos humanos de un club de fútbol que está interesado en la búsqueda de talentos deportivos en otros países. Diseña un **folleto informativo** para los jóvenes que pudieran estar interesados en venir a vuestro país a formar parte de este equipo. Incluye información de interés sobre el país donde vivirán, las oportunidades que ofrece el club y las razones por las que el club está interesado en tener personas de diferentes nacionalidades.

Objetivos

Considerar…

▸ diferentes aspectos relacionados con el medio ambiente.

▸ tareas que los jóvenes pueden realizar para proteger el medio ambiente.

▸ la importancia del asociacionismo para conocer y defender la naturaleza.

Lengua: la expresión de opiniones; las preposiciones.

Contextualización

Juego de rol

¡Una fábrica de botellas de plástico en nuestro pueblo!

▸ Imagina que vives en un pequeño pueblo de 5000 habitantes y que un empresario está interesado en construir una fábrica de botellas de plástico cerca del río.

▸ Vamos a organizar una discusión con cuatro representantes del pueblo para debatir sobre la construcción de esta fábrica: el alcalde, el empresario, el presidente de la asociación de vecinos y el representante del movimiento ecológico regional.

▸ **A favor:** el alcalde (cree que se trata de una oportunidad de progreso para el pueblo) y el empresario (la fábrica generará riqueza, crecimiento y puestos de trabajo).

▸ **En contra:** el presidente de la asociación de vecinos (opina que la fábrica va a destruir zonas verdes que actualmente utilizan los niños y vecinos) y el representante del movimiento ecológico regional (afirma que la fábrica traerá consecuencias ecológicas desastrosas para el pueblo, ya que contaminará el río con residuos y el aire con gases).

▸ Una vez escogidos los representantes, preparamos nuestras ideas y argumentos en equipos (a favor y en contra) con la ayuda del resto de los compañeros antes de comenzar el debate.

▸ También deberemos elegir un moderador para conducir la discusión.

Lengua

▸ Para expresar **opiniones** podemos utilizar estas fórmulas:

Creo que…

Me parece que…

En mi opinión…

A mi parecer…

Yo considero que…

Yo personalmente pienso que…

Estoy convencido/-a de que…

Estoy totalmente seguro/-a de que…

(No) estoy de acuerdo contigo en ese punto…

▸ Tras el debate, el resto de los alumnos de la clase puede hacer preguntas a cualquiera de los cuatro representantes del pueblo para aclarar más las ideas y posturas.

▸ Finalmente, haremos una votación general en la clase: ¿Cuántos estamos a favor y cuántos en contra de la construcción de la fábrica de botellas de plástico en nuestro pueblo?

Texto A

Jóvenes
por el medio

1 Siempre se dice que la juventud es diferente, y afortunadamente no siempre lo es por andar en cosas vanas o negativas. Entre las muchas causas que preocupan y motivan a los jóvenes a actuar se distingue la protección y cuidado del medio ambiente. A escala nacional e internacional, los mozalbetes se congregan en grupos que tienen esta temática como fin, además de organizar y efectuar labores que promuevan y aporten bienestar para la naturaleza y sus recursos.

2 Entre estas instituciones se distinguen los Ecoclubes, movimiento ambiental que trabaja para mejorar la calidad de vida de la población a partir del cambio de la conducta de la gente. Esta iniciativa nació en Argentina en 1992 con un grupo de adolescentes que se autodenominó Patrulla Ambiental y, desde el principio, se enfocó en temas relacionados con la salud y el medio ambiente, con el fin de promover el cambio a partir de sus ideas y acciones proambientalistas.

3 Este proyecto cambió ...**4**... nombre a Ecoclub y se extendió a 32 países en los cinco continentes, entre ellos la República Dominicana. Tres jóvenes (Lenín Núñez, Rufino Gil y Félix Lantigua) ...**5**... apropiaron de esta causa y encabezaron el inicio de este movimiento en el país en el 2002. A este primer paso ...**6**... siguió el arduo trabajo de multiplicar las ideas y promover la nueva institución ...**7**... la juventud. "Estamos en 16 municipios del país y tenemos ...**8**... 3000 jóvenes articulados en el trabajo", expresó Núñez. Así, los Ecoclubes se han convertido en un soporte ...**9**... los ayuntamientos y la ciudadanía, asumiendo campañas medioambientales en las cuales se informa e integra ...**10**... pueblo.

4 Proyectos como el de manejo de los residuos sólidos y la reforestación de zonas montañosas han sido solo algunas de las iniciativas que han llevado a cabo, en distintas zonas del país, los jóvenes que

...4, cuando ...ngue[1] en el país, la ...diendo la participación de los ...es y eso nos demostró que la gente ha creado una empatía con nosotros y hasta asume que estamos jugando el rol de las autoridades", dijo.

5 En la actualidad hay un nuevo plan de gran trascendencia, ya que es la primera vez que en el país se va a crear un Movimiento Nacional de Agua y Juventud. "El tema es el agua, por la importancia que tiene para la vida, y se enfoca desde los jóvenes y su participación en las políticas públicas", explica Rufino Gil, promotor nacional de Ecoclubes. No hay recurso natural más preciado y necesario que el agua, y hacer que se tome conciencia de su importancia es la misión que han asumido estos emprendedores jóvenes.

6 "Más del 20 por ciento de la población dominicana carece de acceso a agua potable, eso equivale a 1.5 millones de habitantes, y el 80 por ciento al que le llega agua potable no se atreve a tomársela. Somos conscientes de que el agua es un bien renovable, pero estamos agotando la sostenibilidad del recurso y ya se están viendo las consecuencias", expuso el coordinador de Ecoclubes. El eje central de esta actividad es la discusión sobre la problemática del agua a escala mundial. "Queremos redactar una proclama y presentársela al Estado para que se conozca lo que los jóvenes creemos que debe de hacerse con el manejo de las aguas públicas en la República Dominicana. Nosotros los jóvenes exigimos que se respeten nuestros derechos y exista un espacio donde podamos presentar nuestras ideas e inquietudes respecto al medio ambiente", declaró el promotor de Ecoclubes.

Bethania Ortega
Desarrollo Sostenible en República Dominicana

---

[1] Planta herbácea de flores inodoras que se marchitan al menor contacto.

1 Solamente **una** de las siguientes frases es verdadera según la información contenida en el párrafo **(1)**. ¿Cuál es?

A La juventud se muestra negativa ante el bienestar de la naturaleza.

B Es clara la preocupación de los jóvenes por el medio ambiente de un país determinado.

C A diferencia de los jóvenes, hay organizaciones de adultos que se preocupan por la naturaleza.

D Muchos jóvenes se reúnen para trabajar por el bien del medio ambiente.

2 ¿Qué **dos palabras** en el párrafo **(2)** se usan con el sentido de "*propuesta*"?

3 ¿Qué **dos palabras** en los párrafos **(1)** y **(2)** se refieren a una persona joven?

Basándote en el párrafo **(3)** completa los espacios numerados **(4–10)** con una palabra tomada de esta lista.

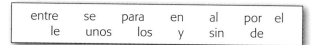

entre	se	para	en	al	por	el
le	unos	los	y	sin	de	

Basándote en los párrafos **(1)**, **(2)** y **(3)** identifica las **palabras del texto** que significan:

11 inútil

12 comodidad

13 medios

14 comportamiento

15 fomentar

16 liderar

17 coordinado

18 apoyo

Basándote en los párrafos **(2)**, **(3)** y **(4)** indica si estas frases son verdaderas **(V)**, falsas **(F)** o no se mencionan **(NM)**. Corrige las frases falsas.

19 El primer movimiento denominado Ecoclub surgió en 1992 en Argentina.

20 Al principio estos grupos contaron con el apoyo de los centros de salud.

21 El proyecto de los Ecoclubes está presente en todos los países del mundo.

22 El gobierno dominicano subvencionó las tareas de los Ecoclubes desde 2002.

23 Los Ecoclubes cooperan con la sociedad mediante actividades explicativas.

24 Los Ecoclubes han participado en actividades de deforestación del país.

25 Entre los miembros de los Ecoclubes hay algunas autoridades.

Basándote en los párrafos **(5)** y **(6)** copia y completa las siguientes frases con **palabras tomadas del texto**.

26 Estos jóvenes entienden la importancia que tiene el agua en la vida y el principal objetivo de sus actividades es conseguir que la gente…

27 Aunque el acto se va a celebrar en la República Dominicana, la consideración del tema del agua se hará…

28 Los jóvenes participantes quieren que el Estado atienda sus…

Basándote en los párrafos **(4)**, **(5)** y **(6)** identifica las **palabras del texto** que significan:

29 desechos

30 difusión

31 identificación

32 importancia

33 decidido

34 núcleo

35 discurso

36 preocupación

Al rescate de la naturaleza

1 *"Los espacios naturales no pueden ser espacios aislados, los ciudadanos deben implicarse en su protección"*, explica **Óscar Rivas**, secretario de la Asociación Galega de Custodia do Territorio, que acaba de nacer en Lugo con la intención de convertirse en "referencia" de la defensa de la naturaleza por parte de la sociedad civil. *"Queremos llegar a acuerdos con propietarios que se comprometan a cuidar sus terrenos o incluso a alquilarlos o cederlos para su conservación"*, explica. A cambio, los biólogos, veterinarios e ingenieros agrónomos de la asociación les brindarán asesoramiento técnico.

2 **Es la iniciativa más reciente**, pero no la primera. En Galicia existen diez colectivos que luchan, …2… forma voluntaria, por restaurar y conservar los valores naturales de territorios no siempre protegidos. Los hay de todos los tipos: especializados en el cuidado de los ríos, en la catalogación de aves o en la recuperación de murciélagos. En la comarca de O Ribeiro funciona …3… 1997 la asociación Ridimoas, nacida como actividad extraescolar en la antigua Escola Laboral de Ourense. Empezaron recogiendo aves de presa heridas de bala y en la actualidad tienen …4… bajo su custodia 500 hectáreas de terreno forestal. Compran una hectárea …5… año, que con el sí de la Administración convierten en refugio de fauna. *"Es el único lugar de O Ribeiro donde no …6… puede cazar ni pescar"*, presume Pablo Rodríguez, su presidente. Se hicieron con las primeras parcelas en 1988, que compraron después de …7… su iniciativa fuese reconocida con diversos premios en metálico. Además, cada socio (1020, algunos llegados de Canadá, Reino Unido y Alemania) aporta 10 euros al año, con los que reúnen …8… necesario para adquirir los terrenos.

3 **También compran viñas** abandonadas que luego ceden a los vecinos interesados en trabajarlas. *"Aquí la gente está acostumbrada a la compraventa, hay viñas que pasaron por casi todas las familias"*, explica. Los vecinos, que al principio *"se extrañaron"*, ahora colaboran con Ridimoas y les consultan muchos aspectos. El exhaustivo trabajo de catalogación que Ridimoas ha llevado a cabo permite, además, sacar conclusiones sobre la evolución de la fauna de O Ribeiro. *"Aumentaron los jabalís, pero disminuyeron los conejos y perdimos por completo la perdiz"*, enumera. La reserva (*"hay zonas, como las orillas del río, que ni pisamos, son muy sensibles"*) se verá ampliada con un Centro de Interpretación do Ribeiro dedicado al estudio de la fauna y la flora en la comarca.

4 **Parecida es la estrategia** del colectivo lucense Numenius, que desde hace cuatro años alquila fincas en A Terra Chá con el objetivo de convertirlas en reservas para aves como el sisón o el alcaraván, ligadas a medios agrarios. Actúan mediante contratos privados con los propietarios de las tierras y hasta el momento han alquilado 29 hectáreas en Cospeito.

5 **Del esfuerzo de sus voluntarios** (biólogos, economistas o abogados) depende el Grupo Naturalista Hábitat, de A Coruña, que desde 1979 realiza *"vigilancia, divulgación y estudio"* sobre el medio natural. Uno de sus miembros, Ricardo Ferreiro (también encargado de *A Mobella*, la revista científica de la asociación), destaca el componente aficionado de sus voluntarios, que siempre están alerta para denunciar las acciones que perjudican el entorno. Entre las inquietudes de los voluntarios también están los murciélagos, una experiencia de custodia singular en Galicia en la que resulta esencial implicar al ciudadano porque, apunta Óscar Rivas, *"gran parte del territorio está en manos privadas"*.

Diana Mandiá
El País

1 Solamente **una** de las siguientes afirmaciones es verdadera según la información contenida en el párrafo (1). ¿Cuál es?

  A Según Oscar Rivas, los ciudadanos deben desentenderse de la protección de la naturaleza.

  B La defensa del mundo natural es asunto de la población general.

  C La asociación está compuesta por biólogos, veterinarios e ingenieros.

  D Óscar Rivas es natural de Lugo.

Basándote en el párrafo (2) completa los espacios numerados (2–8) con una palabra tomada de esta lista.

es	ya	que	desde	cual	en	todo	
	lo	por	aún	se	hace	de	el

Basándote en los párrafos (1) y (2) identifica las **palabras del texto** que significan:

9 separado

10 dueño

11 información

12 grupo

13 clasificación

14 lesionado

15 cuidado

16 cobijo

17 porción de terreno

Basándote en los párrafos (2) y (3) del texto, copia y completa la tabla.

En la frase...	la(s) palabra(s)	en el texto se refiere(n) a...
18 Los hay de todos los tipos...	"los"	
19 ...tienen ya bajo **su** custodia 500 hectáreas...	"su"	
20 ...a los vecinos interesados en trabajar**las**...	"las"	
21 ...y **les** consultan muchos aspectos...	"les"	

Basándote en los párrafos (2) y (3) indica si estas frases son verdaderas (**V**), falsas (**F**) o no se mencionan (**NM**). Corrige las frases falsas.

22 Estas asociaciones gallegas trabajan por gusto para conservar la naturaleza.

23 Los colectivos tratan de proteger los valores sociales tradicionales.

24 La asociación Ridimoas ha funcionado hasta 1997.

25 Ridimoas comenzó protegiendo 500 hectáreas de bosque.

26 El gobierno autoriza la labor de la asociación.

27 A Pablo Rodríguez le gusta practicar deportes.

28 Las ideas de la asociación fueron reconocidas con dinero.

29 Los miembros pagan 10 euros anuales voluntariamente.

30 La mayoría de las familias han trabajado en plantaciones de uvas.

31 Los habitantes están muy sorprendidos por la evolución de la fauna y flora de la comarca.

Lengua

Las preposiciones

Vamos a dividir los Textos A y B entre toda la clase para identificar preposiciones.

▶ Recuerda que son términos invariables que sirven para completar la significación de la palabra a la que se agregan: *por, en, de, a, para, con, entre, desde, sobre, bajo, hasta,* etc.

▶ Escribe tus propios ejemplos para practicar el uso de las preposiciones encontradas en los textos.

32 Según el informe se ha reducido el número de todas las especies animales de la reserva.

33 El Centro de Interpretación do Ribeiro ha estudiado la flora y la fauna de la zona.

Basándote en los párrafos (4) y (5) copia y completa las siguientes frases con **palabras tomadas del texto**.

34 El colectivo lucense Numenius ya ha adquirido numerosos terrenos a través de…

35 El esfuerzo de los voluntarios sostiene el Grupo Naturalista Hábitat y sobresalen por su…

36 Debido a la abundancia de propietarios, la protección de la fauna no sería posible sin…

Basándote en los párrafos (3), (4) y (5) identifica las **palabras** del texto que significan:

37 ofrecer

38 minucioso

39 región

40 táctica

41 rural

42 empeño

43 responsable

44 atento

45 ambiente

46 Enumera los **seis** ejemplos de fauna que se dan a lo largo del texto.

Según la información dada en el texto, empareja cada asociación de la columna de la izquierda con una idea de la columna de la derecha:

47 Asociación Galega de Custodia do Territorio	A cuida pájaros rurales
	B es el más nuevo de los grupos
48 Asociación Ridimoas	C tiene afiliados internacionales
49 Colectivo Numenius	D cuenta con una publicación sobre sus estudios
50 Grupo Naturalista Hábitat	

Para ir más lejos…

- ¿Cuáles son los principales problemas medioambientales que puedes identificar en tu pueblo o ciudad? Coméntalo con tus compañeros y piensa en ejemplos concretos que preocupan a la gente.
- Vamos a pensar todos juntos en alguna propuesta sobre un aspecto en el que podríamos colaborar los jóvenes para mejorar el medio ambiente en vuestro entorno.
- Conoces la flora y fauna de tu área? Organizamos una investigación en equipo para estudiar brevemente las plantas y animales propios de nuestra región y los peligros a los que se enfrentan?
- ¿Hay asociaciones ecológicas en nuestro entorno que se preocupen por la protección del medio ambiente? Investiga cómo se llaman y qué objetivos tienen.

CAS

Proyecto de CAS: El reciclaje

▸ ¿Cómo funciona el reciclaje en nuestra comunidad?

▸ ¿Por qué no investigas con ayuda de un profesor las posibilidades de organizar un grupo de CAS para contribuir a la mejora del reciclaje de basuras en tu ciudad o barrio?

▸ Podemos organizar actividades para informar y concienciar a los ciudadanos y participar en labores para facilitar la recogida de residuos reciclables para conseguir entre todos un sistema de recogida de basura más respetuoso con el medio ambiente.

Actividades orales

1 Actividad oral individual

El futuro de la naturaleza

1 ¿Qué le podría estar diciendo el padre a su hijo en esta viñeta?

2 ¿En qué año situarías la viñeta? ¿Cómo te imaginas la vida en esta ciudad por lo que vemos a través de la ventana?

3 ¿Qué se podría hacer para evitar un futuro así?

4 ¿Cómo se puede reducir la polución en las ciudades?

2 Actividad oral interactiva

Tras escuchar la canción "*¿Dónde jugarán los niños?*" del grupo mexicano Maná se puede entablar un debate sobre las agresiones que sufre el medio ambiente. Podemos tener en cuenta estos aspectos:

▶ ¿Qué tipos de cambio medioambiental identifica el autor de la canción entre la infancia de su abuelo y el momento presente?

▶ ¿Es la intervención humana responsable de estos cambios? Da ejemplos.

▶ ¿Crees que el tono de la canción es demasiado pesimista?

▶ ¿Te han contado tus abuelos o padres alguna historia similar de tu pueblo o ciudad? Da detalles sobre los cambios medioambientales que te han contado sobre tu entorno.

▶ ¿Y los jóvenes de hoy? ¿Crees que tendremos una actitud más respetuosa con el medio ambiente y que sabremos conservar mejor la naturaleza?

▶ ¿Cómo podría la escuela potenciar una mayor sensibilidad para proteger el medio ambiente?

Tareas escritas

1 Respuesta personal

Lee el siguiente fragmento y elabora una respuesta personal de 150 a 250 palabras. Compara las actitudes y situaciones, tanto similares como diferentes, sobre este tema en la cultura hispana y en la tuya propia.

> España es el país europeo con mayor biodiversidad y la pérdida de especies es uno de los problemas medioambientales más acuciantes. Un estudio concluye que el 60% de la población aprobaría pagar un impuesto para proteger el medio ambiente y que cuatro de cada diez españoles cambiaría sus hábitos de consumo y ocio para contribuir personalmente a conservar el patrimonio natural y la biodiversidad.

2 Tareas de redacción

Realiza una de estas tareas relacionadas con el tema del medio ambiente. Escribe entre 250 y 400 palabras.

a En el grupo ecologista de tu colegio habéis decidido escribir un folleto sugiriendo lo que se puede hacer para ser buenos ecologistas. Redacta el **folleto** que se distribuirá entre todos los alumnos.

- Incluye un título y secciones diferenciadas con subtítulos.
- Usa un tono semiformal y persuasivo.
- Planifica ordenadamente las secciones con ideas pertinentes para sugerir un comportamiento ecologista e invitar a la acción.

b Se ha decidido construir un hipermercado en un bosque que normalmente visitas los fines de semana. Escribe un **editorial** para el periódico local exponiendo las razones por las cuales te opones a esta decisión.

- Incluye título, firma y nombre del periódico.
- Usa un tono formal y argumentativo.
- Planifica bien los datos que vas a incluir e incluye una presentación de la idea, una argumentación ordenada del tema justificada con razones y datos y una conclusión que confirme tu opinión.

Perfil de la comunidad del IB

- Como miembros de la Comunidad de aprendizaje del IB nos esforzaremos por estar informados y ser solidarios.
- ¿Te ha ayudado esta unidad a explorar conceptos e ideas de importancia local y mundial con respecto al medio ambiente?
- ¿Crees que el tema que hemos estudiado te ha estimulado para actuar con el propósito de influir positivamente en el medio ambiente?
- Debate con tu clase las posibles respuestas.

B2 La globalización

Objetivos

Considerar…

▷ el fenómeno de la globalización y algunas de sus consecuencias en los países de habla española.

▷ las ventajas e inconvenientes de la globalización en cuanto a las relaciones entre países de habla hispana.

▷ algunos proyectos y situaciones de carácter económico y social que han sido resultado directo de la globalización en países de habla hispana: las diferencias entre países ricos y pobres, la compra de tierras por parte de países ricos en países pobres y el comercio justo.

Lengua: practicar estructuras para expresar consejos personales e impersonales *deberíamos* + infinitivo, *hay que* + infinitivo, etc.

Contextualización

▷ ¿Cómo definirías "globalización"? Completa esta definición de globalización económica que recogemos del FMI (Fondo Monetario Internacional) con las palabras del recuadro. ¿Puedes añadir algún dato más? Busca otras definiciones en un diccionario enciclopédico o en Internet y contrástalas con las de tus compañeros. ¿Qué conclusiones se pueden sacar?

La "globalización" económica es un …1… histórico, el resultado de la innovación humana y el …2… tecnológico. Se refiere a la creciente …3… de las economías de todo el mundo, especialmente a través del …4… y los flujos financieros. En algunos casos este término hace alusión al …5… de personas (mano de obra) y la …6… de conocimientos (tecnología) a través de las …7… internacionales. La globalización abarca además aspectos culturales, políticos y ambientales.

(Extraído de www.imf.org)

transferencia	progreso	proceso	desplazamiento
comercio	fronteras	integración	

▷ Observa las siguientes imágenes y decide qué significa cada una de ellas. ¿Cuáles crees que son positivas y cuáles negativas?

▷ ¿Qué efectos sociales, económicos, tecnológicos y culturales resultantes de la globalización en un país de habla hispana sobre el que estés estudiando conoces?

Texto A

Vender café, comprar Comercio Justo

Trabajo con pequeños productores de café que han crecido **supeditados** a los **dictados** de la bolsa de Nueva York (donde se fijan los precios del café salvadoreño) y a la **picardía** de los *coyotes* (intermediarios que **acaparan** café a precios **irrisorios** aprovechando las difíciles circunstancias de los caficultores y que venden a terceros cobrando **jugosas comisiones**).

El café es un mercado cíclico, con años de buenos precios, seguidos de grandes caídas y donde el pequeño caficultor es el principal *sufridor*, ya que siente muy directamente **los años de vacas flacas** y no se beneficia proporcionalmente durante las **temporadas de vacas gordas**.

Estar certificados con un sello de Comercio Justo resulta entonces una **valiosa** alternativa para ellos. Los costes de certificación y los requisitos que deben cumplir son **elevados**, pero el objetivo final es conseguir aumentar su nivel de vida y que reciban un precio justo por su trabajo y dedicación, mientras paralelamente se fortalecen como organización.

En Apecafé trabajamos con el sello FLO, no voy a entrar en el detalle de los criterios de cumplimiento que deben respetar y **promover**. Solo por estar certificados, los pequeños grupos productores tienen un precio mínimo garantizado que **cubre** sus costos de producción. Además reciben lo que se llama *"Premio social"*: un extra que debe, obligatoriamente, ser invertido en beneficio de la comunidad donde se **ubica** la cooperativa, como por ejemplo en el mejoramiento de las calles, los suministros para el centro de salud, en materiales para la escuelita. Si además el café posee certificación orgánica, el productor/a también se ve **recompensado/a** con un plus. Vale la pena destacar que el manejo orgánico implica un esfuerzo importante y sus beneficios (no erosión del suelo, no contaminación con productos químicos, mantenimiento de los mantos acuíferos, protección de la biodiversidad…) repercuten positivamente en el planeta.

Resumiendo, la certificación de Comercio Justo (CJ) **otorga** un valor añadido al café y permite a los pequeños productores recibir pagos **dignos** por su trabajo. ¡Pero para que las personas campesinas puedan beneficiarse de pertenecer a Comercio Justo debemos tener compradores de Comercio Justo! Ahí es donde, como SETEM, **apostamos** por una sociedad **sensibilizada** por un consumo responsable. Tenemos que trabajar el cambio de mentalidad, de hábitos de consumo en el Norte, para que el Sur reciba por fin los frutos de su trabajo.

Creo que es un círculo que tenemos que ir cerrando desde ambos lados del **charco**. La sociedad de consumo de países (supuestamente) desarrollados tiene su parte de responsabilidad, no solo para mejorar las condiciones de vida de los campesinos del Sur, sino también para establecer unas reglas del juego en las que todas y todos salgamos beneficiados.

El Comercio Justo no es cooperación **asistencialista**. Es quizá la alternativa mejor ideada (eso no quita que haya mucho que mejorar, pero eso **requeriría** un **artículo** específico) para que unos paguen y otros cobren de forma equilibrada.

No hace mucho realicé un taller en las cooperativas de Apecafé para presentar detalladamente lo que es y lo que implica estar certificados bajo Comercio Justo. Iniciaba las capacitaciones preguntando *"¿Qué creen que es esto del Comercio Justo? ¿A qué lo asocian ustedes?"*, y respondieron con conceptos como: *"respeto"*, *"oportunidad de desarrollo"*, *"justicia"*, *"responsabilidad"*, *"no explotación"*, *"salario justo"*, *"bienestar de la familia"*, *"reconocer el trabajo de pequeños* **productores***"*, *"oportunidad para exportar"*…

Trabajo con la esperanza de que algún día estas mismas palabras las compartan en el Norte personas con la misma sensibilidad.

Bea Cabrero
El Periódico

1 Relaciona las **palabras o estructuras en negrita** del texto con un sinónimo del recuadro de palabras que aparece a continuación.

> beneficios años prósperos exigencias océano argucia grandes concienciada necesitaría fabricantes importante impulsar abarca concede justos condicionados apoyamos producto retribuido/a épocas difíciles sitúa de apoyo centralizan insignificantes altos

2 ¿Qué significa el título del texto? Explícalo con otras palabras. Busca otros títulos alternativos basados en la información del texto. Busca también una definición de Comercio Justo (CJ).

3 Según el texto, ¿en qué consiste el *"Premio social"*? ¿Te parece una buena idea? Coméntalo con el resto de tus compañeros. ¿Se te ocurren otras obras posibles con el premio social?

4 Resume con tus propias palabras las ideas principales que expone Bea Cabrero sobre: *el mercado del café, la labor de APECAFE, su trabajo y la idea que de Comercio Justo tienen los productores con los que trabaja.*

5 Explica cuáles son las características según el texto del cultivo orgánico.

6 Define con tus propias palabras los conceptos mencionados entre comillas en el penúltimo párrafo (*"respeto"*, *"oportunidad de desarrollo"*, etc.). ¿Coincides con el resto de tus compañeros?

7 ¿Qué significa tener certificación de Comercio Justo? ¿Qué garantías deben cumplir los productos? Busca información y redacta un texto de unas 250 palabras que explique esas condiciones.

8 ¿Qué relación tiene esta noticia con el tema de la globalización? Habla con el resto de tus compañeros y entre todas se puede hacer una lista con las ideas más importantes.

9 El texto habla de lo importante que es el papel de los países del Norte en este tipo de iniciativas. ¿Estás de acuerdo con la autora del artículo? ¿Qué harías como miembro del gobierno, de alguna asociación o como consumidor de algunos productos de Comercio Justo? ¿Qué estrategias emplearías para dar a conocer estos productos? ¿Coincides con el resto de la clase?

Lengua

Dar consejos personales e impersonales

Muchas veces es necesario utilizar estructuras en las que damos consejos, ofrecemos nuestra visión y nuestra ayuda. Podemos utilizar diferentes estructuras.

▶ Intenta confeccionar una lista con ayuda del resto de la clase.

▶ Podemos tener dos secciones: una con consejos personales (*deberíamos* + infinitivo, *tendríamos que* + infinitivo, *lo mejor es que* + presente de subjuntivo, *sería aconsejable que* + presente de subjuntivo, etc.) y otra con consejos impersonales (*hay que* + infinitivo, *lo mejor es* + infinitivo, etc.)

▶ Aprovecha las tareas orales y escritas (páginas 115–116) para practicar más estas estructuras.

Texto **B**

La tierra para quien la paga

Países emergentes y multinacionales se aseguran reservas de comida comprando terrenos en naciones hambrientas – Algunos Estados dictan leyes para protegerse

1 Las ONG lo han bautizado como *the last land grab*, la última apropiación de la tierra. En el último año, con la confluencia de las crisis del precio de los alimentos y la financiera, se ha producido una carrera por parte de países ricos y corporaciones multinacionales por hacerse con tierra en estados latinoamericanos, asiáticos y africanos. Las naciones ricas, para asegurarse reservas de comida. Las corporaciones, para hacer negocio ahora que la Bolsa no rinde. El director general de la FAO, Jacques Diouf, ha alertado de que estas operaciones pueden calificarse de neocoloniales, y las ONG advierten de que los más perjudicados van a ser, como siempre, los más vulnerables – pequeños agricultores, pastores, tribus indígenas –, y cuestionan el impacto medioambiental de roturar nuevas tierras para cultivos intensivos con uso extensivo de pesticidas, herbicidas y abonos.

2 Ante las presiones, Paraguay ha aprobado una legislación que prohíbe la venta de tierras a extranjeros (después de que un campesino resultara muerto de un disparo de la policía cuando pretendía desalojarlo de la finca comprada por un brasileño para cultivar soja). Otros países suramericanos, como Uruguay, se lo están planteando, y Brasil está en proceso de cambiar su legislación para dotar de mayor transparencia y participación local a las operaciones con activos extranjeros.

3 Algo une a los países ricos en ...(1)... búsqueda de tierra foránea ...(2)... alimentar a sus habitantes (entre otros, China, India, Japón, Malasia, Corea del Sur, Egipto, Libia y la gran mayoría ...(3)... los países del golfo Pérsico): crecimiento económico acompañado del demográfico, ...(4)... falta de superficie agrícola ...(5)... de agua. Todos ellos son importadores de comida. Todos se han visto

afectados ...(6)... la crisis de precios de los alimentos. "No ...(7)... por los precios en sí, que pueden permitirse, ...(8)... sí por la actitud proteccionista de países productores ...(9)... han limitado las exportaciones", explica David Hallam, responsable de Política Comercial de la FAO. "Argentina ha puesto controles, Tailandia ...(10)... Eso ha asustado a los importadores". De forma comprensible, pretenden asegurarse una reserva regular de alimentos ...(11)..., cuando se prevé que, ...(12)... los precios se han reducido relativamente en los últimos cuatro meses, van a continuar altos a medio plazo, y ...(13)... se calcula que para 2050 la producción de alimentos va a tener que doblarse ...(14)... satisfacer la demanda mundial.

4 Un informe de la FAO publicado ayer fija en 963 millones el número de personas hambrientas en el mundo a finales de 2007. La cifra, hoy, ya sobrepasará los mil millones, habida cuenta de que sólo en 2007 se crearon 40 millones de nuevos malnutridos, "un incremento tan dramático como rápido", según Diouf y que empeorará con la eclosión de la crisis económica mundial.

5 Algo une también a los países que venden o alquilan sus tierras (a bajo precio para los estándares de los ricos): la mayoría son pobres, requieren de inversiones y transferencia tecnológica y necesitan desesperadamente aumentar su producción agrícola. Y disponen de terreno. En teoría.

6 "Hay que ir con cuidado cuando se habla de tierra disponible o cuando los Gobiernos de países pobres hablan de espacios marginales o abandonados. Y es que la tierra se usa. Tal vez no bajo los parámetros occidentales de propiedad privada, pero se usa: por pastores que alimentan a su ganado de forma estacional, lo que permite la regeneración de la vegetación, por pequeños agricultores de forma comunal, por tribus indígenas sin títulos de propiedad...", explica Michael Taylor, portavoz de *International Land Coalition*.

Lali Cambra
El País

1 Según el párrafo **(1)**, ¿cuál es la situación que podemos ver en algunos países de economías débiles?

    A Los países ricos ofrecen ayudas para plantar terrenos.

    B Los países ricos y las corporaciones quieren instalar empresas de producción alimentaria.

    C Las corporaciones y los países ricos buscan comprar terrenos para asegurarse comida e inversiones.

    D Las corporaciones intentan conseguir materias primas de estos países.

2 ¿Qué palabras en el párrafo **(2)** se usan con el sentido de *"ley"* y *"tierra"*? ¿Y en el párrafo **(4)** para referirse a gente con *"hambre"*?

¿Qué significan las siguientes expresiones en los párrafos **(1)** y **(2)**? Elige la opción correcta.

3 hacerse con tierra (*párrafo 1*):

    A transformarse en tierra

    B trabajar con tierra

    C conseguir tierra

4 la Bolsa no rinde (*párrafo 1*):

    A la Bolsa no está abierta

    B la Bolsa no tiene muchos beneficios

    C la Bolsa no reina

5 pretendía desalojarlo (*párrafo 2*):

    A intentaba echarlo

    B simulaba desalojarlo

    C quería echarlo

Basándote en los párrafos **(2)**, **(3)**, **(5)** y **(6)** indica si estas frases **(6–12)** son verdaderas **(V)** o falsas **(F)** e indica las **palabras del texto** que justifican tu respuesta:

6 Un campesino resultó muerto tras legislarse en Paraguay una ley que prohíbe la compra de tierras a extranjeros.

7 Brasil quiere mejorar sus leyes de propiedad de la tierra para que sean más severas.

8 Ante el crecimiento demográfico muchos países tienen que comprar tierras en otros países.

9 Muchos países favorecen por ese motivo las exportaciones.

10 El consumo de alimentos está aumentando considerablemente.

11 Muchos países venden o alquilan sus tierras porque necesitan tecnología agropecuaria.

12 Muchas zonas que no se cultivan se usan de otra manera.

13 Basándote en el párrafo **(3)** completa los espacios numerados **(1–14)** con una palabra tomada de esta lista.

> tanto cuando que para (x2) también esta de
> pero (x2) más aún o por aunque

Basándote en los párrafos **(1)** a **(6)** identifica las **palabras del texto** que significan:

14 adquisición

15 concurrencia

16 no produce

17 débiles

18 arar

19 proponiendo

20 proporcionar

21 inversiones

22 extranjera

23 estima

24 necesitar

25 tienen

26 temporal

Basándote en los párrafos (2), (3), (5) y (6), copia y completa la tabla en tu cuaderno.

En la frase…	la(s) palabra(s)	en el texto se refiere(n) a…
27 …se **lo** están planteando	"lo"	
28 **Eso** ha asustado a los importadores…	"eso"	
29 **Algo** une también a los países que venden	"algo"	
30 …**lo** que permite…	"lo"	

31 Según el texto, cuando la tierra no se cultiva, ¿para qué se utiliza?

32 Resume las ideas más importantes del texto en 150 palabras.

33 ¿Te parece buena idea la de comprar tierras en los países pobres a cambio de dinero o tecnología? ¿Y limitar esa venta por parte de los países más pobres? ¿Qué ventajas y desventajas puede traer ese tipo de actividad para las dos partes: los países ricos y los países en vías de desarrollo? ¿Y desventajas? Trabaja en un grupo con otros dos compañeros y haz una lista con todas esas ideas.

34 El texto comenta los cambios en las legislaciones de países como Paraguay, Uruguay y Brasil respecto a la compra de terrenos por parte de empresas y ciudadanos extranjeros. ¿Te parece bien esta tendencia? Explica tu opinión personal. ¿Qué medidas tomarías tú como miembro del gobierno de estos países?

35 Las tierras no solo se compran para cultivar comida. Otra de las tendencias actuales es adquirir terrenos para la siembra de biocombustibles como soja o aceite de palma. Investiga este tema buscando información en los medios de comunicación. ¿Qué ventajas y desventajas para la sociedad tienen estos tipos de cultivos? Podemos dividir la clase en dos grandes grupos: un grupo estudiará las ventajas y el otro los inconvenientes.

36 Piensa en otra forma posible de desarrollo para los países emergentes sin que tengan que comprometer sus tierras. ¿Qué ideas han surgido en la clase?

Perfil de la comunidad del IB

▶ Averigua haciendo una búsqueda en Internet qué es una ONG, la FAO y la organización "International Land Coalition" y cuáles son sus labores.

▶ Haz también una búsqueda en los medios de comunicación e información para descubrir la situación de la venta de tierras en alguno de los países citados en el texto. Comparte con el resto de la clase lo que averigües.

Actividades orales

1 Actividad oral individual

▲ *"Mucha gente pequeña en muchos lugares pequeños, haciendo cosas pequeñas cambiará la faz de la tierra."* (Proverbio africano)

1 Presentamos algunos aspectos del Comercio Justo: vamos a preparar una **presentación individual** sobre uno de los productos de Comercio Justo que se encuentren en nuestro país o en uno de los países del mundo hispano que conozcamos. En esa presentación hablaremos del país productor, quiénes son los agricultores o cooperativas que lo producen, qué tipo de distribución tiene en el resto del mundo, qué beneficios tiene para los productores pertenecer al sello CJ y si conocemos alguna campaña publicitaria. Algunos productos son: café, azúcar, cacao, plátanos, té, anacardos, mermelada, ropa y accesorios de algodón, lino, seda o lana, cereales, artesanía, juguetes, etc.

CAS

Proyecto de CAS: Una campaña informativa

Vamos a utilizar la fotografía que tenemos en esta página para preparar una campaña informativa titulada *"Jóvenes en el mundo: por un consumo responsable"*. Podemos trabajar en pequeños grupos o individualmente. En este proyecto vamos a…

▶ hablar de qué es y qué significa el consumo responsable.

▶ proponer estrategias para un consumo responsable.

▶ presentar un logo y eslogan para nuestra campaña.

2 Debate: ¿Estamos a favor o en contra de la globalización? Vamos a dividir la clase en dos grandes grupos, uno va a estar **a favor** y otro **en contra** de la globalización.

Antes de empezar el debate buscaremos el mayor número de razones y ejemplos posibles que ayuden a sustentar nuestra propuesta. Por ejemplo, una **ventaja** es que se disminuyen los costos de producción y por lo tanto se ofrecen productos a precios menores, una **desventaja** puede ser que hay mayor desigualdad económica entre los países desarrollados y subdesarrollados debido a concentración de capital en los países desarrollados (acumulación externa de capital).

3 Presentamos los Objetivos del Milenio. Vamos a dividir la clase en pequeños grupos de tal manera que cada grupo prepare una **presentación** sobre uno de los Objetivos del Milenio. Buscaremos información y acompañaremos nuestra presentación de fotografías, recortes de prensa y otro material de apoyo.

2 Actividad oral interactiva

▶ Podemos, después de ver o escuchar alguna de estas películas y canciones, establecer un coloquio para hablar de la relación que tienen el argumento y las ideas de los filmes y canciones con el concepto de la globalización.

Películas:
Voces contra la globalización (RTVE, 2006)
14 kilómetros (Gerardo Olivares, 2007)

Conciones:
León Gievo: *"De igual a igual"*
La Oreja de Van Gogh: *"Un mundo mejor"*
Pedro Guerra: *"Contamíname"*

Tareas escritas

1 Respuesta personal

1 Lee el siguiente enunciado y elabora una respuesta personal usando como mínimo 150 palabras. Compara las actitudes y situaciones, tanto similares como diferentes, sobre este tema en la cultura hispana y en la tuya propia. La respuesta deberá expresar tu opinión sobre el tema y justificarla:

> El fenómeno de la globalización ha contribuido a mejorar las perspectivas de vida de los seres humanos.

2 Tareas de redacción

Realiza una de estas tareas relacionadas con el tema de la globalización. Escribe un mínimo de 250 palabras.

a Como parte de un especial que va a aparecer en el **periódico** de tu colegio te han pedido que trates el tema de la globalización desde varios aspectos. Deberás tratar los siguientes puntos en tu redacción:

▶ Cómo y por qué empezó la globalización.

▶ Los movimientos a favor y en contra.

▶ Tratar algún ejemplo de la globalización en tu entorno (a nivel económico, político, social o cultural).

▶ Tu opinión personal.

b Estudiamos el impacto de la globalización en distintos países. Prepara una **entrevista** a un personaje imaginario de un país rico o de un país pobre. Antes de empezar a escribir la entrevista, busca en Internet o en otros medios de información elementos para poder utilizar en tu entrevista. Algunos temas para incluir pueden ser:

▶ Cómo ven la globalización.

▶ Qué ventajas o desventajas pueden ver.

▶ El impacto directo en sus vidas, etc.

c *Los Objetivos del Milenio*: Busca información sobre este tema y escribe una entrada en tu **diario** en la que reflexiones sobre las ideas de esta declaración, su relación con el fenómeno de la globalización y las relaciones entre los países del Norte y del Sur. Aporta una opinión personal.

d Trabajas como voluntario en una ONG de Comercio Justo y te han pedido que prepares una pequeña presentación sobre su labor para un grupo de estudiantes. Escribe un **texto** que explique: qué es el Comercio Justo, qué tipo de productos y países están relacionados con el CJ, por qué es importante apoyar ese tipo de iniciativas y qué podemos hacer los consumidores.

B3 Propiedad intelectual: crimen y castigo

Objetivos

Considerar…

▷ la situación de la violación de derechos de autor en varias industrias.

▷ las consecuencias que puede tener la piratería para las diferentes industrias y profesionales.

▷ quiénes son los responsables de la piratería y las penas que se deberían imponer a esos responsables.

▷ nuestra propia responsabilidad.

Lengua: el uso del presente de subjuntivo con verbos que expresan actividad mental y expresiones que indican certeza.

Contextualización

Después de mirar el anuncio…

▷ ¿A quién crees que está dirigido este anuncio? ¿Por qué piensas así?

▷ ¿Estás de acuerdo con la información que se expone en él? ¿Eras consciente de las posibles consecuencias sobre las que habla el anuncio cuando adquieres imitaciones (económicas, sociales, para tu salud etc.)?

▷ ¿Puedes pensar otros sectores, además de los mencionados, que sufren piratería?

▷ ¿Crees que la actitud de la gente cambiará después de leer esto?

▷ Intenta completar las siguientes frases con reflexiones sobre los dibujos que aparecen en el anuncio.

Es obvio que… Es verdad que… No es verdad que… Está claro que… No creo que… No me parece que…

Perfil de la comunidad del IB

▷ En parejas buscad información sobre diferentes campañas que se han realizado en algunos países para luchar contra el delito de violación de la propiedad intelectual.

▷ Preparad una presentación PowerPoint con al menos tres campañas diferentes comentando las características más significativas de cada una de ellas.

119

Las 10 mentiras más difundidas sobre la propiedad intelectual

Los ilegales intentan engañarte… ¡No te dejes manipular!

Te contamos las 10 mentiras más difundidas sobre propiedad intelectual, para que nadie te time[1].

1 Lo que está en Internet es gratis.

¡Falso! La música, el cine, las imágenes, los textos, los videojuegos que están en Internet han sido creados por personas. Es a ellas a las que corresponde disponer si su utilización es libre y gratuita o, por el contrario, poner un precio a su uso.

2 Bajarse música o películas de Internet es legal.

¡Falso! Cuando los dueños de contenidos autorizan la descarga gratuita, sí es legal. Si la descarga no está autorizada, tiene lugar una infracción de la propiedad intelectual.

3 Si no aparece el símbolo © en un contenido en Internet lo puedo utilizar.

¡Falso! La ausencia del símbolo no indica que el contenido es de utilización libre. Para que así sea el titular lo ha tenido que hacer constar expresamente.

4 Es legal copiar o utilizar un contenido de Internet siempre que se cite al autor.

¡Falso! Debemos mencionar la fuente y el autor cuando utilizamos una cita en un trabajo de investigación o en un artículo. En estos casos, el fragmento ha de ser corto y proporcionado al fin de la incorporación. Y si no estamos citando, sino utilizando una obra, debemos obtener una autorización del titular.

5 Cuando intercambio música y contenidos a través de programas *peer to peer* (P2P), no necesito autorización.

¡Falso! La utilización de estos programas supone la explotación de derechos de propiedad intelectual que no han sido autorizados, por lo que constituye una infracción de los derechos de propiedad intelectual.

6 Los intercambios de archivos a través de las redes P2P son legales.

¡Falso! Si estos intercambios tienen lugar sin la autorización de los titulares de los derechos de propiedad intelectual, son actos ilegales.

7 Las redes P2P son seguras.

¡Falso! La seguridad es uno de los mayores problemas que plantean estas redes, ya que damos entrada a nuestro ordenador a todos aquellos que estén conectados a ella. Cualquiera puede circular libremente y acceder a nuestros datos: IP, tipo de descargas que estamos haciendo, número de teléfono y otra información de seguridad que figure en el ordenador.

8 La industria cultural y los artistas ya ganan suficiente así que no perjudico a nadie si no pago.

¡Falso! Los autores, los artistas y las industrias de contenidos de propiedad intelectual tienen el derecho legítimo a ganar dinero, triunfar y tener una carrera exitosa, como ocurre en cualquier sector profesional.

9 Las descargas ilegales promocionan a los artistas y a los autores, que ven difundidos sus trabajos y se dan a conocer sin necesidad de la industria.

¡Falso! Detrás de los autores y los artistas hay una industria que les da trabajo, los da a conocer e invierte en ellos. E incluso, para organizar conciertos también es necesaria una maquinaria promocional que sólo garantiza la industria, permitiendo que los autores y los artistas se profesionalicen y consoliden.

10 El acceso a los productos culturales tiene que ser gratis y eso es lo que consiguen las redes P2P.

¡Falso! Las descargas ilegales no pueden confundirse con el derecho de acceso a la cultura, una forma de libertad de expresión o de desobediencia civil legítima, ni tampoco como algo inevitable e intrínseco a la red. Las transacciones en la red, al igual que las realizadas en el mundo material, deben someterse al respeto básico, al imperio de la ley y a los derechos de propiedad de otras personas.

www.siereslegalereslegal.com

[1] robe o estafe

1 En el titular y la introducción del artículo hay **dos palabras** que significan lo mismo. ¿Qué palabras son?

Basándote en la información de la parte *¡Falso!* de las mentiras (1), (2), (3) y (4), indica si estas frases son verdaderas **(V)** o falsas **(F)** e indica las **palabras del texto** que justifican tu respuesta.

2 Los creadores de los contenidos que aparecen en Internet son los que deben de decidir cómo pueden y deben usarse esos contenidos.

3 Las descargas gratis son legales si los creadores de sus contenidos las han permitido.

4 Cuando el símbolo © no se menciona podemos usar los contenidos libremente.

5 Hay diferentes procedimientos si se quiere usar un contenido íntegramente o si sólo se usa una parte pequeña.

Basándote en el texto transcribe la **palabra** que significa:

6 utilización (*mentira 1*)

7 violación (*mentira 2*)

8 mencionar (*mentira 4*)

9 objetivo (*mentira 4*)

10 permitir (*mentira 5*)

11 ocurrir (*mentira 6*)

12 acceso (*mentira 7*)

Basándote en las mentiras (5), (6), (7) y (8) completa las siguientes frases con **una o más palabras tomadas del texto**.

13 Si uso programas P2P necesito permiso porque…

14 Si no pedimos permiso a los creadores de los contenidos para descargarlos nuestras descargas son…

15 Uno de los problemas más serios de las redes P2P es…

16 Los artistas son profesionales que…

Cita **cuatro servicios** que la industria proporciona a los artistas.

17 …… **18** …… **19** …… **20** ……

Para reflexionar

En parejas discute y reflexiona sobre lo siguiente.

▶ ¿Qué información del texto sobre las descargas desconocías?

▶ ¿Crees que esta guía puede servir para informar a la gente y que no hagan descargas ilegales? O por el contrario, ¿crees que esta guía no sirve para nada? Explica por qué piensas así.

Texto B

Campaña de acoso contra los clientes del 'top manta'[1]

(1) Desde el jueves, policías de paisano ficharán a los compradores, requisarán los discos y DVD, y los citarán como testigos en juicios contra los vendedores. Desde el jueves 1 de diciembre se acabó comprar discos y DVD pirateados en el top manta. Ése es al menos el objetivo de la campaña que pondrá ese día en marcha el Ayuntamiento de Madrid.

(2) Dentro del dispositivo de seguridad de Navidad, pero con intención de convertirlo en una práctica habitual, unos 800 policías de paisano (300 municipales y 500 nacionales, todos ellos en prácticas) empezarán a acosar a los clientes de estos puestos ilegales de venta ambulante fichándolos y retirándoles la mercancía.

(3) Los agentes esperarán a que el comprador se haga con sus compactos para ficharle y requisarle la mercancía. La identificación del cliente servirá para, además, poder citarlo como testigo en los juicios que se pudieran seguir contra los vendedores apresados.

(4) El Ayuntamiento reconoce que el comprador no incumple ninguna ley, pero quiere acosarlo, hacerle incómoda la compra, para reducir esta práctica.

¿Cómo te haces con la música?

María García, 18 años

(5) «Yo me he comprado todos los discos que tengo en los puestos callejeros ilegales, porque están muy caros en las tiendas y no puedo pagar tanto. Me parece muy mal que la Policía Municipal acose a los compradores en el top manta. Lo que tienen que hacer las discográficas es bajar los precios de los compactos y que los grupos musicales hagan más conciertos en directo».

Clemente Sobrino, 35 años

(6) «Alguna vez he comprado algún disco pirata, más a los chinos que los venden por bares y restaurantes que en puestos callejeros. Yo creo que el Ayuntamiento va a tener mucho trabajo para que las nuevas medidas sean eficientes. Erradicar el top manta será muy difícil. Entiendo que con el pirateo se perjudica a los artistas, pero la gente maneja poco dinero para comprar discos».

Begoña López, 18 años

(7) «Yo nunca he comprado discos en el top manta, aunque tampoco se los pillo a las discográficas; me los bajo todos de Internet. Me parece bien que el Ayuntamiento acose a los compradores de los puestos callejeros con estas medidas, porque no me gusta que las mafias exploten a los vendedores inmigrantes, a los que luego no les toca nada del dinero que recaudan».

Mano dura en Barcelona

(8) El Ayuntamiento de Barcelona prepara medidas aún más duras que el madrileño contra los compradores de discos piratas. En la Ciudad Condal, si sale adelante la norma que se prepara, los clientes del top manta podrán ser multados con el mismo importe que el vendedor, de 100 a 500 euros.

(9) E incluso ser llevados a juicio en caso de reincidencia. En España, uno de cada cuatro discos vendidos es pirata, según datos de los productores musicales. En la capital, ese porcentaje se eleva al 40%.

(10) El año pasado, la Policía actuó en Madrid en 3.187 ocasiones, en las que se detuvo a 408 personas y se decomisaron 1.403.931 discos compactos, casi medio millón de películas, 1.295 grabadoras y 119.585 soportes vírgenes.

Daniel Gil
20 Minutos

[1] El 'top manta' se deriva de la palabra 'top ten' y la palabra 'manta', objeto que se usa extendido en el suelo para vender la música y películas más novedades y populares.

Basándote en la información del párrafo (1) indica qué **tres acciones** llevará a cabo la policía respecto a los compradores.

1 ...... **2** ...... **3** ......

Basándote en la información del párrafo (2) indica qué **dos cuerpos (tipos) de policía** participarán en la campaña contra la piratería.

4 ...... **5** ......

Basándote en la información de los párrafos (1) al (4) indica si estas frases son verdaderas **(V)** o falsas **(F)** e indica las **palabras del texto** que justifican tu respuesta.

6 Esta ley se aplicará en toda España.

7 Esta Navidad es el comienzo de esta práctica que se piensa extender al resto del año.

8 Los compradores podrán acabar en la cárcel.

9 La policía requisará los discos a los compradores.

10 La policía quiere poner presión a los compradores para que dejen de adquirir discos ilegales.

Basándote en los párrafos (5) al (7) lee las siguientes afirmaciones y decide de quién trata cada una.

11 Ha comprado algunos discos ilegalmente.

12 En su opinión es muy difícil que se solucione el problema de la venta de discos piratas en la calle.

13 Nunca ha adquirido en las tiendas la música que tiene.

14 Piensa que los inmigrantes no se benefician del dinero de la venta ilegal sino que hay organizaciones que se aprovechan de ellos.

15 Le gustaría que los discos fueran más baratos.

Basándote en el texto elige la opción que tiene **el mismo significado** que las palabras o expresiones en negrita.

16 DVD **pirateados** en el top manta (*párrafo 1*)

   A   hechos por piratas
   B   copiados ilegalmente
   C   gratuitos

17 la campaña que **pondrá… en marcha** (*párrafo 1*)

   A   será legalizada
   B   terminará
   C   empezará

18 que el comprador **se haga** con sus compactos (*párrafo 3*)

   A   adquiera
   B   venda
   C   elabore

19 se pudieran seguir contra los vendedores **apresados** (*párrafo 3*)

   A   detenidos
   B   ilegales
   C   callejeros

Para reflexionar

En parejas discute y reflexiona sobre lo siguiente.

▶ ¿Te parece bien que se acose a los compradores para intentar acabar con la piratería? ¿Es una medida apropiada?

▶ ¿Qué castigo te parece más apropiado para…

   a   las personas que venden productos pirateados?

   b   las personas que compran productos pirateados?

   c   las personas que falsifican estos productos?

▶ ¿Deberían recibir todos el mismo castigo? ¿Deberían quedar impunes alguno de estos grupos?

20 no puedo pagar tanto (*párrafo 5*)

A me resultan muy caros
B tengo demasiado dinero
C los encuentro demasiado caros

21 la gente **maneja poco dinero** (*párrafo 6*)

A no dispone de mucho dinero
B es pobre
C gasta poco dinero

22 en caso de reincidencia (*párrafo 9*)

A si no vuelven a repetir sus acciones
B si venden ilegalmente
C si vuelven a repetir sus acciones

Basándote en el texto explica con **tus propias palabras** lo que significan las siguientes expresiones.

23 requisarle la mercancía (*párrafo 3*)

24 el comprador no incumple ninguna ley (*párrafo 4*)

25 me parece muy mal (*párrafo 5*)

26 no les toca nada del dinero que recaudan (*párrafo 7*)

27 si sale adelante la norma (*párrafo 8*)

Basándote en el texto, copia y completa la tabla en tu cuaderno.

En la frase...	la(s) palabra(s)	en el texto se refiere(n) a...
28 ...**los** citarán como testigos... (*párrafo 1*)	"los"	
29 ...que **los** venden por bares... (*párrafo 6*)	"los"	
30 ...no **les** toca nada... (*párrafo 7*)	"les"	

Basándote en los párrafos (8), (9) y (10) completa las siguientes frases.

31 El 25% de los discos que se venden...	A	se venden más discos piratas que en Barcelona.
	B	son ilegales.
32 El año pasado se confiscaron...	C	se venden menos discos piratas que en Madrid.
33 Barcelona actuará...	D	se bajan ilegalmente de Internet
34 Los compradores barceloneses...	E	podrán recibir una multa igual a la del vendedor.
35 En Madrid...	F	500.000 películas.
	G	casi un millón de discos.
	H	contra los compradores de discos piratas.

Lengua

El presente de subjuntivo

▶ Recuerda que el presente de subjuntivo se usa con verbos que expresan actividad mental (*creer, parecer, pensar*) y expresiones que indican certeza (*es cierto, es evidente, es obvio, es verdad, está claro, está demostrado*) solamente cuando son negativas. Por ejemplo: *Pienso que es un gran artista.* **No creo que <u>logre</u>** *triunfar.* *Es obvio que miente.* **No es evidente que <u>esté diciendo</u>** *la verdad.*

Actividades orales

1 Actividad oral individual

1 ¿Qué están haciendo en esta foto?

2 ¿Qué te parece esta medida para disuadir a los que falsifican los productos?

3 ¿Piensas que puede haber otro uso para estos productos falsificados una vez que han sido requisados por la policía?

2 Actividad oral interactiva

Divide la clase en cuatro grupos y organiza un debate donde los alumnos de cada grupo tomen diferentes posturas sobre quién es el culpable de la piratería:

▶ La industria por vender sus productos demasiado caros.

▶ Las personas que venden estos productos falsificados.

▶ Los clientes que compran los productos falsificados.

▶ El gobierno por no perseguir el delito con leyes más estrictas.

Perfil de la comunidad del IB

En España la mayoría de los vendedores de top manta son inmigrantes ilegales procedentes de países africanos. Los españoles tienen una actitud muy protectora hacia este sector de inmigrantes.

▶ Investiga más a fondo este tema y elabora una presentación incluyendo la situación de estos inmigrantes dentro de la sociedad española y el motivo por el que despiertan esta simpatía en España. No olvides incluir la opinión de los españoles sobre el top manta.

Tareas escritas

1 Respuesta personal

Lee la siguiente propuesta y elabora una respuesta personal usando como mínimo 150 palabras. Compara las actitudes y situaciones, tanto similares como diferentes, sobre este tema en la cultura hispana y en la tuya propia.

> Los jueces de Vizcaya no mandarán a la cárcel a más "manteros "o vendedores de CDs piratas. Desde hace más de un año, varios colectivos de inmigrantes sin permiso de trabajo se han manifestado en España por la despenalización del llamado top manta. Su lema: "sobrevivir no es delito", reclaman que la venta de vídeos y discos pirateados sea juzgada por lo civil y no por lo penal.

2 Tareas de redacción

Realiza una de estas tareas relacionadas con el tema de las violaciones de los derechos de autor. Escribe un mínimo de 250 palabras.

a Imagina que eres un miembro del equipo periodístico del periódico escolar y has tenido la oportunidad de realizar una **entrevista** a un representante de una empresa discográfica para el próximo número. En la entrevista habéis hablado de la situación en la que se encuentra la industria discográfica en estos momentos a causa del fenómeno de la piratería, los problemas que tiene, qué está haciendo para protegerse, qué pérdidas económicas está teniendo, qué consecuencias puede tener la piratería para la música y su futuro, etc.

b Ayer mientras comprabas un DVD falso en la calle apareció la policía y te confiscó el CD y te pidió tu identificación. Escribe una entrada a tu **diario** en la que describas con detalle lo que pasó, la actuación de la policía, la reacción del vendedor, de las personas que vieron el suceso, cómo te sentiste y cualquier otra cosa relevante al hecho.

c Imagina que eres un artista cuyos CDs se venden en el top manta ilegalmente. Escribe una **carta** a las personas que los compran explicándoles como te afecta esa compra ilegal y animándolos a que adquieran su música en tiendas autorizadas.

d Uno de los objetivos de tu colegio este año es educar a los estudiantes para que respeten los derechos de propiedad intelectual cuando realizan trabajos y proyectos para sus clases. Elabora un **cartel o folleto** informando a los alumnos de lo que está permitido y lo que no está permitido y las posibles consecuencias que puede tener el no respetar las reglas.

B4 Derechos humanos

Objetivos

Comparar…

▷ diferentes aspectos relacionados con los derechos humanos.

▷ la importancia de actualizar permanentemente los derechos humanos.

▷ la labor que las Organizaciones No Gubernamentales prestan en sus respectivas comunidades.

Lengua: las construcciones impersonales (*hay que*, *se pide*, etc).

Contextualización

Las ONG (Organizaciones No Gubernamentales)

▷ Las Organizaciones No Gubernamentales son entidades privadas con fines sociales y humanitarios específicamente establecidos y que actúan con independencia de los gobiernos u organismos internacionales.

▷ Observa el siguiente listado.

▷ En grupos vamos a investigar y compartir información sobre cada una de ellas:

  – lugar y fecha de fundación

  – breve historia

  – fin y objetivos específicos

  – formas de colaboración.

Asociación por la Tasación de las Transacciones Financieras y por la Ayuda a los Ciudadanos (ATTAC)

Ayuda en Acción

Transparencia Internacional

Oxfam

Médicos Sin Fronteras

Amnistía Internacional

Coordinadora de las Organizaciones Indígenas de la Cuenca Amazónica (COICA)

Educación Sin Fronteras

Banco Mundial de la Mujer

Alianza Internacional de los Pueblos Indígenas – Tribales de las Selvas Tropicales

▷ ¿Cuál elegirías para colaborar? ¿Por qué?

Derechos Humanos Emergentes, los derechos del siglo XXI

1 Las nuevas necesidades humanas exigen cambios y la actualización de los principios tradicionales. Bajo esta premisa, el Fórum de Monterrey (México) aprobó la Declaración Universal de Derechos Humanos Emergentes, texto que ya había comenzado a tomar forma en el Fórum Universal de las Culturas, celebrado en Barcelona en septiembre de 2004. Su desarrollo se justifica por las reivindicaciones de un mundo más justo y solidario, un mundo que pide respuestas ante nuevas necesidades como el cuidado del medio ambiente o el control de la biotecnología.

2 Nuevos derechos para nuevas necesidades, así se resume la misión de los Derechos Humanos Emergentes. La sociedad se transforma y exige cambios. Entre otras cosas, hay que proteger el medio ambiente, garantizar agua y saneamiento para todas las personas, respetar la orientación sexual, asegurar unos ingresos mínimos y controlar la aplicación de las biotecnologías.

3 Algunos de estos derechos han sido rescatados de la anterior Declaración porque, a pesar de haber cumplido 60 años, no siempre están garantizados. "Los derechos humanos emergentes son, por una parte, aquellos que surgen ante la rápida y constante evolución de las sociedades globalizadas y, por otra, un conjunto de derechos que emergen tras haber permanecido sumergidos en el olvido o en la indiferencia de los estados y del conjunto del sistema internacional", señala el Instituto de Derechos Humanos de Cataluña (IDHC).

4 En la elaboración del nuevo listado participaron Organizaciones no gubernamentales, movimientos sociales y otros representantes de la ciudadanía, actores nacionales e internacionales "que tradicionalmente han tenido un nulo o escaso peso en la configuración de las normas jurídicas nacionales", recalca el IDHC.

5 Apenas nueve artículos completan la Declaración Universal de Derechos Humanos Emergentes y todos ellos están inspirados en ocho valores fundamentales con los que debería contar cualquier sociedad: dignidad, vida, igualdad, solidaridad, convivencia, paz, libertad y conocimiento. Y es que los derechos emergentes son de todos los ciudadanos y surgen como respuesta al proceso de globalización, que "excluye de sus beneficios a amplias capas de la población mundial, en particular en los países subdesarrollados, pero también en los desarrollados", apunta el texto.

6 La Declaración contempla las condiciones necesarias …11… la supervivencia, …12… como agua potable, saneamiento, energía y alimentación. Además, defiende la integridad física y psíquica, el cobro de un ingreso monetario periódico y el derecho al trabajo, la asistencia sanitaria y el acceso a los medicamentos y la educación. Uno de los artículos aboga claramente …13… garantizar a todos el acceso a los conocimientos científicos, tecnológicos y humanísticos para beneficiarse de sus resultados. El documento establece el diálogo …14… el instrumento principal para resolver conflictos en un contexto asentado …15… los valores de paz y solidaridad y defiende el derecho a la igualdad de oportunidades y a la protección de los colectivos en situación de riesgo o de exclusión. Asimismo, se pide respeto …16… la diversidad cultural, la participación en igualdad de hombres y mujeres, la acción de los ciudadanos en asuntos públicos y el desarrollo y la salvaguarda de los derechos de las generaciones futuras. Finalmente, se exige el derecho de todas las comunidades a la democracia y a la justicia internacional.

7 Este listado se contextualiza en la mundialización de la economía, las grandes transformaciones de la ciencia y la tecnología, la ingeniería médica, las migraciones mundiales, el aumento de la pobreza y de la extrema pobreza en el Tercer Mundo, la aparición de nuevas formas de esclavitud o la intensificación de conflictos interétnicos. Son las nuevas necesidades para las que se busca respuesta.

Azucena García
Eroski Consumer

1 Solamente **una** de las siguientes frases es verdadera según la información contenida en el párrafo (1). ¿Cuál es?

A En el Fórum de Monterrey se ha anulado la Declaración Universal de Derechos Humanos Emergentes.

B La Declaración se centra en los aspectos del medio ambiente y la biotecnología.

C La Declaración Universal de Derechos Humanos Emergentes quedó confirmada en septiembre de 2004.

D En la Declaración se buscan soluciones a las carencias humanas recientes.

Basándote en el texto elige la opción que tiene **el mismo significado** que la palabra en negrita.

2 La sociedad se transforma y **exige** cambios. (*párrafo 2*)

A dispensa   B excusa   C reclama

3 asegurar unos **ingresos** mínimos (*párrafo 2*)

A conocimientos   B sueldo   C ingredientes

4 algunos de estos derechos han sido **rescatados** (*párrafo 3*)

A perdidos   B recuperados   C reservados

5 tras haber permanecido **sumergidos** en el olvido (*párrafo 3*)

A enterrados   B bañados   C sugeridos

6 y otros representantes de la **ciudadanía** (*párrafo 4*)

A ciudades   B pueblos   C ciudadanos

7 apenas nueve artículos (*párrafo 5*)

A tristemente   B escasamente   C en total

8 amplias capas de la población mundial (*párrafo 5*)

A anchas   B extensas   C enormes

Basándote en el párrafo (5) del texto, copia y completa la tabla en tu cuaderno.

En la frase…	la(s) palabra(s)	en el texto se refiere(n) a…
9 …**todos ellos** están inspirados…	"todos ellos"	
10 …excluye de **sus** beneficios…	"sus"	

Basándote en el párrafo (6) completa los espacios numerados (11–16) con una palabra tomada de esta lista.

> hasta   por   sin   para   y   tales   ha
> a   como   en   de   en

Basándote en el texto identifica las **palabras** que significan:

17 proposición **22** insensibilidad **27** desacuerdo

18 reclamación **23** poco **28** variedad

19 tarea **24** virtud **29** protección

20 empleo **25** provecho **30** excesivo

21 persistente **26** defender

Redacta frases con sentido completo utilizando estas expresiones tomadas del texto:

31 de los principios tradicionales

32 un mundo más justo y solidario

33 a pesar de haber cumplido 60 años

34 constante evolución de las sociedades globalizadas

35 tradicionalmente han tenido un nulo o escaso peso

36 con los que debería contar cualquier sociedad

37 en particular en los países en vías de desarrollo

38 el instrumento principal para resolver conflictos

39 nuevas formas de esclavitud

Una casa en la que envejecer

1 Al alcanzar cierta edad, a la mayoría de las personas se les presentan tres opciones para pasar sus últimos años: depender de sus familiares, pagar por depender de desconocidos en una residencia, o vivir solos hasta que se vean forzados a escoger entre las otras dos opciones. En Lodoselo, un pequeño pueblo en Ourense, decidieron hace siete años ampliar la lista con la construcción de *A túa outra casa*[1], una vivienda comunitaria destinada a mayores de 60 años con el fin de que no tengan que "emigrar para morir".

2 Es una de las iniciativas del Centro de Desarrollo Rural (CDR) O Viso, una asociación sin ánimo de lucro fundada a finales de los ochenta por un grupo en el que se encontraba el matrimonio formado por Antonio Rodríguez Corbal, *Toño*, y Carmen Bohórquez Verdugo. Ella preside desde 2006 la Confederación de Centros de Desarrollo Rural, una ONG con centros en siete comunidades autónomas[2] que intenta recuperar y revalorizar la cultura rural impulsando la participación y el desarrollo de todos los miembros de la comunidad.

3 Carmen y Toño reconocen que no esperaban conseguir todo lo que tienen ahora porque nunca siguieron un plan, sino que se dejaron guiar por la máxima de que "lo que es necesario debe ser posible". **...9...** esta idea en mente, levantaron una vivienda con capacidad **...10...** doce personas; principalmente hay habitaciones dobles, **...11...** disponen de alguna individual para quien la necesite por motivos de salud. Carmen hace énfasis en la palabra "vivienda" **...12...** a "residencia" y explica que el centro busca ser un segundo hogar. No niega que haya menos espacio **...13...** en una residencia, pero considera que en la casa "los mayores no pierden su identidad y reciben un trato más personal". Actualmente viven en ella nueve mujeres y tres

hombres, la mayoría con un alto grado de autosuficiencia, como Concepción Rodríguez, que a sus 96 años mantiene su vista y su paciencia, **...14...** y como demuestran los puzles de 500 y 1000 piezas con los que ha decorado varias habitaciones. Concepción es natural de Sarreaus y ha pasado la mayor parte de su vida en la comarca, como todos sus compañeros. Todos excepto Hortensia Pérez, retornada a su localidad natal desde Cuba **...15...** cincuenta años en la isla.

4 Cada plaza tiene un precio en función del tipo de habitación y de las posibilidades económicas de cada persona. Los mayores conviven con cinco auxiliares contratados a jornada completa, y uno de ellos siempre pasa la noche en la casa. Cuentan también con la ayuda de una terapeuta y de tres jóvenes de Nicaragua, Costa Rica y Polonia que pertenecen al servicio de voluntariado europeo.

5 Esta iniciativa complementa otras anteriores desarrolladas por el centro, como el comedor social, en el que dos cocineras preparan diariamente 60 menús que se sirven en el comedor, o bien a domicilio, por medio de los dos vehículos que recorren a diario 100 kilómetros para servir el *Xantar sobre rodas*[3]. En total, la casa tiene en nómina a 15 personas, sin contar con los 36 voluntarios de la comarca y a otros profesionales como la fisioterapeuta, los peluqueros o el podólogo que visitan regularmente el centro. Con esta plantilla Toño se atreve a afirmar que la suya es una de las principales empresas de la zona porque, aunque no se lucra, sí contribuye "a la economía social", fiel a su convicción: "Aunque no tenemos la solución a todos los problemas en nuestras manos, tenemos nuestras manos para solucionar problemas".

Fani Losada
El País

[1] *"Tu otra casa"* en lengua gallega
[2] Entidades territoriales españolas dotadas de administracíon propia
[3] *"Comida sobre ruedas"* en lengua gallega

Basándote en los párrafos (1) y (2) completa las siguientes frases con **palabras tomadas del texto**.

1 A la larga, los ancianos son atendidos por sus parientes o ingresan…

2 La vivienda comunitaria de Lodoselo atiende a gente con más de…

3 La asociación O Viso es una iniciativa que lleva funcionando desde…

4 La Confederación de Centros de Desarrollo Rural promociona los valores rurales y está presente…

Basándote en los párrafos (1) y (2) identifica las **palabras** del texto que significan:

5 incrementar   **6** ganancia   **7** dirigir   **8** estimular

Basándote en el párrafo (3) completa los espacios numerados (**9–15**) con una palabra tomada de esta lista.

> hace que casi tras por a para frente con desde tal sin
> como aunque contra

Basándote en el párrafo (3) identifica las **palabras** del texto que significan:

16 confesar   **18** principio   **20** conservar

17 obtener   **19** intensidad   **21** lugar

Basándote en los párrafos (3) y (4) indica si estas frases son verdaderas (**V**), falsas (**F**) o no se mencionan (**NM**). Corrige las frases falsas.

22 El proyecto de Carmen y Toño consistía en crear las máximas viviendas posibles.

23 La casa consta de doce habitaciones fundamentalmente dobles.

24 Carmen admite que las residencias son más reducidas que las viviendas.

25 Los ancianos reciben a personas conocidas en la vivienda.

26 Muchas personas de la casa se bastan a sí mismas.

27 A Concepción le gusta resolver rompecabezas para adornar la casa.

28 Hortensia Pérez es natural de Cuba.

29 La casa cuenta con un espacio común para recreo de las personas.

30 Las habitaciones tienen costos diversos.

31 Los mayores cuentan con la ayuda desinteresada de cinco auxiliares.

32 La ayuda de la casa incluye la presencia de tres jóvenes voluntarios latinoamericanos.

Lengua

Las construcciones impersonales

▶ En el Texto A y B aparecen ejemplos de construcciones impersonales en español:

– **Hay que** proteger el medio ambiente.

– **Se pide** respeto.

– A la mayoría de las personas **se les presentan** tres opciones.

– **Se sirven** en el comedor.

▶ ¿Puedes encontrar algún otro ejemplo?

▶ ¿Qué otros tipos de construcciones impersonales existen en español?

▶ Analiza estos otros ejemplos con la ayuda de tu profesor:

– Hace falta comprar comida.

– Está prohibido fumar.

– No es posible ir en invierno.

– Me es imposible llegar a las cinco.

CAS

Proyecto de CAS: Las ONG

▶ ¿Hay alguna ONG local en tu área? Investiga cómo se llaman y qué objetivos tienen.

▶ ¿Sería posible unirse a alguna de ellas para colaborar con su causa y, al mismo tiempo, completar una actividad de CAS?

▶ ¡Coméntalo con vuestro coordinador de CAS en el colegio!

Basándote en los párrafos (3) y (4) del texto, copia y completa la tabla en tu cuaderno.

En la frase…	la(s) palabra(s)	en el texto se refiere(n) a…
33 Actualmente viven en **ella**…	"ella"	
34 …los puzles de 500 y mil piezas con **los** que ha decorado…	"los"	
35 …retornada a **su** localidad natal…	"su"	
36 …y **uno** de ellos siempre pasa la noche en la casa…	"uno"	

37 ¿Qué **palabra** del párrafo (4) se emplea con el sentido de "*tiempo*"?

38 Solamente **dos** de las siguientes frases son verdaderas según la información contenida en el párrafo (5). ¿Cúales son?

    A   Los ancianos salen a visitar a menudo al peluquero o podólogo.
    B   Un total de 15 personas trabaja en la casa.
    C   Dos cocineras reparten la comida diariamente a las casas de la comarca.
    D   La zona cuenta con un número de personas que colaboran sin interés económico.
    E   Toño ayuda a personas con problemas en las manos.

Basándote en el párrafo (5) identifica las **palabras** del texto que significan:

39 transitar   **41** compañía

40 lista de trabajadores   **42** creencia

Basándote en el texto explica con tus propias palabras lo que significan las siguientes expresiones.

43 al alcanzar cierta edad (*párrafo 1*)

44 con el fin de que no tengan que "emigrar para morir" (*párrafo 1*)

45 una asociación sin ánimo de lucro (*párrafo 2*)

46 intenta recuperar y revalorizar la cultura rural (*párrafo 2*)

47 el centro busca ser un segundo hogar (*párrafo 3*)

48 un precio en función del tipo de habitación (*párrafo 4*)

49 esta iniciativa complementa otras anteriores desarrolladas por el centro (*párrafo 5*)

Para ir más lejos…

- ¿Te parece adecuada la propuesta de los Derechos Humanos Emergentes?
- ¿Cómo valoras la labor de las ONG para garantizar la aplicación de los derechos humanos?
- En el Texto B aparecen algunas expresiones en lengua gallega: ¿en qué región de España se habla? Busca información sobre la historia de esta lengua, sus características y el número de hablantes.
- ¿Cuántas lenguas son oficiales en España? ¿A qué regiones pertenecen y cuántos hablantes tienen?
- Dibuja un mapa lingüístico español con todas las lenguas oficiales del país.

Teoría del conocimiento

- ¿Cómo se puede mejorar la garantía de los derechos humanos?
- ¿Es suficiente la labor de las ONG?
- ¿Qué papel deben cumplir los gobiernos de los diferentes países?
- ¿Qué medidas se deberían adoptar con los países que violan la aplicación de los derechos humanos?
- Vamos a preparar un debate para considerar la responsabilidad de los gobiernos respecto a los derechos humanos y qué mecanismos deberían funcionar a nivel nacional e internacional para garantizar que personas concretas no se vean privadas de los derechos que les corresponden.

Actividades orales

1 Actividad oral individual

Derechos para todos

1 ¿Crees que esta lista resume los derechos fundamentales de los seres humanos?

2 ¿Qué palabra señala la mujer? ¿Cómo la interpretas?

3 ¿Qué crees que piensa el público presente en el dibujo?

4 ¿Se respetan estos derechos a tu alrededor? ¿Conoces algún país de habla española en el que no se respete alguno de los derechos humanos fundamentales?

2 Actividad oral interactiva

Por desgracia muchas mujeres sufren malos tratos en su propia casa. La violencia de género, o doméstica, es un atentado contra los derechos de la mujer y del ser humano en general.

Tras escuchar la canción *"Salir corriendo"* de Amaral se puede reflexionar en parejas y en grupo sobre diversos aspectos relacionados con la violencia de género. Podemos tener en cuenta estos aspectos:

▶ ¿Cómo te ha hecho sentir esta canción?

▶ ¿Cómo interpretas las distintas metáforas utilizadas?

▶ ¿Cómo se refleja el maltrato tanto físico como psíquico?

▶ ¿Estás de acuerdo con el planteamiento de la canción?

▶ ¿Conoces a alguien que haya sido víctima de este u otro tipo de maltrato?

▶ ¿Qué papel puede tener el colegio para eliminar los maltratos?

▶ ¿Qué consejos le darías a una mujer maltratada?

Tareas escritas

1 Respuesta personal

Lee el siguiente fragmento y elabora una respuesta personal usando como mínimo 150 palabras. Compara las actitudes y situaciones, tanto similares como diferentes, sobre este tema en la cultura hispana y en la tuya propia.

> Cada vez es más común relacionar los derechos humanos con los derechos de otras formas de vida, especialmente la animal. En las culturas hispanas resulta muy polémica la fiesta de los toros. Para alguna gente, es preciso prohibirla para respetar los derechos animales. Para otros, se trata de una representación tradicional y cultural y su abolición es una actitud intolerante y, además, significaría la extinción de la especie del toro bravo.

2 Tareas de redacción

Realiza una de estas tareas relacionadas con el tema de los derechos humanos. Escribe entre 250 y 400 palabras.

a En la revista de tu colegio hay una sección dedicada a diferentes aspectos sociales de la ciudad donde vives. Este mes tú te vas a encargar de entrevistar a una persona sin hogar. Redacta el texto de la **entrevista** que se publicará en la revista.

- Incluye un título, la fecha y respeta el formato preguntas/respuestas.
- Usa un tono semiformal.
- Planifica el contenido de la entrevista de forma que las preguntas sigan un orden coherente.

b Mediante una actividad de CAS de tu colegio vais a participar en una campaña contra el hambre. Escribe el **discurso** que vas a leer ante tus compañeros y profesores para explicar a quién queréis ayudar, cómo se puede colaborar y cómo pensáis usar el dinero recaudado.

- Incluye un título, firma y fecha.
- Usa un tono semiformal y persuasivo y dirígete a la audiencia.
- Planifica bien la exposición con los detalles requeridos y argumentos para animar a los oyentes a participar en el proyecto.

Perfil de la comunidad del IB

Como miembros de la Comunidad de aprendizaje del IB nos esforzaremos por estar informados y ser íntegros y solidarios.

- ¿Cómo te ha ayudado esta unidad a explorar conceptos e ideas de importancia local y mundial con el fin de profundizar en el conocimiento de los derechos humanos?
- ¿Qué has aprendido sobre el sentido de justicia y respeto por la dignidad de las personas?
- ¿De qué manera te sientes más comprometido personalmente a ayudar a los demás y a actuar con el propósito de influir positivamente en la promoción de los derechos humanos?
- Vamos a debatir entre todos las posibles respuestas.

B5 Las empresas transnacionales

Objetivos
Considerar…

▶ el fenómeno de la globalización relacionado con las empresas transnacionales y su relación con países en el entorno del mundo hispano.

▶ las ventajas e inconvenientes de este tipo de actividades mercantiles.

Lengua: el conocimiento de los falsos amigos entre el español y otras lenguas.

Contextualización

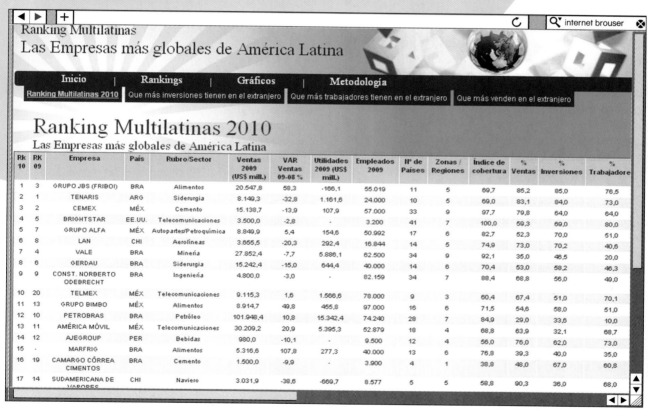

Ranking Multilatinas
Las Empresas más globales de América Latina

Inicio	Rankings	Gráficos	Metodología

Ranking Multilatinas 2010 | Que más inversiones tienen en el extranjero | Que más trabajadores tienen en el extranjero | Que más venden en el extranjero

Ranking Multilatinas 2010
Las Empresas más globales de América Latina

Rk 10	RK 09	Empresa	País	Rubro/Sector	Ventas 2009 (US$ mill.)	VAR Ventas 09-08 %	Utilidades 2009 (US$ mill.)	Empleados 2009	N° de Países	Zonas / Regiones	Índice de cobertura	% Ventas	% Inversiones	% Trabajadores
1	3	GRUPO JBS (FRIBOI)	BRA	Alimentos	20.547,8	58,3	-166,1	55.019	11	5	69,7	85,2	85,0	76,5
2	1	TENARIS	ARG	Siderurgia	8.149,3	-32,8	1.161,6	24.000	10	5	69,0	83,1	84,0	73,0
3	2	CEMEX	MÉX	Cemento	15.138,7	-13,9	107,9	57.000	33	9	97,7	79,8	64,0	64,0
4	5	BRIGHTSTAR	EE.UU.	Telecomunicaciones	3.500,0	-2,8	-	3.200	41	7	100,0	59,3	69,0	80,0
5	7	GRUPO ALFA	MÉX	Autopartes/Petroquímica	8.849,9	5,4	154,6	50.992	17	6	82,7	52,3	70,0	51,0
6	8	LAN	CHI	Aerolíneas	3.655,5	-20,3	292,4	16.844	14	5	74,9	73,0	70,2	40,6
7	4	VALE	BRA	Minería	27.852,4	-7,7	5.886,1	62.500	34	9	92,1	35,0	46,5	20,0
8	6	GERDAU	BRA	Siderurgia	15.242,4	-15,0	644,4	40.000	14	6	70,4	53,0	58,2	46,3
9	9	CONST. NORBERTO ODEBRECHT	BRA	Ingeniería	4.800,0	-3,0	-	82.159	34	7	88,4	68,8	56,0	49,0
10	20	TELMEX	MÉX	Telecomunicaciones	9.115,3	1,6	1.566,6	78.000	9	3	60,4	67,4	51,0	70,1
11	13	GRUPO BIMBO	MÉX	Alimentos	8.914,7	49,8	455,8	97.000	16	6	71,5	54,6	58,0	51,0
12	10	PETROBRAS	BRA	Petróleo	101.948,4	10,8	15.342,4	74.240	28	7	84,9	29,0	33,6	10,0
13	11	AMÉRICA MÓVIL	MÉX	Telecomunicaciones	30.209,2	20,9	5.395,3	52.879	18	4	68,8	63,9	32,1	68,7
14	12	AJEGROUP	PER	Bebidas	980,0	-10,1	-	9.500	12	4	56,0	76,0	62,0	73,0
15	-	MARFRIG	BRA	Alimentos	5.316,6	107,8	277,3	40.000	13	6	76,8	39,3	40,0	35,0
16	19	CAMARGO CÔRREA CIMENTOS	BRA	Cemento	1.500,0	-9,9	-	3.900	4	1	38,8	48,0	67,0	60,8
17	14	SUDAMERICANA DE VAPORES	CHI	Naviero	3.031,9	-38,6	-669,7	8.577	5	5	58,8	90,3	36,0	68,0

▲ Las empresas más globales de América Latina

▶ ¿Reconoces algunas de las empresas mencionadas en este ránking? Entre todos vamos a buscar algún dato interesante sobre alguna de ellas. ¿Qué sectores son los más representados?

▶ ¿Conoces alguna empresa de algún país de habla hispana que esté presente en tu ciudad? Explica a qué se dedica, cuántos años lleva en tu país y el impacto que tiene en la economía.

▶ ¿Qué tipo de empresas te parecen más importantes para la economía de un país? Coméntalo con tus compañeros.

Texto A

Transnacionales españolas en América Latina

El caso de Repsol en Bolivia ha puesto de nuevo sobre la mesa las condiciones de las que gozan las grandes empresas españolas en Sudamérica. La situación produce grandes beneficios para ellas, pero no repercute positivamente en la población. Alberto Montero, profesor de Economía Aplicada de la Universidad de Málaga, profundiza en esta situación.

¿Qué principales empresas españolas operan en América Latina y qué porcentaje de sus beneficios totales proceden de este subcontinente?

Las empresas de capital mayoritariamente español llegaron en una primera oleada en la década de los noventa y se concentraron en el sector servicios y, más concretamente, en los de energía, telecomunicaciones y banca. Son, por lo tanto, las empresas "españolas" más relevantes de esos sectores las que tienen presencia en aquel continente (Telefónica, Repsol-YPF o BBVA y BSCH). La siguiente incursión, ya en el siglo XXI, la protagonizarían las empresas eléctricas (Endesa, Iberdrola o Unión Fenosa) y las concesionarias de grandes infraestructuras, como es el caso de Dragados. La atribución de beneficios al negocio que desarrollan en los países latinoamericanos es compleja de determinar para todas ellas, al menos, si se pretende imputar separadamente por países. En cualquier caso, se trata de porcentajes muy elevados de sus beneficios dadas las más que favorables condiciones en las que desarrollan su negocio como consecuencia de unas regulaciones laborales, sociales o medioambientales muy laxas y que, en muchas ocasiones, ni siquiera llegan a cumplir.

¿Por qué los ciudadanos latinoamericanos perciben que las empresas españolas les tratan abusivamente? ¿Bajo qué condiciones especiales operan?

Esa percepción refleja fielmente las condiciones abusivas en las que esas empresas desarrollan su actividad en aquellos países. El menosprecio a formas de vida tradicionales; la desatención de normativas medioambientales básicas que son de obligado cumplimiento en las economías occidentales pero que se vulneran sistemáticamente, a pesar de ser mucho menos restrictivas, en los países latinoamericanos; las condiciones de explotación a la que someten a sus trabajadores, pagando salarios de miseria,

con jornadas laborales muy superiores a las ocho horas, sin atender normativas laborales de reconocimiento internacional y prácticamente sin derechos sociales ni laborales son algunas de las razones que inducen a que dichos ciudadanos tengan esa, más que justificada, percepción negativa. Pero también, en aquellos casos de empresas que prestan servicios básicos en esos países, se constata la existencia de tarifas excesivamente elevadas si se tiene en cuenta la renta media de la mayor parte de la población, lo que implica el que esta quede sin atención. Además, esas empresas no acometen proyectos que, a pesar de ser demandados y necesitados socialmente, no son rentables.

¿Cómo considera que ha de ser el paso de la nacionalización de las empresas latinoamericanas, de modo que haya una relación de equilibrio, ayuda y colaboración entre empresas españolas y sudamericanas?

La nacionalización de los sectores estratégicos de las economías latinoamericanas exige de la colaboración de todas las partes implicadas. ...(3)..., exige que los gobiernos de los países occidentales entiendan que el desarrollo del continente y la progresiva salida de la pobreza en la que vive la mayor parte de su población demanda, ...(4)..., que esos sectores reviertan las rentas que captan hacia la satisfacción de las necesidades de sus ciudadanos. ...(5)... a partir de esa comprensión dejará de presionarse a los gobiernos latinoamericanos ...(6)... que mantengan el control privado de esos sectores estratégicos. ...(7)..., las empresas "españolas" también deben de ser conscientes de que las condiciones privilegiadas en las que han venido desarrollando su negocio eran terriblemente perniciosas para esos países. ...(8)..., y si desean mantener su presencia, esas empresas deberán entender que será como socios y no como dueños.

¿Son estas transnacionales el último ejemplo del colonialismo español en las Américas?

...(9)..., esas empresas y sus prácticas constituyen una expresión — menos sanguinaria en algunos casos, ...(10)... igualmente lesivas para los ciudadanos — del colonialismo español o portugués de siglos pasados.

Alberto Montero
www.revistafusion.com

1 Antes de leer el texto, busca un sinónimo para cada una de las palabras de la primera columna.

1 repercutir		a	notar, observar
2 oleada		b	afectar
3 infraestructuras		c	asignación
4 atribución		d	leyes
5 compleja		e	servicios
6 imputar		f	acusar
7 regulaciones		g	imponer
8 percibir		h	profusión
9 menosprecio		i	difícil
10 vulnerar		j	impulsar, incitar
11 someter		k	desprecio
12 inducir		l	trasgredir
13 prestar servicios		m	ofrecer
14 acometer		n	emprender
15 revertir		o	repercutir
16 demandar		p	exigir
17 sanguinaria		q	feroz, cruel

2 Completa en tu cuaderno la siguiente tabla. Consulta un diccionario si es necesario.

sustantivo	adjetivo	verbo
		repercutir
atribución		
		imputar
regulación		
		percibir
	vulnerable	
sometimiento		
		inducir
demanda		
	reflejado	
dueño		
colaboración		
	exigente	

Basándote en las dos intervenciones finales, completa los espacios numerados **(3–10)** con las palabras y expresiones adecuadas de esta lista.

> además   en este momento   aunque   solo   para
> pero   porque   ante todo   a partir de ahora   sin duda

Basándote en el texto indica si estas frases **(11–15)** son verdaderas **(V)** o falsas **(F)**. Corrige las frases falsas.

11 Las primeras empresas de capital español llegaron a América Latina a principios de este siglo.

12 Los beneficios que reporta la actividad en estos países para estas empresas son muy altos.

13 Las leyes que regulan las condiciones laborales, sociales y medioambientales son excesivamente rígidas.

14 Las empresas españolas son conscientes de las necesidades tanto de trabajadores como de usuarios.

15 Para Alberto Montero es necesario que estas empresas inviertan parte de los beneficios para ayudar a las comunidades en las que están instaladas.

16 ¿Qué tipo de sectores representan las empresas españolas con presencia en América Latina?

17 Según Alberto Montero, ¿qué tipo de acciones caracteriza la gestión de estas empresas?

18 ¿Qué sugiere Alberto Montero para mejorar esta gestión?

19 Elige una de las empresas que se mencionan y busca datos sobre la misma para hacer una presentación sobre ella al resto de tus compañeros (Telefónica, Repsol-YPF o BBVA, BSCH Endesa, Iberdrola, Unión Fenosa y Dragados).

20 ¿Cómo se podría mejorar esta situación? ¿Qué podrían hacer estas empresas? Coméntalo con tus compañeros y desarrolla con su ayuda algunas conclusiones.

Las marcas latinas, a la conquista de Europa

1 Por décadas, las empresas europeas han *realizado* fuertes inversiones directas en América Latina. Ahora, la tendencia parece **revertirse**. Las transnacionales latinoamericanas **se lanzan** a la conquista del viejo continente.

2 En los últimos años estamos asistiendo, al calor de la globalización y de la alta liquidez existente en los mercados de capitales, a un proceso de internacionalización económica **sin precedentes**.

3 Las fusiones y adquisiciones transnacionales están adquiriendo unos volúmenes desconocidos, ...(2)... cada vez son más las empresas de todo el mundo que **abordan** la necesidad de expandirse fuera de sus mercados de origen. Este fenómeno también está ocurriendo con empresas de América Latina, ...(3)... al avance de los procesos de liberalización económica y **apertura** comercial que se vienen desarrollando en la región en los últimos años.

4 Hasta no hace mucho, era difícil encontrar empresas latinoamericanas con presencia internacional (conocidas como translatinas), ...(4)... en el ámbito de los recursos naturales y energéticos. ...(5)..., en su mayoría, se trataba de monopolios estatales.

5 ...(6)... es bastante frecuente ver compañías privadas mexicanas, brasileñas, chilenas, argentinas o colombianas expandirse por los países vecinos ...(7)... competir con las empresas locales o con las transnacionales allí instaladas.

6 Estas nuevas translatinas **centran** su actividad en la industria y en servicios como las telecomunicaciones, la distribución o la restauración. ...(8)... América Móvil, que mantiene una dura **pugna** con la española Telefónica por liderar el mercado regional de las telecomunicaciones pueda ser el mejor ejemplo, ...(9)... no es el único. Cada vez son más las empresas conscientes de la necesidad de ganar tamaño para competir en unos mercados cada día más globales.

7 ...(10)..., una de las asignaturas pendientes de las translatinas es incrementar su presencia en Europa. Muchos productos de la región, ...(11)...

el tequila y la cerveza mexicana, el ron caribeño, centroamericano y venezolano o los puros cubanos o dominicanos, están presentes desde hace tiempo y **gozan** de una alta **estima** por parte de los consumidores europeos. ...(12)... desde el punto de vista de la inversión directa, la presencia de las translatinas ha sido más bien escasa.

8 No obstante, en los últimos años muchas de ellas han iniciado su **desembarco** en el viejo continente, utilizando a España como la puerta de entrada o la base de operaciones para sus negocios europeos, gracias a la **afinidad** cultural e idiomática, a sus excelentes comunicaciones y a la existencia del Latibex, el mercado bursátil en el que las empresas latinoamericanas cotizan en euros. El mercado español, con sus casi 45 millones de consumidores **dotados** de un alto nivel de renta per cápita supone un excelente test de mercado. En él se encuentran instaladas todas las grandes **enseñas** y marcas europeas, y es una buena **vidriera** por la gran afluencia de turistas que recibe anualmente.

9 Cadenas de restauración como la guatemalteca Pollo Campero, la colombiana Juan Valdez o la brasileña Spoleto empiezan a extenderse por España; marcas de lujo como Carolina Herrera gozan de alta reputación, y empresas de servicios como la mexicana Televisa o la colombiana Orbitel, o industriales como las también mexicanas Cemex y Pemex, están presentes desde hace tiempo en el mercado español. También América Móvil viene intentando desde hace tiempo entrar en el **maduro** mercado de las telecomunicaciones europeas, sin haberlo conseguido de momento.

10 Disponer de capacidad de gestión, de los recursos financieros necesarios y de un buen concepto, producto o marca, que no tiene porqué estar **ligado** a los recursos naturales del país de origen, son las **claves** para tener éxito en mercados tan exigentes. Hasta ahora, han sido muchas las empresas europeas que se han instalado en América Latina, pero todo **apunta** a que en los próximos tiempos veremos a muchas más translatinas operando en Europa.

Juan Carlos Martínez Lázaro
www.materiabiz.com

1 Identifica las **palabras del texto** en negrita que significan:

> similitud perfila emprenden escaparate plantean experimentado
> puntos esenciales expansión insignias provistos concentran disfrutan
> ir al revés entrada sin antecedentes lucha relacionado prestigio

Basándote en los párrafos (3), (4), (5), (6) y (7) completa los espacios numerados (2–12) con una palabra tomada de esta lista.

> aunque salvo además puesto que gracias hoy en día
> sin embargo como pero y afortunadamente

13 Define **con tus propias palabras** los siguientes conceptos. Trabaja con otros compañeros. Busca en un diccionario enciclopédico o en Internet para comprobar después el trabajo.

> empresas transnacionales latinoamericanas mercado bursátil
> cotizar en bolsa sector servicio sector de restauración
> telecomunicaciones marcas de lujo
> inversión marca internacionalización

Basándote en la información del texto, indica si estas frases son verdaderas (**V**) o falsas (**F**) e indica las **palabras del texto** que justifican tu respuesta.

14 Una tendencia actual en el mercado es la introducción de empresas latinoamericanas en el mercado europeo.

15 La internacionalización económica se está produciendo gracias al alto poder adquisitivo de los consumidores.

16 Las fusiones e internacionalizaciones de las empresas es un fenómeno a la baja.

17 En la actualidad son cada vez más las empresas privadas latinoamericas que se lanzan a la conquista del mercado europeo.

18 Las empresas latinoamericas suelen dedicarse al sector de la energía y recursos naturales.

19 Una imagen de marca relacionada con los recursos del país de origen es importante a la hora de darse a conocer en un mercado internacional.

Basándote en las palabras del texto, copia y completa la tabla en tu cuaderno.

En la frase...	la(s) palabra(s)	en el texto se refiere(n) a...
20 ...con las transnacionales **allí** instaladas... (*párrafo 5*)	"allí"	
21 En **él** se encuentran instaladas... (*párrafo 8*)	"él"	
22 ...sin haber**lo** conseguido de momento... (*párrafo 9*)	"lo"	

23 Enumera los productos que según el texto son muy valorados por los consumidores europeos. Busca información sobre ellos.

24 Explica por qué es importante España para las empresas latinoamericas según el texto.

25 Define y explica las claves necesarias para tener éxito a la hora de adentrarse en un nuevo mercado que cita el texto.

26 Elige una de las empresas que se mencionan y busca datos sobre la misma para hacer una presentación sobre ella al resto de tus compañeros (Pollo Campero, Juan Valdez, Spoleto, Carolina Herrera, Televisa, Orbitel, Cemex, Pemex, América Móvil).

27 Haz un resumen de lo más importante del texto en 150 palabras.

28 ¿Conoces otras marcas o productos de empresas latinoamericanas que no se mencionan en el texto?

29 ¿Qué importancia tiene la globalización a nivel de empresa? ¿Hay ventajas y/o desventajas? Coméntalo con tus compañeros. ¿Qué conclusiones se pueden sacar?

30 Las empresas mencionadas en el texto son empresas que se han implantado en otros países. ¿Conoces ejemplos de este tipo de empresas que sean de tu país y se hayan diversificado a otros países? Presenta alguna de ellas hablando de la historia de su creación, a qué sector se dedican, en qué otros países se encuentran, cuál es su logo, alguna campaña publicitaria.

31 La presencia de transnacionales o multinacionales no gusta a todo el mundo. ¿Por qué no dividimos la clase en pequeños grupos y cada uno se dedica a buscar noticias relacionadas con la presencia de este tipo de empresas en el mundo? Cada grupo elegirá o bien noticias favorables a las multinacionales o bien noticias en contra. Después entre todos haremos un resumen de lo más importante presentando lo que hemos descubierto a nuestros compañeros. ¿Qué conclusiones se pueden extraer?

Perfil de la comunidad del IB

▸ Averigua haciendo una búsqueda en Internet qué son el Ibex y el Latibex. Comparte con el resto de la clase lo que encuentres.

Lengua

Falsos amigos

▸ ¿Sabes qué son los "*falsos amigos*" o cognados? Son palabras que, aunque se escriben de forma similar en dos lenguas, significan cosas diferentes.

▸ En el texto aparece la palabra "*realizado*" (línea 1) que en inglés no significa *realised*. Anota todos los falsos amigos que conozcas (por ejemplo en inglés *to assist* es *ayudar*, *to realise* es *darse cuenta de*; en francés *partir* significa *irse*, no *dividir*; en portugués *assinatura* es *firma*, etc.).

▸ Busca otras en el diccionario o en internet para ampliar tu conocimiento.

Actividades orales

1 Actividad oral individual

1 Describe qué ves en este cartel. ¿Cuál crees que es el mensaje de este póster? ¿Estás de acuerdo?

2 ¿Conoces algunas transnacionales?

3 ¿Qué ventajas aportan para un país? ¿Y qué desventajas tienen para otro?

4 ¿Cómo ha ayudado la globalización a este tipo de empresas?

2 Actividad oral interactiva

▶ Presentamos una empresa: vamos a preparar una presentación individual sobre una de las empresas vistas en los Textos A o B. Después contestaremos a estas preguntas:

   1 ¿Qué importancia tiene el logo para una empresa?

   2 ¿Qué tipo de medidas puede tomar una empresa para ser social y medioambientalmente responsable?

   3 ¿Qué ventajas tienen las empresas transnacionales sobre las medianas y pequeñas empresas?

   4 ¿Crees que las empresas transnacionales seguirán creciendo? ¿Por qué?

▶ *Debate:* ¿Qué es mejor para la sociedad: la existencia de transnacionales o de empresas más pequeñas? Vamos a dividir a la clase en dos sectores: uno estará en contra y otro a favor de las transnacionales o multinacionales. Primero buscaremos argumentos que sostengan cada una y después de las posturas entablaremos un diálogo para ver qué posición gana. ¿Qué conclusiones sacamos?

▶ *Una empresa en expansión:* Vamos a elegir entre toda la clase una empresa de vuestro entorno que tenga una proyección transnacional y haremos un coloquio entre todos para presentar su plan de actuación y decidir qué se podría mejorar para convertirse en una empresa puntera. Cada uno puede elegir un papel diferente: director ejecutivo de la empresa, trabajador, administrador, director de recursos humanos, cliente, miembro de la comunidad, personal del ayuntamiento, etc.

▶ *Repaso a la prensa:* Cada uno va a traer alguna noticia de los medios de comunicación relacionada con la presencia de las transnacionales en el mundo. Pondremos en común todas las noticias y haremos preguntas. ¿Qué ideas podemos destacar?

▶ *Creamos una empresa transnacional:* Vamos a trabajar en grupos de 3/4 personas y nuestra labor será crear una empresa para exportar o importar algún producto o servicio. Se trata de fundar una empresa que ayude a un sector de una comunidad, ciudad o país de habla hispana. Pensad en lo que se produce en esa zona, qué tipo de productos locales o servicios (turismo, cultura, etc.) se podrían potenciar y dar a conocer en otros lugares. Haremos un plan de negocio: el perfil del negocio, el tipo de compras necesario, la proyección empresarial, el plan de implantación en otras ciudades y países, los compromisos sociales y laborales, la visión de innovación, la creación del logo y la primera campaña de marketing.

CAS

Proyecto de CAS: Consultoría empresarial

▶ En pequeños grupos nos vamos a encargar de diseñar actividades y proyectos comunitarios que las empresas transnacionales podrían realizar para implicarse más en la comunidad en la que se han instalado.

▶ Después presentaremos los proyectos. ¿Cuál es más original?

Tareas escritas

1 Respuesta personal

Lee el siguiente enunciado y elabora una respuesta personal usando como mínimo 150 palabras. Demuestra tu competencia intercultural comparando las actitudes y situaciones, tanto similares como diferentes, sobre este tema en la cultura que estudias y en la tuya propia. La respuesta deberá expresar tu opinión sobre el tema y justificarla:

> "La economía de muchos países se beneficia gracias a las nuevas empresas transnacionales."

2 Tareas de redacción

Realiza una de estas tareas relacionadas con el tema de las empresas transnacionales. Escribe un mínimo de 250 palabras.

a ¿Qué factores propician el desarrollo de las transnacionales? Aporta ejemplos también para explicar los factores. Responde a esta pregunta redactando un texto.

b Eres un habitante de una ciudad en la que se ha instalado una transnacional (puede ser de telecomunicaciones, productos, energía, etc.) y no estás muy contento con esa idea. Escribe una **carta de opinión** al periódico local en el que expliques:

- Cuál es tu visión de las transnacionales.
- Qué ha cambiado en tu ciudad debido a la instalación de la empresa.
- Cómo se podría mejorar su presencia si invirtieran en acciones comunitarias.

c Vas a **entrevistar** a un directivo de una trasnacional como parte de un reportaje para el periódico de tu escuela. Puedes pensar en preguntas relacionadas con la creación de la empresa, su expansión, los productos que tiene, la importancia de estar presente en ese país, las ventajas que la globalización les ha dado, etc.

d Escribe un comentario en forma de **correo** electrónico para publicar en un blog sobre economía respondiendo a una de estas cuestiones:

- Las empresas transnacionales no siempre hacen lo mejor para la economía del país en el que se instalan.
- El aumento de la presencia de empresas multinacionales y transnacionales es un fenómeno derivado de la globalización.

B6 Salud y bienestar

Objetivos

Considerar…

▷ diferentes aspectos relacionados con el carácter global que muestra la transmisión de determinadas enfermedades, así como su prevención.

▷ las posibilidades de que se produzca una pandemia.

▷ las causas de la propagación de las enfermedades infecciosas en el mundo hoy en día y los mecanismos que podrían ponerse en marcha para evitar una rápida propagación.

▷ el acceso a la medicina en diversos lugares del mundo.

▷ el aspecto económico en el desarrollo de curas para algunas enfermedades.

Lengua: diferencias entre *ser* y *estar*.

Contextualización

▷ Busca el significado de las palabras *"pandemia"* y *"epidemia"*. ¿Significan lo mismo? ¿De qué manera son similares y diferentes?

▷ ¿Qué tipo de sistema de salud tenéis en vuestro país? ¿Es estatal? ¿Público? ¿Privado? ¿Gratuito?

▷ ¿De qué manera contribuyen los sistemas de salud de los distintos países a contener una enfermedad?

Perfil de la comunidad del IB

▷ Busca información de dos sistemas de salud en dos regiones diferentes del planeta. Compáralos mirando los aspectos positivos y negativos de cada uno y cómo podrían beneficiarse de la combinación de sus características más destacadas.

Cuestiones globabes

Texto A

Día histórico para un camarero

Faustino Gómez, activista en la lucha de los hosteleros por dejar de sufrir el humo de los clientes, sostiene que, « salvo una minoría, casi todos nos estamos entendiendo »

1 Después de muchos meses como activista en las campañas nacionales que reivindicaban el derecho de los camareros a trabajar en espacios libres de humo, Faustino Gómez lo ha conseguido. Pasaban unos segundos del domingo, día 2, y Gómez pudo por fin colgar el cartel de « prohibido fumar » en el bar que regenta su hija en el barrio gijonés de El Carmen y donde él ayuda. « Es un día histórico », reconoce Gómez, satisfecho de que « finalmente los españoles estemos haciendo los deberes acercándonos a Europa; a ver si de una vez nos enganchamos a las cosas buenas, que tampoco se va a acabar el mundo ».

2 Gómez, un zamorano afincado en Asturias, con amplia experiencia en el sector hostelero y que lleva tiempo haciendo oír la voz de los que hasta ahora « se veían obligados a respirar el humo de otros », confiesa que sentía « cierto morbo» ante el arranque de la nueva ley. Este profesional, que hace pocos meses ejerció en Madrid de portavoz de miles de colegas camareros enfermos por causas ajenas a su voluntad, reconoce que fue de los implacables: « A las doce en punto cogí el cartel que ponía que se prohibía fumar, lo puse en alto para que los clientes lo vieran y alcé un poco la voz para recordar la entrada en vigor de la ley. Fui suave, tampoco quería provocar ». Según cuenta, las reacciones fueron de lo más normales: « Una minoría ha llevado la polémica al campo de sus libertades, pero en general casi todos nos estamos entendiendo », mantiene Gómez.

3 Razón no le faltaría a juzgar por lo que comentaban ayer algunos hosteleros gijoneses. El primer día de prohibición llegaba sin sorpresas. Los responsables de cafeterías y bares de la ciudad aseguran que no han tenido « ningún problema » a la hora de aplicar las nuevas normas, que cada uno hizo valer a su manera. En el hotel Gijón, Abelardo de Deus y Begoña Colao disfrutaban de un café dominical. Junto a su paquete de tabaco, un cartel indicaba en letras rojas que « no está permitido fumar ». Ambos jóvenes mantienen que la restricción « ayudará a dejar el cigarrillo », aunque apuntaban a la « subida del precio » del tabaco como la principal causa de su necesidad de abandonar el vicio. « Éramos conscientes del daño que hacíamos a los demás y no nos molesta tener que dejar de fumar en los bares, así gastamos menos en tabaco », concluía Colao.

4 En el Café Gijón camareros y clientes se mostraban también «encantados» con la nueva regulación. Jorge Manuel Alonso lleva ya varios años aguantando el humo de los cigarrillos de sus clientes y ahora dice sentirse mucho más tranquilo: « No creo que los hosteleros perdamos porque la gente se irá habituando poco a poco ». En una mesa situada a escasos metros de la barra, Aldo Bolaño compartía un vermut con sus familiares, incluidos niños pequeños: « Podemos estar con ellos sin preocuparnos ». Y eso que, como confesaba una pequeña, « mi padre fuma ».

5 Montse Abascal, propietaria de la vinatería El Monje, situada en el barrio de El Carmen, no tuvo durante horas ningún cliente que « echase un pitu» en el bar. « Está claro que va a haber efectos secundarios, pero sé que a la larga tanto clientes como hosteleros lo vamos a aceptar, la ley hay que cumplirla», decía con resignación.

R. García Gijón
La Nueva España

Basándote en el texto contesta las siguientes preguntas.

1 ¿Qué actividad ha desempeñado Faustino la última temporada?

2 ¿Quién es el dueño del bar situado en el barrio El Carmen?

3 ¿Por qué motivo es un día histórico según Faustino?

4 ¿Qué otras esperanzas tiene Faustino para su país?

Basándote en los párrafos (1) y (2) completa las siguientes frases **con palabras tomadas del texto:**

5 Muchas personas han trabajado para proporcionar a los camareros con lugares …

6 Faustino Gómez se encuentra … de poder colgar el cartel de "Prohibido fumar".

7 Hasta hace poco los españoles estaban … a sufrir el humo de los fumadores en bares y restaurantes.

8 A las 12 de la noche se recordó a los clientes … de la nueva regulación.

Basándote en párrafo (2) elige **la opción** que signifique lo mismo que la(s) palabra(s) en negrita.

9 … lleva tiempo **haciendo oír la voz de**…

A gritando a
B hablando mucho de
C explicando las reivindicaciones de

10 … ante el **arranque** de la nueva ley …

A acceso
B comienzo
C fin

11 … camareros enfermos **por causas ajenas a su voluntad**.

A que no son claras
B que les afectan directamente
C que no están relacionadas con ellos

12 … fue de los **implacables** …

A firmes
B tolerantes
C flexibles

Basándote en los párrafos (3) y (4) indica si estas frases son verdaderas **(V)** o falsas **(F)** e indica **las palabras del texto** que justifican tu respuesta.

13 Ha habido sorpresas desagradables durante la primera jornada sin tabaco.

14 Begoña Colao sabe que con su vicio de fumar está afectando la salud de otras personas.

15 El negocio de los bares empeorará con la prohibición de fumar.

16 Aldo Bolaño es un cliente sentado en la barra del bar con su familia.

Basándote en los párrafos (3) y (4) identifica las palabras del texto que significan:

17 limitación **18** señalar

19 dejar **20** fastidiar

21 reglamento **22** soportar

23 acostumbrar **24** admitir

25 Basándote en la información del texto decide a quien o que corresponden las siguientes afirmaciones.

> Faustino Gómez Abelardo Deus
> Aldo Bolaño Café Gijón Montse Abascal

A Piensa que el incremento del coste del tabaco es mas decisivo para dejar de fumar que la prohibición.
B Piensa que hay que respetar la ley aunque la prohibición puede traer consecuencias.
C Ha recibido con mucha satisfacción la nueva ley antitabaco.
D Todos tienen una actitud positiva ante la nueva ley antitabaco.
E Está contento de que sus hijos no tengan que respirar humo.

Basándote en el texto:

En la frase…	la(s) palabra(s)	en el texto se refiere(n) a…
26 …estemos haciendo los deberes acercándo**nos** a Europa… (*párrafo 1*)	"nos"	
27 …lo puse en alto para que los clientes **lo** vieran… (*párrafo 2*)	"lo"	
28 Razón no **le** faltaría… (*párrafo 3*)	"le"	
29 …el humo de los cigarrillos de **sus** clientes… (*párrafo 4*)	"sus"	
30 Podemos estar con **ellos**… (*párrafo 5*)	"ellos"	

Para reflexionar

▶ ¿Qué te parece la iniciativa de prohibir fumar en todos los bares y restaurantes?

▶ ¿Qué consecuencias positivas puede tener?

▶ ¿Ves alguna consecuencia negativa?

▶ ¿Crees que la ley es demasiado inflexible y podría no respetar los derechos de los no fumadores? ¿Cómo podemos respetar los derechos de los fumadores y no fumadores? ¿Tienen todos los mismos derechos?

▶ ¿Cómo es la ley en tu país?

▶ Los hosteleros tienen miedo de hacer menos negocio ya que afirman que menos personas irán a bares y restaurantes si no pueden fumar, ¿qué piensas tu?

Las más ignoradas entre las enfermedades olvidadas

(1) No es común que en una revista científica internacional se cite a prestigiosos medios, como la *BBC,* la *CNN,* el *Financial Times o The New York Times,* y mucho menos que éstos sean protagonistas de un estudio. Por primera vez, un grupo de investigadores ha publicado un trabajo en el que demuestra hasta qué punto las llamadas enfermedades olvidadas son sistemáticamente ignoradas por los principales medios de comunicación internacionales.

(2) El estudio, publicado en la revista *PLoS Neglected Tropical Diseases,* se centra en el seguimiento informativo de tres de estas patologías: la enfermedad del sueño; la leishmaniasis visceral, y la enfermedad de Chagas. Tras un seguimiento de cuatro años y medio, los investigadores, que desarrollan su labor en el Centro René Labusquière de la Universidad Víctor Segalen de Burdeos (Francia) y en la Agencia de Protección de la Salud de Londres (Reino Unido), concluyen que existe una "falta general" de cobertura informativa de estas patologías, hasta el punto de que el número de artículos publicados por cada medio en los 53 meses que duró el estudio apenas asciende a 10.

Medios internacionales

(3) El trabajo analiza la cobertura informativa, en soporte escrito, realizada por *BBC on-line, CNN.com,* la agencia de noticias *France Presse (AFP),* las revistas *Time* y *The Economist* y los diarios *Financial Times, The Guardian, Daily Telegraph, The New York Times, The Washington Post* y *Los Angeles Times.*

(4) ...**14**... conocer los resultados del estudio, la responsable de proyectos de enfermedades tropicales de Médicos Sin Fronteras en España, Nines Lima, confirmó ...**15**... la cobertura que los medios hacen de estas patologías "tiene que mejorar", ...**16**... los mensajes que llegan desde los medios "tienen un impacto claro" sobre quienes deben tomar decisiones ...**17**... luchar contra estas dolencias. "Además, gracias a los medios, la gente se puede sensibilizar mucho más", añade. En cualquier caso, explica que estas tres patologías son sólo una pequeña muestra, ...**18**... existen muchas enfermedades olvidadas, un grupo en el que también figuran la malaria, la tuberculosis ...**19**... el sida, dolencias que en el mundo en vías de desarrollo son responsables de una gran carga de morbilidad y mortalidad.

(5) Según la Organización Mundial de la Salud, estas enfermedades, en su mayoría causadas por parásitos y erradicadas del mundo rico, afectan a uno de cada seis seres humanos, en su inmensa mayoría habitantes de las zonas más pobres del planeta, donde se han convertido en un grave obstáculo para el desarrollo.

Una lacra para los países más pobres

(6) La OMS incluye 14 patologías entre las enfermedades olvidadas, aunque Médicos Sin Fronteras destaca seis por su importancia: el VIH/sida, la malaria, la tuberculosis, la leishmaniasis, la tripanosomiasis africana y la enfermedad de Chagas. Si bien suele haber tratamientos, muchas veces son inaccesibles y la industria apenas investiga nuevos remedios, por su escasa rentabilidad.

(7) Las personas con VIH/sida que viven en países en vías de desarrollo (el 95% de los 40 millones de infectados en todo el mundo) siguen siendo ignorados. Los tratamientos se han abaratado, pero son inasequibles para muchos.
- La malaria causa dos millones de muertes al año.
- Impulsada por el sida, la tuberculosis sigue extendiéndose, y ocho millones de personas la contraen cada año.
- La tripanosomiasis es "la más olvidada de las olvidadas". Hasta 500.000 personas sufren este mal parasitario transmitido por la mosca tsé-tsé, que es mortal sin tratamiento.
- Cada año fallecen 50.000 personas por la enfermedad de Chagas, causada por un parásito transmitido por la picadura de un tipo de chinche. No tiene tratamientos para adultos.

Antonio González
www.publico.es

1 Antes de leer el artículo, reflexiona sobre su título y decide a qué se puede referir con el término *"enfermedades olvidadas"*. Comparte tus conclusiones con otros estudiantes de la clase. Discutid de qué formas podemos hacer que estas enfermedades no se ignoren. Pensad lo que podéis hacer como individuos y como institución educativa.

2 Basándote en el texto, completa con la información que se te pide.

   A El nombre de la publicación donde aparece el estudio.
   B Los países donde se han realizado las investigaciones.
   C El causante de estas enfermedades en la mayoría de los casos.
   D El motivo por el que no se investigan estas enfermedades.
   E El nombre del causante de la enfermedad de Chagas.

Basándote en los párrafos (1) y (2) completa las siguientes frases **con palabras tomadas del texto**.

3 Un estudio sobre enfermedades olvidadas ha hecho … a los medios de comunicación.

4 Algunas enfermedades no sólo son olvidadas sino que también son ….

5 El estudio ha realizado un … de diferentes medios de comunicación durante más de cuatro años.

Basándote en los párrafos (1) y (2) identifica las **palabras del texto** que significan:

6 habitual

7 mencionarse

8 más importante

9 enfermedad

10 llevar a cabo

11 trabajo

12 hay

13 es de

Basándote en el párrafo (4) completa los espacios numerados **(14–19)** con una palabra tomada de esta lista.

porque	para	por	de	ya que	que	además	tras	como	y

20 Basándote en la información del texto decide a que se refieren las siguientes cifras.

   A 53   **B** 10   **C** 14   **D** 6   **E** 40   **F** 2   **G** 8

Basándote en el texto, copia y completa la tabla en tu cuaderno.

En la frase…	la(s) palabra(s)	en el texto se refiere(n) a…
21 …mucho menos que **éstos** sean… (*párrafo 1*)	"éstos"	
22 …destaca seis por **su** importancia… (*párrafo 6*)	"su"	
23 …por **su** escasa rentabilidad… (*párrafo 6*)	"su"	
24 …pero son inasequibles para **muchos**… (*párrafo 7*)	"muchos"	

Basándote en el texto indica si estas frases son verdaderas (V) o falsas (F) e indica las **palabras del texto** que justifican tu respuesta.

25 El trabajo analiza el papel de la radio, la televisión y la prensa en la difusión de estas enfermedades.

26 Nines Lima es la responsable de una agencia de noticias.

27 Enfermedades como la malaria no son un problema en países con buenas condiciones económicas.

28 Las enfermedades tienen una relación directa con la posibilidad que los países tienen de desarrollarse.

Basándote en los párrafos (6) y (7) completa las siguientes frases para que tengan sentido.

29 El 95% de los enfermos de SIDA…

30 La tuberculosis…

31 Una mosca…

32 El mal de Chagas…

A está estrechamente ligada al SIDA.
B viven en todo el mundo.
C no tiene cura en personas adultas.
D es la causante de una enfermedad que provoca la muerte.
E causa menos muertes que la malaria.
F mata 50.000 niños todos los años.
G viven en los países desfavorecidos.

Perfil de la comunidad del IB

- En el texto has leído sobre varias enfermedades poco conocidas. Busca más información sobre ellas y prepárate para compartirla con la clase.

- Infórmate de dónde se producen estas enfermedades, a quién afectan, cuáles son sus síntomas y posibles remedios, y lo que se necesitaría para poder conseguirlos.

Lengua

Ser y estar

Ser

Descripción

Material

Posesión

Para formar la voz pasiva

Tiempo

Cantidad, precio

Profesión

Procedencia

Nacionalidad, religión, ideología , profesión

Estar

Posición

Para construir el presente continuo

Para expresar sentimientos, estados físicos o estados de ánimo

Cambios de signifcado

Ser + adjetivo

Expresa una cualidad objetiva, permanente o inherente.

El azúcar es dulce.

La chica es bonita.

Estar + adjetivo

Expresa una cualidad subjetiva o una cualidad transitoria temporal que puede cambiar.

Hoy la chica está guapa

El café esta frío

Completa las frases con la palabra correcta.

1 La asamblea … en el salón de actos.
2 El director … en la oficina.
3 El examen oral… a las cuatro.
4 El despertador… encima de la mesita.
5 ¿Dónde … la fiesta?
6 El libro que … escribiendo … muy interesante.
7 Hoy … el 5 de mayo, … mi cumpleaños.
8 La casa … muy oscura, … orientada al norte.
9 El clima de esta zona … muy húmedo.
10 La clase de matemáticas … muy aburrida.
11 Siempre … aburrido, busca algo que hacer.
12 No me gusta la sopa, … salada.
13 ¡Qué vestido más bonito! ¡Qué guapa …!
14 Mi hija … enferma.
15 El mar … sucio. Los peces se … muriendo.
16 Ana … española, pero … en Canadá, … enfermera.

Actividades orales

1 Actividad oral individual

1 ¿Dónde crees que tiene lugar esta foto?

2 ¿Por qué crees que llevan mascarillas estas personas?

3 ¿Crees que estas mascarillas ayudan a evitar la transmisión de enfermedades?

4 ¿Has llevado o llevarías una mascarilla cuando viajas en avión? ¿Por qué?

2 Actividad oral interactiva

Dirígete a la página web de Médicos sin Fronteras y visiona el video informativo que aparece allí. Después abrid un debate en la clase sobre los siguientes puntos.

- Los objetivos de esta organización.

- Los resultados que se han conseguido.

- Otras organizaciones que conozcas que realizan el mismo tipo de trabajo.

- De qué maneras se puede apoyar a estas organizaciones (piensa tanto en tu colaboración personal como colaboración a nivel de instituciones).

Tareas escritas

1 Respuesta personal

Lee el siguiente fragmento y elabora una respuesta personal usando como mínimo 150 palabras. Compara las actitudes y situaciones, tanto similares como diferentes, sobre este tema en la cultura hispana y en la tuya propia.

> Hoy en día en los países ricos los ciudadanos tienen a su disposición un número extenso de vacunas de carácter gratuito y obligatorio que en algunos casos han ayudado a erradicar ciertas enfermedades. En el caso de España, a los niños no se les permite asistir a la escuela a menos que hayan sido vacunados contra ciertas enfermedades. De ahí la importancia de promocionar y proporcionar estas vacunas de una forma global y gratuita.

2 Tareas de redacción

Realiza una de estas tareas relacionadas con el tema de la salud global. Escribe un mínimo de 250 palabras.

a Imagina que la revista de tu colegio ha entrevistado a un miembro de una organización médica que está luchando para que se destinen medios a enfermedades que ocurren en países poco desarrollados. Transcribe el texto de esa **entrevista**.

b Escribe un **folleto informativo** dando a conocer las medidas que deben de tomar los viajeros que van a otros países para evitar el contagio de enfermedades en ese país y como consecuencia la propagación de dichas enfermedades. Incluye no sólo lo que puedes hacer durante el viaje, pero también lo que podrías hacer antes y después de él.

c Escribe un **artículo de periódico** para concienciar a la población de la importancia de vacunarse para prevenir ciertas enfermedades y para que en algún momento podamos erradicar algunas de ellas.

d Como miembro de una organización no gubernamental has participado en una misión a un país hispano para llevar ayuda médica. Escribe una **entrada a tu diario** explicando la experiencia que has vivido durante uno de los días que estuviste allí. Escribe sobre la situación de esas personas, lo que les ha llevado a esa situación, las consecuencias y algunas ideas para ayudarlas. No te olvides de plasmar tus propios pensamientos e impresiones.

e Diseña un **póster** para difundir la necesidad que tenemos de dar a conocer ciertas enfermedades para que las instituciones dediquen medios económicos a su investigación y así poder encontrar un tratamiento eficaz contra ellas.

Salud

1 Dependencias y obsesiones

Objetivos

Considerar…

▷ algunas dependencias juveniles como pueden ser el consumo de alcohol y drogas y sus consecuencias en las sociedades actuales.

▷ algunas de las obsesiones actuales relacionadas con las dietas y el consumo de alimentos en general.

▷ algunos proyectos y campañas informativas sobre dependencias y salud dirigidas al público joven y argumentar su eficacia o no.

Lengua: las colocaciones en español y las estructuras condicionales para hablar de diferentes posibilidades.

Contextualización

▷ Lee el cómic y comenta con tus compañeros lo que más te llame la atención. ¿Cuál es el tema principal? ¿Qué te parece el título?

▷ Este cómic forma parte de una campaña de prevención organizada por el Ministerio de la Juventud de Chile y el Centro del actividades pueden ser interrsantes para de ese país. ¿Crees que este tipo de actividades pueden ser interesantes para la juventud? Argumenta tu respuesta. ¿Coincides con el resto de tus compañeros? Comenta con tus compañeros otras campañas preventivas o informativas que conozcáis. Explica dónde aparecen (radio, tele, prensa), a quién van dirigidas (jóvenes, adultos, chicos, chicas, etc.), cuál es el contenido y mensaje de las mismas y si piensas que son efectivas y por qué.

▷ ¿Qué otro tipo de dependencias y obsesiones tienen algunos sectores de la juventud de tu país y de países de habla hispana que conozcas, por ejemplo en el ámbito de la alimentación, el ejercicio físico, etc.? Pon en común tus respuestas con las del resto de la clase. ¿Piensas que hay problemas generales entre la juventud mundial en estos aspectos? Razona tu respuesta.

▷ ¿Conoces otros trastornos o enfermedades desarrollados por los nuevos estilos de vida? Piensa en enfermedades relacionadas con alergias, comida, tipo de vida, trabajo, etc. Defínelos y trae algún recorte de periódico o información de otros medios para compartir con el resto de la clase. Por ejemplo: el estrés, el síndrome del emperador, de Peter Pan, de la abeja reina, del nido vacío entre otros.

▲ Mención Honrosa del concurso sobre dependencias "*El cómic frente a la droga*" organizado por el Instituto de la Juventud de Chile y el Centro Nacional de Cómic.

La ortorexia

La ortorexia es una obsesión o preocupación extrema por la salud, centrada en comer lo más sano posible, que puede convertirse en un serio trastorno. Las personas afectadas experimentan sentimientos muy marcados hacia los alimentos. Para ellas, un producto conservado es "peligroso", "artificial" un alimento producido industrialmente, "saludable" un producto biológico… Además, se ha comprobado que sienten un fuerte deseo de comer cuando están nerviosas, emocionadas, felices o culpables.

¿Cómo se manifiesta?

Las personas que sufren ortorexia acaban por centrarse casi exclusivamente en lo que comen; la comida es el centro de sus pensamientos y de su vida. Generalmente rechazan la carne, las grasas, los alimentos cultivados con pesticidas o herbicidas y los que contienen sustancias artificiales. Pero su obsesión por comer sano va más allá y se preocupan incluso por la forma de preparación de su comida y los recipientes en que los cocinan. Dedican mucho tiempo a la planificación de los menús y a la preparación de los alimentos. Cada pequeña transgresión alimenticia se acompaña de sentimientos de culpabilidad y frustración cada vez más fuertes. Se rechaza todo aquello que no es "natural", lo que influye de modo muy negativo en la vida social de la persona. Comer fuera de casa en un bar o restaurante resulta impensable para estas personas.

Criterios diagnósticos

Steven Bratman, médico estadounidense que acuñó el término de ortorexia a finales de los años 90, tras sufrir él mismo los síntomas de este trastorno, estableció unas pautas para ayudar a identificar aquellas conductas o comportamientos insanos con la comida.[1]

Responder afirmativamente a cuatro o cinco preguntas significa que es necesario relajarse más en lo que respecta a la alimentación. Responder afirmativamente a todas las preguntas, se traduce en una verdadera obsesión por la alimentación sana.

Mayor riesgo en grupos específicos

Normalmente, la prevalencia de ortorexia es mayor en personas muy estrictas, controladas y exigentes consigo mismas y con los demás. Su personalidad suele ser extremista; todo o nada. Las mujeres, los adolescentes y quienes se dedican a deportes tales como el culturismo o el atletismo son los grupos más vulnerables, debido a que, en general, son muy sensibles frente al valor nutritivo de los alimentos y su repercusión sobre la figura o imagen corporal.

Cuando la obsesión por "comer sano" se lleva al extremo, llega un punto en que todo gira en torno a la comida; controlar lo que comen, imponerse prohibiciones y programar detalladamente las comidas se convierte en una prioridad para poder sentirse seguros, tranquilos y dueños de cada situación.

En estas personas palpita un deseo de verse perfectas, algo que coincide con otros trastornos de la conducta alimentaria tales como la anorexia y bulimia nerviosas.

¿Cómo afecta a la salud y a la vida social?

En la medida en que la dieta se hace más severa, si se excluyen alimentos considerados básicos para el normal funcionamiento del organismo, pueden darse situaciones más o menos graves tales como: desnutrición, anemia, déficits múltiples de vitaminas y minerales, y alto riesgo de infecciones, entre otros.

Las consecuencias que tiene esta enfermedad sobre la vida y el entorno social son principalmente:

- Rechazo a comer fuera de casa para evitar tentaciones y porque es contrario a sus teorías.

- Distanciamiento de amigos y familiares, pues todo su mundo gira en torno a sus estrictas normas acerca de la comida.

- Cambios de carácter: debido al aislamiento a que suele dar lugar este trastorno, la persona adquiere un carácter irritable y amargo.

- Se produce un círculo vicioso debido a la falta de satisfacciones afectivas, lo que conduce a una preocupación aún mayor por la comida.

Eroski Consumer

[1] Un test de diagnóstico adaptado se encuentra en la página 153.

1 Antes de leer el texto relaciona las frases del texto **(1–20)** con una expresión o un vocablo equivalente **a–t**.

1 trastorno alimentario
2 sentimientos marcados
3 producto conservado
4 centrarse en lo que comen
5 rechazar la carne
6 pesticidas o herbicidas
7 transgresión alimenticia
8 sentimiento de culpabilidad
9 resultar impensable
10 la prevalencia de la ortorexia
11 practicar el culturismo
12 grupos más vulnerables
13 repercusión sobre la imagen corporal
14 imponerse prohibiciones
15 palpitar un deseo
16 acuñar un término
17 comportamientos insanos
18 dieta severa
19 normas estrictas
20 conducir a una preocupación

a la ortorexia continúa existiendo
b estados de ánimo muy determinados
c enfermedad relacionada con los alimentos que se ingieren
d sentirse culpable por haber cometido un acto incorrecto
e llevar a un temor o una intranquilidad
f productos químicos insecticidas
g los individuos más débiles
h aumentar una necesidad
i crear una nueva palabra o término
j producto enlatado
k no cumplir las normas sobre alimentación que se han establecido
l no querer comer productos cárnicos
m una idea imposible o de difícil realización
n realización metódica de ejercicios para desarrollar los músculos
o conducta poco sana
p prohibirse a uno mismo ciertas cosas
q leyes o preceptos duros o inclementes
r régimen alimenticio muy estricto
s importancia del físico de una persona
t la comida es el centro de sus pensamientos

Un test de diagnóstico: Vamos a organizar algunas de las partes del test adaptado del propuesto por el doctor Bratman. Para ello debemos unir las dos partes de la frase **2–11** y **A–J** de una forma lógica. Trabaja con un compañero y ten en cuenta el uso de las preposiciones y colocaciones para hacer este ejercicio.

2 ¿Pasa más de tres horas al…

3 ¿Planea sus comidas con…

4 ¿Considera que el valor nutritivo de …

5 ¿Ha disminuido la calidad de su vida a…

6 ¿Se ha vuelto usted más estricto…

7 ¿Ha mejorado su autoestima alimentándose…

8 ¿Ha renunciado a comer alimentos que le gustaban…

9 ¿Supone un problema su dieta a la hora…

10 ¿Se siente culpable cuando…

11 ¿Se siente en paz consigo mismo y cree…

A medida que aumentaba la calidad de su dieta?
B de comer fuera, y esto le distancia de su familia y sus amigos?
C día pensando en su dieta?
D varios días de antelación?
E consigo mismo en este tiempo?
F que todo está bajo control cuando come de forma sana?
G de forma sana?
H para comer alimentos "buenos"?
I una comida es más importante que el placer que le aporta?
J se salta su régimen?

12 En pequeños grupos vamos a desarrollar una dieta equilibrada para los siguientes grupos: escolares de 10 años, deportistas de un equipo de baloncesto, mujeres embarazadas, mayores de 70 años. Podemos describir la dieta en general (los alimentos que pueden consumir, los que se deben evitar y también podemos preparar un menú diario de ejemplo). Presentaremos nuestros ejemplos al resto de la clase, ¿coinciden en algo?

Lengua

Las colocaciones

▶ Una colocación se trata de combinaciones frecuentes de unidades léxicas; son palabras que suelen aparecer juntas y no suelen aparecer en combinación con otras.

Algunas combinaciones son:

• sustantivo + preposición + sustantivo: *punto de encuentro*.
• sustantivo + adjetivo: *amor ciego*.
• verbo + (artículo) + sustantivo: *plantear una duda, tomar partido*.
• verbo + preposición + sustantivo: *llevar a cabo, poner en marcha*.
• sustantivo + sustantivo: *granja escuela*.
• adjetivo + sustantivo: *alto rendimiento*.

▶ En los Textos A y B aparecen algunos ejemplos: *girar en torno a, círculo vicioso, contemplar sanciones, cierre cautelar*.

Texto B

EL ALCOHOL
también es cosa de niños

1 Sábado por la noche. Un grupo de jóvenes **queda** para salir. Previamente, varios de ellos **acuden** a un establecimiento para comprar el botellón. Refrescos, hielos, vasos y, por supuesto, alcohol. Lo tienen todo y no han tenido el mayor problema para conseguirlo. Circunstancia completamente normal si no fuera porque en muchos casos los clientes y por tanto consumidores de esta bebida son menores de edad.

2 Pero, ¿cómo **acceden** los menores de 18 años al alcohol si no está permitido suministrárselo? ¿Les resulta fácil o difícil conseguirlo? ¿Su consumo es algo **habitual** entre estos adolescentes? ¿Qué está **fallando**? ¿Quiénes son los responsables de que sucedan estos **incidentes**? Aunque la venta de alcohol a menores de edad es ilegal, parece una práctica de lo más común. O al menos eso es lo que dicen los propios protagonistas de esta historia.

Al alcance de cualquiera

3 Este periódico ha podido hablar con varios **chavales** que, sin tener la edad **establecida** por la ley para tomar alcohol, lo hacen de manera habitual o al menos en fechas señaladas. Todos coinciden en la facilidad que existe para **adquirirlo**. Afirmación que corroboran expertos en este tema.

4 Dos chicos que no quieren dar sus nombres cuentan que estuvieron haciendo botellón en Badajoz el sábado y el lunes de Carnaval. Aseguran que conocen varias tiendas de conveniencia a las que suelen acudir porque casi nunca tienen problemas para comprar alcohol. «No piden el carné de identidad, y si alguna vez nos lo **solicitan** le pedimos que nos haga el favor a cualquiera que tenga la edad. En los supermercados es más difícil, aunque a veces también **cuela**», dicen.

5 Explican que su **pandilla** suele hacer botellón al menos cada dos fines de semana. El dinero tampoco es un problema, ya que aseguran que se lo pueden permitir porque es un hábito relativamente económico. «Es barato. Poniendo tres o cuatro euros cada uno compramos la bebida». Indican que la mayoría de sus amigos **ingieren** alcohol **esporádicamente** y que, aunque la gente de su entorno comenzó a **coquetear** con él a los 13 o 14 años, conocen a niños de 11 y 12 años que también lo consumen. «Muchos lo hacen por parecer mayores o querer ser más guays que los demás».

La excepción

6 …(9)…, también hay adolescentes que van a contracorriente. En una sociedad en la que los menores **se codean** cada vez más con la locura y los excesos, …(10)… existen jóvenes que se mantienen al margen de todo este mundo. …(11)… lo confirma un chico de 15 años, que …(12)… reconoce que el botellón y todo lo que lo rodea está a la orden del día, él no consume alcohol …(13)… tiene la intención de hacerlo de momento. «Todo el mundo bebe. Mi grupo de amigos empezó a consumir hace dos años, y …(14)… han tenido problemas para acceder al alcohol. Yo mismo les he acompañado a comprarlo. ¿Por qué lo hacen? Pienso que es por falta de personalidad", asevera.

7 …(15)… el sociólogo Artemio Baigorri, el problema no **radica** en la existencia del botellón, …(16)… en que no se **evita** que los menores también participen en este fenómeno. Advierte que falta control en aspectos en los que debe haberlos. Adultos, efectivos policiales …(17)… responsables de los comercios en los que se **despacha** estas sustancias tienen su parte de responsabilidad. Apunta …(18)… debería de haber más **vigilancia** por parte de estos **colectivos** para garantizar que chavales con determinada edad no estén en ciertos momentos en este tipo de **congregaciones**.

Sanciones

8 Al respecto, la Ley de Ocio y Convivencia contempla sanciones de entre 30.000 y 600.000 euros para los establecimientos que suministren alcohol a menores de edad. Igualmente regula el cierre cautelar del local afectado por un plazo de seis meses.

www.hoy.es

Antes de leer el texto selecciona la opción correcta para las siguientes expresiones. ¿Están de acuerdo tus compañeros?

1 ir de botellón

- A ir a comprar una botella grande
- B ir a una discoteca a beber
- C celebrar una fiesta en la calle llevando bebidas

2 ser menor de edad

- A tener menos años que los demás
- B no tener la edad legal para hacer algo
- C ser el menor en la familia

3 tiendas de conveniencia

- A tiendas donde se encuentran las cosas básicas
- B tiendas de productos baratos
- C establecimientos que están cerca de casa

4 ser muy guay

- A ser una persona problemática
- B ser una persona popular y moderna
- C ser una persona anticuada

5 mantenerse al margen de algo

- A no interesarse por algo
- B solo preocuparse por lo marginal
- C sentir curiosidad por lo superficial

6 estar a la orden del día

- A seguir la ley de cada día
- B estar muy ordenado
- C ser algo común y habitual

7 Busca en el texto las palabras en negrita y relaciónalas con una **palabra o expresión similar** de las que hay en la siguiente lista.

> entrar   jóvenes   comprar   pedir
> ir a un lugar   vender   citarse
> grupo de amigos   beber, tomar   decretada
> sucesos   relacionarse   pasar por alto
> impedir   ocasionalmente   control
> grupos, asociaciones   cotidiano   reuniones
> fracasar   tontear, probar   residir

8 En pequeños grupos vamos a hacer una lista de todos los sinónimos del verbo *decir* que aparecen en los párrafos 3–7 del texto. Buscaremos seis verbos. Podemos aprovechar las tareas escritas y orales para reutilizar todo este vocabulario aprendido.

Basándote en los párrafos (6) y (7) completa los espacios numerados (9–18) con una palabra tomada de esta lista.

> así   ni   para   que   aunque   nunca
> todavía   sino   sin embargo   y

Basándote en las palabras del texto, copia y completa la tabla en tu cuaderno.

En la frase…	la(s) palabra(s)	en el texto se refiere(n) a…
19 …no está permitido suministrárse**lo**? (*párrafo 2*)	"lo"	
20 …**su** consumo es algo habitual… (*párrafo 2*)	"su"	
21 …**lo** hacen de manera habitual… (*párrafo 3*)	"lo"	
22 … que se **lo** pueden permitir … (*párrafo 5*)	"lo"	
23 …comenzó a coquetear con **él**… (*párrafo 5*)	"él"	
24 Así **lo** confirma un chico… (*párrafo 6*)	"lo"	
25 ¿Por qué **lo** hacen? (*párrafo 6*)	"lo"	

26 ¿Qué significa el título del texto? Busca otras alternativas y justifícalas.

Basándote en la información del texto indica si estas frases **(27–35)** son verdaderas **(V)** o falsas **(F)** e indica **las palabras del texto** que justifican tu respuesta.

27 Muchos jóvenes aprovechan los fines de semana para consumir alcohol.

28 La forma más común entre los jóvenes de conseguir bebidas es consumirla en discotecas o lugares de ocio.

29 La edad mínima legal para comprar alcohol es 16 años.

30 Conseguir bebidas alcohólicas por parte de los jóvenes es bastante difícil.

31 Es muy fácil para los jóvenes comprar alcohol en las tiendas de conveniencia y supermercados.

32 Muchos chicos creen que hacer botellón es barato.

33 Una de las razones por la que los jóvenes beben según el texto es por su carácter fuerte.

34 Para el sociólogo Artemio Baigorri los jóvenes son los únicos responsables de esta situación con el alcohol.

35 Existen multas para los establecimientos que venden bebidas alcohólicas a menores de edad.

Copia esta tabla y responde a las preguntas formuladas en el párrafo (2) aplicándolas a la información del texto y a vuestro entorno. Podemos trabajar en parejas y después presentar nuestras respuestas al resto de la clase.

	Información del texto	En tu país
36 ¿Cómo acceden los menores de 18 años al alcohol si no está permitido suministrárselo?		
37 ¿Les resulta fácil o difícil conseguirlo?		
38 ¿Su consumo es algo habitual entre estos adolescentes?		
39 ¿Qué está fallando?		
40 ¿Quiénes son los responsables de que sucedan estos incidentes?		

41 Explica las dos actitudes que respecto al consumo de alcohol entre los jóvenes ejemplifica el texto. ¿Cuál crees que es la más acertada? ¿Por qué?

42 Según los chicos entrevistados y el sociólogo Artemio Baigorri, ¿por qué muchos jóvenes deciden empezar a consumir alcohol? Explica al menos tres razones.

43 Resume las ideas más importantes del texto en 150 palabras.

Lengua

▸ Hablar de posibilidades utilizando las estructuras condicionales. Revisa los tres tipos de estructuras condicionales y fíjate especialmente en la formación del segundo tipo (expresan condición poco probable) y siguen la estructura: *Si* + pret. imperfecto de subj. + condicional simple / pret. imperf. de subj. en *"-ra"* / imperativo.

Por ejemplo: *"Si **fuera** el alcalde de mi ciudad **facilitaría** más espacios de ocio y recreo para los jóvenes"*.

▸ Aprovecha las tareas escritas y orales para practicar más estas estructuras.

44 ¿Crees que las multas son suficientes para evitar los botellones? ¿Qué otras alternativas posibles hay? En pequeños grupos podemos desarrollar algún proyecto de ocio para los fines de semana que pueda servir para disuadir el botellón. ¿Qué ideas han surgido?

45 Vamos a imaginar que podemos actuar como alcaldes o miembros del ayuntamiento a la hora de decidir sobre todo lo relativo al botellón. ¿Qué medidas tomarías? ¿Qué alternativas ofrecerías? Revisa las frases condicionales para utilizarlas. Después trabajaremos en pequeños grupos y presentaremos al resto de la clase lo que hemos decidido. ¿Hay otras ideas similares en el resto de los grupos?

46 ¿Qué otros problemas tienen los jóvenes de esta época aparte del consumo de alcohol? Haz una lista de todos ellos y después busca información en los medios de comunicación sobre estos temas. ¿Hay información nueva que no conocías? ¿Coincides con tus compañeros?

Perfil de la comunidad del IB

▸ Averigua haciendo una búsqueda en Internet qué es *el botellón* y si se produce y cómo en otros países.

▸ Haz también una búsqueda en los medios de comunicación e información para descubrir qué están haciendo los organismos oficiales, las ONG para disminuir la tendencia juvenil al uso del alcohol.

▸ Comparte con el resto de la clase lo que averigües.

Actividades orales

1 Actividad oral individual

Jóvenes y dependencias

Elige una de las dos imágenes y contesta a las preguntas.

1 ¿Qué elementos se pueden ver en la imagen?

2 ¿A qué tipo de público van dirigidos los anuncios?

3 ¿Cuál de los dos te parece más efectivo y por qué? ¿Y más interesante?

4 ¿Crees que este tipo de campaña tiene efecto entre los jóvenes? ¿Por qué?

5 Habla de otras campañas informativas y preventivas que conozcas.

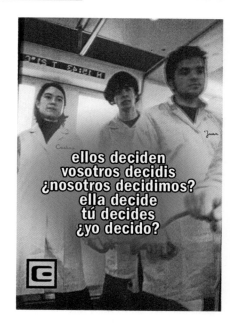

2 Actividad oral interactiva

▶ *El coloquio de la semana:* la situación de los jóvenes y dependencias. Dividiremos la clase en distintos grupos y cada uno de ellos se convertirá en investigadores de un tema relacionado con las dependencias tratadas en esta unidad. Los grupos prepararán una pequeña presentación sobre ese tema. Después de cada presentación habrá un turno de preguntas por parte del resto de la clase y cuando todos los temas se hayan presentado haremos una evaluación global de las conclusiones.

▶ *Testimonios:* Vamos a buscar algunos testimonios personales sobre algunas personas y su relación con las dependencias. Después convertiremos esas declaraciones en un resumen oral que podemos presentar al resto de la clase. Podemos buscar ayuda en los medios de comunicación y en las declaraciones de algunos famosos. Como cuestión para la reflexión: ¿Son los famosos y su estilo de vida responsables de las obsesiones de algunos jóvenes por estar a la moda, por estar delgados o considerar el consumo de alcohol y otras sustancias como algo aceptable? Razonaremos nuestras respuestas.

▶ *Buscando nuevas salidas para la noche del sábado:* En pequeños grupos vamos a presentar alternativas para una noche de sábado sin alcohol. ¿Qué actividades hemos pensado? ¿Cómo las podemos promocionar?

CAS

Proyecto de CAS: Jóvenes creativos

▶ En pequeños grupos nos vamos a encargar de diseñar actividades y proyectos comunitarios para informar a los jóvenes sobre los distintos tipos de dependencias.

▶ Después presentaremos los proyectos al resto de la clase.

▶ Podemos diseñar la campaña preventiva o informativa para acompañar al proyecto.

Tareas escritas

1 Respuesta personal

Lee el siguiente enunciado y elabora una respuesta personal usando como mínimo 150 palabras. Compara las actitudes y situaciones, tanto similares como diferentes, sobre este tema en la cultura hispana y en la tuya propia. La respuesta deberá expresar tu opinión sobre el tema y justificarla:

> ◗ Un mundo económicamente estable facilita el aumento de obsesiones relacionadas con la comida.
>
> ◗ Los jóvenes están muy influenciados por la publicidad y uno de los resultados es el aumento de dependencias.
>
> ◗ La presión del resto del grupo muchas veces hace que los jóvenes hagan cosas que realmente no quieren hacer.
>
> ◗ ¿Por qué es importante cuidar la salud? ¿Cuál es la mejor forma para hacerlo? Da algunos consejos.

2 Tareas de redacción

Realiza una de estas tareas relacionadas con el tema de dependencias y obsesiones. Escribe un mínimo de 250 palabras.

a ¿Qué tipo de problemas relacionados con la salud tienen los jóvenes de hoy día? Haz referencia a la información que tienes sobre la situación en algunos países de habla hispana.

b Elige un trastorno alimentario o una dependencia y elabora una redacción en la que expliques en qué consiste y cómo se puede combatir.

c ¿Crees que las campañas preventivas o de información son efectivas? Elige algún ejemplo concreto y argumenta tu opinión.

d Eres un ciudadano de una ciudad de habla hispana que tiene un piso en una plaza en la que los jóvenes hacen botellón todos los sábados. Estás harto de que siempre haya mucho ruido y no puedas dormir, que dejen basura por el suelo, etc. Escribe una **carta** de queja al ayuntamiento de tu ciudad en el la que expliques:

> ◗ las razones para quejarte del botellón.
>
> ◗ qué cosas te han pasado.
>
> ◗ cómo se podría mejorar esta situación.

e Tus amigos celebran el botellón cada dos fines de semana. Sin embargo tú no estás de acuerdo con esa práctica. Escribe un **texto** en el que intentes convencer a tu pandilla de por qué no es bueno hacer botellón y qué otras actividades alternativas se podrían realizar.

f Una emisora de radio está pidiendo colaboraciones para una sección sobre la nueva sociedad y las diferentes dependencias. Los creadores del programa necesitan textos en los que los colaboradores hagan un repaso a la prensa del momento y analicen los tipos de noticias que sobre este tema se publican. Escribe un **texto** en el que examines uno de estos aspectos desde el punto de vista de la prensa y sus noticias (anorexia, bulimia, aumento de alergias, drogadicción, alcoholismo, tabaquismo, adicción a Internet, etc.).

2 Salud global

Objetivos

Considerar…

▶ diferentes aspectos relacionados con el carácter global que muestra la transmisión de determinadas enfermedades, así como su prevención.

▶ la realidad del SIDA, especialmente entre la población infantil.

▶ las posibles causas de la rápida propagación de las enfermedades infecciosas en el mundo actual.

Lengua: la interacción conversacional, el gerundio.

Contextualización

En la consulta médica

▶ Observa esta relación de términos relacionados con la salud y la enfermedad:

alergia	cardiólogo	epidemia	náusea
sarampión	vitaminas	cicatrizar	vacuna
analgésico	cáncer	convalecencia	faringitis
oftalmólogo	SIDA	rehabilitación	anestesia
apendicitis	contagio	ginecólogo	
otorrinolaringólogo	sinusitis	intravenoso	
anginas	antibiótico	constipado	asma
vomitar	bronquitis	calmante	virus
dermatólogo	tumor	transfusión	sarampión
jarabe	quiste	suero	pediatra	fiebre
pomada	gripe	hemorragia	derrame
diagnóstico	infección	tensión	vacuna
terapia	paperas	herida	electrocardiograma

▶ ¿Qué significan estas palabras?

▶ ¿Son parecidas a tu idioma o hay algunos "falsos amigos"?

▶ Ahora, en grupos, sortearemos 10 palabras distintas de la lista.

▶ Cada grupo a va preparar una conversación en una consulta médica en la que intervenga un médico, una enfermera, un paciente y un familiar del paciente.

▶ En la conversación deberán incluirse las 10 palabras asignadas.

▶ El paciente y su familiar expresarán sus problemas y preocupaciones, mientras que el médico y la enfermera tratarán de ofrecer consejos y soluciones.

▶ Finalmente, vamos a preparar una breve escenificación de la conversación para representarla al resto de la clase.

Lengua

La interacción conversacional

▶ El español se caracteriza por una fuerte interacción entre las personas que forman parte de una conversación.

▶ En contextos coloquiales, a diferencia de otras lenguas y culturas, es común interrumpirse unos a otros para mostrar interés por el interlocutor y su mensaje.

Texto A

Comienza la campaña
"el SIDA también es cosa de niños"

1. Con el lema "El SIDA también es cosa de niños", el FC Barcelona, a través de su Fundación, y UNICEF han puesto en marcha una iniciativa solidaria en el marco de la celebración del Día Mundial contra el SIDA. La campaña tiene como objetivo principal concienciar a la población sobre la problemática del SIDA infantil en países en vías de desarrollo. "Debemos tomar conciencia de que los niños son el colectivo más olvidado en la lucha contra la pandemia del SIDA, la cara oculta de esta enfermedad", explica Joana Pérez, coordinadora de UNICEF Catalunya.

2. Según datos facilitados por UNICEF, cada minuto muere un niño por SIDA o por enfermedades relacionadas (neumonía, desnutrición o diarrea). "El acceso a medicamentos y el diagnóstico precoz son las limitaciones más importantes del SIDA infantil. Entre todos podemos conseguir que esto cambie, y ése es el reto", añade Marta Segú, Directora General de la Fundación FC Barcelona.

3. La campaña se articula en torno ...5... un osito de peluche llamado Dubu – oso en swahili – que representa a todos los niños y niñas ...6... viven con el VIH/SIDA y a aquellos que ...7... no están. Esta iniciativa solidaria ha contado también ...8... el apoyo de los jugadores del FC Barcelona que han grabado un anuncio ...9... esta campaña de concienciación. El video ha sido difundido ...10... los principales canales de comunicación (YouTube, Facebook,...) y en televisión, radio y prensa.

4. Otra de las acciones impulsadas por la Fundación FC Barcelona y UNICEF ha sido la puesta en marcha de una herramienta online – www.dubucontraSIDA.org – a través de la cual los niños y niñas pueden aprender junto con sus padres el impacto del SIDA en la infancia. La web se compone de cuatro juegos relacionados con el SIDA infantil: la transmisión persona a persona, la transmisión madre-hijo, el acceso a los medicamentos antirretrovirales y la protección de los niños que se han quedado huérfanos.

5. Con esta campaña de sensibilización, la Fundación FC Barcelona y UNICEF refuerzan su compromiso con la infancia más vulnerable tras firmar una alianza global de cinco años. Desde su alianza, FC Barcelona y UNICEF trabajan en África Subsahariana para mitigar el impacto del SIDA en los niños y niñas así como sus familias. En este sentido, se han llevado a cabo proyectos en Malawi y Swazilandia, países con alta prevalencia de VIH/SIDA, y en Angola se han desarrollado campañas de gran impacto para prevenir la transmisión del VIH/SIDA a 44.000 adolescentes, con la ayuda de la Federación Angoleña de fútbol.

6. El VIH/SIDA es en estos momentos una enfermedad que afecta de forma importante a los niños y niñas de países en vías de desarrollo, robándoles su futuro. Miles de niños nacen infectados por sus madres (durante el embarazo, el parto o la lactancia) y viven con la infección muchas veces desconociendo que están infectados y sin recibir tratamiento. Asimismo, muchos de ellos han perdido a uno o ambos padres a causa del SIDA y se han visto sumergidos en una situación muy vulnerable con consecuencias como la pérdida del hogar, pobreza, abandono escolar, discriminación, falta de oportunidades esenciales y muerte prematura.

Consejos de Tu Farmacéutico
www.consejos-e.com

1 Solamente **una** de las siguientes afirmaciones es falsa según la información contenida en el párrafo (1). ¿Qué afirmación es?

 A El eslogan de esta campaña deja claro que se dirige a un público infantil.

 B La idea se ha desarrollado dentro de la conmemoración de la jornada del SIDA.

 C El propósito de esta iniciativa es la mentalización sobre la realidad del SIDA entre los niños de países avanzados.

 D Joana Pérez ha aclarado que muy a menudo no se relaciona el SIDA con la población infantil.

Basándote en el párrafo (2) completa las siguientes frases con **palabras tomadas del texto**.

 2 La información que tenemos de UNICEF revela que continuamente se producen fallecimientos infantiles como consecuencia del SIDA u otras afecciones asociadas, tales como…

 3 Entre los obstáculos a los que hay que enfrentarse se encuentran la valoración tardía y la disponibilidad de…

 4 La necesidad de transformar esta triste realidad es el objetivo que ha anunciado Marta Segú desde su cargo como…

Basándote en el párrafo (3) completa los espacios numerados (5–10) con una palabra tomada de esta lista.

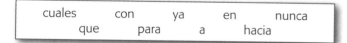

| cuales | con | ya | en | nunca |
| que | para | a | hacia | |

Basándote en los párrafos (1), (2) y (3) identifica las **palabras** del texto que significan:

11 ámbito

12 escondido

13 proporcionar

14 temprano

15 desafío

16 estructurar

17 simbolizar

18 ayuda

19 divulgar

20 publicaciones

Basándote en el párrafo (4) elige la opción que tiene **el mismo significado** que la palabra en negrita.

21 otra de las acciones **impulsadas**

 A perjudicadas B estimuladas C impugnadas

22 la puesta en marcha de una **herramienta** online

 A instrumento B causa C tema

23 cuatro juegos **relacionados** con el SIDA infantil

 A relajados B diseñados C conectados

24 la **protección** de los niños

 A expulsión B proporción C defensa

25 ¿Qué **dos palabras** en el párrafo (5) se usan con el sentido de "pacto"?

Basándote en los párrafos (5) y (6) identifica las **palabras del texto** que significan:

26 fortalecer

27 moderar

28 efecto

29 evitar

30 nacimiento

31 hundir

32 exclusión

Basándote en el texto, copia y completa la tabla en tu cuaderno.

En la frase…	la(s) palabra(s)	en el texto se refiere(n) a…
33 …a través de **la cual** los niños y niñas… (*párrafo 4*)	"la cual"	
34 Asimismo, muchos de **ellos** han perdido… (*párrafo 6*)	"ellos"	

Texto B

Enfermedades "globales"

1 Las enfermedades infecciosas se están propagando de forma muy rápida por todo el planeta, surgiendo brotes con mayor velocidad y volviéndose cada vez más difíciles de tratar, según la Organización Mundial de la Salud (OMS). No en vano, en los últimos tiempos hemos vuelto a hablar de nuevo de enfermedades que eran consideradas "del pasado", como la tuberculosis, lo que ha hecho saltar las alarmas.

2 Varias son las razones por las que estas enfermedades han vuelto a ocupar un primer plano entre las preocupaciones de los responsables sanitarios de muchos países. La primera de ellas es el aumento del flujo migratorio, con la llegada de personas procedentes de países donde la población no está vacunada. Según los expertos, es en este colectivo en el que más aumentan los casos, bien porque importan estas enfermedades desde sus países de origen o porque las contraen al llegar a su lugar de destino al no estar vacunados y vivir en condiciones de marginalidad.

3 La popularización de los viajes al extranjero, especialmente a destinos exóticos, también ha podido influir en este incremento, propiciando que enfermedades que eran endémicas en determinado país se extiendan a todo el planeta. De hecho, la OMS ha anunciado en reiteradas ocasiones que el actual sistema de vida puede llegar a producir graves pandemias infecciosas en cualquier parte del mundo en cuestión de horas.

4 También hay quien apunta al papel que el cambio climático puede jugar en esta situación e incluso algunos expertos defienden la teoría de que el deshielo que se está produciendo en algunas zonas del planeta conlleva el riesgo de la reactivación de virus y bacterias que hasta ahora habían permanecido congelados.

5 Ante esta situación, la OMS viene lanzando reiteradas advertencias al respecto, la última de ellas en su informe anual titulado *Un Futuro*

Más Seguro en el que se explica que la defensa de la salud pública de todos los países del mundo depende ahora más que nunca de la cooperación internacional y de la voluntad que muestren los países para actuar con efectividad. "En nuestro mundo, cada vez más globalizado e interconectado, las nuevas enfermedades están emergiendo y contagiando a la población en unos porcentajes sin precedentes, a menudo sin respetar fronteras, de forma rápida y amplia difusión. Desde 1967, al menos 39 nuevas patologías han sido identificadas, incluyendo el SIDA, la fiebre del Ébola o el SARS. Otras amenazas, como la pandemia de gripe, la malaria o la tuberculosis, siguen siendo un peligro para la salud en virtud de las mutaciones que hicieron a sus virus resistentes a las medicinas. Dada la actual vulnerabilidad que presenta el mundo ante estas enfermedades, la mejor seguridad pasa por la solidaridad internacional", señala este informe.

6 Pero, ¿hasta …34… punto estas advertencias son aplicables a todos los países? …35… las autoridades, estas recomendaciones son válidas para países en los que las condiciones de vida favorecen la proliferación de estos virus (carencia de agua potable y escasez de medios para hacer frente a estas enfermedades), pero no …36… entre los países más favorecidos en cuanto a seguridad sanitaria …37… a las enfermedades infecciosas. Los expertos también han descartado la posibilidad de que se asienten brotes de enfermedades como el cólera o el paludismo en los países que cuentan con agua potable. …38… todas formas, sí que se ha constatado que la entrada de inmigrantes juega un papel relevante en la aparición de virus nuevos, …39… ocurrió con el SARS o está pasando con la tuberculosis; de ahí la importancia de seguir de cerca las recomendaciones …40… la OMS proponga para hacer frente a las posibles nuevas situaciones.

Consejos de Tu Farmacéutico
www.consejos-e.com

1 Solamente **una** de las siguientes afirmaciones es verdadera según la información contenida en el párrafo (1) de este texto. ¿Qué afirmación es?

A Las alarmas de los hospitales se han estropeado a causa del aumento de la tuberculosis.

B Dolencias ya olvidadas han reaparecido recientemente de forma sorprendente.

C El planeta gira cada vez más rápido, de acuerdo con la Organización Mundial de la Salud.

D Las enfermedades infecciosas eran muy difíciles de tratar en el pasado.

Basándote en los párrafos (1) y (2) elige la opción que tiene **el mismo significado** que la palabra en negrita.

2 surgiendo **brotes** con mayor velocidad (*párrafo 1*)

A nuevos   B plantas   C renuevos

3 no **en vano**, en los últimos tiempos (*párrafo 1*)

A con vanidad   B en cambio   C inútilmente

4 han vuelto a ocupar un **primer plano** (*párrafo 2*)

A piso primero
B atención
C superficie llana

5 el aumento del **flujo** migratorio (*párrafo 2*)

A movimiento   B problema   C efecto

6 las **contraen** al llegar a su lugar de destino (*párrafo 2*)

A contagian   B llevan   C adquieren

Basándote en los párrafos (3) y (4) completa las siguientes frases **con palabras tomadas del texto**.

7 Otra de las causas que probablemente han propiciado este aumento de enfermedades infecciosas es el turismo a otros países, sobre todo cuando se visitan…

8 Los cambios de hábitos humanos podrían desencadenar en algún momento y lugar…

9 Hay estudios sobre la variación climática que relacionan la regeneración de microbios en algunas partes del mundo con…

Basándote en los párrafos (2), (3) y (4) identifica las **palabras del texto** que significan:

10 grupo

11 introducir

12 contribuir

13 favorecer

14 repetido

15 peligro

Basándote en el párrafo (5) indica si estas frases son verdaderas **(V)**, falsas **(F)** o no se mencionan **(NM)**. Corrige las frases falsas.

16 La ONG *Un Futuro Más Seguro* ha publicado recomendaciones diversas.

17 El bienestar general está sujeto a la obra conjunta de distintos países.

18 La cooperación mundial de los voluntariados también es muy eficiente.

19 Nunca antes se había observado semejante cantidad de gente infectada por estas recientes afecciones.

20 Se han cerrado fronteras entre países para tratar de impedir la rápida expansión de las nuevas enfermedades.

21 El SIDA, la fiebre del Ébola y el SARS se encuentran entre las menos de 39 nuevas enfermedades descubiertas desde 1967.

22 Algunas enfermedades como la gripe, entre otras, suponen todavía un peligro para la salud mundial.

23 Con los años, se ha controlado la respuesta de las enfermedades a las medicinas.

Basándote en el párrafo (5) identifica las **palabras del texto** que significan:

24 aviso

25 intención

26 confín

27 divulgación

28 alteración

29 presente

Basándote en el texto, copia y completa la tabla en tu cuaderno.

En la frase…	la(s) palabra(s)	en el texto se refiere(n) a…
30 …la primera de **ellas**… (*párrafo 2*)	"ellas"	
31 …porque **las** contraen al llegar… (*párrafo 2*)	"las"	
32 …hasta ahora habían permanecido **congelados**… (*párrafo 4*)	"congelados"	
33 …la última de ellas en **su** informe anual… (*párrafo 5*)	"su"	

Basándote en el párrafo (6) completa los espacios numerados (34–40) con una palabra tomada de esta lista.

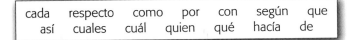

cada	respecto	como	por	con	según	que
así	cuales	cuál	quien	qué	hacía	de

Basándote en el párrafo (6) identifica las **palabras del texto** que significan:

41 consejo

42 reproducción

43 falta

44 rechazar

45 comprobar

Para ir más lejos…

▶ Vamos a consultar la página web indicada en el Texto A (www.dubucontraSIDA.org) u otra de alguna organización o comité anti-SIDA y prepararemos un mural para la clase titulado **SIDA y prevención**. Incluiremos las medidas conocidas para la prevención del contagio, además de fotos y elementos visuales. ¡A ver qué grupo consigue diseñar el cartel más atractivo!

▶ Identifica todas las enfermedades nombradas en el Texto B e investiga con tu grupo en qué consisten, cuáles son los síntomas y tratamientos posibles disponibles. Se puede consultar la página web: www.dmedicina.com/enfermedades.

▶ Ahora, elige un destino exótico para ir de vacaciones: ¿Es necesario ponerse alguna vacuna antes de ir? Investiga en páginas web de embajadas o información turística la respuesta.

CAS

Proyecto de CAS

▶ ¿Hay algún comité o unidad anti-SIDA en vuestra ciudad?

▶ Consultad con vuestro coordinador de CAS si sería una buena idea ofrecer una colaboración voluntaria como parte del programa de CAS.

▶ Podríais participar en alguna actividad o campaña de prevención y sería una oportunidad para poner en práctica nuevamente vuestra solidaridad y servicio a la comunidad.

Actividades orales

1 Actividad oral individual

Los médicos voluntarios

1 ¿Dónde crees que tiene lugar esta foto?

2 Piensa en las razones que llevaron a este médico a trabajar como voluntario.

3 ¿Cómo se siente el niño de la foto?

4 ¿Te gustaría algún día participar en una labor de voluntariado similar?

2 Actividad oral interactiva

Tras ver la película *Planta cuarta* de Antonio Mercero se puede entablar un debate sobre la enfermedad del cáncer y cómo afecta a los niños y adolescentes. Podemos tener en cuenta estos aspectos:

▶ La importancia de la solidaridad y la amistad para superar los dolores y las enfermedades.

▶ ¿De qué maneras consiguen estos niños continuar una vida "normal" dentro del hospital?

▶ ¿En qué sentido es diferente el padecimiento y tratamiento de una enfermedad como el cáncer entre niños?

▶ ¿Cómo afecta la enfermedad del cáncer a la evolución propia de la adolescencia en los personajes de la película?

▶ ¿Se presenta el hospital como una institución represiva? ¿De qué forma?

▶ El equilibrio entre los momentos cómicos y trágicos de la película.

Tareas escritas

1 Respuesta personal

Lee el siguiente fragmento y elabora una respuesta personal de 150 a 250 palabras. Compara las actitudes y situaciones, tanto similares como diferentes, sobre este tema en la cultura hispana y en la tuya propia.

> Las personas afectadas por el SIDA todavía sufren discriminaciones que sólo será posible eliminar con un cambio de actitud de la población general. Cada vez que se celebra el día mundial del SIDA (1 de diciembre), se reclama a los responsables políticos que trabajen para conseguir una vida digna y unas condiciones de trabajo favorables para la gente seropositiva.

2 Tareas de redacción

Realiza una de estas tareas relacionadas con el tema de la salud global. Escribe un mínimo de 250 palabras.

a Has visto una película que ofende tu sensibilidad por el tratamiento que hace del tema del SIDA. Escribe una **crítica** de la película para el periódico local en la que se refleje tu opinión personal.

> ▶ Incluye el nombre del periódico, fecha, título y firma.
> ▶ Usa un tono formal y argumentativo.
> ▶ Planifica ordenadamente tus ideas y apóyalas con datos tomados de la película que justifiquen tu opinión personal.

b Algunos voluntarios sanitarios realizan un trabajo extraordinario para ayudar a la gente necesitada de países lejanos. Para reconocer su labor, este mes se va a publicar la historia de un médico voluntario en la revista de tu colegio. Redacta la **historia** de este voluntario y menciona los beneficios que su labor aporta a la comunidad en que trabaja.

> ▶ Incluye el título y tu firma.
> ▶ Usa un tono semiformal y entusiasta.
> ▶ Planifica tu exposición con datos concretos, incluye citas textuales del voluntario homenajeado y concluye resumiendo la importante labor que realiza.

Perfil de la comunidad del IB

> ▶ Como miembros de la Comunidad de aprendizaje del IB nos esforzaremos por estar informados y ser solidarios.
> ▶ A lo largo de esta unidad hemos visto cómo muy a menudo se asocian las enfermedades globales a grupos minoritarios y vulnerables.
> ▶ ¿Con qué grupos se asocia el SIDA y otras enfermedades globales?
> ▶ ¿Es una actitud justificada o se trata de otra manifestación de racismo y prejuicio?
> ▶ Vamos a debatir entre todos las posibles respuestas.

3 Medicina y ética

Objetivos

Considerar…

▶ el papel que los médicos juegan en diferentes aspectos de la salud.

▶ en qué circunstancias una persona puede optar por un tipo de tratamiento determinado, alternativo y controversial.

▶ de quién es la decisión de someterse a determinados tratamientos.

Lengua: *nada, nadie, algún, algunos*, etc.

Contextualización

Perfil de la comunidad del IB

▶ Investiga la historia del juramento hipocrático: cuándo, cómo, dónde se originó y la influencia que ha tenido a lo largo de la historia en la práctica de la medicina.

Para discutir en parejas:

▶ ¿Sabes quién era Hipócrates? ¿Y su relación con la medicina?

▶ ¿Has oído hablar del juramento hipocrático? ¿Sabes en qué consiste? ¿Qué sabes de su historia?

▶ ¿Crees que hoy en día los médicos siguen todavía las directrices de este juramento?

▶ ¿Conoces algún caso en el que crees que los médicos no siguen las directrices de este juramento?

Texto A

Nacidos para salvar

La posibilidad de tener bebés seleccionados genéticamente para servir de donantes y curar a hijos gravemente enfermos es una realidad. En España hay cuatro familias que ya lo han conseguido tras seguir un tratamiento en el extranjero. La ley permite esta posibilidad desde 2006, pero no es eficaz. La urgencia de las parejas por salvar a sus niños choca con los trámites que exige la norma.

(1) A Esther González, de 30 años, los médicos no le dieron más opciones cuando falló la búsqueda de una médula ósea que pudiera tratar la grave leucemia de Erine, su hija. Ahora, en el salón de la casa, la pequeña juega con su hermana Izel, que le ha salvado la vida gracias a las células de su cordón umbilical.

(2) Es una de las cuatro familias españolas que han conseguido curar a sus hijos enfermos gracias a tener otros seleccionados genéticamente. Todas ellas, con las que EL PAÍS ha hablado, viven en lugares muy distantes entre sí y apenas se conocen. Como mucho, han mantenido alguna conversación telefónica ocasional. Para concebir a sus niños, acudieron a los dos principales centros de referencia del mundo en la materia: la Universidad Libre de Bruselas y el Reproductive Genetics Institute (RGI) de Chicago. Unas lo hicieron porque España no autorizaba esta posibilidad hasta mediados de 2006, cuando se aprobó la ley de Reproducción Humana Asistida. Otras, porque se hartaron del alambicado procedimiento administrativo establecido por esta norma, cuya lentitud choca con la enorme prisa que tienen unas familias que ven, día a día, empeorar la salud de sus hijos.

(3) De ahí que algunos españoles, angustiados, continúen probando suerte en el extranjero y que la ley española arroje un balance tan pobre dos años y medio después de entrar en vigor: bajo el paraguas de esta norma sólo ha nacido un niño. Fue hace dos semanas en el Hospital Virgen del Rocío de Sevilla. Y a la noticia de este acontecimiento sucedió la ofensiva de los obispos españoles, que

consideran que para ello "se ha destruido a sus hermanos", en alusión a los embriones descartados.

(4) "Yo he salvado una vida y he creado otra, ¿qué más quieren, qué más se me puede pedir?", contesta Esther, quien, gracias al nacimiento de la pequeña Izel -que ahora tiene diez meses- ha logrado la curación de Erine, de cuatro años y medio. "Deberían informarse bien, estamos hablando de pre-embriones, ¿cómo se pueden comparar con niños?", se pregunta Esther.

(5) Las cuatro familias coinciden en destacar la necesidad de que la Administración sanitaria ...22... agilice los trámites para que se puedan seguir los tratamientos de reproducción asistida en España, ...23... que también se subvencione todo el proceso de selección genética de embriones para curar a hermanos, ...24..., salvo el hospital Virgen del Rocío de Sevilla, la aplastante mayoría de los centros capacitados técnicamente ...25... sacar adelante estos casos son privados.

(6) ...26... piden respeto para las familias que tratan de salvar la vida de sus hijos. "La ley no obliga a nadie. Yo considero que quienes no recurren a esta técnica por problemas de conciencia son ...27... buenos padres como nosotros", apunta. "Y pediría que no se nos atacara a nosotros ...28... si estuviéramos matando a alguien. No es así". Porque esta historia, de lo que trata, es de la vida.

Jaime Prats
El País

Basándote en la introducción, transcribe la palabra que significa:

1 oportunidad

2 sanar

3 muy

4 después de

5 eficiente

6 regla

Basándote en los párrafos (1) y (2) completa con la información que se te pide.

7 La enfermedad de la hija de Esther.

8 El nombre de la hija que salvó a su hermana.

9 El número de familias españolas que se han sometido a estos tratamientos.

10 El nombre de los países donde estas familias han seguido el tratamiento.

Basándote en el párrafo (2) elige la opción que tiene **el mismo significado** que la palabra en negrita.

11 viven en lugares muy **distantes** entre sí

   A cercanos   B lejanos   C cerca

12 **acudieron a** los dos principales centros de referencia del mundo

   A fueron   B salieron de   C se dirigieron a

13 porque España no **autorizaba** esta posibilidad hasta mediados de 2006

   A podía   B permitía   C prohibía

14 **se hartaron** del alambicado procedimiento administrativo establecido por esta norma

   A se cansaron   B se frustraron   C se molestaron

Basándote en los párrafos (1), (2) y (3) indica si estas frases son verdaderas (**V**) o falsas (**F**) y escribe las **palabras del texto** que justifican tu respuesta.

15 Izel tenía una grave enfermedad.

16 Este tipo de procedimiento no estaba disponible antes de 2006.

Perfil de la comunidad del IB

   ▸ Investiga sobre en qué países se permite este tipo de tratamientos y los requerimientos para poder someterse a ellos. Prepara una presentación para compartir con la clase.

17 Algunos sectores de la sociedad se oponen a este tipo de tratamientos.

Basándote en los párrafos (3), (4) y (5) completa las siguientes frases para que tengan sentido.

	A son privados.
	B están subvencionados.
18 Muchas familias acuden a centros extranjeros…	C porque en España la burocracia es muy lenta.
	D solamente ha habido un nacimiento.
19 Desde que se aprobó la ley en España…	E económicamente a las personas que se sometan a este tipo de tratamientos.
20 Las familias piden que el gobierno ayude…	
21 Los hospitales que practican estos procedimientos…	F que sus deseos de tener un hijo para salvar a otro sean respetados.
	G solamente una familia ha participado en el programa.

Basándote en los párrafos (5) y (6) completa los espacios numerados (**22–28**) con una palabra tomada de esta lista.

sino	también	como	a	no sólo
para	según	tan	ya que	entre

Para reflexionar

A continuación te proponemos que opines sobre algunas afirmaciones que aparecen en el texto. ¿Estás de acuerdo con estas afirmaciones? ¿Por qué?

   ▸ …los obispos españoles, que consideran que para ello *"se ha destruido a sus hermanos"*, en alusión a los embriones descartados.

   ▸ *"Yo he salvado una vida y he creado otra, ¿qué más quieren, qué más se me puede pedir?"*, contesta Esther.

   ▸ *"…estamos hablando de pre-embriones, ¿cómo se pueden comparar con niños?"*

Texto B

El dilema ético en torno a las cirugías estéticas

¿La cirugía estética transgrede principios éticos de la medicina? ¿Al aceptar los deseos de los pacientes, los cirujanos plásticos violan el juramento hipocrático? Estos y otros interrogantes se colaron por primera vez en el Congreso Argentino de Cirugía Plástica que finalizó ayer en Buenos Aires, con más de seiscientos participantes, del país y del exterior.

El prestigioso profesor australiano de cirugía craneofacial, David David, se refirió en una conferencia a la "Etica en el cambio de los rostros". Después de su conferencia, conversó con este diario.

[1]–¿......?
–El dilema más importante que tenemos en este momento es si debemos preparar y entrenar médicos para que practiquen cirugía estética cuando realmente hay gente que tiene problemas más importantes desde el punto de vista médico.

[2]–¿......?
–No hay una sola respuesta, hay varias diferentes, depende de las creencias de cada uno.

[3]–¿......?
–Un buen médico debe trabajar con un equipo que incluya entre sus miembros a un psiquiatra. Los pacientes que piden más y más operaciones cosméticas generalmente tienen un problema psiquiátrico, además de su inquietud estética. Es importante tener la habilidad para poder diagnosticar esos problemas.

[4]–¿......?
–Dependerá de si se trata de un médico o de un empresario. El concepto de un médico haciendo lo que el paciente le pide a cambio de dinero es un negocio. No tiene nada que ver con el cuidado de la salud.

[5]–¿......?
–Entiendo que hay corrupción cuando algo que debería usarse para determinados fines se usa para otros, cuando alguien hace algo para lo cual no está preparado. Si se entrena a una persona por seis años para que se convierta en médico y después por otros seis años más para

que haga la especialidad en cirugía, y lo único que hace es cirugías para ganar dinero, es una corrupción del propósito para el cual fue entrenado como médico.

[6]–¿......?
–Eso no es medicina. Esos programas no muestran la verdad porque muestran gente seleccionada por tener un buen resultado ante las cámaras, y se los muestra por un tiempo acotado. No tenemos ni idea de qué pasa con ellos a largo plazo. Eso realmente es corrupción. Usan a los seres humanos para vender publicidad, usan la vanidad de las personas para vender productos. Y eso es muy malo.

[7]–¿......?
–La posibilidad de resolver esos dilemas es muy pequeña. Sin embargo, lo más importante es que empiecen a discutirse en foros de especialistas, como este congreso, y que después estos temas se lleven a discusiones con los estudiantes.

[8]–¿......?
–No demasiado. Esa es una de las dificultades con las que nos enfrentamos. La cirugía plástica nació en tiempos de la Segunda Guerra Mundial, para solucionar las grandes heridas que dejaban los combates. La cirugía estética es valiosa, es una parte de la cirugía mayor, pero cuando se convierte en una entidad en sí misma se hace peligrosa, porque se olvida de sus orígenes en la guerra.

Mariana Carbajal
Pagina 12

1 En el texto faltan las preguntas **[1–8]** que te proporcionamos a continuación. Relaciónalas con la respuesta correcta de la entrevista.

A ¿Le gustan los reality shows televisivos sobre cirugía estética que están de moda en distintos países?

B ¿El cirujano plástico debe acatar los deseos del paciente?

C En general, en los congresos de cirugía plástica ¿se debaten cuestiones éticas?

D ¿Y cuál es su respuesta?

E En su conferencia, usted planteó que la cirugía estética puede llegar a entenderse como la corrupción de la medicina. ¿Qué quiso decir?

F ¿Qué dilemas éticos se plantea la cirugía plástica en el siglo XXI?

G ¿Cómo deberían resolverse los dilemas éticos a los que puede enfrentarse un cirujano que practica cirugías cosméticas?

H ¿Hay un límite a la hora de operar para embellecer un rostro?

Basándote en el texto, completa con la información que se te pide.

2 El país donde se celebró el congreso.

3 La especialidad del profesor David David.

4 La nacionalidad del profesor.

5 El tema sobre el que trató la intervención de David David en su conferencia.

Basándote en el texto, transcribe la **palabra** que significa:

6 hablar (*introducción*)

7 periódico (*introducción*)

8 identificar (*pregunta 3*)

9 objetivo (*pregunta 5*)

10 utilizar (*pregunta 5*)

11 escoger (*pregunta 6*)

12 limitado (*pregunta 6*)

Basándote en la información del texto indica si estas frases son verdaderas **(V)** o falsas **(F)** y escribe las **palabras del texto** que justifican tu respuesta.

13 Los participantes en el congreso eran sólo argentinos.

14 Es muy importante que un paciente cuente con asesoramiento psiquiátrico.

15 Un buen médico no siempre sigue los deseos de su paciente.

16 Los reality shows usan personas que tienen una buena imagen delante de las cámaras.

17 No hay necesidad de tratar el tema de la ética con los estudiantes de medicina.

Basándote en el texto, copia y completa la tabla en tu cuaderno.

En la frase…	la(s) palabra(s)	en el texto se refiere(n) a…
18 …que incluya entre **sus** miembros… (*pregunta 3*)	"sus"	
19 …el paciente **le** pide a cambio de dinero… (*pregunta 4*)	"le"	
20 …para determinados fines se usa para **otros**…(*pregunta 5*)	"otros"	

Basándote en la información del texto decide que afirmación completa cada frase (**21–23**).

21 Los pacientes que quieren hacerse muchas cirugías estéticas…

   A   suelen tener también problemas sicológicos.
   B   tienen inquietudes estéticas.
   C   no tienen el apoyo de sus doctores.

22 Los programas de televisión son malos porque…

   A   los participantes no siempre alcanzan los resultados deseados.
   B   usan a los participantes para su propio beneficio.
   C   los participantes son sometidos a tratamientos que no desean.

23 La cirugía estética nació…

   A   para ayudar a que las personas se sintieran mejor.
   B   después de la Segunda Guerra Mundial.
   C   para ayudar a las personas que sufrieron heridas durante la Segunda Guerra Mundial.

24 Lee *Lengua* y completa las siguientes frases con la palabra correcta.

   A   – ¿Con quién vives?
        – Vivo con … de Madrid
   B   – ¿Hay… coche en el garaje?
        – No, no hay …
   C   No hay … silla en la habitación.
   D   Ese alumno tiene … problema.
   E   ¿Hay … aquí?
   F   Él no ayuda a …
   G   Hay … chica extranjera en la clase.
   H   El escritor tiene … libro sobre la mesa.
   I   ¿Quieres tomar …? No gracias, no quiero …
   J   ¿Hay … en casa? No, no hay …
   K   … amigos van a tomar un café después del trabajo.
   L   … verduras son muy saludables.
   M   No hay … restaurante barato.
   N   No tenemos … camisa limpia.

Para reflexionar

En parejas discute y reflexiona sobre lo siguiente.

▶   ¿Por qué crees que está tan de moda la cirugía estética?

▶   Hoy en día la gente cada vez se opera a una edad más temprana, ¿crees que debería haber una edad límite para poder someterse a una operación de cirugía estética? ¿Qué motiva a estos jóvenes a hacerse cambios físicos?

▶   ¿Crees que es necesario tener un determinado aspecto físico para ser feliz? ¿Y para tener éxito profesional?

▶   ¿Qué riesgos puede tener la cirugía estética?

▶   ¿Conoces algún caso extremo o algún caso en que la cirugía estética haya tenido consecuencias nefastas?

Lengua

Pronombres y adjetivos indefinidos

▶   Los pronombres indefinidos: *alguien, algo, nadie, nada*

▶   Los adjetivos indefinidos acompañan al sustantivo y tienen su mismo género y número:

   algún, alguna, algunos, algunas

   ningún, ninguna, ningunos, ningunas

Actividades orales

1 Actividad oral individual

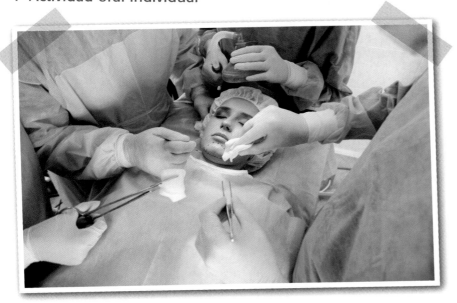

1 ¿Qué está pasando en esta escena? ¿Quiénes son las personas de la foto?

2 ¿Qué apoyo crees que ha tenido el paciente antes del procedimiento?

3 ¿Qué características debe de tener un buen profesional de la salud además de una buena formación académica? (Piensa en cuanto a personalidad, valores, etc.)

2 Actividad oral interactiva

1 Tras visionar la película *Mar Adentro* de Alejandro Amenábar se puede entablar un debate sobre la legalización de la eutanasia. Puedes tener en cuenta estos aspectos:

- Argumentos a favor y en contra.

- Diferentes tipos de eutanasia (pasiva, activa).

- El papel y la influencia de diferentes sectores a la hora de tomar la decisión (el paciente, la familia, el doctor).

- Posibles conflictos que pueda ocasionar.

- La influencia de la religión o creencias a la hora de tomar la decisión.

2 En algunos países se ha autorizado el uso de drogas como la marihuana para uso terapéutico. En grupos pequeños entabla un debate exponiendo tus opiniones a favor o en contra sobre el tema.

Tareas escritas

1 Respuesta personal

Lee la siguiente carta y elabora una respuesta personal usando como mínimo 150 palabras.

> El gobierno español ha aprobado la reforma de la ley del aborto por la que la interrupción voluntaria del embarazo será libre hasta la semana 14 de gestación, que en caso de "graves anomalías del feto" o riesgo para la mujer puede ampliarse a 22 semanas. De aprobarse finalmente la nueva ley, la interrupción voluntaria del embarazo estará incluida dentro del Sistema Nacional de Salud, y será una prestación "pública y gratuita". La edad establecida para poder recurrir a esa práctica fue fijada en 16 años, la misma establecida para las prestaciones sanitarias, y a partir de la cual las jóvenes no necesitarán el permiso paterno para interrumpir un embarazo.

2 Tareas de redacción

Realiza una de estas tareas relacionadas con el tema de medicina y ética. Escribe un mínimo de 250 palabras.

a Uno(a) de tus amigos(as) está decidido(a) a hacerse una operación de cirugía estética para eliminar unos kilos que le sobran. Escríbele un **correo electrónico** explicándole por qué crees que no es una buena idea que se someta a esta operación y dándole consejos de cómo puede mejorar su aspecto físico de otras maneras menos invasivas.

b Imagina que cuando eras niño tuviste una enfermedad muy rara y necesitaste células madre para poder curarla. Tus padres decidieron, para poder salvar tu vida, tener otro hijo, y así nació tu hermano. Ahora los años han pasado, tú estás sano y los dos sois adultos. Escríbele una **carta** a tu hermano explicándole la importancia que tiene en tu vida, no sólo por haberte salvado la vida si no por toda la compañía y apoyo que te ha dado siempre, y diciéndole como aprecias lo que ha hecho por ti.

c Imagina que estás embarazada y que no sabes si realmente quieres quedarte con el bebé o no, ya que eres muy joven y no sabes si tu familia te apoyará. Escribe una **entrada a tu diario** contando cómo te sientes, reflexionando sobre las diferentes opciones que puedes tener.

d Eres un familiar de un paciente que lleva mucho tiempo en coma. Escribe un **ensayo** dando tu opinión sobre la eutanasia desde la perspectiva de alguien que ha vivido una situación en la que algunas personas pueden considerar que la eutanasia debería ser legal para que los pacientes y sus familias puedan decidir lo que consideran mejor para el enfermo.

4 La medicina alternativa y la intervención humana

Objetivos

Considerar…

▸ la medicina alternativa en comparación con la tradicional, así como otros fenómenos médicos en los que la intervención humana está presente como puede ser la fertilización asistida.

▸ los textos y temas estudiados, argumentando opiniones al respecto.

Lengua: revisar y ampliar las perífrasis verbales en español.

Contextualización

▸ Observa y describe las fotografías. Describe todo los elementos que ves en ellas. ¿Sabes qué son la medicina alternativa y la medicina moderna? ¿Con qué tipo de medicina relacionarías cada una de las fotos? ¿Qué ventajas y/o desventajas tienen estas medicinas? Argumenta tu respuesta.

▸ Realiza dos campos semánticos con las palabras medicina alternativa y medicina moderna. Puedes elegir palabras del recuadro que tienes a continuación, aunque también puedes aportar más conceptos. Trabajaremos en pequeños grupos y después contrastaremos nuestras listas para ampliarlas.

la radiografía	tomar la tensión	el hospital	la receta
el medicamento	el masaje	el fármaco	la fototerapia
la cirugía	la regresión	el quirófano	las vendas
las hierbas medicinales	la transfusión de sangre	la terapia
la enfermedad	la inyección	los aceites	la pomada	el jarabe
la reflexión	la patología	la infusión	la crema	la homeopatía
las pastillas	el síntoma	la terapia	el curandero
el/la terapeuta	la tienda naturista	la cura	la energía
la aromaterapia	la osteopatía	la reflexología
la acupuntura	el termómetro	el estetoscopio	la camilla
la intervención quirúrgica	el suero	el trasplante
la consulta	el yeso

Terapias alternativas, opciones diferentes para la salud

1) **Su nombre lo indica claramente, alternativas**, una forma diferente pero no exclusiva de tratamientos médicos, que difieren de la medicina alópata en su aplicación y en su tiempo de dedicación al paciente. La alopatía comprende todas las especialidades médicas, otros términos para esta medicina convencional, es medicina occidental, formal, ortodoxa, oficial, biomedicina.

2) Sin embargo, desde hace varios decenios, hay una explosión de nuevas opciones terapéuticas, que cuando se usan solas se suelen llamar "alternativas" y cuando se usan junto con la medicina convencional, son "complementarias", ganando cada vez más espacio entre la población que busca algo más que el diagnóstico y el respectivo procedimiento clínico y/o farmacológico médico convencional y su respectiva receta.

3) El doctor Luis Muñoz, biopsicoterapeuta holístico cuántico, sofrólogo, logoterapeuta, especialista en terapias alternativas, con sede en La Paz, explica que la medicina complementaria y alternativa es el conjunto diverso de sistemas, prácticas de atención de la salud, que no es aún parte de la medicina convencional, como el reiki, el masaje, la regresión, el yoga, etc.

4) **En el mundo** se emplean terapias de medicina complementaria y alternativa de diversas formas de acuerdo al contexto cultural y/o tradicional. Bolivia de por sí ha comenzado con una interesante oferta de exportación de servicios de salud, "un europeo o un norteamericano viaja hasta acá no solamente para dar un paseo, sino para acceder a cualquier atención médica, tradicional o alternativa, que en su país sería mucho más cara, por ejemplo en sus países de origen un masaje antiestrés puede costar hasta 80 dólares, aquí 10. Acá llegan, pasean, disfrutan y tienen un servicio de salud de distintas categorías", explica Muñoz.

La polémica

5) ...(3)... la medicina alternativa es todavía objeto de debates y detractores, ...(4)... cada vez son más los pacientes que se acercan a ella. Estos debates se hacen más complicados por la cantidad de tratamientos que son categorizados como alternativos y que incluyen prácticas, ...(5)... en algunos casos, incorporan fundamentos, metafísicos, espirituales y místicos. ...(6)... están en la polémica los enfoques de curación recientemente desarrollados, ...(7)..., pese a los debates, está el testimonio de quienes han probado con éxito algunas de estas terapias.

6) ...(8)... las terapias alternativas, naturales o complementarias, en la actualidad han ganado terreno a nivel mundial, ...(9)... en muchos países no son aceptadas oficialmente, prevaleciendo de esa forma los sistemas médicos alopáticos. ...(10)... un gran porcentaje de población busca la medicina alternativa tratando de encontrar una opción a los tratamientos químicos, cirugías, etc.

7) **En Bolivia**, la medicina tradicional, practicada por kallawayas, curanderos y yatiris, tiene una amplia aceptación, muchas veces en peligroso detrimento de la medicina convencional. Para evitar todo ello y regularla, el Ministerio de Salud ha instruido la inscripción de todos quienes ejercen esta medicina, para su reglamentación. Un dato fundamental para quienes buscan un tratamiento dentro de la medicina tradicional en Bolivia, es que quien la brinde, debe estar acreditado por el Ministerio de Salud.

8) **En otras latitudes del mundo** podemos encontrar a la medicina tradicional china, que cada vez tiene más adeptos por su amplísima variedad de tratamientos y farmacopea herbal. Los antiguos egipcios establecieron las bases de la aromaterapia hace 5000 años, utilizando aceites aromáticos. Los tratamientos por agua o hidroterapia, fueron desarrollados ampliamente por los romanos y los griegos. Y en India, por ejemplo, el Ayurveda o medicina tradicional de la India, cuya existencia data también en más de 5.000 años, hoy es considerada una de la medicina natural más completa, por la OMS (Organización Mundial de la Salud), permaneciendo como medicina oficial en oriente.

9) **El documento Estrategia de la OMS** sobre Medicina Tradicional 2002-2005 reconoce abiertamente la creciente popularidad y uso de las medicinas alternativas y explica que muchos gobiernos "están respondiendo ante su creciente uso" desarrollando ya normativas para regularlas.

Mónica Oblitas
www.lostiempos.com

1 Antes de leer el texto, busca un sinónimo para cada una de las palabras de la primera columna que aparecen en el texto.

1 diferir		a	alternativa
2 alopatía		b	poder disfrutar
3 opción terapéutica		c	diferenciarse
4 diagnóstico		d	prescripción
5 receta		e	recetario
6 acceder		f	evaluación
7 prevalecer		g	justificar
8 opción		h	medicina
9 detrimento		i	dominar
10 instruir		j	agravio
11 ejercer		k	alternativa medicinal
12 reglamentación		l	seguidores
13 brindar		m	obligar
14 acreditar		n	trabajar (en)
15 adeptos		o	legislación
16 farmacopea		p	ofrecer
17 latitudes		q	zonas

2 Copia y completa la siguiente tabla. Consulta un diccionario si es necesario.

sustantivo	adjetivo	verbo
aplicación		
		comprender
procedimiento		
	diverso	
tratamiento		
	acreditado	
		acceder
		establecer
existencia		
	desarrollado	
		practicar
	considerado	
categoría		

Basándote en los párrafos (5) y (6) completa los espacios numerados (3–10) con una palabra tomada de esta lista.

sin duda	pero	que	porque
	de vez en cuando		también
solo	aunque		sin embargo (x2)
	aun	no solo	nunca

Lee las siguientes frases (11–16) y decide si la información es verdadera (V) o falsa (F) teniendo en cuenta la información del texto. Corrige las frases falsas.

11 La medicina tradicional es diferente de la medicina alternativa solo por el tiempo que pasa con los pacientes.

12 La medicina alternativa tiene cada vez más adeptos.

13 Bolivia ofrece servicios de salud alternativa con precios parecidos a los del resto de los países que están situados en ese hemisferio.

14 La medicina alternativa está ampliamente aceptada como medicina oficial.

15 En Bolivia todos los profesionales que suministran algún tipo de medicina alternativa deben tener la acreditación del Gobierno para practicar esos tratamientos.

16 La aromaterapia es considerada como la medicina natural más completa.

17 ¿Has utilizado alguna vez la medicina alternativa? ¿Para qué lo hiciste? ¿Cuál es tu opinión sobre ella? Comparte con tu compañero tus ideas.

18 ¿Por qué se ha despertado la polémica sobre las medicinas o tratamientos alternativos? ¿Qué factores de estos tratamientos no están presentes en la medicina clásica según el texto?

19 En el texto se habla de una nueva forma de negocio, el sanitario, mediante la exportación de salud. ¿Conoces otros países además de Bolivia que utilicen esta forma de negocio? ¿Qué te parece?

20 ¿Cómo te imaginas una clínica de medicina alternativa? Vamos a trabajar en grupos y diseñaremos una para presentar al resto de la clase. Podemos hablar de qué servicios ofrecerá, el precio de los tratamientos, cuántos tipos de tratamientos habrá, cómo será la decoración, el márketing de la clínica, el tipo de clientes a los que irá dirigida, etc.

21 ¿Te parece bien la iniciativa del gobierno boliviano de acreditar a todas las personas que presten servicios de medicina alternativa?

22 ¿Crees que es importante que la OMS (Organización Mundial de la Salud) intente regular la medicina alternativa? En parejas vamos a crear una lista con los peligros que las medicinas tradicionales pueden traer consigo y otra lista de ventajas. ¿Coincides con el resto de la clase?

Perfil de la comunidad del IB

▸ En el texto se mencionan tres tipos de practicantes de la medicina tradicional. Busca información sobre los Kallawayas, los curanderos y los yatiris. También puedes consultar el documento *Estrategia sobre Medicina Tradicional* de la OMS. Después coméntalo con el resto de la clase. ¿Qué hemos aprendido?

FERTILIZACIÓN ASISTIDA
Una cigüeña especial

1 Pocas cosas han cambiado tanto en las últimas décadas como el rol de las mujeres dentro del **engranaje** social. En los '80 en los pasillos de la Facultad de Medicina de la UBA, a las mujeres que querían quedar embarazadas a los 35 años se las consideraba "primíparas añosas" o viejas, en criollo. Pero tanto como las apariencias y las ideologías, las costumbres han cambiado. En la Argentina se hacen aproximadamente 8.000 tratamientos de fertilización asistida y si bien la **cifra** es baja en relación a los índices de países desarrollados –donde **se registran** mil fertilizaciones por cada millón de habitantes–, la **demanda** crece a un ritmo de 20 por ciento anual. Entre las razones de ese aumento se encuentran, por un lado, la efectividad de los tratamientos –que alcanza hasta un 84 por ciento– y la **postergación** en la decisión de tener un hijo: en las últimas décadas la edad promedio para la primera maternidad pasó de los 23 a los 30, época en que la calidad de los óvulos empieza a **decaer**. Pero quizás el motor más potente sea el de cumplir viejos sueños.

2 La sociedad se transforma constantemente. El **motor** de la biología y las condiciones de salud de buena parte de la población en general **sustentan** la idea de que hay una **prolongación** en la perspectiva de vida útil. …(3)… si de cuestiones de natalidad poblacional se trata, la pirámide también se ha ido invirtiendo; …(4)… son menos los hijos que nacen mientras que la gente vive más años.

3 …(5)… mujeres más atentas a los roles ocupacionales y …(6)… a lo estético, médicos especialistas en fertilidad coinciden en **destacar** que los tiempos de la mujer …(7)… tener hijos no sólo se han retrasado sino que además buscan uno solo. …(8)… el aumento de embarazos mediante la ovodonación o el congelamiento de óvulos, permiten suponer un cambio notable al momento de traer hijos al mundo.

4 Para el doctor Jorge Blaquier, director de Fertilab, centro de reproducción asistida, el atraso de la maternidad cuenta con el **respaldo** de que "se han ampliado las aplicaciones y técnicas de reproducción asistida, y la ciencia ha resuelto distintas patologías. Por ejemplo: los hombres antes no tenían opciones y hoy hay tratamientos basados en la selección de los espermatozoides. Es cierto que las mujeres postergan su maternidad pero también es cierto que tienen una vida fértil **acotada**".

5 De los caminos que ha ido trazando la ciencia relacionados a la maternidad, el debate acerca de las edades para ser madre está abierto. En el medio hay deseos de vida cumplidos, múltiples técnicas, y hasta un negocio de oferta y demanda, como el de la ovodonación, que **suma** cada vez más interesados y requiere de una donante anónima que por **altruismo**, empatía o dinero se someta a estudios genéticos, psicológicos y sociológicos antes de donar sus óvulos. Los **requisitos** son tener una edad menor a 30 años, haber sido madre y no tener antecedentes psiquiátricos o de patologías médicas. Del otro lado del proceso, la mujer que lo recibe desconoce todo dato sobre la donante. Esta técnica es hoy una de las opciones más buscadas por mujeres de hasta 55 años que desean ser madres y por quienes no quieren iniciar un trámite de adopción.

6 Por decisión tardía o por problemas físicos, las mujeres **acuden** cada vez más a la fertilización asistida, la respuesta de la ciencia y la técnica al deseo de cumplir viejos sueños.

Lucas Cremades
www.prodiario.com.ar

1 ¿Qué entiendes por *"donación de óvulos"*? Trabaja con un compañero y elabora una definición. ¿Para qué sirve y en qué casos puede ayudar la donación de óvulos? Confeccionaremos una lista en común y después contrastaremos los resultados con el resto de la clase.

2 Antes de leer el texto selecciona de la segunda columna la opción más lógica para cada inicio de frase en la primera columna. Ten en cuenta las preposiciones al hacer el ejercicio.

1	Cada día hay más solicitudes…	a	tener solo un hijo.
2	El papel de las mujeres ha cambiado…	b	en destacar el avance en el campo de la fertilización asistida.
3	Muchos padres deciden…	c	de fertilización asistida.
4	Los adelantos médicos pueden ayudar…	d	en la sociedad moderna.
5	En muchos países ha habido un desarrollo de las técnicas de fertilización…	e	por lo estético es un factor en el tema de la maternidad.
6	Es recomendable someterse…	f	a cumplir los sueños de maternidad.
7	Hay muchas mujeres…	g	a un estudio genético antes de donar óvulos.
8	Para muchos pacientes la preocupación…	h	que desean ser madres
9	Muchos especialistas coinciden…	i	gracias a los estudios científicos.

Basándote en los párrafos (2) y (3) completa los espacios numerados (3–8) con una palabra tomada de esta lista.

así	cada vez	con	por otro lado	porque
	también	cuando	para	y

9 Busca en el texto las palabras en negrita y relaciónalas con una palabra o expresión similar de las que hay en la siguiente lista.

disminuir	la extensión	el mecanismo	las condiciones
mantienen	el conjunto	se enumeran	el retraso
resaltar	el número	el apoyo	la filantropía	limitada
	la solicitud	el propulsor	

10 En pequeños grupos vamos a hacer una lista de todos los números que aparecen en el artículo y después explicaremos qué significan.

11 ¿Qué significa el título del texto? Busca otras alternativas y justifícalas. ¿En tu país es también la cigüeña quién trae los bebés? Explica otras ideas populares sobre quién trae los bebés o de dónde vienen.

Basándote en la información del texto indica si estas frases **(12–19)** son verdaderas **(V)** o falsas **(F)** e indica las **palabras del texto** que justifican tu respuesta.

12 En la actualidad en Argentina es normal considerar a una madre mayor a mujeres que sobrepasan los 35 años.

13 La decisión de tener un hijo cada vez se alarga más en algunas mujeres.

14 Argentina es el país con más número de fertilizaciones asistidas del mundo.

15 La demanda de tratamiento de fertilidad en este país crece un 30 por ciento anualmente.

16 El avance en la medicina ha mejorado el resultado de estos tratamientos de fertilidad.

17 La medicina solo se encarga de mejorar estos tratamientos de fertilidad en la mujer.

18 Las costumbres de natalidad han cambiado en Argentina, pues cada vez las familias tienen menos hijos.

19 La ovodonación se realiza principalmente por filantropía.

20 Explica las causas según el texto para el aumento de los embarazos asistidos.

21 Según el texto, ¿cómo ha cambiado el rol de la mujer en la sociedad moderna?

Completa el inicio de estas frases **(22–27)** recurriendo a la información del texto pero utilizando otras palabras.

22 En Argentina muchas mujeres…

23 La fecundación asistida permite a las mujeres…

24 El número de tratamientos de fecundación asistida…

25 Para el doctor Jorge Blaquier…

26 Muchas mujeres además de retasar la edad de tener hijos también…

27 Para ser donante de óvulos es necesario…

28 Resume las ideas más importantes del texto en 150 palabras.

29 En el texto se menciona que el debate sobre la edad adecuada para ser madre está abierto. ¿Qué opinas tú sobre este tema? ¿Crees que hay una edad límite para ser madre? ¿Y padre? ¿Por qué? Intenta encontrar el mayor número de argumentos para defender tus ideas. ¿Coincide el resto de la clase con tu opinión?

30 ¿Qué opinas sobre los siguientes temas relacionados con la intervención humana en temas de salud? Los trasplantes de órganos, la cirugía estética, la eutanasia. Podemos comentar en pequeños grupos noticias que encontremos en los medios de comunicación sobre estos aspectos. ¿Qué conclusiones podemos sacar?

Perfil de la comunidad del IB

- Averigua haciendo una búsqueda en Internet y con ayuda de artículos de prensa o reportajes en los medios de comunicación cuál es la situación de la fertilización asistida en otros países. ¿Qué conclusiones podemos extraer?

Lengua

Las perífrasis verbales

¿Conoces algunas perífrasis verbales, es decir combinaciones de dos verbos que se comportan como solo uno? Estas formas tienen una forma verbal simple o compuesta que actúa como verbo auxiliar y una forma verbal no personal (infinitivo, gerundio o participio). En el Texto B tenemos algunos ejemplos:

- "*Empieza a decaer*" (párrafo 1) que está implicando la idea de comienzo de la acción.
- "*Se ha ido invirtiendo*" (párrafo 2) o "*ha ido trazando*" (párrafo 5) que sugieren una acción que avanza lentamente.
- Con ayuda de un compañero busca otros ejemplos de perífrasis verbales en tus libros de gramática o ejercicios y confecciona una lista con ellas. Tu profesor también te puede ayudar.
- Aprovecha las tareas escritas y orales para practicar más estas estructuras.

Actividades orales

1 Actividad oral individual

Donación de órganos

Elige una de las dos imágenes y contesta a estas preguntas.

1 ¿Qué elementos se pueden ver en la imagen?

2 ¿A qué tipo de público van dirigidos los anuncios?

3 ¿Cuál de los dos te parece más efectivo y por qué? ¿Y más interesante?

4 ¿Crees que es importante este tipo de acciones? ¿Por qué?

5 Explica por qué es importante que la gente done órganos, sangre, etc. ¿En qué beneficia a la sociedad y a la medicina?

2 Actividades orales interactivas

▶ *El coloquio de la semana*: la medicina y la intervención humana. Dividiremos la clase en distintos grupos y cada uno de ellos se convertirá en investigadores de un tema relacionado con esta materia. Uno de los grupos estará a favor de la intervención humana y defenderá sus ideas: el otro grupo estará en contra y buscará argumentos para validar sus ideas. Los grupos prepararán una pequeña presentación sobre ese asunto. Después de cada presentación habrá un turno de preguntas por parte del resto de la clase y cuando todos los temas se hayan presentado haremos una evaluación global de las conclusiones.

▶ *Sesión de cine*: Podemos elegir una de estas películas u otras que traten algún tema relacionado con la salud y después de visionarlas establecer un debate en el que tratemos de estos aspectos:

  ▶ El tema de la película

  ▶ La trama

  ▶ Los personajes

  ▶ Relación con la realidad

  ▶ Opinión personal

Mar adentro (Alejandro Amenábar, 2004)
Amorosa soledad (Martín Carranza y Victoria Galardi, 2008)
Planta Cuarta (Antonio Mercero, 2003)
Elsa y Fred (Marcos Carnevale, 2005)
El hijo de la novia (Juan José Campanella, 2001)
El regalo de Silvia (Dionisio Pérez Galindo, 2003)
Camino (Javier Fesser, 2008)
¿Y tú quién eres? (Antonio Mercero, 2007)
LT22 Radio la Colifata (Carlos Larrondo, 2008)

CAS

Proyecto de CAS: Jóvenes solidarios

▶ En pequeños grupos vamos a encargarnos de diseñar actividades y proyectos comunitarios para informar sobre algún aspecto relacionado con la medicina y la salud. Después presentaremos los proyectos al resto de la clase. Diseñaremos también la campaña informativa para acompañar el proyecto.

Tareas escritas

1 Respuesta personal

1 Elabora una respuesta personal a la siguiente cita, usando como mínimo 150 palabras. Compara las actitudes y situaciones, tanto similares como diferentes, sobre este tema en la cultura hispana y en la tuya propia.

> "No hay límites para la medicina."

2 Tareas de redacción

Realiza una de estas tareas relacionadas con el tema de la salud. Escribe un mínimo de 250 palabras.

a Responde a una de estas cuestiones redactando un **texto**.

– *La medicina moderna y la medicina alternativa se pueden combinar con buenos resultados.*

– *La intervención humana en la medicina es justificable siempre que haya un beneficio para el paciente.*

b Escribe una **carta de opinión** a un periódico, respondiendo a alguna noticia sobre los avances médicos aparecida en los medios de comunicación. Puedes comentar algunos de estos puntos:

- La razón de tu carta.
- Explica qué aspectos del artículo te han impresionado.
- Tu opinión sobre la noticia.

c El periódico de tu colegio está preparando un especial sobre medicina y ha pedido colaboraciones. Los temas son muy variados, por lo que vamos a elegir uno y prepararemos un **texto** sobre lo siguiente:

- Una entrevista a un médico cirujano innovador que ha realizado un trasplante.
- Un reportaje sobre un descubrimiento médico para curar alguna enfermedad (por ejemplo el cáncer, el SIDA, etc.).
- Una noticia sobre la apertura de una clínica de medicina alternativa en tu ciudad.
- Un artículo sobre un tema polémico relacionado con la intervención humana en la medicina o salud de las personas: eutanasia, donación de sangre, órganos, las células madres, los bancos de criogenización, etc.

C1 Transporte

Objetivos

Considerar…

▶ diferentes aspectos relacionados con el transporte y las comunicaciones.

▶ la importancia de la seguridad vial en la sociedad.

▶ las ventajas y la conveniencia del transporte público.

Lengua: el género, el subjuntivo y los pronombres de objeto directo e indirecto.

Contextualización

Los medios de transporte

▶ El transporte **Terrestre, Aéreo** y **Marítimo:** ¿A qué categoría pertenecen los medios de transporte de este recuadro?

> coche   avioneta   funicular   yate   camión
> furgoneta   avión   helicóptero   taxi   barco
> ferry   autobús   lancha   metro
> bicicleta   tren   catamarán   moto   tranvía
> todoterreno   camioneta   piragua   teleférico
> patines   caballo

Ahora vamos estudiar las partes de uno de los medios de transporte más populares: el coche.

▶ ¿Sabes qué otras palabras se usa en Latinoamérica para denominar al coche?

▶ Todas las palabras que se proporcionan a continuación son partes del coche. Investigad el significado de los siguientes términos.

> volante   ruedas   maletero   espejo retrovisor
> parabrisas   motor   asiento trasero
> guardabarros   antena   capó   cinturón de
> seguridad   ventanilla   claxon   faro   limpia
> parabrisas   reposacabezas   matrícula
> freno de mano   intermitente   guantera
> llantas   asiento delantero   puerta
> salpicadero   pedales

▶ Finalmente, vamos a preparar un póster con el dibujo de un coche. Incluye todas las palabras que hemos aprendido y señala con una flecha las partes que representan.

Lengua

El género

▶ Observa los diferentes tipos de sufijos que encontramos en las listas de vocabulario de los recuadros: **-e, -a, -o, -ión, -án, -or, -al**…

▶ ¿Cuáles son masculinos y cuáles son femeninos? ¿Hay excepciones?

▶ Vamos a intentar establecer una teoría sobre la relación entre los sufijos de los nombres y el género gramatical.

▶ Considera también los siguientes ejemplos: *gar**aje**, ciu**dad**, liber**tad**, foto**grafía**, man**o**, mapa, problem**a**, period**ista**, cóler**a***

▶ ¿Qué nuevas normas podemos inferir?

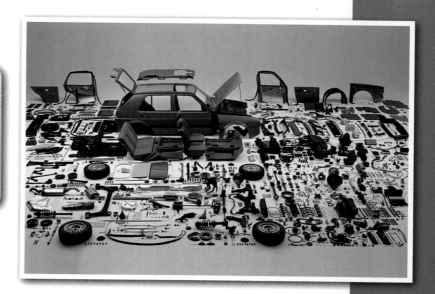

Texto A

Declaración de los jóvenes sobre seguridad vial

(1) Nosotros, los jóvenes del mundo, respetamos la vida. Como se trata de algo tan frágil, debemos hacer todo lo posible por vivirla de un modo seguro y alentar a otros a que hagan lo mismo. Entendemos que la seguridad vial tiene tanta relación con un entorno vial seguro como con el comportamiento prudente de los conductores. Concretamente, y en lo que hace a la seguridad vial en particular, somos plenamente conscientes de lo importante que es la participación de los jóvenes para convertirla en una realidad.

(2) Llamamos a todos los jóvenes a tomar conciencia del alto riesgo que corren de verse involucrados en accidentes de tráfico en las carreteras. Los exhortamos a que se conviertan en modelos de conducta en las carreteras y promuevan la seguridad vial entre amigos y familiares, en especial entre los hermanos y hermanas menores.

(3) Específicamente, pedimos a todos los jóvenes que no conduzcan bajo los efectos del alcohol o las drogas, que eviten las altas velocidades, que no se comporten agresivamente en las carreteras, que usen casco cuando vayan en bicicleta o en moto, que se pongan el cinturón de seguridad en los automóviles, y que se cercioren de ser bien visibles cuando caminen o circulen en bicicleta por las carreteras. Además, los llamamos a pasar a la acción y participar en las campañas y los programas de seguridad vial nacionales e internacionales. Como jóvenes dirigentes, es nuestra responsabilidad alzar la voz y cumplir el papel que nos corresponde para exigir seguridad en las carreteras de todo el mundo.

(4) Sin embargo, nuestro esfuerzo aislado no basta. Por eso, hacemos un llamamiento a nuestros padres y tutores, a las escuelas y universidades, a las comunidades en las que residimos, a quienes elaboran las políticas de gobierno en los países, a las organizaciones comunitarias que se ocupan de la seguridad vial, a las empresas privadas, a los medios de comunicación, a las personalidades y al mundo del espectáculo, para que asuman su responsabilidad y colaboren con nosotros.

(5) Nosotros, los jóvenes del mundo, consideramos que las instituciones educativas son muy importantes. De ellas adquirimos los conocimientos y habilidades necesarios ...20... una vida feliz, sana y productiva. ...21... consiguiente, pedimos a las autoridades escolares y a los maestros que incluyan la seguridad vial en los programas de estudio ...22... los primeros cursos; que garanticen la seguridad en los caminos que llevan a la escuela y sus alrededores y en los autobuses escolares. Los instamos ...23... que organicen periódicamente actividades relacionadas ...24... la seguridad vial en las escuelas y nos den la oportunidad de participar en programas de seguridad vial. También llamamos a las autoridades universitarias a promover y elaborar cursos y programas de seguridad vial, y a realizar y publicar más investigaciones ...25... la prevención de los traumatismos causados por el tránsito.

(6) En síntesis, los jóvenes del mundo declaramos nuestro compromiso a luchar activamente para que se cumplan las demandas expresadas en esta Declaración y asegurar así que tenga efectos concretos. No vamos a permitir que se transforme en letra muerta. Desde el mismo momento en que la aprobemos, esta Declaración dará la vuelta al mundo como una antorcha olímpica que llevarán los jóvenes de todos los continentes, que iluminará uno a uno los países y les hará escuchar la voz de jóvenes que llaman a actuar. Queremos que los caminos del mundo sean más seguros no sólo para nosotros, sino para todos y para las generaciones venideras.

Extracto de la Declaración adoptada por los delegados de más de 100 países durante la Asamblea Mundial de los Jóvenes sobre Seguridad Vial Ginebra (Suiza), 2007

Basándote en los párrafos (1) y (2) elige la opción que tiene **el mismo significado** que la palabra en negrita.

1 como se trata de algo tan **frágil**

  A fácil **B** débil **C** importante

2 alentar a otros a que hagan lo mismo

  A animar   **B** impedir   **C** respirar

3 con el comportamiento **prudente** de los conductores

  A próximo   **B** educado   **C** cauteloso

4 somos **plenamente** conscientes

  A ligeramente   **B** completamente
  C rápidamente

5 riesgo que corren de verse **involucrados**

  A envueltos   **B** aclarados **C** fallecidos

6 los **exhortamos** a que se conviertan

  A manifestamos **B** exponemos **C** rogamos

7 ¿Qué **dos palabras** en los párrafos (1) y (2) se usan con el sentido de "actuación"?

Basándote en el párrafo (3) indica si estas frases son verdaderas **(V)**, falsas **(F)** o no se mencionan **(NM)** e indica las **palabras del texto** que justifican tu respuesta.

8 No se debe conducir un coche si se han consumido bebidas alcohólicas.

9 Si es posible deben eludirse las autopistas y carreteras de alta velocidad.

10 Es importante preocuparse por la seguridad del coche antes de usarlo.

11 Las bicicletas sólo deben usarse en carreteras con buena visibilidad.

12 Los autores del texto recomiendan cooperar en actividades sobre la seguridad en las carreteras.

Basándote en los párrafos (3) y (4) identifica las **palabras del texto** que significan:

13 pieza que cubre y defiende la cabeza

14 asegurarse   **15** levantar   **16** ordenar

17 ser suficiente **18** habitar   **19** preparar

Basándote en el párrafo (5) completa los espacios numerados (20–25) con una palabra tomada de esta lista.

de	a	desde	acerca	por	con
al	para	sobre	hasta	sin	contra

26 ¿Qué sentido metafórico tiene la expresión *"que se transforme en letra muerta"* en el párrafo (6)?

Basándote en los párrafos (5) y (6) identifica las **palabras del texto** que significan:

27 profesor   **28** cercanías   **29** tráfico

30 petición   **31** futuro

Basándote en el texto, copia y completa la tabla en tu cuaderno.

En la frase…	la(s) palabra(s)	en el texto se refiere(n) a…
32 …para convertir**la** en una realidad… (*párrafo 1*)	"la"	
33 …De **ellas** adquirimos los conocimientos… (*párrafo 5*)	"ellas"	
34 …Desde el mismo momento en que **la** aprobemos… (*párrafo 6*)	"la"	

Lengua

El subjuntivo

▶ Identifica todos los subjuntivos que aparecen en el Texto A.

▶ Todos representan un único uso de este modo verbal: ¿Cuál?

▶ Vamos a recordar la formación del presente de subjuntivo, especialmente los casos irregulares:
salir tener oír poner hacer pedir divertirse dormir venir

El billete de transporte público sale más caro en España

(1) Un madrileño, un parisino, un vienés y un bruselense van a trabajar de forma habitual en transporte público. El viaje al español le sale por 463 euros al año, al francés por cerca de la mitad, al austriaco por 191 euros y al belga completamente gratis. En conclusión, el transporte colectivo español es uno de los más caros de Europa, tal y como se desprende del "Estudio de políticas tarifarias para usuarios habituales del transporte público" que ha presentado el Instituto Sindical de Trabajo, Ambiente y Salud (ISTAS) de CC.OO.[1]

(2) "Existe la percepción social de que el transporte público en España es el más barato de Europa", comenta Llorenç Serrano, secretario confederal de Medio Ambiente de CC.OO., "y si bien nuestras ciudades tienen un precio de billete único más barato que otras, en lo que se refiere a grandes descuentos que beneficien a los usuarios más habituales no somos los más económicos".

(3) En realidad, subirse al metro o al autobús de forma diaria no sólo le sale más caro a un trabajador español, también se tienen que rascar más el bolsillo los escolares y estudiantes de nuestro país si comparamos las tarifas de Madrid con ciudades como Bruselas, París, Viena, Turín o Praga para estos mismos estratos sociales. Si en algo destaca el sistema de transporte público español es en la gran cantidad de descuentos que destina a personas con mínimos ingresos y pensionistas.

(4) ISTAS lleva mucho tiempo trabajando en promover una movilidad sostenible que excluya al vehículo privado. La misma organización recuerda que viajar en transporte público es entre tres y cuatro veces más económico que hacerlo subido al coche privado, ya que los gastos de tener un auto en propiedad rondan los 6000 euros al año para la economía familiar (entre gasolina, aparcamiento, seguros y mantenimiento).

(5) Los alumnos que cursen hasta sexto de Primaria en Tarragona tienen un título especial que les permite hacer cuatro viajes diarios gratis. Esta iniciativa, que comenzó este año, está previsto que se amplíe a estudiantes de ESO, Bachillerato y otros Ciclos Formativos. Desde CC.OO. reclaman que la gratuidad del transporte se extienda de forma generalizada hasta los 16 años para crear un hábito de uso de medios más sostenibles entre los jóvenes y también entre los adultos que los acompañen al colegio.

(6) En las universidades españolas también ...22... ventajosas iniciativas que promueven el uso de transporte colectivo ...23... sus alumnos y trabajadores. En Vigo, los universitarios tienen una reducción ...24... más del 30% en su abono; en Cartagena, los estudiantes, profesores y personal administrativo y de servicios de la Universidad Politécnica pagan un abono por ...25... 10–14 euros al mes con el que pueden viajar de forma ilimitada; y en Madrid, los alumnos y trabajadores de la Universidad de Alcalá de Henares disponen de un título especial de transporte por 15 euros al mes, con el que se ahorran entre el 36 y el 80%.

(7) Finalmente, algunas ciudades también ofrecen tarifas muy ventajosas para el colectivo juvenil. Es el caso de ciudades ...26... Tarragona y Figueres, donde los jóvenes pueden viajar gratis ...27... cumplir la mayoría de edad. Por su parte, el metro de Bilbao cuenta un Ticket Joven, válido para menores de 26 años que da derecho a un número ilimitado de viajes durante los 12 meses siguientes a la fecha de compra. El Bonobús Joven de Sevilla ...28... destina a viajeros de hasta 29 años y permite desplazamientos ilimitados durante un mes por la mitad del coste de un abono mensual normal. La propuesta de CC.OO. busca ampliar el abono joven hasta los 30 años en todo el país.

Almudena Martín
www.soitu.es

[1] Comisiones Obreras: importante sindicato español

1 ¿Qué **palabra** del párrafo (1) se refiere a alguien que tiene derecho a ejecutar o realizar algo de forma habitual?

2 Solamente **una** de las siguientes afirmaciones es verdadera según la información contenida en el párrafo (2). ¿Qué afirmación es?

   A La sociedad española se beneficia del transporte europeo de menor precio.

   B Los que viajan a menudo se benefician tanto como en otros países.

   C Aparentemente viajar en metro en España resulta muy económico.

   D Un viaje de ida siempre vale más dinero en España.

Basándote en el párrafo (3) completa las siguientes frases con **palabras tomadas del texto**.

3 El uso frecuente del transporte público resulta muy costoso tanto a la gente trabajadora como a…

4 Sin salir de las mismas capas… la capital española resulta más cara que la mayoría de las capitales europeas

5 Sin embargo, las personas con menor poder adquisitivo se benefician de una…

Basándote en los párrafos (1), (2) y (3) identifica las **palabras del texto** que significan:

6 casi	7 común	8 impresión	9 boleto	10 rebaja
11 arañar	12 tasa	13 nivel	14 ganancia	15 jubilado

16 ¿Qué sentido metafórico tiene la expresión *"rascar más el bolsillo"* en el párrafo (3)?

Basándote en el párrafo (4) elige la opción que tiene **el mismo significado** que la palabra en negrita.

17 trabajando en **promover**

   A trasladar   B procurar   C prometer

18 una movilidad **sostenible**

   A capaz de mantenerse por sí misma

   B protegida

   C sucesiva

19 ya que los **gastos** de tener un auto en propiedad

   A desembolso   B ahorros   C beneficios

20 **rondan** los 6000 euros al año para la economía familiar

   A compensa   B superan   C giran alrededor de

21 Solamente una de las siguientes frases es falsa según la información contenida en el párrafo (5). ¿Qué afirmación es?

   A CC.OO. exige la ampliación del transporte de balde para menores de 16 años.

   B La idea es fomentar el uso del transporte público de forma rutinaria.

   C Los estudiantes de ESO y Bachillerato han comenzado este año a disfrutar de esta nueva iniciativa.

   D Los estudiantes más jóvenes de Tarragona ya se benefician de varios trayectos gratuitos al día.

Lengua

El gentilicio

▶ En el Texto B aparecen los nombres de diversas ciudades españolas y europeas y algunos de sus gentilicios:

Madrid → madri**leño**

Paris → paris**ino**

Viena → vien**és**

▶ Identifica el resto de las ciudades y averigua su gentilicio correspondiente. Luego puedes continuar con más ciudades españolas y latinoamericanas para seguir aprendiendo.

Basándote en los párrafos (6) y (7) completa los espacios numerados (22–28) con una palabra tomada de esta lista.

tantos	hasta	en	de	están	entre	desde
se	unos	tales	hay	es	como	por

Basándote en los párrafos (6) y (7) indica si estas frases son verdaderas (**V**), falsas (**F**) o no se mencionan (**NM**) e indica las **palabras del texto** que justifican tu respuesta.

29 Un ciudadano de Vigo tiene derecho a un descuento superior al 30% en el transporte colectivo.

30 Los estudiantes de Cartagena pueden viajar indefinidamente con su abono universitario.

31 Los alumnos de Madrid pueden usar una línea especial de metro para ir a estudiar a Alcalá de Henares.

32 Los menores de edad viajan gratuitamente en Tarragona.

33 El Bonobús Joven en Sevilla autoriza el uso ilimitado a partir de los 29 años.

34 CC.OO. ha anunciado medidas para los próximos 30 años en España.

Basándote en los párrafos (6) y (7) identifica las **palabras del texto** que significan:

35 provechoso   **36** empleado   **37** tener   **38** traslado   **39** sugerencia

Basándote en el texto, copia y completa la tabla en tu cuaderno.

En la frase…	la(s) palabra(s)	en el texto se refiere(n) a…
40 …subirse al metro o al autobús de forma diaria no sólo **le** sale más caro… (*párrafo 3*)	"le"	
41 …tienen un título especial que **les** permite… (*párrafo 5*)	"les"	
42 …10–14 euros al mes con **el** que pueden viajar… (*párrafo 6*)	"el"	
43 …con el que se ahorran entre **el** 36 y el 80%… (*párrafo 6*)	"el"	

Para ir más lejos…

▶ ¿Te parece efectiva la Declaración de los jóvenes sobre seguridad vial del Texto A? Busca en Internet la Declaración completa para estudiarla en grupos de trabajo. Al final, podemos hacer presentaciones breves en la clase sobre sus diferentes secciones.

▶ ¿Piensas que la gente joven es responsable al volante? Vamos a debatir el asunto y comenta tus opiniones basadas en tu propia experiencia.

▶ ¿Cómo funciona el transporte público en tu ciudad? ¿Hay descuentos especiales para los jóvenes?

▶ En el Texto B se nombran algunas de las fases del sistema educativo español: ESO, Bachillerato… Vamos a buscar información sobre los diferentes ciclos de este sistema, cómo se llaman y qué edades comprenden.

▶ ¡Podemos hacer lo mismo con otros países de habla hispana y exponer los resultados en el mural de la clase!

Lengua

Los pronombres de objeto directo e indirecto

▶ Subraya todos los pronombres de objeto directo e indirecto de tercera persona que aparecen en ambos textos: *le, les, la.*

▶ Vamos a repasar el uso de estos pronombres en español: ¿Qué ocurre en la frase *se lo dije*?

Actividades orales

1 Actividad oral individual

En el aeropuerto

1 ¿Dónde crees que tiene lugar esta foto?

2 ¿Existe alguna relación entre los jóvenes de la foto?

3 ¿Crees que hay algún problema con su vuelo?

4 ¿En qué puede estar pensando el chico sentado en el carrito?

2 Actividad oral interactiva

◗ Tras ver la película *Las bicicletas son para el verano* de Jaime Chávarri se puede entablar un debate sobre el significado simbólico de la bicicleta en esta obra sobre la guerra civil española.

◗ Esta película puede servir como una introducción al drama de la guerra entre la gente cotidiana, más allá del significado político de un conflicto bélico.

◗ Podemos tener en cuenta estos aspectos:

– La presencia de la bicicleta al principio y al final de la película: ¿Qué diferente uso y significado tiene en ambos momentos?

– La asociación de la bicicleta con el verano en el título de la obra y sus posibles interpretaciones.

– Análisis de los espacios en los que transcurre la acción y sus transformaciones a causa de la guerra.

– Las consecuencias de la guerra entre la gente común: el miedo y el hambre.

Tareas escritas

1 Respuesta personal

Lee el siguiente fragmento y elabora una respuesta personal usando como mínimo de 150 palabras. Compara las actitudes y situaciones, tanto similares como diferentes, sobre este tema en la cultura hispana y en la tuya propia.

> Los períodos de vacaciones, tales como la Navidad o el verano, suelen ser los escogidos en España para convocarse huelgas de trasporte ferroviario o aéreo. Las causas suelen estar relacionadas con el salario, el sistema de turnos y los tiempos de descanso. Si bien la huelga puede ser una medida de presión, los usuarios se consideran unos rehenes victimizados en unas fechas en las que no es fácil encontrar alternativas de transporte.

2 Tareas de redacción

Realiza una de estas tareas relacionadas con el tema del transporte. Escribe un mínimo de 250 palabras.

a El Departamento de Tráfico de tu ciudad ha solicitado la colaboración de tu colegio para preparar un folleto informativo con consejos para los jóvenes que utilicen frecuentemente la bicicleta o la moto. Redacta el **folleto** para mejorar las condiciones de las personas que usen los transportes mencionados.

> ▶ Incluye un título adecuado y secciones diferenciadas que despierten interés.
> ▶ Usa un tono semiformal y persuasivo.
> ▶ Planifica equilibradamente el contenido de cada sección.

b Cada mañana tienes problemas debido al mal funcionamiento del sistema de transportes de tu ciudad. Escribe una **carta** de protesta al director de la empresa encargada contándole tu experiencia y sugiriéndole cómo mejorar el servicio.

> ▶ Incluye fecha, encabezamiento y despedida.
> ▶ Usa un tono formal y correcto, pero firme a la vez.
> ▶ Planifica tus ideas y apóyalas con datos y experiencias personales.

Teoría del conocimiento

▶ Día a día crece el debate sobre la ética e incluso legalidad de determinados comportamientos de las compañías aéreas denominadas de "bajo coste".

▶ Mucha gente considera engañosas e inaceptables las estrategias que se utilizan para aumentar el precio original del billete:
  – ocultación de las tasas y gastos de gestión
  – pago por facturación de maletas
  – inclusión por defecto de casillas de pago de seguro de viaje
  – suplemento por uso de la tarjeta de crédito.

▶ ¿Deberían estos servicios estar incluidos en el precio del billete desde el principio?

▶ Vamos a preparar un debate sobre los aspectos mencionados para poner en práctica nuestro pensamiento crítico.

▶ Piensa en más aspectos concretos basados en tu experiencia que puedan alimentar la discusión sobre este tema.

C2 Medios de comunicación y veracidad

Objetivos

Considerar…

▸ el papel que tienen los medios de comunicación en la sociedad y las diferencias que hay entre ellos.

▸ los textos y temas estudiados para obtener una opinión crítica sobre los mismos.

Lengua: revisar y ampliar el uso de las preposiciones; comprender la estructura de los textos argumentativos.

▲ Cartel informativo del Ayuntamiento de Cáceres (Extremadura) sobre los medios de comunicación

	prensa	radio	televisión	Internet	publicidad
descripción					
formato					
objetivos					
función					
ejemplos conocidos					
tipo de público					
historia					
otros datos					

Contextualización

▸ En pequeños grupos vamos a realizar una lluvia de ideas sobre los medios de comunicación de masas (puedes recoger información de otros). Copia la siguiente tabla y complétala con ayuda de tus compañeros. Después se pueden comparar las respuestas con las de los otros grupos.

▸ Observa la imagen que tienes en esta página y después elabora estos ejercicios:

1 Enumera los medios que aparecen.

2 Busca las nuevas palabras e intenta buscar sinónimos de las mismas para comprender todos los puntos presentados.

3 Comenta con un compañero si estás de acuerdo con estos principios. ¿Crees que se cumplen en todos los medios de comunicación? Busca ejemplos para ilustrar tus argumentos.

– ¿Qué tipo de medio de comunicación utilizas para estar informado? ¿Cuál te gusta más y por qué?

Código internacional de ética periodística – UNESCO

1 El derecho del pueblo a una información verídica:

El pueblo y las personas tienen el derecho a recibir una ...... de la realidad por medio de una información ...... y completa, y de expresarse ...... a través de los diversos medios de difusión de la cultura y la comunicación.

2 Adhesión del periodista a la realidad objetiva:

La ...... primordial del periodista es la de servir el derecho a una información ...... y auténtica por la ...... honesta a la realidad objetiva, situando conscientemente los hechos en su contexto adecuado.

3 La responsabilidad social del periodista:

En el periodismo, la información se comprende como un ......, y no como un simple producto. Esto significa que el periodista comparte la responsabilidad de la información ...... El periodista es, por tanto, responsable no sólo frente a los que dominan los medios de comunicación, sino, en último énfasis, frente al gran público, tomando en cuenta la ...... de los intereses sociales.

4 La integridad profesional del periodista:

El papel social del periodista exige el que la profesión mantenga un alto nivel de .... Esto incluye el derecho del periodista a ...... de trabajar en contra de sus convicciones o de revelar sus ...... de información, y también el derecho de participar en la toma de decisiones en los medios de comunicación en que esté empleado.

5 Acceso y participación del público:

El ...... de la profesión exige, por otra parte, que el periodista favorezca el ...... del público a la información y la ...... del público en los medios, lo cual incluye la obligación de la corrección o la rectificación y el derecho de respuesta.

6 Respeto de la vida privada y de la dignidad del hombre:

El respeto del derecho de las personas a la vida privada y a la ......, en conformidad con las ......

del derecho internacional y nacional que conciernen a la protección de los derechos y a la ...... del otro, así como las leyes sobre la **difamación, la calumnia, la injuria** y la **insinuación maliciosa**, hacen parte integrante de las normas profesionales del periodista.

7 Respeto del interés público:

Por lo mismo, las ...... profesionales del periodista prescriben el ...... total de la comunidad nacional, de sus ...... democráticas y de la moral pública.

8 Respeto de los valores universales y la diversidad de las culturas:

El verdadero periodista defiende los ...... del humanismo, en particular la paz, la democracia, los derechos del hombre, el progreso social y la liberación nacional, y respetando el carácter distintivo, el valor y la dignidad de cada cultura, así como el derecho de cada pueblo a escoger libremente y desarrollar sus sistemas políticos, social, económico o cultural. El periodista participa también ...... en las transformaciones sociales orientadas hacia una ...... democrática de la sociedad y contribuye, por el diálogo, a establecer un clima de confianza en las relaciones internacionales, de forma que favorezca en todo a la paz y a justicia, la distensión, el desarme y el desarrollo nacional.

9 La eliminación de la guerra y otras grandes plagas a las que la humanidad está confrontada:

El ...... ético por los valores universales del humanismo previene al periodista contra toda forma de apología o de incitación ...... a las guerras de agresión y la ...... **armamentística**, especialmente con armas nucleares, y a todas las otras formas de violencia, de odio o de **discriminación**, especialmente el **racismo**.

www.canalaudiovisual.com

1 Habla con tu compañero de las cualidades que debe tener un periodista utilizando el mayor número de adjetivos posible: "*Todo periodista debe ser una persona preocupada por la verdad, también aventurero, etc.*"

2 Antes de leer el texto vamos a utilizar algunas estructuras que aparecerán en el texto. Elige de la segunda columna una continuación lógica. Revisa las preposiciones antes de hacer el ejercicio.

1 Creo que los consumidores tenemos derecho a…	**a** en debates o encuestas.
2 La información se comprende como…	**b** en cuenta toda la información para tener una mirada crítica y analítica.
3 Necesitamos tomar…	**c** un bien y un interés social.
4 El periodista tiene que ser responsable…	**d** exigir unos medios de difusión objetivos.
5 Un lector no siempre está en conformidad…	**e** frente a la sociedad de su trabajo.
6 Este periodista tuvo que abstenerse…	**f** por los valores que todos debemos respetar.
7 No a todo el mundo le gusta participar…	**g** con el resto de lectores.
8 Es necesario que haya un compromiso…	**h** de trabajar por haber utilizado información falsa anteriormente.

3 El texto con el que trabajamos es un código de buenas prácticas para los periodistas. Al texto le faltan en cada apartado (**1–9**) tres palabras. ¿Te animas a colocarlas en el lugar correcto? Trabajad en pequeños grupos para compartir vuestras ideas.

Apartado 1: **A** libremente **B** precisa **C** imagen objetiva

Apartado 2: **A** verídica **B** tarea **C** adhesión

Apartado 3: **A** diversidad **B** bien social **C** transmitida

Apartado 4: **A** fuentes **B** integridad **C** abstenerse

Apartado 5: **A** carácter **B** participación **C** acceso

Apartado 6: **A** reputación **B** dignidad humana **C** disposiciones

Apartado 7: **A** normas **B** instituciones **C** respeto

Apartado 8: **A** mejora **B** valores universales **C** activamente

Apartado 9: **A** carrera **B** favorable **C** compromiso

4 Busca las palabras en cada uno de los apartados las palabras que significan:

Apartado 1: **A** manifestarse **B** distintos

Apartado 2: **A** fundamental **B** apropiado

Apartado 3: **A** participar de **B** valores

Apartado 4: **A** ideas **B** dar a conocer

Apartado 5: **A** demanda **B** corrección

Apartado 6: **A** tolerancia **B** afectan

Apartado 7: **A** determinan **B** conjunto

Apartado 8: **A** elegir **B** colabora

Apartado 9: **A** tipo **B** dispone

5 Después de leer el texto comenta con tus compañeros cuál de los apartados te parece más importante y por qué.

6 ¿Crees que estas premisas se cumplen en los medios de comunicación que utilizamos? Aporta ejemplos para justificarlo y enséñaselos al resto de la clase.

7 En pequeños grupos vamos a crear dos decálogos: el del buen periodista y el del buen lector. Después los presentaremos en clase y veremos qué puntos tienen en común los decálogos de los demás grupos.

8 Entre toda la clase podemos también crear un texto de buenas prácticas para los medios de comunicación.

Medios y medias tintas

(1) En varias conferencias, seminarios y coloquios sobre los medios de comunicación, realizados en distintos países, se ha sugerido incluir una suerte de curso de alfabetización de los medios en los programas escolares. Esto equivale a reconocer que, por muchos aspectos, los medios representan un problema para la sociedad.

(2) ¿Cuáles medios? Los dardos apuntan esencialmente a la pantalla chica y se subraya el divorcio entre televisión y educación. En un segundo lugar, se sitúan algunos contenidos de internet, como los juegos y redes sociales. Indiscutiblemente es una buena idea dar pautas para el consumo de todo lo que transita por las distintas pantallas, porque significa pasar del diagnóstico pasivo a la acción práctica.

(3) En lo que nos concierne, hemos estado en algunas escuelas para conversar con niños y adolescentes sobre la televisión, una fábrica de sueños que también puede transmitir pesadillas. Sin embargo, esta alfabetización será a medias si sólo se apunta a los contenidos y no se aborda el conjunto de la industria.

(4) ...3... de la pantalla, más allá de sus figuras, gerentes, directores o camarógrafos, hay intereses económicos y posiciones ideológicas. Es ahí ...4... se encuentra el verdadero *backstage* de la tele. ...5... lo postula Sebastián Jans, "los grandes medios de comunicación ...6... responden precisamente a un propósito de divulgación libre de las ideas, ...7... representan intenciones, objetivos e intereses concretos de mercado". Y ...8... esa razón habría que concluir, ...9... lo escribe José Manuel Pérez Tornero en "El desafío educativo de la televisión", ...10... un telespectador integralmente formado debe conocer los recovecos empresariales ...11... los intereses de las multinacionales en esta actividad.

(5) En el caso de Chile, para hacer la tarea con cierta honestidad, es un imperativo ampliar la mirada al conjunto de los medios, abandonando el interesado facilismo de endosar toda la responsabilidad a la televisión. Al contrario de lo que sucede en otros países, la prensa escrita ignora el ejercicio de la autocrítica. La regla, salvo excepciones, es no darse por aludida cuando comete errores garrafales o tergiversa la información. En otras palabras, saca las castañas con la mano del gato. A menudo, emite severos juicios contra la dictadura del rating, pero, al mismo tiempo, algunos periódicos, tal como lo describe el periodista boliviano Ronald Grebe, aceptan la imposición de tener que dirigirse no a los ciudadanos sino a los telespectadores.

(6) La prensa escrita no debería escamotear su responsabilidad y reconocer que su manera de componer la información está lejos de ser sublime. Con frecuencia, el acto de editar entrevistas y declaraciones está guiado por la manipulación más que por el respeto al espíritu de la letra. Cuando un político alega que una de sus frases ha sido sacada de contexto, hay que descartar que siempre se trate de una justificación pueril, porque, en varios casos, corresponde a la realidad. Está claro que cualquier intento por regular los contenidos de los medios de comunicación es de alto riesgo para la libertad de expresión. Por eso, la educación de los ciudadanos para la observación analítica de los mismos es el único camino razonable, a condición que esa mirada crítica incluya a todos los medios.

Ricarte Soto
Observatorio Fucatel Chile

1 ¿Basándote en el texto, qué significan las siguientes expresiones? Elige la opción correcta.

1 las medias tintas (*título*)
   A juicios vagos y ambiguos
   B calcetines teñidos
   C la mitad del argumento

2 la pantalla chica (*párrafo 2*)
   A un nuevo accesorio
   B la televisión
   C un televisor pequeño

3 darse por aludido (*párrafo 5*)
   A sentirse mencionado
   B dar una alusión
   C crear una referencia

4 un error garrafal (*párrafo 5*)
   A un error típico
   B un error normal
   C un error enorme

5 sacar las castañas con la mano del gato (*párrafo 5*)
   A utilizar a otro para solucionar los problemas
   B ser muy mañoso
   C ser muy inteligente a la hora de solucionar los problemas

6 sacar de contexto (*párrafo 6*)
   A señalar un hecho
   B utilizar fuera de su entorno un hecho
   C ocultar un hecho

2 Antes de leer el texto, busca un sinónimo para cada una de las palabras de la primera columna que aparecen en el texto:

1 sugerir   a televidente
2 suerte   b modelos
3 divorcio   c infantil
4 pautas   d proponer
5 transitar   e acometer
6 abordar   f evitar
7 postular   g forma
8 telespectador   h rincones escondidos
9 recovecos   i transferir
10 imperativo   j separación
11 endosar   k comentar
12 tergiversar   l excelente
13 imposición   m circular
14 escamotear   n urgente
15 sublime   o alterar
16 pueril   p obligación

Basándote en el texto del párrafo (4) completa los espacios numerados (3–11) con una palabra tomada de esta lista.

> y donde cuando como (x2) no aun que
> sino que detrás para por

Los conceptos que encontrarás a continuación aparecen en el texto. En parejas, explicaremos qué significan y escribiremos una definición con nuestras palabras para cada uno de ellos.

12 divulgación libre de las ideas (*párrafo 4*)

13 la dictadura del rating (*párrafo 5*)

14 libertad de expresión (*párrafo 6*)

15 observación analítica (*párrafo 6*)

16 mirada crítica (*párrafo 6*)

Basándote en el texto indica si estas frases son verdaderas **(V)** o falsas **(F)**. Corrige las frases falsas.

17 Según el autor es necesario enseñar a los escolares cómo consumir los medios de comunicación.

18 Internet y en segundo lugar la televisión son los medios que más separados están del binomio medios y educación.

19 No basta solo con conocer los contenidos de un medio de comunicación, sino que también es importante saber cómo funciona su industria.

20 El escritor del artículo se queja de la falta de juicio de la prensa de su país.

21 Ronald Grebe cree que en muchos medios existe una tiranía de la audiencia.

22 La fidelidad de la información es constante en todos los medios.

23 Los ciudadanos deben aprender a leer, a entender y a consumir los medios de comunicación.

¿Qué significan estas ideas? Todas aparecen en el texto. Intenta explicarlas con otras palabras. ¿Estás de acuerdo con ellas? Muestra tu posición argumentándolas y utilizando ejemplos pertinentes.

24 La televisión es una fábrica de sueños que puede transmitir pesadillas.

25 Es necesaria una alfabetización de los medios.

26 La prensa escrita ignora el ejercicio de la autocrítica.

27 El acto de editar entrevistas y declaraciones está guiado por la manipulación más que por el respeto al espíritu de la letra.

28 En el artículo se sugiere que es importante dar pautas para ver la televisión. ¿Qué pautas y consejos darías a otros estudiantes para ver la televisión de forma positiva? Vamos a trabajar en grupos y después presentaremos nuestros consejos al resto de la clase.

Por ejemplo: *"Es importante informarse de la programación para seleccionar bien los contenidos que queremos ver"*.

29 Otro de los puntos importantes que el autor del texto menciona es establecer una *"mirada crítica"* y una *"observación analítica"* cuando observamos los contenidos que aparecen en los medios de comunicación. ¿Cómo se representan algunos temas que preocupan a los jóvenes en distintos medios de comunicación del mundo de habla hispana?

Podemos dividir la clase en grupos de tres y cada grupo puede investigar la representación de uno o varios de los temas propuestos en distintos medios. Después presentaremos nuestras conclusiones al resto de la clase. Los temas pueden ser: la violencia, la política, los problemas sociales, la emigración, el medio ambiente, la educación, las nuevas tecnologías, la cultura, el deporte, u otros que se decidan investigar.

Perfil de la comunidad del IB

▸ Vamos a hacer un repaso a las noticias actuales que aparecen en los medios de comunicación tradicionales sobre el mundo de la lengua que estudias. Después contrastaremos con el resto de nuestros compañeros qué noticias nos han impactado, gustado, enfadado y disgustado más.

Lengua

Los textos argumentativos

▸ A la hora de presentar nuestras opiniones en un texto argumentativo tomamos posición sobre un tema dado y a la vez intentamos influir sobre nuestros interlocutores respecto a este tema. Como emisores desarrollamos un conjunto de estrategias para convencer a los receptores, mostrando distintos puntos de vista e inclinándonos por uno de ellos. Así pues, el texto tiene una estructura característica: se analiza un hecho, se desarrolla una hipótesis, se presentan las secuencias argumentativas mediante varios procedimientos como pueden ser clarificación, ejemplificación, explicación, etc., y se llega a una conclusión.

▸ Fíjate en los elementos que aparecen en el Texto B. ¿Se podría calificar de texto argumentativo? Te proponemos que busques ejemplos de estos textos en los medios de comunicación para ver cómo funcionan y después apliques su estructura en algunas de las tareas escritas y orales.

Actividades orales

1 Actividad oral individual

Periodismo y medios de comunicación: observa
la imagen y contesta a estas preguntas.

1 ¿Qué elementos se pueden ver en la
imagen? Describe todo lo que ves.

2 ¿Qué puede estar pasando? Comenta
qué ocurre en la imagen.

3 ¿Crees que es justificable lo que pasa
en la imagen?

4 ¿Para qué tipo de medio de
comunicación puede estar
trabajando el periodista?

5 Estás a favor o en contra de esta
frase: "*Por la audiencia todo vale*".
Justifica tu respuesta.

2 Actividades orales interactivas

▶ El coloquio de la semana: "*Los medios de comunicación: límites de la
verdad y manipulación*". Dividiremos la clase en distintos grupos y
cada uno de ellos se convertirá en investigadores de un tema
relacionado con este título pero concentrándose en un tipo de
medio: radio, prensa escrita, televisión, Internet y publicidad.

Los grupos prepararán una pequeña presentación sobre ese tema,
dando ejemplos de cómo se presentan las noticias en ese medio
de comunicación. Después de cada presentación habrá un turno
de preguntas por parte del resto de la clase y cuando todos los
temas se hayan presentado, haremos una evaluación global de
las conclusiones. ¿Creemos que los medios de comunicación
respetan el derecho a la información objetiva y la veracidad?
¿Qué podemos hacer nosotros como consumidores de este tipo
de medios?

▶ *El juego de la verdad:* otra vez en pequeños grupos vamos a utilizar
la actualidad del mundo hispano para preparar dos o tres noticias
actuales, pero en ellas vamos a cambiar o a exagerar el contenido
que hemos encontrado. Después las presentaremos a la clase en
forma de transparencia o imagen con titular, foto y contenido y el
resto de la clase deberá decidir qué es verdadero o falso de cada
una de ellas. ¿Qué información nueva tenemos sobre la realidad
de la cultura de la lengua que estudiamos?

▶ *Medios de comunicación y juventud:* ¿qué tipo de programas nos
gustaría ver, qué tipo de noticias leer? ¿De qué forma podemos
utilizar los medios de comunicación en nuestras clases?

▶ Entre todos podemos crear un espacio de diálogo sobre estos
asuntos y otros que os parezcan interesantes. ¿Qué conclusiones
podemos extraer?

CAS

Proyecto de CAS

▶ *Los medios de comunicación y
nuestra comunidad*: en
pequeños grupos vamos a
seleccionar información y
noticias para crear un programa
de radio, un noticiero televisivo,
un periódico o una revista que
sirva para conectar nuestro
colegio con la comunidad.
¿Qué tipo de noticias,
secciones, temas
incorporaríamos en ellos?
Después presentaremos los
proyectos al resto de la clase.

Tareas escritas

1 Respuesta personal

Elabora una respuesta personal a una de las siguientes citas, usando como mínimo 150 palabras. Compara las actitudes y situaciones, tanto similares como diferentes, sobre este tema en la cultura hispana y en la tuya propia.

> ▶ *"Hoy lo importante no es la veracidad de los hechos, sino la capacidad de sorprendernos más veces en menos tiempo."* (Diego Petersen Farah)
>
> ▶ *"El papel de los medios de comunicación en la sociedad consiste en informar a la población (el receptor) de toda la realidad, la que conocen y aquella a la que no tienen acceso o no pueden acceder a ella."* (Marta López Castelló)

2 Tareas de redacción

Realiza una de estas tareas relacionadas con el tema de los medios de comunicación. Escribe un mínimo de 250 palabras.

a *"Hoy en día los medios de comunicación están evolucionando y ayudando a que el consumidor de los mismos tenga una participación activa."*

b *"La violencia que se presenta en los medios de comunicación hace que los consumidores sean cada vez menos sensibles a los actos trágicos y violentos."*

c *"En la carrera por la audiencia han ganado los medios de comunicación más innovadores."*

d Carta abierta a los medios de comunicación: explica cómo te gustaría que fueran los medios de comunicación; para ello puedes elegir uno o varios.

e Escribe una **carta de opinión** a un periódico, respondiendo a alguna noticia que hayas leído recientemente sobre algún tema relacionado con los medios de comunicación. Puedes comentar algunos de estos puntos:

> ▶ La razón de tu carta.
>
> ▶ Explica qué opinas de la situación actual de los medios de comunicación: veracidad o no de los mismos, falta de interés, objetivos, búsqueda de la audiencia sin importar los contenidos, etc.
>
> ▶ Argumenta con el mayor número de ejemplos por qué deben cambiar su actitud (influencia en la opinión pública, vulnerabilidad de los jóvenes, modelos de comportamiento poco recomendables, información falseada o poco veraz, etc.).

f El periódico de tu colegio está preparando un especial sobre *"Medios de Comunicación y Jóvenes"* y han pedido colaboración. Los temas son muy variados, por lo que elegiremos uno y prepararemos un **texto** sobre lo siguiente:

> ▶ Una entrevista a un presentador o presentadora de un programa de televisión o radio.
>
> ▶ Un reportaje sobre el funcionamiento de un periódico: cómo se crea una noticia, qué hacen los periodistas, cómo se construye el texto.
>
> ▶ Una noticia sobre la influencia de los medios de comunicación en los jóvenes.
>
> ▶ Un artículo sobre algún tema elegido por nosotros.

g Eres un periodista y te encuentras cubriendo una noticia muy interesante pero peligrosa. Escribe una entrada en tu **diario** personal en la que expliques qué estás haciendo, dónde te encuentras, qué sucede y qué haces tú para preparar la noticia.

Objetivos

Considerar…

▸ diferentes aspectos relacionados con la publicidad.

▸ la imagen que de los jóvenes ofrece la publicidad.

▸ los aspectos engañosos relacionados con la publicidad.

Lengua: el condicional, verbos con preposición "*a*" y la voz pasiva.

Contextualización

Un buen eslogan

▸ Considera los siguientes eslóganes publicitarios. ¿Qué tipo de producto se podría anunciar con ellos? Vamos a debatirlo en parejas y a poner en común nuestras propuestas.

¿SED DE JUVENTUD?

No hay sitio para el aburrimiento

CON EL COLESTEROL NO SE JUEGA

Lo que vives hoy, te protegerá mañana

UN PLACER COTIDIANO

Hay cosas que no cambian nunca

Deja Volar Tu Imaginación

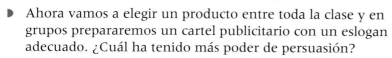

DÍAS DE EMOCIÓN

Te hablamos a ti

SUENA MUY BIEN

▸ Ahora vamos a elegir un producto entre toda la clase y en grupos prepararemos un cartel publicitario con un eslogan adecuado. ¿Cuál ha tenido más poder de persuasión?

Lengua

El condicional

▸ Durante los debates probablemente vamos a usar muchos verbos en el condicional:

– Esto **podría** ser…

– Este eslogan **sería** bueno para…

– También **serviría** para…

▸ Vamos a recordar la formación del condicional en español:

– Igual que ocurre con el futuro, no vamos a eliminar los sufijos **-ar**, **-er**, **-ir**

– Las terminaciones serán las mismas para las tres conjugaciones:

-ía, **-ías**, **-ía**, **-íamos**, **-íais**, **-ían**

▸ ¿Qué ocurre con los irregulares? Observa que necesitan un nuevo prefijo, tal y como sucede con el futuro: **podría**, **vendría**, **haría**, **pondría…**

▸ Continúa practicando más irregularidades con estos verbos:

tener, valer, salir, haber, caber, saber, querer, decir

Texto A

La imagen de los jóvenes en la publicidad televisiva mantiene estereotipos sexuales y fomenta la superficialidad

(1) La imagen que los anuncios transmiten sobre los jóvenes españoles es la de "chicos alegres", preocupados por el atractivo físico y el divertimento, muy por encima de los casos en que se les representa como buenos o intelectuales. Según un estudio del Consejo Audiovisual de Navarra, la publicidad en televisión "aboca al público joven a la superficialidad vital y a la permanente insatisfacción".

(2) El informe, publicado en la revista de la Academia de Televisión y recogido por Europa Press, destaca que la cualidad más veces aparecida es la de "alegre y divertido", en un 55 por ciento de los casos, seguida del "atractivo físico", que aparece en un 47,5 por ciento del total de los anuncios analizados. Los datos que analizan los valores predominantes también recogen que en sólo un 3,8 por ciento de los anuncios se presenta a un joven como, entre otras virtudes, "intelectual, educado". En el mismo porcentaje se le presenta como "bueno o virtuoso".

(3) El escenario predominante donde se le representa es el doméstico, en un 35 por ciento, seguido del lúdico, en un 20 por ciento. Las situaciones en las que aparecen desenvolviéndose los sujetos, además, presenta diferencias entre sexos: las mujeres aparecen desempeñando tareas en el ámbito laboral en un 57 por ciento de los casos, frente al 87 por ciento de los varones; en situación "lúdica", las mujeres están más presentes (un 83 por ciento) que los varones (73 por ciento).

(4) Los valores predominantes, por sexos, también arrojan diferencias: en el varón destaca la "amistad" (un 84 por ciento de los mensajes) frente al 75 de las féminas, que aparecen más vinculadas al consumo (un 74 frente al 67 por ciento). Más diferencia hay cuando se habla del cuidado del cuerpo y la salud: un 84 por ciento de los anuncios con mujeres y un 29 de los sujetos masculinos.

(5) Ante esto, el Consejo Audiovisual de Navarra denuncia que la insistencia "...13... el atractivo físico puede ser perjudicial", y alertan en particular ...14... la técnica de presentar personas que aparentan una edad superior ...15... la representada, lo que puede ser interpretado por los jóvenes como "un reto al que deben enfrentarse y que les exige estar a una altura superior a la que les corresponde ...16... su desarrollo".

(6) Además, denuncian el peligro de crear "una insatisfacción" permanente en la audiencia al "transmitir una actitud ante la vida en la que priman los valores ...17... agradables de la existencia humana". Los autores afirman comprender que las virtudes se muestren más que los defectos, pero señalan que "esa lógica del mensaje publicitario puede ser perjudicial ...18... no se incide en objetivos de mayor calado y más accesibles". "Tener éxito no necesariamente supone imponerse a los demás ...19... obtener reconocimiento público, como el que suele contenerse en los anuncios", matizan.

(7) Otra de las principales conclusiones afirma que, "en contraste con el mundo real, los elementos que ayudan a dar mayor profundidad a las personalidades tienen poco peso", ya que "los rasgos con que son presentados los personajes jóvenes en publicidad encajan con el tópico de una idealizada etapa de la vida en la que lo que es placentero prima por encima de todo lo demás", señalan.

(8) Por último, alertan de que los estereotipos sexuales empleados por los anuncios televisivos "no fomentan una cultura de la igualdad y la cooperación entre los jóvenes". Según denuncian, existe "la presentación de un cuerpo femenino perfecto, junto con la exacerbación del aspecto sexual o la utilización de la mujer como mero objeto decorativo", concluyen.

Almudena Martín
www.lukor.com

1 Elige la opción correcta. Según el título de este artículo, la representación que se hace de los jóvenes en la publicidad…

    A estimula la profundidad.
    B reduce la trivialidad.
    C promociona la frivolidad.
    D promueve lo trascendental.

Basándote en los párrafos **(1)** y **(2)** elige la opción que tiene **el mismo significado** que la palabra en negrita.

2 la imagen que los anuncios **transmiten** sobre los jóvenes españoles

    A reciben
    B difunden
    C mantienen

3 el atractivo físico y el **divertimento**

    A entretenimiento
    B diversidad
    C aburrimiento

4 la publicidad en televisión **aboca** al público joven

    A engaña
    B dirige
    C aboga

5 un 47,5 por ciento del total de los anuncios **analizados**

    A emitidos
    B presentados
    C examinados

6 los datos que analizan los valores **predominantes**

    A escasos
    B determinados
    C destacados

7 en el mismo porcentaje se le presenta como bueno o **virtuoso**

    A habilidoso
    B bondadoso
    C artista

Según la información dada en los párrafos **(3)** y **(4)**, empareja cada dato de la columna de la izquierda con un porcentaje de la columna de la derecha.

8 Los varones ejecutan funciones profesionales.	**A** 74 por ciento
9 Las mujeres aparecen en actividades relativas al juego.	**B** 29 por ciento
	C 87 por ciento
10 La mujer se relaciona con los amigos.	**D** 67 por ciento
	E 84 por ciento
11 Los hombres se asocian al consumo.	**F** 57 por ciento
	G 75 por ciento
12 Los hombres se relacionan con el cuidado físico.	**H** 83 por ciento

Basándote en los párrafos **(5)** y **(6)** completa los espacios numerados **(13–19)** con una palabra tomada de esta lista.

hacia	por	mas	en	que	sí	o
contra	a	si	desde	de	u	más

Basándote en los párrafos **(5)** y **(6)** identifica las **palabras del texto** que significan:

20 nocivo

21 simular

22 objetivo

23 prevalecer

24 razonamiento

25 importancia

26 distinción

Basándote en el texto, copia y completa la tabla en tu cuaderno.

En la frase…	la(s) palabra(s)	en el texto se refiere(n) a…
27 …muy por encima de los casos en que se **les** representa… (*párrafo 1*)	"les"	
28 …el escenario predominante donde se **le** representa es… (*párrafo 3*)	"le"	
29 …una actitud ante la vida en **la** que priman… (*párrafo 6*)	"la"	

30 ¿Qué palabra en los párrafos **(7)** y **(8)** significa *"exageración"*?

Publicidad engañosa

(1) La publicidad es una forma de comunicación que pretende atraer la atención del consumidor hacia el producto o servicio anunciado para influir en sus decisiones de compra. Sus mensajes pueden ayudar a elegir el producto más adecuado a las necesidades del consumidor, pero un mensaje poco claro también puede perjudicar sus intereses económicos. Determinadas formas de publicidad son declaradas ilícitas de forma expresa por la ley: es el caso de las que atenten contra la dignidad de la persona y los valores relativos a la infancia, la juventud y la mujer, la publicidad engañosa y la que infringe lo dispuesto en la normativa para la publicidad de determinados productos, como los medicamentos o los juguetes.

(2) Se denomina publicidad engañosa a todos aquellos anuncios publicitarios que inducen a error a sus destinatarios en sus mensajes y que pueden afectar a su comportamiento económico. La ley faculta a las asociaciones de consumidores y usuarios para solicitar el cese de publicidad falsa o engañosa que puede ser perseguida y sancionada como fraude. La publicidad puede ser engañosa si ofrece datos erróneos o incompletos en cuanto a:
- la naturaleza del producto o servicio
- su disponibilidad
- el precio o la cantidad
- el modo y fecha de fabricación o prestación
- los resultados esperables
- la identidad o cualificación del anunciante.

(3) Suelen utilizar la publicidad engañosa las empresas que comercializan productos ...9... dudosa utilidad o que dicen proporcionar efectos beneficiosos ...10... la salud, si bien nunca han sido comprobados. Conviene desconfiar de este tipo de mensajes, ...11... como de aquellas firmas de cosméticos que dicen ser la solución definitiva contra las arrugas o la celulitis. Algunas de las palabras técnicas que ...12... utilizan para describir los componentes de un cosmético ...13... siquiera existen, pero crean en el consumidor la sensación de consumir un producto de contrastada eficacia y avalado científicamente. Los productos de magnetoterapia, que son

...14... los que se les atribuyen propiedades curativas de todo tipo de enfermedades a través de imanes, tampoco son de fiar. Algunas empresas que los comercializan han sido demandadas ...15... no poder demostrar las propiedades que anunciaban.

(4) El consumidor que se siente engañado porque ha adquirido un producto que no coincide con las características del anunciado debe ponerlo en conocimiento de la empresa de forma fehaciente, por ejemplo enviando un telegrama. Si la publicidad se difundió a través de un medio escrito, es muy conveniente conservar un ejemplar de dicho anuncio. Si la empresa a la cual pertenece no le ofrece una solución satisfactoria, puede solicitar asesoramiento y la mediación de su oficina de información al consumidor de su ayuntamiento, o de una asociación de consumidores. En caso de no obtener un acuerdo por este procedimiento, puede ser conveniente solicitar un arbitraje de consumo. Esta vía es de voluntaria aceptación para el fabricante.

(5) **Asociación de autocontrol de la publicidad**

- El Jurado de esta asociación es quien resuelve las reclamaciones y controversias publicitarias surgidas en todo el Estado sobre anuncios concretos.
- Los consumidores pueden presentar las reclamaciones de forma individual y solicitar el reconocimiento de sus derechos presuntamente vulnerados.
- El anuncio debe haber sido difundido en los doce meses anteriores a la presentación de la reclamación.
- El procedimiento es fundamentalmente escrito, por lo que no es necesaria la comparecencia personal.
- Es gratuito para consumidores y asociaciones de consumidores.
- Las decisiones son vinculantes para las empresas adheridas y no vinculantes para los demás.

Centros Europeos del Consumidor

1 Solamente **una** de las siguientes afirmaciones es verdadera según la información contenida en el párrafo (1). ¿Qué afirmación es?

A A causa de la publicidad se acaba seleccionando artículos inapropiados.
B La publicidad de medicamentos es ilegal, según la normativa.
C Los anuncios afectan a la voluntad de los compradores y, a veces, también a sus ahorros.
D Los jóvenes y las mujeres son los más afectados negativamente por la publicidad.

2 ¿Qué **tres palabras** en el párrafo (1) significan *vulnerar*?

Basándote en el párrafo (2) elige la opción que tiene **el mismo significado** que la palabra en negrita.

3 aquellos anuncios publicitarios que **inducen** a error

A inculcan **B** apartan **C** llevan

4 la ley **faculta** a las asociaciones de consumidores

A autoriza **B** deniega **C** prohibe

5 el **cese** de publicidad falsa o engañosa

A emisión **B** censura **C** interrupción

6 puede ser perseguida y sancionada como **fraude**

A estafa **B** freno **C** mentira

7 su **disponibilidad**

A ocupación **B** existencia **C** capacidad

8 la identidad o **cualificación** del anunciante

A actitud **B** preparación **C** especificación

Basándote en el párrafo (3) completa los espacios numerados (9–15) con una palabra tomada de esta lista.

y	si	así	se	ni	de	por	no
	entre	para	a		sobre	sin	

Basándote en el párrafo (3) identifica las **palabras del texto** que significan:

16 incierto **17** marca **18** pliegue **19** sanador **20** denunciar

21 ¿Qué dos palabras en el párrafo (3) significan *verificar*?

22 ¿Qué dos palabras en el párrafo (3) significan *garantizar*?

Basándote en el párrafo (4) completa las siguientes frases con **palabras tomadas del texto**.

23 Cuando la publicidad tenga un formato impreso es recomendable …… antes de dirigirse a la empresa.

24 Si la respuesta a la queja no es de su agrado, este es el momento de pedir …… e intercesión en alguna agrupación de ayuda al comprador.

25 En ningún caso el empresario se verá obligado a aceptar…… reclamado por el comprador.

26 El envío de un telegrama es un modo …… de comunicarse con el empresario en caso de fraude.

Lengua

Verbos usados con la preposición "a"

▶ Busca en los Textos A y B los verbos regidos por la preposición "a":

abocar
presentar
ayudar
inducir   + a
afectar
facultar

▶ Inventa nuevas frases con estos verbos para practicarlos.

▶ ¿Recuerdas el uso *personal* de la preposición "a"?
vi **a** mi madre   vi la catedral

Lengua

La voz pasiva

▶ En los párrafos (3) y (4) del Texto B hay ejemplos de los dos tipos de construcción pasiva en español:
han sido comprobados
han sido demandadas
se difundió
se utilizan

▶ Vamos a recordar la estructura básica de estas dos construcciones:
ser + participio:
la noticia **ha sido divulgada**
se + 3ª persona del verbo:
se ha divulgado *la noticia*

▶ En cuanto al significado, ¿observas alguna sutil diferencia de énfasis entre ambas construcciones?

Basándote en el párrafo (4) identifica las **palabras del texto** que significan:

27 obtener   **28** constatable   **29** divulgarse

30 orientación   **31** optativo

Basándote en el párrafo (5) indica si estas frases son verdaderas **(V)**, falsas **(F)** o no se mencionan **(NM)**. Corrige las frases falsas.

32 La Asociación de Autocontrol de la Publicidad procesa todas las quejas aparecidas en el país.

33 El comprador puede reclamar para aclarar sus privilegios claramente incumplidos.

34 Antes había que esperar un año para presentar las quejas.

35 La presencia física del comprador agilizará los trámites.

36 El precio del servicio varía según el tipo de asociación que apoye al consumidor.

37 La resolución final será rápida para las compañías adheridas.

Basándote en el texto, copia y completa la tabla en tu cuaderno.

En la frase…	la(s) palabra(s)	en el texto se refiere(n) a…
38 … influir en **sus** decisiones de compra… (*párrafo 1*)	"sus"	
39 … pueden afectar a **su** comportamiento económico… (*párrafo 2*)	"su"	
40 …**su** disponibilidad… (*párrafo 2*)	"su"	
41 …**dicen** proporcionar efectos beneficiosos… (*párrafo 3*)	"dicen"	
42 …no **le** ofrece una solución satisfactoria… (*párrafo 4*)	"le"	
43 …**quien** resuelve las reclamaciones y controversias… (*párrafo 5*)	"quien"	

Para ir más lejos…

▶ ¿Te identificas con los valores juveniles reflejados en el Texto A?

▶ ¿Piensas que los resultados de los porcentajes serían muy diferentes en tu país?

▶ ¿Te sientes usado como objeto de consumo en la publicidad?

▶ ¿Estás de acuerdo con la frase del párrafo (7) del Texto A que define la juventud como "*una idealizada etapa de la vida en la que lo placentero prima por encima de todo lo demás*"?

▶ En cuanto al Texto B, ¿has sido alguna vez víctima de la publicidad engañosa? Piensa en ejemplos concretos para justificar tu respuesta.

▶ ¿Has presentado alguna vez una queja formal por un producto con el que te has sentido engañado?

▶ ¿Hasta qué punto la publicidad determina lo que deseamos?

Actividades orales

1 Actividad oral individual

La evolución social de la publicidad

1 Explica el mensaje de este anuncio antiguo.

2 ¿Sería adecuado para la sensibilidad actual? ¿Por qué?

3 ¿Crees que en tu cultura también podría haberse utilizado este anuncio en el pasado?

4 En tu opinión, ¿la publicidad refleja o crea valores sociales?

2 Actividad oral interactiva

Busca en YouTube el video *"Los medios de comunicación y la publicidad en los adolescentes"*, producido por el Liceo en Comunicación e Innovación Educativa Rogelio Fuentes Villanueva.

Después de verlo vamos a entablar un debate teniendo en cuenta aspectos como estos:

▶ La capacidad persuasiva del medio audiovisual.

▶ ¿La publicidad consiste tan sólo en crear necesidades?

▶ El factor subliminal de los anuncios.

▶ ¿Cómo ser más responsables y críticos ante la publicidad en los medios de comunicación?

▶ ¿Por qué los valores tradicionales no están presentes en la publicidad?

▶ ¿Qué otras funciones puede tener la publicidad?

Tareas escritas

1 Respuesta personal

Lee el siguiente fragmento y elabora una respuesta personal usando como mínimo 150 palabras. Compara las actitudes y situaciones, tanto similares como diferentes, sobre este tema en la cultura hispana y en la tuya propia.

> Los estudios muestran que un 50% de los jóvenes no están satisfechos con su imagen. Como consecuencia, intentan imitar los valores estereotipados que ven en los anuncios, llegando a poner en riesgo su propia salud mediante la adopción de hábitos inadecuados con el propósito de lograr ser divertidos, seductores y triunfadores como los modelos propuestos.

2 Tareas de redacción

Realiza una de estas tareas relacionadas con el tema de la publicidad. Escribe un minimo de 250 palabras.

a La publicidad: ¿Arte o manipulación? Escribe un **ensayo** para la clase de español sobre este tema.

> ◗ Incluye el título y tu firma.
> ◗ Usa un tono semiformal y persuasivo.
> ◗ Planifica tu exposición con razones y datos a favor o en contra e incluye una conclusión que sintetice tu postura personal sobre esta cuestión.

b Los jóvenes constituyen una presencia continua en la publicidad televisiva. Redacta el texto de una **carta** dirigida al director del periódico de tu ciudad dando tu opinión sobre si la imagen que se da de la juventud se corresponde con la realidad o no, incluyendo información acerca de ejemplos de anuncios concretos que ilustren tu parecer.

> ◗ Incluye fecha, encabezamiento y despedida.
> ◗ Usa un tono formal y correcto, pero firme a la vez.
> ◗ Planifica tus ideas y apóyalas con ejemplos tomados de anuncios y opiniones personales.

Teoría del conocimiento

Vamos a profundizar críticamente en los aspectos que hemos considerado en esta unidad con respecto a la relación entre la publicidad y los jóvenes.

◗ La publicidad como transmisora de pautas sociales de comportamiento: la imagen estereotipada de los jóvenes en la publicidad, ¿reflejo o influencia?

◗ Consumo y superficialidad en la publicidad dirigida a los jóvenes.

◗ ¿Cómo afecta la publicidad a la evolución de los jóvenes más inseguros?

◗ ¿Por qué se relaciona juventud con hedonismo y placer?

◗ ¿Qué otros valores alternativos positivos sobre los jóvenes se podrían plasmar en la publicidad?

◗ ¿Cómo se podría fomentar una cultura de igualdad y solidaridad juvenil en la publicidad?

C4 Las nuevas tecnologías

Objetivos

Considerar…

▷ las nuevas tecnologías y ver cómo influencian nuestra forma de vida y entorno.

▷ las ventajas e inconvenientes que tiene el uso de las nuevas tecnologías.

Lengua: conocer el uso de neologismos en el vocabulario relacionado con las nuevas tecnologías; estudiar algunas variantes del español en los textos presentados.

Contextualización

▷ Observa la viñeta que aparece en esta página y habla con un compañero sobre:

– qué tema representa

– qué elementos aparecen en el dibujo

– qué significan las frases de los bocadillos.

▷ En pequeños grupos vamos a conversar sobre estos aspectos y después pondremos en común nuestras ideas con el resto de la clase.

– ¿Te gusta la tecnología? ¿Por qué?

– ¿Qué aparatos utilizas y para qué? (móvil, Internet, ordenador, Xbox, Wii, etc.)

– ¿Qué ventajas e inconvenientes pueden tener las nuevas tecnologías? Prepara una lista para cada opción.

▷ Analiza las frases que aparecen a continuación y colócate en un lugar de la clase para mostrar el grado de acuerdo con cada una de ellas. Después se abrirá un turno de palabra y cada uno tendrá que argumentar su decisión.

– Las nuevas tecnologías ayudan a que la gente esté en contacto.

– Las nuevas tecnologías permiten que la gente tenga acceso a información que antes era difícil de conseguir.

– Las nuevas tecnologías hacen que la gente se aisle más.

– Las nuevas tecnologías no son tan importantes como creemos.

Texto A

Conectados:
La era de las redes sociales

(1) Cada vez es más fácil acercarse a ese sueño de tener un millón de amigos. Las redes sociales en Internet -como Facebook, Tuenti, Twitter y MySpace- están cambiando totalmente la forma de relacionarnos. Algunos ven **riesgos** de adicción y pérdida de privacidad y del verdadero **sentido** de la amistad, pero más de 900 millones de personas ya se han dejado **seducir**.

(2) El éxito de las redes sociales ha sido **fulminante**. Los expertos no encuentran ningún otro producto que haya recibido una **acogida** tan veloz y masiva. Hoy, 940 millones de personas las componen en todo el mundo. Las hay globales y locales, elitistas o populares, orientadas al empleo o al ligue, fáciles y difíciles de utilizar, para jóvenes y mayores.

(3) Facebook es la reina, la red social más popular del planeta. La utilizan 400 millones de personas. ...2... haberse convertido en el gran directorio de los seres humanos, es ...3... algo tan sencillo ...4... una página web en la que todo el mundo puede participar ...5... dar su nombre real y añadir a sus conocidos. Una vez dentro, uno *cuelga* textos, fotos o enlaces, juega a juegos, declara en público que es fan de algo ...6... (mucho mejor) ve qué han hecho los demás.

(4) España se ha enamorado enseguida de las redes. ...7... llegó tarde a Internet y se **acarrean** problemas históricos en el acceso en zonas rurales, las conexiones ...8... el hogar y el precio de la banda ancha, sorprende saber ...9... somos líderes en tecnologías móviles y en adopción de redes sociales. Las cifras **asombran**.

(5) ¿A qué se debe la fiebre española? Sebastián Muriel, director general de Red.es y usuario intensivo "de todo lo que sale" en Internet, cree que **encajan** bien con nuestro carácter hipersociable. El otro factor que alimenta las cifras, dice, es demográfico. Los usuarios de Internet en nuestro país son sobre todo los jóvenes, precisamente la franja de edad más aficionada a las redes.

(6) Para estos españoles más jóvenes, Internet es **sinónimo** de Tuenti. Sus millones de **usuarios** le dedican una buena parte de su tiempo libre. "Han llegado al 80% de los adolescentes en menos de dos años", expresa con asombro Adolfo Sánchez Burón, psicólogo, vicerrector de Investigación de la Universidad Camilo José Cela y autor del estudio *Los adolescentes en la red*. "Sin nada de publicidad, sólo con el boca a boca, a través de amigos y familiares", añade.

(7) Ahora, Tuenti ha llegado incluso a los niños. Aunque en teoría las redes sociales en España sólo pueden **admitir** a mayores de 14 años, en la más **popular** del país **abundan** las clases enteras de doceañeros que dicen tener 14. En 1° de la ESO usan las redes sociales un 40% de los chavales. El estudio de Sánchez Burón también **desvela** el gran secreto, ¿qué hacen con el ordenador?: compartir y subir fotos, comentar las fotos de los amigos y mandarse mensajes privados. A diferencia de los adultos, cuando llegan a casa siguen relacionándose con los amigos que acaban de ver en persona.

(8) Sánchez Burón intenta **deshacer** varios mitos sobre el uso que hacen los chavales de las redes sociales. Primer mito: son malas. "Son un instrumento de socialización, mejoran su autoestima y habilidades sociales justo en un momento, la adolescencia, que se caracteriza por la inseguridad. Les da más seguridad en sí mismos". Segundo mito: están encerrados en casa todo el día por su culpa. "No es cierto. Les gusta salir con los amigos, más que Internet; las redes no son un sustituto, sino un complemento". Tercer mito: suspenden por su culpa. "Al revés. Las utilizan los que tienen mejor rendimiento. Los chicos que mejores notas sacan suelen ser los más maduros también en el **ámbito** social".

Delia Rodríguez
El País

1 Identifica las **palabras del texto** en negrita que significan:

> consumidores   entorno   significado   aceptación   romper
> se acoplan   sorprenden   peligros   equivalente a   meteórico
> aceptar   famosa   arrastran   proliferan   descubre   cautivar

Basándote en los párrafos (3) y (4) completa los espacios numerados (2–9) con una palabra tomada de esta lista:

> a cambio de   desde   a la vez   o
> aunque   que   como   a pesar de

Basándote en el texto, copia y completa la tabla en tu cuaderno.

En la frase…	la(s) palabra(s)	en el texto se refiere(n) a…
10 …**las** componen en todo el mundo… (*párrafo 2*)	"las"	
11 **La** utilizan 400 millones de personas. (*párrafo 3*)	"la"	
12 …**le** dedican una buena parte de su tiempo libre… (*párrafo 6*)	"le"	
13 **Les** gusta salir con los amigos (*párrafo 8*)	"les"	

14 Comenta con tu compañero qué redes sociales mencionadas en el texto utilizas, cuál te gusta más y por qué. ¿Qué aspectos positivos y negativos tienen? ¿Coincides con el resto de la clase?

15 En el texto explican para qué se utilizan estas redes sociales. En pequeños grupos vamos a añadir más usos para cada una de ellas. ¿Conoces otras redes sociales que no estén en el artículo? Haz una descripción de ellas y explica para qué sirven.

16 Sebastián Muriel habla de "*la fiebre*" española por las redes sociales. Menciona los dos aspectos que describe este empresario. ¿Ocurre lo mismo en tu país?

17 En el párrafo (8) del artículo se habla de los mitos sobre los jóvenes y las redes sociales. Intenta describir esos tres mitos con otras palabras y añadir otros mitos que consideres importantes sobre el uso de las redes sociales y también de las nuevas tecnologías en general.

18 Haz un resumen de lo más importante del texto en 150 palabras.

19 En pequeños grupos y después toda la clase podemos comentar los siguientes aspectos relacionados con las redes sociales y decidir si estamos de acuerdo o no.

"*Las redes sociales fomentan la amistad*."

"*Muchos famosos están obsesionados con el poder de las redes sociales*."

"*Las redes sociales no siempre son seguras*."

"*Las redes sociales sirven para fomentar la libertad de expresión*."

Perfil de la comunidad del IB

▶ Averigua haciendo una búsqueda en Internet qué adelantos en cuanto a nuevas tecnologías hay en la actualidad. Busca información también sobre la generación de nativos digitales: qué significa el concepto, qué habilidades tienen estas personas, por qué es importante la alfabetización digital.

▶ Comparte con el resto de la clase lo que averigües.

Niños "gadgeteros", el futuro en sus manos

Algunos tienen menos de seis años y ya saben usar una computadora. Otros son expertos en videojuegos. Son niños que no sobrepasan los 12 años de edad y que han logrado que fabricantes de tecnología y juguetes, abran un nuevo nicho: el de los gadgets infantiles.

Un mercado en expansión

(1) ...3... los niños son un negocio muy **rentable** para las compañías jugueteras, ...4... otro grupo de empresas, las de tecnología, **han volteado** su mirada a este sector en la búsqueda de mayores **ganancias**. ...5... resulta complicado conocer la cifra exacta de cuánto representa este mercado, ...6... hay algunos aproximados. La consultora NPD Group, por ejemplo, estima que desde el 2008 el gasto de electrónicos ...7... niños de entre 9 y 14 años **se ha disparado** 30 por ciento ...8..., eMarketer calcula que 5% de los niños que tienen entre 6 y 7 años ...9... usan **celular** y que 35% de los que tienen más de 9 años, ...10...

Niños mexicanos, negocio redondo

(2) En México, según un estudio de Cartoon Networks, 58% de los niños usan computadoras, 32% **acceden** a Internet, 72% usan videojuegos y 40% **chatean**. "Es normal que por la **proliferación** de la tecnología, los niños comiencen a **sumergirse** en estos productos, por lo que a nosotros nos corresponde crear juguetes que **implementen** las nuevas tecnologías, y a su vez, estimulen el crecimiento y las habilidades de los pequeños", dijo Fernando González, **vocero** de Mattel México.

Pequeños que valen oro

(3) En los últimos tres años, este fabricante de juguetes **ha invertido** 551 millones de dólares a nivel mundial, en investigación y desarrollo de productos. Por supuesto, esto no significa que el juguete tradicional esté en riesgo de desaparecer. "El **patrón** de juego tradicional sigue siendo muy **relevante**, por lo que a los juguetes tradicionales es a los que se les incorporará la tecnología", dice González.

(4) Sin embargo, Miriam Vega Castillo, psicóloga y especialista del Centro de Apoyo y Desarrollo Estudiantil (CADE) de la Universidad Tecnológica de México, dijo que hay otra razón social, por la cual los niños se inclinan a jugar con tecnología. "Los niños **se enfocan** a estos productos por dos **factores**: porque están solos en casa, no tienen con quién jugar; y porque no tienen amigos o no saben cómo hacerlos", dice.

(5) Un tercer factor adicional la presión social: todos los demás niños hablan de eso y el pequeño, al buscar **aceptación**, se acerca a este tipo de juguetes. Por supuesto, la influencia de la TV en los niños, también juega un papel **relevante**.

Sí hay ventajas

(6) Aún con todo, además de la **derrama económica** que los niños generan a la industria de cómputo, electrónicos y juguetes, sí hay ventajas sociales. Vega Castillo aseguró que las nuevas tecnologías desarrollan en los pequeños **habilidades** visio-espaciales, que tienen que ver con la lectura y la identificación de signos, lo que a su vez, les ayuda a **adaptarse** a las necesidades del mundo actual.

(7) Aún así, la especialista recomienda tener una disciplina con el uso excesivo de computadoras o videojuegos y todo tipo de gadgets, pues podría ocasionarles problemas de socialización.

Un niño gadgetero

(8) *Ventajas*
- Jugar con tecnología ofrece mayor desarrollo de habilidades mentales y **motrices**.
- Ayuda al niño a obtener una **agilidad** más veloz.
- Le da más herramientas para afrontar el mundo actual.

Desventajas
- Depender de estas tecnologías puede ocasionar problemas de desarrollo social.
- Impide el desarrollo de destrezas que estimulan los sentidos.
- Afecta la capacidad de socializarse e interactuar con otros niños.

Raúl Delgado / Nelly Acosta
El Economista Mexico

¿Qué significan las siguientes frases? Elige la opción correcta.

1 1 Tienen el futuro en sus manos.

    A No saben qué hacer en el futuro.
    B Ellos pueden decidir sobre su futuro.
    C El futuro está muy lejos.

  2 Es un negocio redondo.

    A Es un negocio sin fin.
    B Es un negocio sin beneficios.
    C Es un negocio perfecto.

2 Relaciona las palabras o estructuras en negrita del texto con un sinónimo en la caja de palabras que aparece a continuación.

> gasto económico   aprobación   portavoz   han cambiado
> velocidad   importante   acostumbrase   se ha incrementado
> móvil   entran   lucrativo   aumento   interesarse   destrezas
> desarrollen   ha financiado   modelo   beneficios   destacado
> se concentran   motoras   aspectos   hablan

Basándote en el párrafo (1) completa los espacios numerados (3–10) con una palabra tomada de esta lista.

> aún   pero   por lo que   actualmente   también   para
> si   asimismo   y   pues   aunque   ya

Basándote en las palabras del texto, copia y completa la tabla en tu cuaderno.

En la frase…	la(s) palabra(s)	en el texto se refiere(n) a…
11 "**Otros** son expertos en videojuegos"… (*Introducción*)	"otros"	
12 "…**esto** no significa que….(*párrafo 3*)	"esto"	
13 "…a **los** que se les incorporará…" (*párrafo 3*)	"los"	
14 "…los demás niños hablan de **eso**"… (*párrafo 5*)	"eso"	

15 ¿Qué significa el título del texto? Explícalo con otras palabras. Busca otros títulos alternativos basados en la información del texto.

Basándote en el texto indica si estas frases (**16–21**) son verdaderas (**V**) o falsas (**F**). Corrige las frases falsas.

16 En la actualidad hay un mercado de tecnología infantil que está en plena expansión.

17 En los últimos años la venta de productos electrónicos para niños ha experimentado un aumento de un 50%.

18 Para Mattel México es muy importante crear juguetes que desarrollen las habilidades tecnológicas de los niños y estimulen la creatividad.

19 Con la inclusión de la tecnología en el mercado de la juguetería, los juguetes tradicionales corren peligro.

20 Según Miriam Vega Castillo, en la actualidad muchos niños no saben cómo y con quién jugar.

21 La influencia de la TV también juega un papel importante a la hora de introducir los juguetes electrónicos en el mundo de los niños.

22 En pequeños grupos podemos analizar las ventajas y desventajas que el texto menciona sobre los niños "gadgeteros" e intentar explicarlas con otras palabras, añadiendo ejemplos en cada uno. ¿Podemos incluir más ventajas y desventajas?

23 En el texto aparecen algunos neologismos relacionados con el mundo de la tecnología. ¿Cómo podrías definir con otras palabras "gadgets", "gadgetero", "chatear"? ¿Conoces otros neologismos que se utilicen en el mundo de las nuevas tecnologías? Haz una lista y coméntalo con tus compañeros.

24 En el artículo aparecen algunas palabras que en otros países de habla española se dicen de forma diferente: por ejemplo computadora/ordenador o celular/móvil. Intenta buscar más ejemplos de vocabulario frecuente que expliquen las diferentes variantes del español. Puedes confeccionar listas de vocabulario o contrastar textos escritos en distintos países y que hablen sobre el mismo tema para seleccionar y contrastar el vocabulario.

25 Resume con tus propias palabras las ideas principales del texto. ¿Coincides con tus compañeros?

26 En el texto aparecen algunas cifras. Escribe en tu cuaderno una lista con todas ellas y explica qué significan.

27 En el artículo se habla de los nuevos artilugios tecnológicos que utilizan los niños, ¿conoces y utilizas algún objeto tecnológico? En pequeños grupos cada uno elegirá un objeto y, sin decir su nombre, lo describirá al resto del grupo. ¿Sabes de qué objeto se trata? Puedes incluir cómo es, de qué está hecho, para qué se utiliza, quién lo utiliza o cuándo se utiliza.

28 El uso de las nuevas tecnologías es importante para el avance del conocimiento. En pequeños grupos vamos a pensar cómo pueden ayudar las nuevas tecnologías en los siguientes campos. Buscaremos ejemplos también para ilustrar nuestras ideas.

- *La medicina*
- *La ciencia*
- *La enseñanza*
- *La moda*
- *La vida diaria*
- *La alimentación*
- *La industria*

Lengua

Los neologismos

▶ Según la explicación de la Real Academia de la Lengua Española, un neologismo es un vocablo, una acepción o un giro nuevo en una lengua. En el mundo de las nuevas tecnologías aparecen siempre nuevos términos que después se empiezan a utilizar de forma más común. Palabras como *blog*, *online*, *spam* o *sostenibilidad* son neologismos. ¿Conoces otros?

Las variantes del español

▶ El español como idioma mundial no es una lengua homogénea, así que tiene diferentes variantes léxicas y dialectales, entre ellas, el español centro-norteño, el andaluz, el canario, el caribeño, el mexicano-centroamericano, el andino, el chileno, el paraguayo, el argentino/uruguayo. Muchas veces hay diferencias en el vocabulario, por ejemplo el uso de *computadora* en México y de *ordenador* en España, como hemos visto en el texto.

▶ Intenta averiguar algunas características de estas variantes del español para compartir con tus compañeros.

Actividades orales

1 Actividad oral individual

1 Describe qué ves en esta fotografía con el máximo detalle.

2 ¿En qué situación te imaginas este momento?

3 ¿Por qué es tan importante el móvil para los jóvenes? ¿Es para ti importante también?

4 ¿Qué se puede hacer con él? ¿Y tú, para qué utilizas el móvil?

5 ¿Crees que las nuevas tecnologías sirven para mejorar nuestro estilo de vida? ¿Por qué?

6 ¿Cómo crees que van a cambiar las nuevas tecnologías en el futuro?

2 Actividad oral interactiva

▶ *Presentación*: ¿Cómo podemos mejorar nuestro mundo con la tecnología?

– Dividiremos la clase en pequeños grupos y cada uno va a elegir un aspecto de las nuevas tecnologías: Internet, objetos personales como el móvil o el libro electrónico, objetos que ayuden a la humanidad en ámbitos como la medicina, la ciencia o la empresa.

– Cada grupo tendrá que hacer una presentación sobre los aspectos que mejor ilustre el objeto elegido y explicar cómo ayuda a mejorar nuestro mundo. Buscaremos información y acompañaremos nuestra presentación de fotografías, recortes de prensa y otro material de apoyo.

– Al final tendremos que hacer una selección del mejor objeto presentado basado en sus cualidades y ventajas.

▶ *Nuestras ideas*: en pequeños grupos vamos a preparar un aspecto relacionado con las nuevas tecnologías y presentarlo al resto de la clase para debatirlo más tarde. Aquí presentamos algunas ideas, pero se pueden utilizar otras.

– ¿Acabará el libro electrónico con el libro tradicional?

– ¿Hasta qué punto los videojuegos ayudan a desarrollar la creatividad?

– ¿Supone el fraude de identidad en internet un problema? ¿Qué podemos hacer?

– ¿Es la domótica la solución para las casas inteligentes y eficientes?

– ¿Existen límites para las nuevas tecnologías?

▶ *Repaso a la prensa de actualidad*: busca algunas noticias en la sección de tecnología de algunos periódicos, revistas o Internet y trae algunas noticias interesantes para compartir con tus compañeros de clase. ¿Qué conclusiones podemos sacar entre todos?

▶ *Somos inventores*: una campaña creativa. En pequeños grupos vamos a diseñar un nuevo artilugio tecnológico. Después haremos la presentación a la clase, acompañada por un poster informativo sobre el invento. ¿Qué objeto es el más interesante, original, económico, útil, etc.?

▶ *Los nativos digitales*: se habla mucho de los nativos digitales, todos los jóvenes que viven en la era de la comunicación digital. Busca información sobre este concepto y después prepara una presentación para la clase. Entre todos podéis definir qué es un nativo digital y por qué es importante serlo en esta nueva sociedad de la información.

Tareas escritas

1 Respuesta personal

Lee la siguiente cita y elabora una respuesta personal usando como mínimo 150 palabras. Compara las actitudes y situaciones, tanto similares como diferentes, sobre este tema en la cultura hispana y en la tuya propia:

> "La felicidad está en el conocimiento, la tecnología, la innovación, la interactividad."
> (*Eduard Punset*)

2 Tareas de redacción

Realiza una de estas tareas relacionadas con el tema de las nuevas tecnologías. Escribe un mínimo de 250 palabras.

a Te han pedido. que hagas una intervención en un **blogspot** sobre "Nuevas Tecnologías". Redacta un texto sobre uno de los siguientes temas.

> ▶ La importancia de las nuevas tecnologías en la vida moderna.
>
> ▶ Comentar una nueva invención tecnológica.
>
> ▶ La relación entre los jóvenes y las nuevas tecnologías.

b Estudiamos el impacto de las nuevas tecnologías en distintos países y en distintos grupos sociales (estudiantes, empresarios, investigadores, internautas, diseñadores, profesores, etc.). Prepara una **entrevista** a un personaje imaginario de tu elección. Antes de empezar a escribir la entrevista, busca informacíon en Internet o en otros medios de información para poder utilizar en tu entrevista. Algunos temas a incluir pueden ser: cómo ven la globalización, qué ventajas o desventajas pueden ver en las nuevas tecnologías, el impacto directo en sus vidas, etc.

c Consejos para usar las nuevas tecnologías con cabeza. Escribe un texto en forma de **anuncio o folleto** en el que aconsejes a un amigo cómo utilizar las nuevas tecnologías de manera responsable. No olvides revisar los usos del imperativo y las formas gramaticales para dar consejos a la hora de escribir.

d *Escritura creativa:* se va a celebrar un concurso de escritura creativa en español con el tema de las nuevas tecnologías. Para participar debes escribir un **texto** y continuar la primera frase que te damos:

> *"Aquella mañana al levantarse vio cómo había cambiado todo lo que conocía. ¡Qué sorpresa! Se encontraba en un mundo virtual…"*

CAS

Proyecto de CAS

▶ Acercamos las nuevas tecnologías a nuestra comunidad. ¿Cómo podemos acercar las nuevas tecnologías a nuestra comunidad? Prepara un proyecto y escribe un texto con un mínimo de 250 palabras explicando tus planes.

Puedes centrarte en un aspecto particular, por ejemplo, crear un centro de Internet que ofrezca clases a los mayores de 65 años, preparar una campaña de recogida de móviles usados para donarlos, diseñar una página Web, un blog, etc. que sirva para informar de todo lo que ocurre en la comunidad, etc.

C5 Tecnología en la educación

Objetivos

Considerar…

▶ cómo se usan las nuevas tecnologías en la educación.

▶ aspectos positivos y negativos del uso de las nuevas tecnologías en la enseñanza.

▶ consecuencias de un mal uso de la tecnología en la educación.

▶ diferentes experiencias derivadas del uso de la tecnología en proyectos entre escuelas de diferentes países.

Lengua: vocabulario relacionado con las nuevas tecnologías; diferencias entre *por* y *para*.

Contextualización

▶ Mira la foto y describe lo que ves.

▶ ¿Piensas que la tecnología ayuda a aprender mejor? ¿Hace el aprendizaje más fácil? O por el contrario, ¿impide que aprendamos ya que nos facilita el trabajo y, a veces, la tecnología piensa por nosotros?

▶ ¿Qué partes negativas puede tener el uso de la tecnología para el aprendizaje?

▶ ¿Cómo podemos usar la tecnología para obtener el máximo beneficio de ella?

Vocabulario

Busca la palabra que se corresponde al siguiente vocabulario relacionado con la informática y las nuevas tecnologías.

actualizar	carpeta	descargar	pinchar
archivar/archivo	chatear	en línea, conectado	pirata informático
arrastrar	cibernauta	enlace	portal
arroba	colgado	guardar	subir
archivo adjunto	comprimir	ícono	tarifa plana
bajar	contraseña	imprimir	usuario
borrar	correo basura	lápiz de memoria	
buscador	correo electrónico	navegador	
buzón de entrada/ de salida	cursor	navegar	

Texto A

Videojuegos: ¿un regalo educativo?

(1) Hace unos años, las corrientes pedagógicas alertaban del sentido contraproducente del juego virtual. Sin embargo, los avances tecnológicos, los precios asequibles de las herramientas y, sobre todo, el desarrollo de propuestas educativas han convertido a los videojuegos en una opción adecuada para el ocio e, incluso, el aprendizaje.

La era digital y educativa

(2) Hoy en día, las propuestas más populares de videojuegos se alejan ya de los juegos cargados de violencia, donde primaba la lucha, los estereotipos de género y el terror. Si bien estos todavía tienen seguidores, en su mayoría adultos, los padres tienen ante sí multitud de alternativas coherentes con su responsabilidad educativa. Es el momento de los juegos digitales que ofrecen entretenimiento y diversión, pero además enseñan e ilustran.

(3) Los nuevos videojuegos de la era digital animan a practicar ejercicios y a estimular la memoria, el cálculo, los conocimientos, la intuición y la velocidad de respuesta. Otros trasladan juegos de mesa tradicionales a las consolas, dan forma digital a los pasatiempos o retan a la construcción de puzzles y al cálculo de sudokus. En definitiva, buscan el ocio mediante las ventajas de las herramientas digitales, pero se alejan de las limitaciones de los juegos de plataforma y de lucha.

Una herramienta escolar

(4) Un reciente estudio del Grupo de Investigación sobre e-Learning de la Universidad Complutense de Madrid determina _____ la incorporación del videojuego en las plataformas de educación on line demostraría su eficacia pedagógica. _____ analizar el panorama actual y sus tendencias, el informe concluye que los videojuegos permiten _____ los escolares desarrollar habilidades _____ la atención visual y los tiempos de reacción y capacidades cognitivas como la percepción espacial _____ el pensamiento estratégico, la planificación y el ensayo de hipótesis.

(5) Lo cierto es que las investigaciones más recientes destacan la utilidad de los videojuegos en la enseñanza. La flexibilidad (capacidad para pasar de una tarea a otra) y la inhibición conductual (capacidad para impedirse uno mismo hacer algo inoportuno), son algunas de las habilidades que se pueden desarrollar con estos juegos, que inciden de manera significativa en la regulación de los propios pensamientos y la conducta. Otras ventajas potenciales de los videojuegos son: la oportunidad de despertar la imaginación y explorar otros mundos, superar temores y desarrollar un sentido de la identidad.

Videojuegos en el aula

(6) El catedrático Etxeberria Balerdi apuntaba hace casi dos décadas una hipótesis que se ha hecho realidad. La Universidad de Alcalá y la UNED, en colaboración con Electronic Arts, han puesto en marcha en diferentes colegios públicos de Madrid el proyecto Videojuegos en el aula. Su objetivo es el aprendizaje de los niños a través de videojuegos con contenidos educativos. La plataforma estimula el trabajo en equipo con compañeros, profesores y padres, la comprensión del lenguaje de los sonidos y las imágenes o la distinción entre ficción y realidad. Los escolares disponen de videojuegos de deportes y relacionados con la vida cotidiana, "muy útiles para potenciar ciertos aspectos como la importancia de la salud, la convivencia o las relaciones sociales". Otros, que tienen como protagonistas las mascotas, potencian el respeto y el cuidado de los animales, además de valores como la constancia, el sacrificio y la fuerza de voluntad.

Eroski Consumer

Basándote en los párrafos (1) y (2) contesta las siguientes preguntas.

1 ¿Qué tres factores han influido en que se considere a los videojuegos no solo una opción lúdica sino también educativa?

2 ¿Qué tres factores negativos caracterizaban a los videojuegos en el pasado?

3 Cita cuatro palabras mencionadas en el texto que recogen las virtudes de los videojuegos actuales.

Basándote en los párrafos (1) y (2) transcribe la **palabra o grupo de palabras** que significa:

4 prevenir

5 perjudicial

6 alternativa

7 entretenimiento

8 actualmente

9 lleno de

10 prevalecer

11 cantidad

12 proporcionar

Basándote en el texto decide si las siguientes afirmaciones son verdaderas (**V**) o falsas (**F**) y justifícalo con palabras del texto.

13 Los videojuegos siempre se han considerado una buena opción educativa.

14 Los adultos todavía usan videojuegos que potencian valores negativos.

15 Algunos juegos tradicionales se han pasado a plataformas digitales.

16 Con el uso de videojuegos los niños pueden llegar a superar ciertos miedos.

Completa las siguientes frases con palabras del **párrafo** (3).

17 Las nuevas tecnologías _____ a los estudiantes a desarrollar diferentes actividades.

18 Con la _____ de la tecnología en la educación los estudiantes se sienten mas motivados.

19 Completa el **párrafo** (4) con algunas de las palabras que te ofrecemos.

| a | tras | como | si | que | porque |
| | | o | cuando | | |

Basándote en los **párrafos** (5) y (6) elige la opción que mejor completa la frase.

20 Las investigaciones mas recientes…

A apuestan por el uso de los videojuegos como herramienta educativa.

B no están convencidos de la utilidad educativa de los videojuegos.

C no se ponen de acuerdo sobre el uso de los videojuegos en las aulas.

21 Los videojuegos actuales…

A pueden influir negativamente en el comportamiento.

B no influyen en el comportamiento.

C pueden influir positivamente en el comportamiento.

22 Un factor positivo de los videojuegos….

A es su potencial para desarrollar la fantasía.

B es la oportunidad que ofrecen de viajar a otros países.

C es la oportunidad que ofrecen de conocer a otras personas.

23 El profesor Etxebarria Balerdi…

A ha trabajado con videojuegos los últimos veinte anos.

B siempre ha estado en contra de los videojuegos.

C ya había llamado la atención sobre las posibilidades educativas hace mucho tiempo.

24 Los videojuegos de deportes…

A ayudan a los escolares a aprender sobre tolerancia.

B potencian el respeto a los animales.

C destacan la importancia de una vida saludable.

Basándote en el texto:

En la frase…	la(s) palabra(s)	en el texto se refiere(n) a…
25 Si bien **éstos** todavía tienen seguidores… (párrafo 2)	"éstos"	
26 … el panorama actual y **sus** tendencias… (párrafo 4)	"sus"	
27 **Su** objetivo es el aprendizaje de los niños … (párrafo 6)	"su"	

Para reflexionar

▸ ¿Te gustan los videojuegos? ¿Juegas a menudo?

▸ En parejas, elige un videojuego que conozcas, analízalo y escribe un informe sobre sus factores positivos y negativos.

Perfil de la comunidad del IB

▸ Busca información sobre el Proyecto Videojuegos en el aula. Prepara una presentación para compartir con la clase.

La digitalización de las 'chuletas' pone en jaque a la Universidad

(1) Son las siete de la mañana. Los moradores de un piso de estudiantes apuran las horas antes del examen. ¿Estudian? En el cuarto de baño, el examinado, se afeita el pecho y adhiere a su piel un pequeño micrófono mientras repite: "Probando. Probando. ¿Me oyes?". La red de espionaje llega hasta la universidad. "Alto y claro".

(2) El examinado se sonríe. El auricular es …(14)… pequeño que es incapaz de detectarlo en su propio reflejo. Sabe …(15)… el examen le saldrá perfecto.

(3) Los estudiantes comenzaron a copiar el mismo día que se inventaron los exámenes. …(16)… en algunas estelas sumerias se describe el castigo –50 latigazos– …(17)… el alumno podía recibir si incurría en alguna falta deshonesta con el profesor. …(18)… entonces, se han inventado todo tipo de artimañas para engañar a los docentes: copiar a otro alumno más estudioso, notas correosas en el dorso de la siempre sudorosa mano, larguísimas lecciones miniaturizadas en chuletas, el bolígrafo tallado. …(19)… la aparición de los teléfonos móviles y otros aparatos ha terminado por dejar obsoleta estas técnicas: …(20)… la actualidad la tecnología es la mejor aliada de los alumnos para obtener el anhelado …(21)… inmerecido resultado académico.

(4) Pero tan importante como contar con un buen equipo y estar coordinado con el ayudante, es no pecar de soberbia. "Hay que evitar levantar sospechas. Si …(22)… vas a clase, no puedes sacar una matrícula de honor, basta con aprobar".

…[A]…

(5) Eduardo Hernando, responsable de SOS Espías, comenta que lo que comenzó como un negocio orientado a escoltas y otros profesionales de la seguridad, se ha convertido "gracias a internet" en un boom entre clientes particulares. El nombre de su web no deja lugar a dudas, www.chuletaselectronicas.com. Por un lado explica que sus equipos son "ideales para preparar exámenes, escuchar apuntes o estudiar oposiciones". Por otro lanza una irónica advertencia: "Copiar en exámenes queda prohibido por el fabricante".

…[B]…

(6) En torno a Fernando y Pedro, dos expertos del aprobado fácil, se formó una compleja red de copiones tecnificados. Después de invertir buena parte de sus ahorros en el pinganillo, sacaron provecho académico y, a su vez, formaron una especie de Cofradía de Monipodio para el uso y explotación del artilugio.

(7) Tras probar el éxito del ingenio comenzaron a alquilarlo a otros alumnos por 90 euros. "Siempre a gente de confianza", aclaran.

…[C]…

(8) Las universidades españolas no parecen preocupadas por la cantidad de alumnos que reconocen copiar. No hay medidas establecidas para cuando se sorprende copiando: "Lo normal es que el profesor expulse al alumno del examen y pierda la convocatoria. No se suele llevar más lejos el problema, ni conlleva otro tipo de castigo. Sólo en casos reincidentes se podría barajar la expulsión temporal".

(9) Nada que ver con las consecuencias que puede tener un acto similar en EEUU, donde el alumno puede ser expulsado para siempre de la Universidad, o en China, que incluso ha pensado tipificar como delito este comportamiento.

(10) En nuestro país, muchos profesores restan importancia al asunto. "Se ha hecho toda la vida y no creemos que las nuevas tecnologías estén produciendo copias masivas".

(11) Pese a que los porcentajes de alumnos que admiten copiar superan en la mayoría de los países el 50%, España es el país más permisivo con los estudiantes que son sorprendidos haciéndolo. Parece que copiar es parte de la picaresca nacional, incluso puede decirse que muchos lo ven con simpatía. Es común, además, que aquellos que han logrado acabar la carrera mediante este tipo de artimañas presuman de ello, e incluso se consideren más listos por "no haber perdido el tiempo estudiando".

E. Landaluce / G. Castrillo
El Mundo

1 A continuación tienes los títulos de los diferentes epígrafes del texto **[A–C]**, colócalos en el lugar correspondiente.

   1 Qué dice la autoridad
   2 El fabricante
   3 El 'copión' negociante

2 Con un compañero lee el artículo por partes y resume cada una de las partes conjuntamente.

Contesta las siguientes preguntas.

3 ¿Por qué crees que el estudiante sabe que el examen le saldrá perfecto?

4 ¿Qué castigo se les daba en la antigüedad a los que copiaban?

5 Haz una lista de **cuatro maneras** tradicionales de copiar según el texto.

6 Basándote en el párrafo **(3)** transcribe los **dos adjetivos** que describen los aprobados conseguidos con métodos engañosos.

7 Cita **tres factores** importantes para el éxito en el uso de la tecnología en el "arte" de copiar.

8 ¿Qué contradicción presenta la empresa www.chuletaselectronicas.com?

9 Cita **dos beneficios** que Fernando y Pedro han obtenido del pinganillo.

10 ¿Por qué crees que Fernando y Pedro solo alquilan el pinganillo a gente de confianza?

11 Basándote en el párrafo **(8)** transcribe la **palabra** o **grupo de palabras** que indica la reacción de las universidades españolas ante sus alumnos copiones.

12 Basándote en la información del párrafo **(11)** transcribe **un adjetivo** que indica la actitud de los españoles ante el "arte" de copiar.

13 ¿Por qué se consideran más inteligentes los alumnos que han aprobado sin estudiar?

Basándote en los párrafos **(2)**, **(3)** y **(4)** completa los espacios numerados **(14–22)** con una palabra tomada de esta lista.

desde	nunca	que (x2)	tan	cuando
ya	pero	e	en	y	ahora

23 Basándote en el texto escribe las consecuencias para las personas que copian en los diferentes países:

   1 España   **2** EEUU   **3** China

Basándote en el texto, copia y completa la tabla en tu cuaderno.

En la frase...	la(s) palabra(s)	en el texto se refiere(n) a...
24 ...y adhiere a **su** piel... (*párrafo 1*)	"su"	
25 ...es incapaz de detectar**lo**... (*párrafo 2*)	"lo"	
26 ...que son sorprendidos haciéndo**lo**... (*párrafo 11*)	"lo"	
27 ...presuman de **ello**... (*párrafo 11*)	"ello"	

Basándote en el texto transcribe la **palabra** que significa:

28 pegar (*párrafo 1*)

29 burlar (*párrafo 3*)

30 profesor (*párrafo 3*)

31 reglas (*párrafo 8*)

32 echar (*párrafo 8*)

33 repetido (*párrafo 8*)

Basándote en el texto indica si estas frases son verdaderas **(V)** o falsas **(F)** y escribe las **palabras del texto** que justifican tu respuesta.

34 Copiar es tan antiguo como los exámenes.

35 La tecnología ha sustituido a otros métodos más tradicionales a la hora de copiar.

36 Internet ha ayudado a SOS Espías a ampliar su negocio.

37 Las universidades españolas piensan que con la tecnología el número de estudiantes que copia ha aumentado.

Basándote en el texto completa las siguientes frases para que tengan sentido.

38 Para no levantar sospechas…	**A** lo dicen abiertamente.
39 Fernando y Pedro compraron el pinganillo…	**B** tienen unas pautas claras para los alumnos que copian.
40 Las universidades españolas…	**C** debes buscar un objetivo realista.
	D no dan importancia al problema.
41 En ocasiones los alumnos que tienen éxito copiando…	**E** con la idea de usarlo para aprobar.
	F debes sacar la máxima nota posible.

Para reflexionar

En parejas discute y reflexiona sobre lo siguiente.

▶ ¿Por qué copian los alumnos? ¿Crees que los alumnos, en general, copian mucho? ¿Qué métodos conoces?

▶ ¿Crees que la tecnología ha cambiado la forma de copiar? ¿Lo ha hecho más fácil para el que quiere copiar?

▶ ¿Crees que los castigos en los diferentes países son justos? ¿Qué castigos se imponen en tu escuela? ¿Y en tu país de origen? ¿Qué castigos pondrías tú?

▶ ¿Qué medidas pueden tomar los profesores para evitar que sus alumnos copien?

Lengua

Por y para

por

▶ para expresar gratitud:
Gracias por tu ayuda.

▶ para multiplicar:
Dos por dos cuatro.

▶ lugar aproximado:
Andamos por el parque.

▶ cuando se habla de intercambiar algo:
Me dio diez dólares por el reloj.

▶ para expresar un periodo de tiempo:
Hice ejercicio por dos horas.

▶ con medios de comunicación y transporte:
Prefiero viajar por tren y hablar por teléfono.

▶ para expresar causa o razón:
El hombre murió por falta de agua.

▶ en las oraciones pasivas:
Esa obra fue escrita por Octavio Paz.

Expresiones

*por ahora   por lo menos   por lo tanto
por casualidad   por otra parte
por desgracia   por ejemplo   por suerte*

para

▶ para indicar destino:
El hombre salió para Madrid.

▶ para expresar el uso o propósito de algo:
El cuchillo es para cortar.

▶ para expresar finalidad:
Para hacer una tortilla, primero corte las patatas.

▶ para indicar un destinatario:
Este regalo es para mi madre.

▶ para expresar tiempo límite:
Necesito el informe para el lunes.

Actividades orales

1 Actividad oral individual

1 ¿Qué está pasando en el dibujo?

2 ¿Cómo se siente esta persona? ¿Qué está haciendo?

3 ¿Crees que su productividad en el trabajo será alta?

2 Actividad oral interactiva

Tras visionar la película *Cobardes* de Jose Corbacho y Juan Cruz sobre la vida escolar de un grupo de estudiantes se pueden discutir los siguientes temas.

▶ El uso del teléfono móvil como elemento de relación imprescindible entre los jóvenes.

▶ El posible uso indebido del teléfono móvil en las escuelas en particular, o en la vida en general.

▶ ¿Debería de prohibirse el teléfono móvil en las escuelas? ¿Tiene el móvil un impacto negativo en el aprendizaje en las escuelas? ¿De qué manera?

▶ El papel de los videojuegos en la vida y desarrollo personal de los jóvenes.

Tareas escritas

1 Respuesta personal

Hoy en día se habla mucho de hacer muchas tareas al mismo tiempo y hay mucha polémica sobre su efectividad. Lee la siguiente cita y elabora una respuesta personal usando como mínimo 150 palabras.

> Hay tiempo suficiente en un día para todo, si haces una cosa de cada vez, pero no hay tiempo suficiente en el año para hacer dos cosas al mismo tiempo. Dar toda tu atención a un solo objeto es la muestra de un genio superior.
>
> *Philip Dormer Stanhope, Conde de Chesterfield*

2 Tareas de redacción

Realiza una de estas tareas relacionadas con el tema de la diversidad artística. Escribe un mínimo de 250 palabras.

a Imagina que de repente nuestros gobiernos deciden prohibir las nuevas tecnologías por motivos secretos que no nos quieren revelar. Escribe una entrada en tu **diario** explicando cómo es un día de tu vida sin las nuevas tecnologías y como las echas de menos. No olvides hablar sobre diferentes aspectos como tu vida social, académica, el ocio etc.

b Imagina que eres uno de los estudiantes de Marina y Ria, Escribe un **artículo** para el periódico del colegio explicando cómo han cambiado tus clases de idioma desde que participas en este proyecto.

c En tu colegio se han dado varios casos de plagio o de profesores que han pillado a alumnos copiando en exámenes. Como miembro del consejo escolar escribe una **charla** para el resto de los estudiantes donde expliques claramente qué se considera plagio o copiar, por qué no se debe hacer y cuáles son las consecuencias para aquellos que lo hacen.

d Escribe un **ensayo** en el que analices el uso de las tecnologías en la educación. Resalta tanto los aspectos positivos como negativos.

1 Viajes y turismo

Objetivos

Considerar…

▸ diferentes opciones de turismo.

▸ los viajes y sus cambios en el tiempo.

▸ las consecuencias que pueden tener nuestros viajes en diferentes sectores.

▸ diferentes alternativas a la hora de viajar y visitar otros lugares.

Lengua: familias de palabras.

Contextualización

En parejas discute sobre lo siguiente.

▸ ¿Por qué viajamos? ¿Qué motivos nos animan a viajar a un determinado lugar? ¿Qué tipo de experiencias vivimos cuando visitamos un lugar?

▸ Mira la foto, ¿qué te sugiere? ¿Qué tipo de turismo es?

▸ Piensa en las palabras 'viajero' y 'turista', ¿hay alguna diferencia entre ellas?

▸ ¿A quién crees que beneficia el turismo? ¿De qué manera?

▸ ¿Qué consecuencias puede tener un turismo poco responsable? Piensa en las consecuencias para la economía, la gente del lugar que visitamos, la cultura, el medio ambiente, etc.

Perfil de la comunidad del IB

▸ Lee en el siguiente sitio web el Código ético mundial para el turismo: www.cinu.org.mx

▸ Entérate de por qué se ha elaborado este código, discute cómo pueden beneficiarse las diferentes comunidades y los turistas con la aplicación de este código.

▸ Haz una lista de factores positivos que los dos grupos pueden tener con su aplicación.

Texto A

VISITAS GUIADAS CIUDAD DE BUENOS AIRES

Los curiosos "cicerones "

(1) Un grupo de voluntarios de la ONG Cicerones acompaña gratis a los visitantes por sitios poco promocionados. Pero la Asociación de Guías de Turismo cuestiona la idoneidad de estos prestadores informales. ¿Qué dice cada uno?

(2) Con el propósito de dar a conocer los rincones menos explorados de **Buenos Aires**, la organización no gubernamental **Cicerones** se ofrece para asesorar a los visitantes extranjeros y del interior que llegan a la ciudad y acompañarlos a esos lugares menos promocionados. Todo ese servicio —sostienen— se brinda de forma gratuita. Según señalan los 45 integrantes del grupo (en su mayoría, gente muy viajada), los motiva el deseo de interactuar e intercambiar experiencias, además de información, con representantes de otras culturas.

(3) La entidad, creada hace dos años, se especializa en ofrecer paseos por zonas no incluidas en los circuitos organizados. La iniciativa también tiene sus detractores y generó un debate. La **Asociación de Guías de Turismo de la Ciudad de Buenos Aires (AGUITBA)** cuestiona la idoneidad de los cicerones y —en base a la ley 1264 de Guías de Turismo de la Ciudad, sancionada en febrero— reclama el cumplimiento de ciertos requisitos básicos para ejercer la actividad. Entre ellos, completar una carrera de Turismo, tener la habilitación por un instituto reconocido y contar con credencial oficial. En cambio, la **Subsecretaría de Turismo de la Ciudad**, se inclina por la política de reconocer un espacio a los prestadores informales, aunque con limitaciones: no los considera guías profesionales y les **prohíbe recomendar lugares de consumo puntuales** a los visitantes.

(4) Los cicerones dicen no pretender ser guías de turismo profesionales. Tampoco —afirman— se trata de un grupo de aventureros improvisados. "Contamos con la doble ventaja de que todos dominamos, como mínimo, dos idiomas y de que —por tener profesionales, como arquitectos, ingenieros y sociólogos— podemos aportar conocimientos sobre temas específicos; pero, sobre todo, desde nuestra página web sugerimos a los viajeros: "*tiene un amigo en Buenos Aires*", explica Joaquín Brenman, presidente y uno de los fundadores de Cicerones.

Del Colón a la Bombonera

(5) El espectro de las demandas de los turistas y las opciones que les proponen sus anfitriones abarca los innumerables matices que caben a una gran ciudad. Todo sea por romper barreras y evitar que los visitantes se sientan fuera de escala: desde una gala de ópera en el Colón hasta un partido de River en el Monumental o de Boca en la Bombonera, un recital de Sandro o un viaje en colectivo hasta dar con un grupo de cartoneros en plena tarea nocturna.

(6) Claudia Casabianca, licenciada en Administración de Empresas y Marketing e integrante de Cicerones desde hace un año, vuelve a desalentar cualquier esbozo de competencia con los profesionales en la materia: "Mi misión es dar a conocer nuestra verdadera cultura, sin maquillajes. Con nosotros, los visitantes pueden acceder a lugares no necesariamente turísticos. Es más: preferimos y recomendamos que los puntos clásicos los recorran con profesionales. Lo nuestro no concibe horarios estrictos ni tiempo de duración. Puede estirarse de dos a seis o siete horas y dar pie a hermosas relaciones de amistad. Eso es lo más rescatable". Desde su aparición, Cicerones suma unas 250 salidas, a razón de 20 paseos mensuales, con un promedio de casi tres personas por vez. De todas maneras, la convivencia con los profesionales del sector tiene sus contratiempos.

Cristian Sirouyan
El Clarín

Lengua

Familias de palabras

A partir de una palabra podemos formar otras, relacionadas por su significado. Es lo que llamamos una *familia de palabras*. Copia y completa la tabla con palabras de la misma familia.

verbos	sustantivos	adjetivos
visitar		–
	la organización	–
	el integrante	–
intercambiar		
	el paseo	
cuestionar		
recomendar		
	el fundador	–
sugerir		–
durar		

Basándote en los párrafos del (1) al (4) completa la siguiente información con palabras tomadas del texto.

1 El precio de los servicios de los cicerones es…

2 El trabajo de los cicerones ha levantado polémica porque…

3 Los cicerones no pueden…

4 Las dos características que hacen especiales a los cicerones son:…

5 El mensaje que cicerones manda desde su página web es:…

Basándote en el texto, copia y completa la tabla en tu cuaderno.

En la frase…	la(s) palabra(s)	en el texto se refiere(n) a…
6 …y acompañar**los** a esos lugares… (*párrafo 2*)	"los"	
7 …**los** motiva el deseo… (*párrafo 2*)	"los"	
8 Entre **ellos**, completar una carrera… (*párrafo 3*)	"ellos"	
9 …y **les** prohíbe recomendar lugares… (*párrafo 3*)	"les"	

Basándote en la información del texto indica si estas frases son verdaderas (V) o falsas (F) y escribe las **palabras del texto** que justifican tu respuesta.

10 La mayoría de los voluntarios también ha viajado extensamente.

11 La motivación de los cicerones es el interés por dar a conocer su ciudad y aprender sobre otras culturas.

12 Los cicerones quieren proporcionar al visitante una experiencia diferente a la que ofrecen los guías tradicionales.

13 La Asociación de Guías de Turismo de la Ciudad de Buenos Aires no quiere que los cicerones hagan este trabajo.

14 Las posibilidades que ofrecen son limitadas.

Basándote en los párrafos (5) y (6) transcribe la **palabra** que significa:

15 por la noche

16 miembro

17 enseñar

18 aconsejar

19 visitar

20 problema

21 En el texto se menciona el Colón, el River, el Monumental, el Boca, la Bombonera, Sandro o los cartoneros. Todo ello muy típico de la ciudad de Buenos Aires. Busca información más detallada sobre estos monumentos y su relevancia dentro de la ciudad.

Para reflexionar

En parejas discute y reflexiona sobre lo siguiente.

▶ ¿Qué piensas de la iniciativa de Cicerones en Buenos Aires? ¿Conoces alguna alternativa similar en otro país?

▶ ¿Piensas que esto se puede tratar de un caso de competencia desleal para los guías oficiales? ¿Por qué?

▶ ¿Te gustaría participar en un proyecto similar? Elabora una lista de ventajas que un turista puede tener al usar los servicios de los cicerones y otra lista con los beneficios que pueden tener los voluntarios.

Ruta Quetzal: 30 años celebrando el descubrimiento de América

(1) **¿Qué puede unir para siempre a más de 8.000 jóvenes de 50 países diferentes desde hace casi 30 años? La respuesta es Ruta Quetzal BBVA, una aventura de un mes y medio creada en 1979 a petición del rey don Juan Carlos I y que en la actualidad está declarada de interés universal por la Unesco.**

(2) El viaje, desde el principio encabezado por el aventurero Miguel de La Cuadra-Salcedo, reúne cada año a 350 jóvenes de 16 y 17 años con el propósito de que conozcan la historia y la cultura común entre América y España de manera práctica –visitando lugares de interés– y teórica –mediante un ciclo de conferencias que se celebra durante el viaje–.

(3) El proyecto nació para celebrar el V centenario del descubrimiento de América. Hasta la expedición de 1993 el viaje entre España y América se realizaba en barco. Desde 1993 el viaje se hace en avión.

(4) La Ruta ha recorrido ya más de 20 países, entre los que se encuentran Bolivia, Brasil, Costa Rica, Guatemala, Honduras, México, Panamá, Paraguay, Perú o Portugal.

Programa académico

(5) En todas sus ediciones, la expedición ha seguido recorridos históricos siguiendo las huellas de personajes cruciales ...(13)... la historia de la Comunidad Iberoamericana, dando especial importancia a las culturas precolombinas ...(14)... a las épocas de la independencia de los países iberoamericanos, sin olvidar las tres culturas ...(15)... España llevó a América: la islámica, la judía y la cristiana.

(6) ...(16)... detrás de la diversión y las nuevas experiencias hay un sólido programa académico destinado a impulsar las relaciones históricas y de futuro ...(17)... Europa y América en completa unión con las ciencias y técnicas de nuestro tiempo.

(7) Supone más ...(18)... 400 horas lectivas dedicadas a temas geográficos, literarios, artísticos y económicos, arqueología,

antropología, biología, etnografía o zoología. Pero ...(19)... de estas disciplinas también se le da mucha importancia al desarrollo de actividades deportivas.

(8) ...(20)..., el propósito principal de Ruta Quetzal es mostrar a los inminentes universitarios distintas disciplinas que hagan nacer en ellos vocaciones y ...(21)... ayudarles en la decisión a la que se enfrentan poco después, de elegir una carrera.

(9) "La Selva del Río de los Cocodrilos. Panamá-Río Chagres" fue el título de una de las expediciones. Iniciaron un recorrido por los tres grandes caminos que se abrieron desde el reinado de Carlos I para conectar los dos océanos: el camino Real, el camino de Chagres y el camino de Cruces. La Corona, con la intención de asegurar, concentrar y proteger estas vías, construyó varias fortificaciones que fueron visitadas por los ruteros, entre las que destaca Portobelo.

(10) Tras su paso por Panamá, los jóvenes llegaron a España, donde visitaron varias ciudades y pueblos, con especial influencia de ríos (puesto que en torno a este tema se centró la expedición): Cuenca, Toledo, Madrid, Valladolid, Zamora, Zaragoza...

Un antes y un después

(11) El viaje dura un mes y medio. Y como a todos los participantes se les hace corto, éstos se organizan para no perder el contacto entre ellos y recordar y revivir lo aprendido. A lo largo de la historia de Ruta Quetzal se han organizado cinco encuentros internacionales en República Dominicana, Venezuela, Honduras, Argentina, Paraguay, Chile, Uruguay y Costa Rica, y otros cuatro encuentros oficiales en Valencia, Toledo, Navarra y Cantabria reuniendo a más de 700 personas cada uno.

(12) También existe una asociación, y anualmente los antiguos expedicionarios realizan congresos y encuentros en donde se debaten temas de actualidad que afectan a la Comunidad Iberoamericana.

Renata González-Calvo
www.serresponsable.es

1 El texto está compuesto de tres partes bien diferenciadas (*párrafos 1–4, párrafos 5–10 y párrafos 11–12*). Propón un titulo nuevo para cada una de estas tres partes.

Basándote en la información del texto copia y completa las siguientes frases.

2 Las dos facetas que tiene el viaje son…

3 Los dos medios de transporte principales usados en las distintas expediciones son…

4 Originalmente, el objetivo principal de la Ruta Quetzal fue…

5 Según el texto, las contribuciones culturales de España a Latinoamérica fueron…

6 El tema principal de una de las expediciones fue…

7 En el párrafo (3) hay dos palabras sinónimas relativas a la actividad de viajar, ¿cuáles son?

Indica a qué se refieren las siguientes cifras según el texto.

8 1979

9 20

10 400

11 5

12 700

Basándote en los párrafos (5) al (8) completa los espacios numerados (13–21) con una palabra tomada de esta lista.

además	como	así	en	y	para	entre
así que	que	en definitiva	con	de		

22 Según el texto, ¿de qué manera puede contribuir la participación de los jóvenes en este programa a su futuro profesional?

Basándote en el texto completa las siguientes frases para que tengan sentido.

	A	según recorridos de importancia cultural y turística.
23 El a venturero Miguel de la Cuadra Salcedo…	B	fue el creador del proyecto.
	C	dirige la expedición.
24 Las expediciones se diseñan…	D	para mejorar el comercio.
25 Además de los conocimientos teóricos los estudiantes…	E	según recorridos de importantes personajes históricos.
26 Desde la época de Carlos I se abrieron tres rutas…	F	que unían el océano Pacífico y Atlántico.
	G	pueden participar en diferentes deportes.

Basándote en el texto indica si estas frases son verdaderas (**V**) o falsas (**F**) y escribe las **palabras del texto** que justifican tu respuesta.

27 Portobelo fue construida para proteger las rutas entre los dos océanos.

28 Los jóvenes visitaron varios países en Latinoamérica y después se dirigieron a España.

29 A los participantes les parece que el viaje dura demasiado tiempo.

30 España ha sido la sede de uno de los encuentros internacionales.

Basándote en el texto transcribe la **palabra** que significa:

31 sitios (*párrafo 2*)

32 originar (*párrafo 3*)

33 conmemorar (*párrafo 3*)

34 época (*párrafo 6*)

35 objetivo (*párrafo 9*)

36 relación (*párrafo 11*)

37 todos los años (*párrafo 12*)

Basándote en el texto:

En la frase...	la(s) palabra(s)	en el texto se refiere(n) a...
38 ...que hagan nacer en **ellos**... (*párrafo 8*)	"ellos"	
39 Tras **su** paso por Panamá... (*párrafo 10*)	"su"	
40 ...**éstos** se organizan para no perder el contacto... (*párrafo 11*)	"éstos"	
41 ... reuniendo a más de 700 personas **cada uno** (*párrafo 11*)	"cada uno"	

42 Elige tres de las siguientes frases que reflejan información que aparece en el texto.

   A Una edición se basó en el tema de los cocodrilos.

   B La UNESCO reconoce este programa como promovedor de los valores universales.

   C En cada edición el viaje recorre más de dos países.

   D En 1993 se cambio el medio de transporte en el que se hacía el viaje.

   E En encuentros posteriores al viaje se tratan asuntos importantes tanto para Latinoamérica como para España.

   F Uno de los viajes trato sobre el tema de los ríos.

Perfil de la comunidad del IB

▶ Busca información sobre las diferentes rutas que se han explorado durante los 30 años de existencia del programa.

▶ Elige una y prepara una presentación para el resto de la clase sobre adónde condujo esta ruta, que actividades se realizaron y por qué fue importante el itinerario elegido dentro de una perspectiva histórica.

Para reflexionar

En parejas discute y reflexiona sobre lo siguiente.

▶ ¿Cómo crees que puede ayudar este programa a los jóvenes tanto a nivel personal como a nivel académico y profesional?

▶ ¿Te gustaría participar en este proyecto?

▶ ¿Crees que debería de abrirse a otras nacionalidades? ¿Qué ventajas podría tener para el programa el que incluyera a personas de países nuevos?

▶ ¿Qué programas similares se podrían desarrollar en otros países, continentes con una filosofía parecida y basándose en la historia? Discutidlo en parejas y presentar una propuesta con información que apoye vuestra proposición.

Actividades orales

1 Actividad oral individual

1 ¿Dónde se encuentran estas personas?

2 ¿Qué están haciendo?

3 ¿Qué problema piensas que tienen?

4 ¿Cómo crees que se sienten?

2 Actividad oral interactiva

Tras escuchar la canción "*Mediterráneo*" de Los Rebeldes de los años 80, en la que se describen unas vacaciones ideales como un viaje donde hay mucho descanso, playa, sol y vida nocturna. Elige y realiza una de las siguientes tareas:

▶ Un debate sobre los diferentes objetivos que pueden tener unas vacaciones y los beneficios de viajar simplemente a una playa en contraposición de los beneficios que puede tener un viaje en el que se incluye playa y elementos culturales.

▶ Una discusión sobre de qué manera han cambiado los viajes y las expectativas de los turistas y viajeros en los últimos años.

Tareas escritas

1 Respuesta personal

Lee la siguiente propuesta y elabora una respuesta personal usando como mínimo 150 palabras. Compara las actitudes y situaciones, tanto similares como diferentes, sobre este tema en la cultura hispana y en la tuya propia.

> En España hay un tipo especial de hoteles: los paradores nacionales. Los Paradores son hoteles que se sitúan en lugares peculiares, como castillos, conventos, antiguos alcázares o palacios, todos ellos rehabilitados para albergar turistas. Los Paradores, no solo nos transportan en la historia porque la mayoría están situados en edificios históricos sino porque también están amueblados con piezas de época y antigüedades. Es una experiencia inolvidable para conocer las distintas zonas del país y tener como hotel, tesoros de la historia española. Es como si durmieran donde lo hicieron caballeros medievales y príncipes del pasado.
>
> La red nacional de Paradores de España fue iniciada hace 75 años en 1928, durante el reinado de Alfonso XIII.

2 Tareas de redacción

Realiza una de estas tareas relacionadas con el tema de viajes y turismo. Escribe un mínimo de 250 palabras.

a Imagina que participaste en la aventura Quetzal BBVA cuando el viaje todavía se realizaba en barco. Escribe una entrada a tu **diario** donde cuentes las actividades en las que has participado y tus reflexiones sobre las experiencias que has vivido durante ese día. Recuerda que este programa incluye ocio, deportes y clases o conferencias teóricas.

b En el Texto A hemos leído sobre los cicerones, voluntarios que enseñan sus ciudades a los visitantes desde un punto de vista diferente al guía tradicional. Imagina que eres un cicerone que has sido contactado por un turista que visitará tu ciudad. Escríbele un **correo electrónico** explicándole qué rincones y experiencias podrás compartir con él cuando llegue.

c En tus últimas vacaciones tenías programado varios trayectos en avión, pero la aerolínea tuvo muchos retrasos, según ellos, por motivos técnicos. Como consecuencia perdiste tus conexiones, perdieron tu equipaje, ningún empleado de la compañía te ayudó. Todo ello resultó en unas vacaciones de lo más desagradables. Escríbele una **carta de reclamación** a la compañía contándoles todos tus problemas y diciéndoles que esperas que te devuelvan el dinero y te paguen una indemnización por todos los contratiempos que tuviste que sufrir.

d Eres un representante de *Turismo con conciencia*, una organización que intenta que los turistas viajen concienciados de que pueden tener un impacto negativo en los lugares que visitan si no reflexionan sobre sus acciones. Están preocupados, no solo por la contaminación medioambiental, sino también por la contaminación cultural. Escribe un **discurso** que vas a dar en un colegio para concienciar a los estudiantes del turismo responsable.

2 Ética en el deporte

Objetivos

Considerar…

▸ lo que significa tener un comportamiento ético en el deporte.

▸ diferentes conductas poco deportivas y sus consecuencias.

▸ cómo evitar conductas fraudulentas en el deporte.

▸ cómo el deporte puede hacernos mejores personas y ciudadanos.

Lengua: expresiones idiomáticas; pretérito perfecto compuesto.

Contextualización

▸ En parejas vamos a leer las siguientes citas sobre el deporte. Explica lo que piensas que quieren decir, decide si estás de acuerdo con ellas y saca tus propias conclusiones de cómo podrían aplicarse a otros aspectos de la vida.

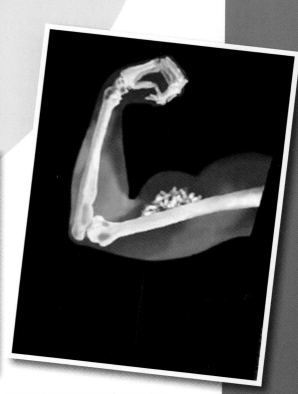

"El deporte no construye el carácter. Lo revela." (Heywood Hale)

"El único sitio donde el éxito viene antes que el trabajo es en el diccionario." (Vidal Sassoon)

"El segundo es el primer perdedor." (Ayrton Senna)

"El deporte es el esperanto de las razas." (Jean Giraudoux, dramaturgo francés)

"No preguntes qué pueden hacer tus compañeros por ti. Pregunta qué puedes hacer tú por tus compañeros." (Magic Johnson)

"No se fracasa hasta que no se deja de intentar." (Florence Griffith)

"El único que puede decirte que no puedes hacer algo eres tú mismo. Y no necesariamente tienes que escucharte." (slogan de Nike)

▸ Mira el siguiente dibujo y contesta las preguntas.

▸ ¿Qué te sugiere el dibujo? ¿Qué piensas que representa?

▸ ¿Qué recursos puede usar un deportista para maximizar su rendimiento?

▸ Algunos deportistas usan sustancias para obtener mejores resultados, ¿qué te parece esta práctica? ¿Está siempre permitido? ¿Qué pasa cuando no están permitidas? ¿Qué nombre recibe este comportamiento? ¿Qué castigo crees que deberían recibir los deportistas por esta conducta?

Perfil de la comunidad del IB

▸ Busca información más detallada sobre el dopaje en el deporte. Intenta averiguar qué piensan algunos organismos internacionales (por ejemplo: el COI, la UNESCO, etc.) sobre el dopaje y qué medidas se están tomando para atajar esta práctica. Elabora un folleto informativo sobre el dopaje.

Texto A

Decálogo del buen Deportista

A Los deportistas no son buenos o malos únicamente por los resultados obtenidos en la competición, sino también por el modo de comportarse en ella.

B Todos nos hemos preguntado alguna vez ¿qué significa ser buen deportista? ¿Cómo se comporta un campeón? ¿Qué cualidades debe tener? Cualquier persona que practique un deporte puede considerarse buen deportista si actúa como tal, independientemente de ganar o perder.

C El buen deportista siempre es un campeón, sea campeón del Mundo, de España, de su barrio o de su portal. El mal deportista, por muchos títulos que gane, nunca será un campeón. Os presentamos una propuesta para que nos ayude a reflexionar sobre nuestro modo de actuar, el decálogo del buen deportista.

1 Los buenos deportistas tienen capacidad de superación, son exigentes consigo mismos y les gusta hacer las cosas bien dentro y fuera de la pista. No se conforman con hacer las cosas regular, les gusta mejorar en el deporte, en los estudios, en la relación con sus padres,...

2 Tienen espíritu de sacrificio y constancia, no se rinden ante los problemas y siguen comprometidos con su deporte y sus compañeros, luchando por mejorar. Todas las cualidades del deportista se pueden mejorar, eso requiere un largo aprendizaje y entrenamiento. Los resultados no se obtienen de la noche a la mañana.

3 Practican siempre el juego limpio y respetan las normas, ...(6)... intentan ganar haciendo trampas: fingiendo lesiones, haciendo actos prohibidos ...(7)... tomando sustancias peligrosas. Ganar haciendo trampas es peor ...(8)... perder.

4 Los buenos deportistas disfrutan ...(9)... el entrenamiento y la competición, se divierten practicando su deporte. ...(10)... aprenden algo nuevo, cuando terminan agotados de un duro entrenamiento o cuando afrontan una competición, ...(11)... se sienten satisfechos ...(12)... el esfuerzo realizado.

5 Cuando ganan, celebran su victoria con humildad ...(13)... valoran el trabajo del contrario. ...(14)..., el buen deportista es modesto, respeta a su contrincante y siempre sigue intentando superarse a sí mismo. Esa es la mejor recompensa que puede recibir, el orgullo de hacer lo que le gusta y hacerlo bien, no los trofeos ...(15)... el dinero.

6 Cuando pierden, no buscan excusas, felicitan al ganador y aprenden de los errores para mejorarlos en el entrenamiento y poder evitarlos la próxima vez. Debemos felicitar al ganador y no envidiar su triunfo.

7 Respetan las decisiones arbitrales. Igual que los deportistas cometemos fallos, también el árbitro puede cometer errores. De poco sirve enfadarse ni perder los nervios durante la competición. El buen deportista es el modelo a seguir por los demás, así que debe comportarse con dignidad ante el rival y los jueces.

8 Son capaces de controlarse cuando la competición está muy tensa y en la grada no hay buen ambiente, se centran en su labor y procuran calmar al público. Es importante que un deportista tenga control de sí mismo, y que sepa al mismo tiempo esforzarse al máximo, concentrarse en su labor y no cometer acciones poco caballerosas.

9 Saben cuidarse: descansar, comer y beber adecuadamente, prevenir y curar las lesiones. El deporte no termina después de la competición ni tan siquiera después del entrenamiento. Tan importante es entrenar como descansar adecuadamente, seguir los consejos del médico ante una lesión y alimentarse sana y equilibradamente.

10 Trabajan en equipo, practicando el compañerismo por encima del lucimiento personal. Tanto en los deportes de equipo como en los individuales un deportista nunca llega solo a la meta, detrás de él están sus compañeros, entrenadores, padres y todo el mundo que forma «su equipo».

Óscar Martínez de Quel - Javier Jiménez - Jorge Belloso
www.sportmagister.com

1 Antes de leer el texto responde a las siguientes preguntas.

A ¿Qué significa ser buen deportista para ti? Haz una lista de cualidades que según tu opinión tiene que tener un buen deportista.

B Define lo que significa el juego limpio para ti.

C ¿Crees que durante las competiciones deportivas se respetan las reglas, se juega para divertirse o solamente para ganar sin importar el respeto a las reglas y a los demás? Razona tu respuesta.

D Reflexiona sobre cómo un código ético para deportistas puede ayudar a evitar las prácticas fraudulentas en las competiciones deportivas.

2 Identifica los dos factores que según el texto definen al buen deportista.

Basándote en los párrafos **(B)**, **(C)** y en las propuestas **(1)** y **(2)** completa las siguientes frases con **palabras tomadas del texto:**

3 Para ser buen deportista no es importante…

4 Para los buenos deportistas… no es suficiente.

5 Los buenos deportistas nunca…

Basándote en las propuestas **(3)**, **(4)** y **(5)** completa los espacios numerados **(6–15)** con una palabra tomada de esta lista.

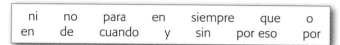

ni	no	para	en	siempre	que	o
en	de	cuando	y	sin	por eso	por

16 Relaciona las palabras de la primera columna con un sinónimo de la segunda columna.

1	modo *(párrafo A)*	**a**	contrincante
2	ganar *(párrafo B)*	**b**	comportarse
3	actuar *(párrafo B)*	**c**	disculpas
4	disfrutar *(propuesta 4)*	**d**	victoria
5	contrario *(propuesta 5)*	**e**	premio
6	trofeo *(propuesta 5)*	**f**	manera
7	excusas *(propuesta 6)*	**g**	vencer
8	triunfo *(propuesta 6)*	**h**	pasarlo bien

Basándote en el texto, copia y completa la tabla en tu cuaderno.

En la frase…	la(s) palabra(s)	en el texto se refiere(n) a…
17 …sino también por el modo de comportarse en **ella**. (*párrafo A*)	"ella"	
18 …y **les** gusta hacer las cosas bien… (*propuesta 1*)	"les"	
19 …y poder evitar**los** la próxima vez. (*propuesta 6*)	"los"	
20 …y no envidiar **su** triunfo. (*propuesta 6*)	"su"	

21 Basándote en la información de la propuesta **(7)**: ¿Ante qué dos grupos debe de mostrar un comportamiento digno el deportista?

Lengua

Las expresiones idiomáticas

A continuación hemos separado las dos partes de ciertas expresiones idiomáticas.

▶ Únelas para que tengan sentido.

▶ Después en parejas definidlas y propon 10 expresiones idiomáticas.

1	tomar	**a**	atención
2	causar	**b**	a un acuerdo
3	prestar	**c**	un favor
4	pasar	**d**	un riesgo
5	hacer	**e**	loco
6	correr	**f**	en contacto
7	volverse	**g**	una decisión
8	mantenerse	**h**	un crimen
9	cometer	**i**	problemas
10	dar	**j**	el tiempo
11	llegar	**k**	un paseo

El director italiano de la escudería y el director técnico, Pat Simons, se marchan por el escándalo de Singapur.

1. Renault ha sacrificado a su jefe de equipo, el mediático italiano Flavio Briatore, para tratar de evitar una dura sanción de la FIA, que el lunes dictaminará si los responsables de la escudería francesa son culpables de haber arreglado el resultado del Gran Premio de Fórmula 1 de Singapur de 2008.

2. Briatore, uno de los rostros más reconocidos de la Fórmula 1, se marcha junto al director de ingenieros de la escudería, el británico Pat Symonds. Se desconoce si han sido despedidos o si han dimitido, pero la salida de ambos y el reconocimiento de que la escudería no discutirá las acusaciones son una oferta de paz para el Consejo Mundial de la FIA (Federación Internacional del Automóvil) dejan entrever que el arreglo fue cierto.

3. Ambos eran los principales acusados por el ex piloto del equipo Nelson Piquet Jr., que reveló que cumplió órdenes del equipo cuando se estrelló en Singapur deliberadamente hace un año para favorecer la estrategia de su compañero, el español Fernando Alonso.

4. El Consejo Mundial de la FIA estudiará el caso en París el lunes. Entre las posibles sanciones para Renault está la exclusión del campeonato del mundo, algo que podría conducir a la escudería a dejar la Fórmula 1 en un contexto de crisis económica, de malos resultados y de pérdida de patrocinadores. La aseguradora holandesa ING no seguirá con su marca naranja en los bólidos franceses en 2010.

5. A eso hay que sumar la marcha de Alonso a Ferrari, que aunque no es oficial se da por hecha en el paddock. ¿Será posible continuar sin Alonso, sin Briatore, sin patrocinador y con una eventual exclusión del Mundial o una dura multa por haber arreglado una carrera? En principio, Renault, que también suministra motores a otros equipos, está comprometida a seguir en la Fórmula 1 hasta 2012. El cuatro veces campeón mundial Alain Prost podría ser el nuevo jefe de equipo.

6. Piquet Jr. reveló a la FIA lo sucedido hace un año en Singapur poco después de que fuera despedido de la escudería francesa en julio tras año y medio como piloto junto a Alonso.

7. El brasileño contó cómo Symonds le dijo en una reunión en qué curva y en qué vuelta se tenía que estrellar para provocar la entrada del coche de seguridad y favorecer así la estrategia de Alonso, que entró a repostar antes que nadie, se benefició del reagrupamiento al que obliga el safety car y ganó la carrera.

8. "No creo que tenga ninguna responsabilidad ni que hayamos hecho nada mal", se defendió Briatore en Monza la pasada semana, cuando anunció una querella contra Piquet. Alonso también descarta saber nada del asunto.

9. Symonds, en cambio, admitió ante la FIA que había discutido con Piquet Jr. la posibilidad de un "accidente deliberado", aunque dijo que la sugerencia fue del piloto. A las revelaciones del brasileño, que quiere venganza ante Briatore, al que definió como un "verdugo", se sumó quizás el reconocimiento de culpa de Symonds. Al parecer, la FIA ofreció inmunidad al ingeniero a cambio de una confesión.

Daniel García Marco
www.diariodejerez.es

1 Según los párrafos (1) y (2), ¿qué puestos desempeñaban Flavio Briatore y Pat Symonds dentro de la escudería Renault?

Basándote en la información de los párrafos (1), (2), (3) y (4) del texto completa las siguientes frases para que tengan sentido.

2 Con el despido de Briatore su equipo…	**A** su equipo había planeado el accidente de Singapur.
3 Flavio Briatore…	**B** podría cambiar de equipo la próxima temporada.
4 Nelson Piquet afirmó que…	**C** intenta no ser sancionado.
5 Fernando Alonso…	**D** es una de las personas más populares de la Formula 1.
6 El Consejo Mundial de la FIA…	**E** tomará próximamente una decisión sobre el escándalo de Singapur.
	F intenta sancionar a la escudería.
	G cambiará de equipo la próxima temporada.

Basándote en el texto transcribe la **palabra que** significa:

7 intentar (*párrafo 1*)

8 los dos (*párrafo 3*)

9 a propósito (*párrafo 3*)

10 añadir (*párrafo 5*)

11 proporcionar (*párrafo 5*)

12 ocurrir (*párrafo 6*)

13 beneficiar (*párrafo 7*)

Basándote en los párrafos (4), (5) y (7) completa las siguientes frases con **palabras tomadas del texto**:

14 Los tres problemas a los que se enfrenta Renault son:…

15 Alain Prost ha ganado… campeonatos.

16 Nelson Piquet es…

Lengua

Pretérito perfecto compuesto

El pretérito perfecto compuesto se forma con el presente del verbo *haber* más el participio del verbo que se conjuga.

he	
has	hablado
ha	comido
hemos	vivido
habéis	
han	

El pretérito perfecto tiene el mismo uso que en inglés:

- para expresar una acción que ocurrió en el pasado reciente sin especificar el tiempo:
  He comido patatas para el almuerzo.

- para expresar una acción que se puede repetir en el presente:
  Muchas veces **hemos ido** de vacaciones con su familia.

- cuando usamos las palabras "*nunca*" o "*jamás*":
  Nunca **ha estado** en Madrid.

Los siguientes verbos son irregulares en el participio:

abrir	abierto
cubrir	cubierto
decir	dicho
escribir	escrito
hacer	hecho
imprimir	impreso
morir	muerto
poner	puesto
resolver	resuelto
romper	roto
ver	visto
volver	vuelto

Basándote en la información de los párrafos (5), (6), (7), (8) y (9) indica si estas frases son verdaderas (V) o falsas (F) e indica las **palabras del texto** que justifican tu respuesta.

17 El equipo de Renault no es el único que usa motores de esta marca en sus coches.

18 Piquet reveló el plan de provocar un accidente en Singapur cuando todavía era piloto de Renault.

19 El accidente se provocó para que Alonso tuviera ventaja en la carrera.

20 Alonso desconocía los planes de su equipo de provocar el accidente.

21 Según Symonds, la idea de provocar el accidente fue de Piquet.

22 Indica las cuatro afirmaciones que recogen información mencionada en el texto.

    A El consejo mundial de la FIA ya ha suspendido a Renault.
    B Nelson Piquet no tenía una buena opinión de su jefe de equipo.
    C Piquet correrá para otro equipo la próxima temporada.
    D Alonso llegó el primero en la carrera de Singapur.
    E Piquet y Alonso fueron compañeros durante año y medio.
    F Piquet afirma que seguía las órdenes de su equipo cuando provocó el accidente en Singapur.

23 Según el párrafo (7), ¿qué recibiría Pat Symonds si confesara los hechos ocurridos en Singapur?

Perfil de la comunidad del IB

▸ Has leído sobre Fernando Alonso en el texto, un piloto español muy importante en la F1 en la actualidad. Buscad más información sobre la influencia de pilotos hispanos en la F1. Prepara la información y compártela con la clase.

Para reflexionar

▸ ¿Qué piensas del plan de Renault de perjudicar a uno de sus pilotos en favor del otro?

▸ ¿Qué consecuencias piensas que podría haber tenido el accidente para Piquet? ¿Y para los otros pilotos que estaban participando en la competición?

▸ ¿Realmente crees que Alonso no sabría nada sobre los planes de su equipo? ¿Por qué piensas así?

▸ Si tú te encontraras en la situación de Piquet, ¿cómo te sentirías? ¿Habrías hecho lo mismo o habrías desobedecido las órdenes de tu equipo? ¿Por qué?

▸ Si se confirma el fraude, ¿qué sanción piensas que debería recibir Renault?

▸ ¿Conoces algún otro fraude similar en este u otros deportes?

Actividades orales

1 Actividad oral individual

1 ¿Qué está pasando en la foto?

2 ¿En qué tipo de deportes se manifiesta mayor agresión y violencia?

3 ¿Qué factores favorecen la violencia y la agresión en la competición?

4 ¿Crees que cada vez hay más violencia en el deporte? ¿Por qué?

5 ¿Cómo podemos evitar la violencia en el deporte?

2 Actividad oral interactiva

Dividid la clase en dos grupos y realizad los siguientes debates.

▶ *La práctica fraudulenta en los deportes de alta competición es inevitable porque hay mucho dinero en juego.*

▶ *El dopaje debería permitirse porque es imposible evitarlo.*

Tareas escritas

1 Respuesta personal

Lee la siguiente propuesta y elabora una respuesta personal usando como mínimo 150 palabras. Compara las actitudes y situaciones, tanto similares como diferentes, sobre este tema en la cultura hispana y en la tuya propia.

> Las recompensas por la deportividad trascienden a los clubes y pueden referirse a un futbolista en particular o a una afición. Para ello se creó el trofeo Zaballa en honor al jugador del Sabadell que en 1967 protagonizó un gesto insólito hasta la fecha.
>
> En un partido en el Santiago Bernabéu lanzó el balón fuera cuando tenía la posibilidad de marcar gol a puerta vacía debido a que el portero, Junquera, estaba fuera del área por una lesión.
>
> *(David Varela, www.ideal.es)*

2 Tareas de redacción

Realiza una de estas tareas relacionadas con el tema de la ética en el deporte. Escribe un mínimo de 250 palabras.

a Imagina que eres entrenador de un equipo, escribe el **discurso** que les darás a tus jugadores en el primer entrenamiento del año enfatizando qué aspectos son importantes para que el equipo obtenga unos buenos resultados. Háblales no solo del aspecto técnico de la competición en sí, sino también de su comportamiento.

b Acabas de descubrir que un miembro de tu equipo ha estado tomando sustancias prohibidas para mejorar su rendimiento, escríbele un **correo electrónico** diciéndole que su comportamiento te ha decepcionado, pero que estás dispuesto a ayudarle. Explícale cuáles pueden ser las consecuencias de su conducta tanto a nivel personal como de equipo y ofrécele tu ayuda para que mejore sus resultados sin la necesidad de recurrir al dopaje.

c Eres miembro del equipo que trabaja en la revista de tu colegio y fuiste elegido para entrevistar a un deportista famoso que visitó recientemente tu ciudad. Transcribe esa **entrevista** donde el atleta te cuenta la importancia que el deporte tiene para él y cómo los valores que se aprenden en el deporte se pueden trasladar a la vida diaria.

d En esta unidad hemos reflexionado sobre la importancia de ser honestos cuando competimos en un deporte. Realiza un **póster** para promover el deporte limpio.

e Hoy fuiste a un evento deportivo y presenciaste un acto de violencia en el que no solo participaron los deportistas sino también los espectadores. Escribe una entrada en tu **diario** explicando con detalle lo que viste y tus reflexiones al respecto.

3 Música y pintura

Objetivos

Considerar…

▶ diferentes aspectos relacionados con la expresión musical y visual del mundo hispano.

▶ la relación entre música latina y solidaridad.

▶ la contribución de la pintura española al arte.
Lengua: las partículas interrogativas y el futuro.

Contextualización

▶ ¿Cuántos grupos o solistas latinos conoces?

▶ A lo largo de esta unidad nos vamos a familiarizar con algunos de los más famosos cantantes y grupos de España y América Latina. Éstos son algunos de ellos: Alejandro Sanz, Shakira, Juanes, Amaral, Diego Torres, Maná, Julieta Venegas

Ahora vamos a conocer más a fondo a alguno de estos artistas.

▶ Escogeremos uno de los cantantes o grupos mencionados.

▶ Entre todos buscaremos su página web oficial o identificaremos alguna otra fuente de información común para toda la clase.

▶ A continuación podemos preparar un concurso para comprobar quién ha aprendido más sobre nuestro grupo o solista.

▶ Para ello, dos estudiantes van a preparar una presentación con una serie de preguntas tomadas de la fuente de información antes seleccionada.

▶ Para cada pregunta se van a ofrecer tres posibles respuestas, siendo sólo una la correcta. Por ejemplo:

– *¿Cómo se llama el líder del grupo mexicano Maná?*

  a) Alex López

  b) Fher Olvera

  c) Juan García

▶ El resto de la clase se divide en grupos para participar por turnos en el concurso y ganará el grupo que más aciertos acumule al final.

¡Suerte y que gane el mejor!

Lengua

Partículas interrogativas

▶ Para elaborar el cuestionario vamos a necesitar partículas interrogativas. Recuerda que es necesario incluir el acento en el uso interrogativo de estas palabras:
¿Qué? ¿Cuál? ¿Quién? ¿De quién? ¿Dónde? ¿Cuándo? ¿Cómo? ¿Cuánto? ¿Por qué?

▶ ¿Sabrías explicar las diferencias entre las siguientes expresiones?
¿Por qué? Porque Por que Por qué

▲ El grupo mexicano, Maná

239

Texto A

Artistas latinos
lucharán contra la pobreza

(1) Shakira, Alejandro Sanz, Miguel Bosé, Juanes y Alejandro Fernández son algunos de los 20 artistas latinoamericanos que el próximo martes 12 pondrán en marcha la Fundación ALAS para eliminar la pobreza, el trabajo infantil y el analfabetismo en América Latina. La Fundación América Latina en Acción Solidaria (ALAS) será lanzada el próximo martes en una multitudinaria fiesta en el Teatro Nacional de la Ciudad de Panamá, en cuya Ciudad del Saber instalará su sede.

(2) Alejandro Sanz, Juanes, Miguel Bosé, Shakira, Diego Torres, Alejandro Fernández, Juan Luis Guerra, Daniela Mercury, Aleks Syntek, Danilo Perez, Fher Olvera y Alex González, del grupo mexicano Maná, David Bisbal, Ricky Martin y Chayanne han confirmado, entre otros, su presencia para el lanzamiento de la Fundación, cuyos objetivos se inspiran en el primer concierto benéfico de la historia de la música, en el que participaron George Harrison, Ringo Starr, Bob Dylan, Eric Clapton y otros artistas al inicio de la década de los setenta, después del éxito mundial en el que se convirtió la canción de los Beatles "All you need is love" (Todo lo que necesitas es amor).

(3) Los artistas latinoamericanos de hoy quieren que la melodía que marque esta época lleve la solidaridad "...16... lo más alto en los ránkings y que sacuda desde dentro el corazón de nuestra gente". La Fundación Alas "es el primer paso que damos juntos, el primero de todo un continente que necesita recuperar la dignidad y el orgullo", aseguran en la presentación de la misma, ...17... de agregar que esta generación tiene "en sus manos la posibilidad de enfrentar" la pobreza extrema y la marginación en que viven millones de niños desde México a Tierra del Fuego.

(4) Más de 240 millones de latinoamericanos son pobres, el 44% de la población, ...18... en Centroamérica se eleva al 60% de la población. La pobreza mata a 40 niños ...19... hora en América Latina, donde dos de ...20... cinco pobres extremos son niños y donde 40 millones de niños y adolescentes viven o trabajan en la calle.

(5) Para conseguir estos objetivos, los artistas esperan contar con el apoyo del sector empresarial, institucional y de la sociedad civil. "Es necesario cambiar vanidad por unidad y exclusión por equidad", piden. Por ello, al acto del martes tienen previsto acudir personalidades del calibre de Carlos Slim (uno de los hombres más ricos del planeta), Emilio Azcárraga, Alejandro Santodomingo, Alejandro Soberón, Felipe González, Ann Veneman (UNICEF) y Nils Kastberg (UNICEF), junto a los responsables de las ONG más importantes del continente, aseguran los organizadores en su página de internet.

(6) También están invitados a la ceremonia de lanzamiento el secretario general de Naciones Unidas, Kofi Annan, Enrique Iglesias, José Miguel Insulza, Oscar Arias, Rigoberta Menchu, Luis Alberto Moreno, Joseph Stiglitz y el Premio Nobel de Literatura Gabriel García Márquez. "Es una iniciativa humanitaria para provocar una movilización de conciencias y acción directa contra la desigualdad", aseguran los organizadores, que actualmente operan desde México.

(7) La Fundación quiere constituirse en un observatorio de políticas sociales en el continente, crear la primera videoteca social e influir ante los responsables de la toma de decisiones. "No somos gigantes, pero juntos podemos hacer grandes cosas", aseguran, antes de agregar que su objetivo es brindar "asistencia directa a quienes trabajan día a día para que millones de niños latinoamericanos tengan la oportunidad de vivir en un mundo más justo. Para financiar los programas de cooperación, los artistas se comprometen a realizar un ciclo de "conciertos solidarios" el próximo año y los empresarios a aportar una cuota anual fija.

www.entretienes.com

1 Solamente **una** de las siguientes afirmaciones es verdadera según la información contenida en el párrafo (1). ¿Qué afirmación es?

    A Los artistas latinoamericanos van a prescindir de la Fundación ALAS.

    B Con esta Fundación se intentará erradicar la explotación social y la incultura.

    C La Fundación ALAS será suprimida el martes en una fiesta en Panamá.

    D Sólo se esperan a 12 de los 20 artistas convocados.

Basándote en los párrafos (1) y (2) elige la opción que tiene **el mismo significado** que la palabra en negrita.

2 en una **multitudinaria** fiesta en el Teatro Nacional de la Ciudad de Panamá

    A concurrida   **B** organizada   **C** multiforme

3 en cuya Ciudad del Saber instalará su **sede**

    A exposición   **B** domicilio   **C** escenario

4 su presencia para el **lanzamiento** de la Fundación

    A financiación   **B** fortalecimiento   **C** promoción

5 cuyos **objetivos** se inspiran

    A objeción   **B** meta   **C** intereses

6 el primer concierto **benéfico** de la historia de la música

    A notorio   **B** benévolo   **C** altruista

7 después del **éxito** mundial en el que se convirtió la canción de los Beatles

    A triunfo   **B** salida   **C** fracaso

8 Explica con tus propias palabras la expresión "que sacuda desde dentro el corazón de nuestra gente" (párrafo 3)

9 ¿Qué **dos palabras** en el párrafo (3) significan "*honor*"?

Basándote en los párrafos (3) y (4) identifica las **palabras** del texto que significan:

10 temporada

11 agitar

12 afirmar

13 añadir

14 límite

15 alzar

Basándote en los párrafos (3) y (4) completa los espacios numerados (16–20) con una palabra tomada de esta lista.

para	antes	en	todo	por
aunque	tras	a	porque	cada

Basándote en los párrafos (5) y (6) indica si estas frases son verdaderas **(V)**, falsas **(F)** o no se mencionan **(NM)** e indica las **palabras del texto** que justifican tu respuesta.

21 La ayuda de los negociantes es imprescindible para que los artistas alcancen los fines propuestos.

22 Hace falta menos presunción y más justicia.

23 La ceremonia organizada para el martes será emitida por los medios de comunicación.

24 El propósito principal de este acto caritativo es fomentar la desigualdad.

Basándote en el párrafo (7) identifica las **palabras del texto** que significan:

25 intervenir

26 ofrecer

27 ayuda

28 subvencionar

29 ejecutar

30 proporcionar

31 contribución

137 obras de arte recorren cinco siglos de historia española

(1) El Museo Guggenheim de Nueva York ha inaugurado una gran exposición de pintura española que recorre cinco siglos de historia con el montaje "La Pintura Española desde El Greco a Picasso: Tiempo, Verdad e Historia", que ha llevado a la capital financiera del mundo los maestros españoles más importantes de este arte. Los organizadores de la exposición han querido destacar con esta exposición que la imagen de España está íntimamente unida al arte y a la pintura, mostrando este montaje una trayectoria histórica y de libertad creadora, a través de los préstamos realizados por museos públicos y colecciones privadas. Por su parte, el Gobierno español ha querido dar a conocer al mundo, y en especial al público norteamericano, la cultura española mediante esta retrospectiva que mostrará una panorámica de la historia de cinco siglos de arte español.

(2) La exposición se encuentra compuesta por un total de 137 pinturas (se preveían 138, pero el robo del cuadro de Francisco de Goya "Los niños de la carreta" restó éste del conjunto), que incluyen obras de El Greco, Diego Velázquez, Francisco de Zurbarán, José de Ribera, Bartolomé Esteban Murillo, Francisco de Goya, Juan Gris, Joan Miró, Salvador Dalí y Pablo Picasso, procedentes de colecciones públicas y privadas de España, Europa y Estados Unidos, en lo que representa la primera panorámica histórica de la pintura española exhibida en Nueva York.

(3) Los organizadores de la exposición, la Fundación Guggenheim y la Sociedad Estatal para la Acción Cultural Exterior (SEACEX), han logrado un despliegue pictórico dividido en quince secciones, cada una de las cuales se encuentra enfocada en un tema central que recorre los cinco siglos y que revela las conexiones y afinidades entre los viejos maestros y la era moderna a través de una meticulosa selección de obras.

(4) La particularidad de esta exposición es que desafía al espectador y le saca de su pasividad, ya que éste deberá interpretar el arte a través de representantes de cinco siglos con una enorme capacidad de sugestión a través de un tema común que vincula a El Greco o Zurbarán con Picasso, según la comisaria de la exposición, Carmen Jiménez.

(5) Monjes, Bodegones, Paisajes, El mundo doméstico, La Mujer en Público, Vírgenes y Madres, Desnudos, Monstruos o Crucifixiones son un ejemplo de los títulos descriptivos de las quince áreas diferenciadas de la exposición en las que se incluyen numerosos trabajos propiedad de colecciones de Europa y Norteamérica y unos 65 procedentes de museos y colecciones privadas de España, incluyendo quince piezas del Museo Nacional del Prado y diez obras del Museo Nacional Centro de Arte Reina Sofía en Madrid.

(6) Se trata de una exposición revolucionaria, añade Jiménez, ya que es la primera vez que se presenta de una manera tan radical el período que va ...23... siglo XVI al XX sin seguir un orden cronológico estricto y en quince capítulos, quince temas ...24... través de los cuales los artistas dialogan. No se ha querido presentar un panorama completo, sino establecer un tema, un hilo conductor ...25... todos los artistas representados en esta exposición, para superar la mera vía cronológica al contextualizar la historia en algunas de sus expresiones artísticas ...26... características.

(7) Por ...27..., el Guggenheim ha resultado ser un lugar idóneo ...28... esta exposición, ya ...29..., al tratarse de una rampa, el montaje pictórico crea una verticalidad extraordinaria que no anula la arquitectura del edificio, ...30... que permite a la colección de pintura española establecer un interesante diálogo ...31... el propio museo.

www.lukor.com

Basándote en el párrafo (1) completa las siguientes frases con **palabras tomadas del texto.**

1 La exposición presentada cuenta con algunos de los más importantes pintores españoles y trata de atravesar … de la historia de España por medio del arte.

2 La idea de España resulta asociada de una forma clara … en esta exposición.

3 Para llevar a cabo esta exposición se han tenido que traer cuadros procedentes de diferentes…

Basándote en los párrafos (1) y (2) elige la opción que tiene **el mismo significado** que la palabra en negrita.

4 el Museo Guggenheim de Nueva York **ha inaugurado** una gran exposición

   A ha imaginado   **B** ha iniciado   **C** ha clausurado

5 los organizadores de la exposición han querido **destacar** con esta exposición

   A acentuar   **B** determinar   **C** aumentar

6 mostrando este montaje una **trayectoria** histórica y de libertad creadora

   A hecho   **B** tratado   **C** recorrido

7 se preveían 138, pero el **robo** del cuadro de Francisco de Goya

   A pérdida   **B** uso   **C** hurto

8 **procedentes** de colecciones públicas y privadas de España

   A destinados   **B** originarios   **C** precedentes

9 la pintura española **exhibida** en Nueva York

   A mostrada   **B** expresada   **C** prohibida

Basándote en los párrafos (3) y (4) identifica las **palabras del texto** que significan:

10 conseguir

11 centrar

12 descubrir

13 semejanza

14 época

15 minuciosa

16 retar

17 analizar

18 unir

Basándote en el texto, copia y completa la tabla en tu cuaderno.

En la frase…	la(s) palabra(s)	en el texto se refiere(n) a…
19 …cada una de las **cuales** se encuentra… (*párrafo 3*)	"cuales"	
20 ya que **éste** deberá interpretar el arte… (*párrafo 4*)	"éste"	
21 …en **las** que se incluyen numerosos trabajos… (*párrafo 5*)	"las"	
22 …y **unos** 65 procedentes de museos y colecciones… (*párrafo 5*)	"unos"	

Basándote en los párrafos (6) y (7) completa los espacios numerados (23–31) con una palabra tomada de esta lista.

por	del	a	contra	que	desde	más	en	para
no	sino	de	entre	con	término	mas	último	

Basándote en los párrafos (6) y (7) identifica las **palabras del texto** que significan:

32 riguroso

33 implantar

34 simple

35 adecuado

36 borrar

37 conceder

Basándote en el texto indica si estas frases son verdaderas (V) o falsas (F) e indica las **palabras del texto** que justifican tu respuesta.

38 La cuestión financiera ha sido capital para lograr organizar esta exposición. (*párrafo 1*)

39 La organización de la exposición necesitó pedir préstamos bancarios públicos y privados. (*párrafo 1*)

40 Uno de los cuadros fue robado durante la exposición. (*párrafo 2*)

41 Hay un total de quince autores y cada uno representa un tema determinado. (*párrafo 3*)

42 Carmen Jiménez fue a prestar declaración a la comisaría. (*párrafo 4*)

43 Sesenta y cinco obras proceden de los Museos del Prado y Reina Sofía de Madrid. (*párrafo 5*)

44 Esta espectacular retrospectiva muestra quince siglos de la historia de la pintura española. (*párrafo 6*)

Para ir más lejos...

▸ ¿Crees que realmente se consigue algo con la organización de conciertos benéficos contra la pobreza?

▸ ¿Has asistido alguna vez a un concierto de este tipo?

▸ ¿Conoces a algunos de los artistas y grupos que aparecen en el Texto A?

▸ ¡Vamos a preparar un póster con información y fotos de alguno de ellos!

▸ ¿Te gusta la pintura? ¿Visitarías la exposición mencionada en el Texto B si tuvieras la oportunidad de hacerlo, o prefieres otro tipo de pintura?

▸ Identifica los pintores españoles nombrados en el Texto B y ordénalos cronológicamente con una breve información sobre cada uno.

▸ ¿Cuál de estos pintores es tu favorito y por qué?

▸ En el párrafo (5) del Texto B se consideran diferentes tipos temáticos de pintura y uno de ellos se denomina Bodegones: ¿En qué consiste?

Lengua

El futuro

▸ Identifica cuatro verbos usados en futuro en el Texto A (*párrafo 1*) y en el Texto B (*párrafos 1 y 4*).

▸ Vamos a recordar la formación del futuro en español:

– Igual que ocurre con el condicional, no vamos a eliminar los sufijos *-ar, -er, -ir.*

– Las desinencias serán las mismas para las tres conjugaciones: ***-é, -ás, -á, -emos, -éis, -án***

▸ ¿Qué ocurre con los irregulares? Observa que necesitan un nuevo prefijo, tal y como sucede con el condicional: ***podré, vendré, haré, pondré…***

▸ Continúa practicando más irregularidades con estos verbos: *tener, valer, salir, haber, caber, saber, querer, decir*

CAS

Proyecto de CAS

▸ ¿Has pensado alguna vez en organizar un festival benéfico en tu colegio?

▸ Podríamos organizar una velada con actuaciones basadas en nuestras culturas o talentos personales (música, baile, escenificaciones, chistes, juegos de magia…).

▸ No todos tendremos que actuar, algunos nos podremos encargar del decorado, iluminación, presentación y organización general.

▸ Piensa en una buena causa para entregar el dinero recaudado en las entradas y, de esta forma, habremos hecho una contribución solidaria gracias a vuestro talento y dedicación.

Actividades orales

1 Actividad oral individual

En la pinacoteca

1   ¿Qué tipo de pintura ves en esta foto? ¿Te gusta?

2   ¿En qué está pensando la gente que ves en la foto?

3   ¿Te molestan las aglomeraciones cuando visitas una exposición o sala de arte?

4   ¿Deberían los museos ser gratuitos?

2 Actividad oral interactiva

▶ Joaquín Sabina es uno de los cantautores españoles más importantes. En una de sus canciones, *"Por el bulevar de los sueños rotos"*, rinde un homenaje a la legendaria cantante mexicana, aunque nacida en Costa Rica, Chavela Vargas.

▶ Tras escuchar esta canción se puede entablar un debate sobre el retrato que Sabina nos ofrece de Chavela Vargas.

   –   ¿Cómo se describe físicamente?

   –   ¿Qué metáforas se utilizan para reflejar su carácter?

   –   ¿Cómo crees que es la música de Chavela Vargas?

   –   ¿Reconoces los nombres de las otras personas mencionadas? (Agustín, Diego Rivera, Frida Kahlo, José Alfredo)

   –   ¿Qué relación crees que tienen con Chavela?

   –   Si desconoces estos nombres puedes hacer una breve investigación para poner nuestros descubrimientos en común.

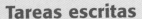

Tareas escritas

1 Respuesta personal

Lee el siguiente fragmento y elabora una respuesta personal usando como mínimo 150 palabras. Compara las actitudes y situaciones, tanto similares como diferentes, sobre este tema en la cultura hispana y en la tuya propia.

> Escuchar música es uno de los hobbies preferidos de los jóvenes españoles y un 32% dedica entre 1 y 2 horas diarias a escuchar su música preferida, mientras que otro 32% invierte más de 2. Además, las nuevas tecnologías también están afectando a los hábitos musicales de la juventud española, ya que el 70% comparte música con sus amigos a través de las redes sociales de Internet, tales como Facebook o Tuenti.

2 Tareas de redacción

Realiza una de estas tareas relacionadas con el tema de música y artes visuales. Escribe un mínimo de 250 palabras.

a Hace unos días has visto un cuadro tan interesante que has decidido enviar un correo electrónico a un amigo para describirlo con detalle. Redacta el **correo electrónico**, mencionando por qué te ha impresionado tanto esta pintura.

> ▶ Incluye asunto, fecha, encabezamiento y despedida.
>
> ▶ Usa un tono informal y emotivo a la vez sobre tus impresiones.
>
> ▶ Planifica bien los datos que vas a incluir y redáctalos de una forma natural y personal.

b Caminando hacia tu casa oyes una canción que te recuerda unas vacaciones pasadas. Cuenta en tu **diario** personal las experiencias que viviste en aquellas vacaciones y por qué esta canción te las recuerda.

> ▶ Incluye encabezamiento (*Querido diario…*), despedida y fecha.
>
> ▶ Usa un tono personal, informal e íntimo.
>
> ▶ Da información detallada sobre las experiencias recordadas.

Teoría del conocimiento

▶ Vamos a analizar críticamente un aspecto polémico relacionado con el mundo de la pintura: las subastas de cuadros.

▶ Picasso batió un nuevo récord mundial al venderse su obra "*Desnudo, hojas verdes y busto*" (1932) por 106,4 millones de dólares. Ocurrió en la sede de Christie's de Nueva York en 2010 y se convirtió en el cuadro más caro jamás subastado.

▶ ¿Qué opinas de esta forma de adquirir arte?

▶ ¿Es una manera de valorar el arte o una maniobra de inversionistas sin sensibilidad estética?

▶ ¿Es siempre aceptable la propiedad privada de las grandes obras de arte?

▶ ¿Debería el público tener la posibilidad de ver las obras de los grandes artistas universales cuando pertenecen a colecciones privadas?

4 Cine y televisión

Objetivos

Considerar…

▶ el mundo de la televisión y el cine en los países de habla española: sus productos, y variedades.

▶ la función de la televisión y el cine en el plano cultural y lingüístico.

Lengua: ampliar el vocabulario relacionado con estos ámbitos; revisar el estilo indirecto con frases de pasado; practicar frases de subjuntivo con uso de futuro o voluntad.

Contextualización

▶ Observa la fotografía. ¿Te gusta el cine? ¿Reconoces esta película? ¿Qué puedes decir sobre ella: país de producción, argumento, personajes, actores, premios? ¿Has visto recientemente alguna película en español? ¿Conoces más cosas sobre el cine español o latinoamericano: películas, actores, directores, festivales, premios, etc.? Habla con tus compañeros y poned en común vuestras ideas.

▶ Realiza dos campos semánticos con las palabras: **cine** y **televisión**. Trabajaremos en pequeños grupos y después contrastaremos nuestras listas para ampliarlas. Algunas palabras se pueden utilizar en las dos columnas. ¿Podemos añadir más términos? Después podemos formar frases eligiendo las palabras que más nos gusten, más difíciles de recordar, más interesantes, etc.

el programa	los actores	las series	el maquillador
la telenovela	los canales	la secuela	el presentador
el guión	el argumento	la adaptación	las entradas
el camarógrafo	los concursos	la película	el rodaje
el actor	los magazines (programas	los reportajes	los subtítulos
la telebasura	de variedades)	el doblaje	las escenas
los informativos	las tertulias	la programación	rodar
el largometraje	el cortometraje	hacer "zapping"	el locutor
la crítica cinematográfica	el programa de divulgación	el distribuidor	la pantalla chica
el documental	el estreno	el decorado	el filme
el director	la publicidad	los diálogos	el/la protagonista
la audiencia	los culebrones	la pantalla grande	los televidentes
el montador	la "telerealidad"	el séptimo arte	los efectos especiales

▶ En pequeños grupos vamos a comentar lo siguiente y después contrastar nuestras opiniones con el resto de la clase, ¿hay coincidencias?

– ¿Qué te gusta más, el cine o la televisión? ¿Por qué?

– ¿Qué programas de televisión prefieres: noticias, concursos, documentales, programas de actualidad, series, telenovelas, deportes, tertulias, programas de música, etc.? ¿Qué género de películas prefieres: comedia romántica, ciencia ficción, terror, histórica, comedia, tragicomedia, de aventuras, drama social, musical, del oeste, etc.?

Texto A

Pequeño pueblo rural argentino hace "cine de vecinos"

Luz, cámara, ¡acción!, rodaje en marcha y los protagonistas a escena. No es una superproducción de Hollywood, ni siquiera son actores profesionales y ni tienen tiempo para ensayar. En Saladillo, un pequeño pueblo rural del interior de Argentina, son los vecinos los que, en un principio con timidez y ahora como si fueran estrellas, saltaron a la pantalla grande.

Todo comenzó una **década** atrás como un juego, pero ya **suman** unos 250 protagonistas en 17 largometrajes y tres telenovelas en las que hasta el alcalde del lugar actuó. En una situación que se podría comparar con el "reality show" del pueblo del filme "The Truman Show", cada vecino actúa generalmente de sí mismo y hasta las fuerzas de seguridad **aportan** hombres y equipos para las producciones, contó Julio Midú, un estudiante de dirección cinematográfica de 29 años. "La idea es que cada vecino haga **básicamente** de sí mismo en cada película, ya que buscamos más la imagen que el texto ante la falta de **recursos**", dijo Midú, quien **se lanzó** al cine como aficionado porque al ser el mayor de siete hermanos a los padres les fue imposible pagar una **carrera** en Buenos Aires. Tal **empuje** logró la **iniciativa** que hace una semana terminó en este pueblo **ubicado** a 180 kilómetros al sudoeste de Buenos Aires el primer encuentro nacional de "cine con vecinos" y ya se prepara la segunda edición.

PROBLEMAS DE CADA DIA, AL CINE

El pueblo, de unos 26.000 habitantes y calles tranquilas, tiene en la agricultura y en la ganadería su principal **fuente** de ingresos, con un nivel de desempleo semejante al de todo el país, en torno al 14,8 por ciento. La temática de los guiones es, en su mayoría, de **corte** social y refleja las necesidades y problemas comunes en un país **golpeado** por **sucesivas** crisis políticas y económicas. La cláusula que cada producción debe cumplir para participar de los festivales es que su costo no puede superar unos 330 dólares. Esa **regla** obliga a contar con la desinteresada ayuda de los

vecinos. "Es relativamente barato porque tenemos mucho **apoyo** de la gente", sintetizó Fabio Junco, un locutor profesional de 35 años y recientemente recibido como director cinematográfico que se sumó al proyecto. "La comuna (alcaldía) aporta elementos, los bomberos nos prestan grúas o hacen la lluvia cuando la necesitamos, también la policía apoya y los comerciantes se ofrecen para que usemos sus locales", comentó mientras **se ultimaban** los detalles de su último filme, titulado "Lo bueno de los otros".

DESCONOCIDOS PROTAGONISTAS

"A mi edad no me imaginé hacer cine, pero me gusta el desafío. Me encanta la idea [...] y hasta Hollywood no paramos", dice con una sonrisa Ana Pacheco, una enfermera jubilada de 67 años y que recuerda haber repetido hasta nueve veces una escena porque no salía como se esperaba. Con atención la escuchaba Emanuel Chidichimo, que con sus 15 años es "estrella" en el colegio, luego de comenzar su **participación** en la primera novela local hace seis años tras **superar** una prueba por la insistencia de su abuela. Los actores vecinos nunca ven el filme antes del estreno, el que siempre se hace en una **coqueta** sala céntrica del pueblo con la presencia **masiva** de **curiosos** que quieren ver cómo trabajan para la pantalla las personas a las que se cruzan por la calle todos los días. "Cada estreno lo vivimos con nerviosismo porque nos damos cuenta en cada reacción (del público) si **logramos** reflejar lo que nos impusimos en el guión", enfatizó Franco Midú de 23 años, hermano de uno de los **ideólogos** del cine con vecinos, que ya cumplió funciones de actor y de camarógrafo.

Agencia Reuters

1 Antes de leer el texto, busca un sinónimo para cada una de las palabras de la primera columna que aparecen en el texto.

1	década	a	reglamento
2	sumar	b	licenciatura
3	aportar	c	reunir
4	básicamente	d	fuerza
5	recursos	e	contribuir
6	lanzarse	f	situado
7	carrera	g	multitudinario
8	empuje	h	proyecto
9	iniciativa	i	decenio
10	ubicado	j	numerosas
11	fuente	k	forma
12	corte	l	fundamentalmente
13	golpeado	m	fundadores
14	sucesivas	n	azotado
15	regla	o	inclinarse
16	apoyo	p	pasar
17	ultimar	q	colaboración
18	participación	r	acogedora
19	superar	s	conseguir
20	coqueta	t	estilo
21	masiva	u	ayuda
22	curiosos	v	acabar
23	lograr	w	medios
24	ideólogos	x	interesados

Basándote en el texto indica si estas frases son verdaderas **(V)** o falsas **(F)**. Corrige las frases falsas.

2 El pueblo de Saladillo cuenta con numerosos actores profesionales.

3 Los vecinos de esta localidad hacen el mismo papel en la pantalla que en la vida real.

4 El alcalde es el único que se ha negado a actuar.

5 La temática de los guiones es muy variada, desde películas de ciencia ficción a melodramas.

6 Para participar en el festival de cine las producciones tienen que costar menos de 300 dólares.

7 Muchos vecinos apoyan la iniciativa prestando locales o mano de obra.

8 Los actores vecinos viven con tranquilidad el día del estreno de su película.

Basándote en el texto elige las opciones adecuadas para las declaraciones en estilo indirecto sacadas del texto. Revisa los otros cambios que se han hecho.

9 Julio Midú dijo que la idea *era/fue/estaba* que cada vecino *hacía/hizo/hiciera* básicamente de sí mismo en cada película, ya que *buscaban/ buscaron/ buscarían* más la imagen que el texto ante la falta de recursos.

10 Fabio Junco comentó que *estaba/era/es* relativamente barato porque *tenemos/tenían/tendrían* mucho apoyo de la gente.

11 Fabio Junco también añadió que la comuna (alcaldía) *aportaría/aportaba/aporta* elementos, los bomberos les *prestan/prestaban/prestaron* grúas o *hacen/ hacían/harían* la lluvia cuando la *necesitan/ necesitaban/necesitaron*, también la *policía apoya/ apoyaba/apoyaría* y los comerciantes se *ofrecían/ ofrecerán/ofrecieran* para que *usan/usaran/usarían* sus locales.

12 Franco Midú explicó que cada estreno lo *viven/ viviremos/vivían* con nerviosismo porque se *dan/ daban/dieron* cuenta en cada reacción (del público) si *logran/lograrían/lograban* reflejar lo que se *imponía/ impusieron/imponen* en el guión.

13 Seguimos practicando el estilo indirecto: busca ejemplos para compartir con tus compañeros sobre el mundo de la televisión o el cine. Recoge testimonios y comentarios de directores, presentadores, actores relacionados con algún estreno, presentación a la prensa, entrevista que hayan hecho recientemente. Después trae a clase la versión en estilo directo y en estilo indirecto hecha por ti para compartir con el resto de la clase.

14 Imagina que eres el fundador de una iniciativa parecida a la de Saladillo. En pequeños grupos vamos a pensar en un proyecto interesante relacionado con el cine. Prepararemos una presentación para el resto de la clase explicando en qué consiste la iniciativa, cuáles son sus objetivos, qué presupuesto habrá, cómo se llevará a cabo, cuándo se realizará y cuáles serán las normas para poder participar, etc.

Lengua

El estilo indirecto en pasado

▶ Al cambiar de estilo directo a estilo indirecto casi siempre hay cambios: tiempos verbales, pronombres, adverbios de tiempo y adjetivos demostrativos.

▶ Revisa en tu libro de gramática el uso del estilo indirecto en el pasado y después haz las actividades para consolidar tus conocimientos.

Perfil de la comunidad del IB

▶ Busca más información sobre las iniciativas de cine con pocos medios "Cine con vecinos" o "Cine en construcción". Después comenta lo que has encontrado con el resto de la clase. ¿Qué has aprendido?

Texto B

Ellas son el centro de la pantalla y la pantalla es el mundo

(1) Las telenovelas se convirtieron en el producto de mayor **oferta** en la televisión latinoamericana. Muchos ya se están **quejando** de tantas mujeres puras, demasiados hombres equivocados y la multitud de sobreactuadas **malvadas**. Se está viviendo un virus denominado telenovelitis aguda, y todo parece indicar que no hay vacuna para esta enfermedad en ninguno de los laboratorios creativos.

(2) El melodrama por ser el género auténtico y propio de nuestra cultura latinoamericana tiene una **aceptación** generalizada entre la audiencia y, ...(5)..., en épocas de industria es una buena **apuesta** para asegurar rating. La telenovela tiene **agarre**, ...(6)... siempre cuenta lo mismo, ...(7)... **refleja** elementos esenciales de nuestra realidad social, política y cultural. El melodrama es exitoso ...(8)... por ahí pasa parte de nuestra identidad, nuestra forma de ser y sentir como **colectividad**.

(3) El melodrama es, por lo tanto, ...(9)... el género más reconocible por el televidente ...(10)... una forma de leer la realidad. El melodrama se reconoce ...(11)... género porque es una **receta** dramática que presenta siempre los mismos elementos, ...(12)... como realidad porque parte de **conflictos** y soluciones aceptadas en la vida diaria (maneras de ser hombre o mujer, formas del poder, estilos de amar).

LA FÓRMULA

(4) ¿Qué es lo que hace que unas telenovelas se conviertan en parte de la vida cotidiana de la gente y otras no? De pronto la explicación se encuentra en las reglas que **rigen** la fórmula del melodrama y que están muy cercanas a los grandes conflictos que se **habitan** en la vida de todos los días de las masas urbano-populares de América Latina y el mundo:

(5) • Un dramatizado de televisión debe presentar una historia de amor que generalmente es entre un hombre rico o príncipe azul y una mujer pobre o bella durmiente; relación que a toda costa debe ser **evitada** por un villano que busca el amor de la heroína.

• Debe existir un conflicto u obstáculo fundamental que impida que ese romance se realice; aquello que evita a toda costa el amor puede darse por una causa externa como la familia o una señora **arrogante**, o una cultura, o por una causa natural o un defecto físico, o por el destino que tiene marcados viajes y trayectos desconocidos, o por una situación interna del personaje que le impide amar o ser comprendido.

• La protagonista debe tener un pasado desconocido para **suscitar** misterio a la **trama**.

• La protagonista debe ser hija de nadie o de padre desconocido para que sueñe con la posibilidad de tener un origen noble y rico.

• La lucha de clases es un conflicto vital, la pobre niña excluida es evitada y **denigrada** con base en su condición social; de esta discriminación nace el deseo del ascenso social como clave inteligible para que la protagonista tenga una motivación por qué vivir.

• El príncipe azul, la bella durmiente y el villano deben tener sus amigos **confidentes** con los cuales se **desahogan**, y quienes a su vez se convierten en los consejeros y cómplices que los ayudan a salir exitosos de todos los **eventos**.

• La estructura de la historia de amor debe crear y mantener en suspenso al televidente, ya que aunque se sepa el final, el telespectador debe dudar todo el tiempo; pero, al mismo tiempo, debe hacer sentir a quien ve que es inteligente frente al producto, por lo tanto desde las claves narrativas de la telenovela él o ella deben poder **asignar** sentido y adivinar el **devenir**.

Omar Rincón
Razon y Palabra

1 ¿Te gustan las telenovelas o culebrones? ¿Conoces alguna? ¿De qué trata? Explica su argumento, los personajes, la época que refleja, etc. Trabaja con un compañero para comparar las respuestas. Después podemos poner en común los resultados con el resto de la clase.

2 Antes de leer el texto selecciona de la segunda columna la opción más lógica para cada inicio de frase en la primera columna. Ten en cuenta el uso de los verbos en subjuntivo para frases con valor de futuro y voluntad al hacer el ejercicio.

1 El guionista de una telenovela quiere que sus personajes…
2 A los televidentes les gusta que…
3 Creo que cuando los culebrones tengan…
4 Muchos protagonistas de telenovelas desean…
5 Cuando las telenovelas se ofrezcan en versión original…
6 Los productores de televisión anhelan que…

a actores muy conocidos alcanzarán muchos más éxitos.
b sus programas consigan la mayor audiencia posible.
c servirán para que muchos estudiantes de español mejoren este idioma.
d tengan algunas características irreales.
e que sus fans les reconozcan por la calle.
f sus programas respondan a sus intereses particulares.

¿Sabes qué significan las expresiones que aparecen a continuación? Elige la opción correcta.

3 intentar a toda costa (*párrafo 5*)

A perseguir algo hasta la costa
B tratar de hacer algo por todos los medios
C procurar alcanzar un sueño

4 ser hija de nadie (*párrafo 5*)

A ser hija de alguien que es poco famoso
B ser huérfana
C ser hija de un padre desconocido

Basándote en los párrafos (2) y (3) completa los espacios numerados (5–12) con una palabra tomada de esta lista.

> también   sino   y   por tanto   todavía   así
> porque   no sólo   como   ya que

13 Busca en el texto las **palabras en negrita** y relaciónalas con una palabra o expresión similar de las que hay en la siguiente lista.

1 oferta
2 quejarse
3 malvadas
4 aceptación
5 apuesta
6 agarre
7 refleja
8 colectividad
9 receta
10 conflictos
11 rigen
12 se habitan
13 evitada
14 arrogante
15 suscitar
16 trama
17 denigrada
18 confidentes
19 se desahogan
20 eventos
21 asignar
22 devenir

a dirigen
b lamentarse
c acontecimientos
d aprobación
e gancho
f se sinceran
g el futuro
h soberbia
i problemas
j se viven
k perversas
l eludida
m plasmar
n despertar
o argumento
p desacreditada
q consejeros
r fórmula
s otorgar
t elección
u propuesta
v conjunto

14 ¿Qué significa el **título** del texto? Busca otras alternativas y justifícalas.

Basándote en la información del texto indica si estas frases (**15–22**) son verdaderas (**V**) o falsas (**F**) e indica las palabras del texto que justifican tu respuesta:

15 Uno de los productos audiovisuales más reconocidos de Latinoamérica son las telenovelas.

16 Todo el mundo comparte la afición por los personajes de siempre como mujeres puras y hombres equivocados.

17 Según Omar Rincón, la telenovela refleja multitud de temas.

18 También dice el escritor que la telenovela es una forma de leer la realidad que nos rodea.

19 La trama de la telenovela requiere que la heroína y el villano se enamoren.

20 En muchas telenovelas la heroína sueña con tener un origen noble y lleno de riqueza.

21 La condición social de la heroína no supondrá un problema en el argumento de la telenovela.

22 Es importante que el televidente dude siempre para que el misterio esté presente en la trama.

23 Resume las ideas más importantes del texto en 150 palabras.

24 Explica con otras palabras la siguiente frase del texto: "*Se está viviendo un virus denominado* telenovelitis aguda, *y todo parece indicar que no hay vacuna para esta enfermedad en ninguno de los laboratorios creativos*".

25 En el texto se menciona que las telenovelas son un reflejo de la realidad social en la que vivimos. ¿Qué opinas tú sobre esta afirmación? ¿Crees que hay unas telenovelas más reales que otras? ¿Coincide el resto de la clase con tu opinión?

26 En pequeños grupos vamos a crear nuestra telenovela. Pensaremos en los personajes, el argumento, los decorados, el vestuario, la época, la música, el número de episodios, el título, etc. Después haremos una presentación en la clase.

27 ¿Qué opinas sobre los siguientes temas relacionados con las telenovelas:

▶ Las telenovelas se basan en estereotipos sociales.

▶ Las telenovelas sirven para aprender español.

¿Qué conclusiones sacáis?

Perfil de la comunidad del IB

▶ Averigua haciendo una búsqueda en Internet y con ayuda de artículos de prensa o reportajes en los medios de comunicación qué tipo de telenovelas se producen en tu país y si se reciben algunas telenovelas latinoamericanas o españolas.

▶ Explica de qué tratan, quiénes son sus protagonistas y en qué época se sitúan. ¿Siguen la fórmula propuesta por Omar Rincón?

Actividades orales

1 Actividad oral individual

1 ¿Somos teleadictos? Observa la imagen y contesta a estas preguntas.

▶ Describe qué ves en esta imagen.

▶ Busca un título adecuado.

▶ ¿Cuál crees que es el mensaje de esta ilustración?

▶ ¿Crees que la mayoría de la gente pasa demasiado tiempo frente al televisor? ¿Y tú?

▶ ¿Qué aspectos positivos tiene la tele? ¿Y negativos?

2 Actividades orales interactivas

▶ *El coloquio de la semana.* Podemos elegir uno de los siguientes temas.

– *"La piratería en el cine y la música"*

– *"Cine independiente o cine con mucho presupuesto"*

– *"¿Para qué sirve la televisión?"*

– *"La televisión y su influencia"*

– *"¿Qué aprendemos con las telenovelas?"*

▶ Dividiremos la clase en distintos grupos y cada uno de ellos preparará algunas ideas para el tema de debate elegido. Los grupos prepararán una pequeña presentación con sus ideas. Después de cada presentación habrá un turno de preguntas por parte del resto de la clase y cuando todos los temas se hayan presentado haremos una evaluación global de las conclusiones.

▶ *"Primer Festival de cine con eñe".* Como forma de promocionar no sólo la lengua española, sino también la cultura, tu colegio ha decidido proponer un festival en el que se presenten algunas películas que puedan servir de ventana a ese mundo. El presupuesto no es muy alto y debemos seleccionar cinco películas (solo una de Almodóvar se permite, pues vamos a promocionar el cine menos conocido) para este primer festival. Cada grupo hará una propuesta y la defenderá ante el resto de la clase. Podemos hablar de: los temas de las películas elegidas, la trama, los personajes, por qué nos gustan, etc. Entre todos, ¿qué cinco películas escogemos?

▶ *El mundo de la televisión.* Individualmente vamos a elegir un programa de televisión para presentar al resto de la clase. El programa debe emitirse en una cadena de habla española y hablaremos de: el título, la nacionalidad, el tema, la duración, en qué consiste, etc. Después entre todos realizaremos la programación ideal de un día de tele. ¿Qué tipo de programas emitiremos? ¿A qué hora? ¿Habrá publicidad o no? (etc.) Podemos crear un póster con la información.

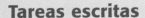

Tareas escritas

1 Respuesta personal

Elabora una respuesta personal a la siguiente información, usando como mínimo 150 palabras. Compara las actitudes y situaciones, tanto similares como diferentes, sobre este tema en la cultura hispana y en la tuya propia.

> ¿Vemos demasiado la tele? "Muchas personas pasan una media de cuatro horas al día delante de la caja tonta. Se estima que nos tragamos al menos una hora de anuncios publicitarios y otra haciendo zapping".
> (adaptado de Borja Vilaseca, El País)

2 Tareas de redacción

Realiza una de estas tareas relacionadas con el tema de cine y televisión. Escribe un mínimo de 250 palabras.

a Escribe una **respuesta** a una de estas cuestiones.
  - *"Es importante aprender a ver la televisión."*
  - *"El cine es una ventana abierta al mundo."*

b Escribe una **entrada en un blog** en la que hagas una crítica de una película. Puedes comentar algunos de estos puntos.

  - El argumento.
  - Los personajes.
  - Los temas.
  - Las razones para recomendarla.

c El periódico de tu colegio está preparando un especial sobre el cine en español y nos han pedido colaboración. Elige un tema y prepara un texto sobre lo siguiente:

  - Una entrevista a un director/una directora de cine hablando sobre su nueva película.
  - Un reportaje sobre la filmación de una película: puede ser una especie de diario de rodaje con fotografías y anécdotas ocurridas durante la creación de la película. (Te puedes inspirar en los muchos que encontrarás en Internet.)
  - Una noticia sobre el estreno de una película.
  - El diario personal de un actor/una actriz durante el rodaje de una película.

d *Escritura creativa*: ¿Qué tal se te da hacer de guionista? Vamos a practicar la escritura de un guión de una película. Podemos trabajar en pequeños grupos y crear la **sinopsis de una película** y una escena de la misma. Aquí hay algunos títulos para empezar, pero también podemos crear los nuestros propios: *Una noche inesperada, El hotel del camino, Corazón loco, Rubén y los otros, El tren del recuerdo, Libertad, La vida es un deseo.*

e Te has presentado a un *casting* para una película y has sido elegido para trabajar como extra. Después de tu primera semana de trabajo escribes un **correo electrónico** a un amigo explicando cómo te sientes y qué has hecho durante esa semana en el rodaje de la película.

f *"Tele con cabeza"*: En pequeños grupos vamos a escribir un **manifiesto contra la telebasura** con al menos ocho peticiones y una extensión de un mínimo de 250 palabras. Es importante revisar el uso del subjuntivo en oraciones de voluntad para hacer este ejercicio. (*Pedimos que la televisión no contenga publicidad engañosa, deseamos que…, necesitamos que…, etc.)

1 Tecnología medioambiental

Objetivos

Considerar…

▷ diferentes aspectos relacionados con la tecnología sostenible y respetuosa con el medio ambiente.

▷ nuevas formas de construir casas ecológicas.
▷ formas renovables de transformar la energía.
Lengua: las conjunciones y la comparación.

Contextualización

Nuevas fuentes de energía

▷ Muchos países están intentando promocionar nuevas fuentes de energía que sean menos contaminantes y más respetuosas con el medio ambiente.

▷ La energía solar y la eólica son dos de estas posibles energías alternativas más limpias y verdes.

▷ Observa el vocabulario que se da a continuación e identifica los términos que se asocian con cada una de estas dos fuentes de energía.

Energía solar   **Energía eólica**

molino	panel	térmico	aspa	radiación	sol
megavatio	alternador	luz	viento	ráfaga	kilovatio
hélice	silicio	fotovoltaico		aerogenerador	

Lengua

Las conjunciones

▷ Las conjunciones son partículas que sirven para unir frases u oraciones:

– *Pedro fue al cine **y** vio una película colombiana.*

– *Puedes venir a verme hoy **o** podemos dejarlo para mañana.*

▷ ¿Recuerdas cuándo se dan estas transformaciones?

y → e

o → u

▷ Aquí tienes más conjunciones que te serán útiles para desarrollar tus ideas: *ni, pero, sino, sin embargo, no obstante, aunque, por consiguiente*

▷ En grupos, vamos a buscar respuestas adecuadas a estas preguntas sobre estos dos tipos de energía.

– ¿En qué consiste?

– ¿En qué medida respeta el paisaje y el mundo animal?

– ¿Hasta qué punto resulta menos contaminante?

– ¿Cuáles son las principales ventajas y posibles inconvenientes?

▷ Finalmente, prepararemos un mural con nuestras conclusiones sobre la energía solar y eólica para exponer en la clase.

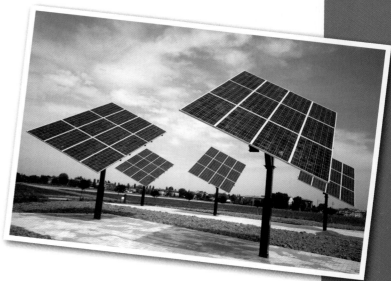

Ciencia y tecnología

255

Casas prefabricadas ecológicas

1 Hacerse una vivienda ecológica, barata y original en menos de ocho días es posible. Algunos diseñadores han creado modelos de casas prefabricadas ecológicas basados en toda clase de materiales ecocertificados y reciclados (incluso papel), con sistemas que ahorran energía y aprovechan el sol o la lluvia. Los precios son económicos. No obstante, antes de montar una casa prefabricada ecológica, conviene estudiar sus posibles inconvenientes y asegurarse de que es respetuosa con el medio ambiente.

2 Veamos algunos casos de diseñadores que quieren demostrar que las casas prefabricadas no sólo pueden ser originales y cómodas, sino también ecológicas:

- **Blue Homes:** este fabricante ha lanzado una vivienda ecológica disponible en varios modelos, según el número de habitaciones. Se fabrica con materiales ecológicos y cuenta con diversos sistemas para aprovechar la lluvia y ahorrar hasta la mitad de energía que una convencional, con energía solar pasiva.

- **Casas naturales:** las casas de barro, paja o madera vuelven del pasado como un sistema sencillo de prefabricación de viviendas con un enfoque moderno. Algunos incluso apelan a sistemas más étnicos, como los yurts de los nómadas de las estepas de Asia central o Live Edge, que se basa en el sistema tradicional japonés de construcción.

- **ConstrECO2:** su innovador sistema modular permite construir casas de varias plantas en menos de ocho días, según sus responsables, gracias a su sistema modular, basado en madera ecológica.

- **Office of Mobile Design (OMD):** los modelos son muy diversos, desde escuelas rurales a casas de playa. Uno de ellos está pensado para poder vivir en zonas desérticas y dispone de climatización con energía solar y materiales ecológicos como el bambú o la palma de coco.

- **Portland Alternative Dwellings (PAD):** sus responsables venden pequeños módulos que se pueden utilizar como estudios u oficinas móviles. Estas casas dinámicas tienen suelos radiantes, materiales ecológicos o luces LED.

3 Los impulsores de las casas prefabricadas aseguran que son más respetuosas con el medio ambiente ...13... las viviendas convencionales. En teoría, reducen los residuos y los materiales tóxicos tanto en su creación ...14... en su instalación sobre el terreno. En el caso de las ecocasas prefabricadas, ...15... estas ventajas se suma la utilización de materiales ecológicos, reciclados y tecnologías de ahorro energético. Sin embargo, desde la Fundación Terra destacan varias razones para pensar que estas viviendas prefabricadas no son ...16... verdes como señalan sus defensores. En ocasiones, se asegura que utilizan materiales ecológicos, ...17... en realidad son sólo inertes o no tóxicos; además, requieren un desplazamiento que implica una contaminación derivada del transporte y los residuos también se generan, ...18... sólo sea en la fábrica. En ...19... al precio, no es mucho menor que el de las convencionales, ya que el valor mayor de una casa se lo lleva el suelo, los servicios, los permisos o la financiación. Otro posible punto negativo de estas casas sería si se generalizase su uso, al ser viviendas unifamiliares de una o dos plantas a lo sumo, se correría el riesgo de hacer una utilización mucho mayor del suelo y de los recursos naturales.

4 Diversas empresas, fabricantes, diseñadores y distribuidores ofrecen la posibilidad de construir una casa prefabricada ecológica. Antes de ponerse manos a la obra, conviene consultar varios presupuestos y sistemas de fabricación. Para que sea una opción de verdad ecológica, es necesario preguntar al detalle qué tipo de materiales utilizarán, cuál es su origen, a qué sistemas energéticos y de ahorro recurrirán, etc. Es adecuado conocer qué trabajos ha realizado la empresa que se va a contratar, para preguntar a sus clientes si están satisfechos. También se puede consultar a expertos en construcción ecológica o bioclimática.

Alex Fernández Muerza
Eroski Consumer

1 Solamente **una** de las siguientes afirmaciones es verdadera según la información contenida en el párrafo (1). ¿Qué afirmación es?

A Las casas prefabricadas garantizan la consideración de la naturaleza.
B Para su fabricación se utiliza todo tipo de materiales ecológicos, salvo papel.
C El coste de las casas prefabricadas es asequible.
D El uso de las casas prefabricadas se limita a ocho días.

Basándote en el párrafo (1) elige la opción que tiene **el mismo significado** que la palabra en negrita.

2 hacerse una **vivienda** ecológica, barata y original

A vida   B casa   C albergue

3 basados en toda clase de **materiales** ecocertificados y reciclados

A máquinas   B herramientas   C componentes

4 con **sistemas** que ahorran energía

A métodos   B sitios   C grupos

5 y **aprovechan** el sol o la lluvia

A disfrutan   B generan   C utilizan

6 antes de **montar** una casa prefabricada ecológica

A armar   B mover   C morar

7 **conviene** estudiar sus posibles inconvenientes

A acepta   B coincide   C es apropiado

Según la información dada en el párrafo (2), empareja cada diseño de casa prefabricada de la columna de la izquierda con **una** idea de la columna de la derecha (sobran dos ideas).

	A Este tipo de edificación es más alto que los otros.
	B Es un modelo idóneo para instalar despachos portátiles.
	C La mitad de estas casas economizan energía.
8 Blue Homes	D Existen distintos tipos, dependiendo de los cuartos disponibles.
9 Casas naturales	
10 ConstrECO2	E Se comercializa en Asia central y Japón.
11 OMD	
12 PAD	F Los tipos de casas ofrecidas son muy dispares y con diferentes finalidades.
	G De forma simple se adapta a modelos habituales o más actuales.

Basándote en el párrafo (3) completa los espacios numerados (13–19) con una palabra tomada de esta lista.

más	en	por	de	aunque	como	nunca
que	cuanto	cuando	tan	tanto	sino	a

Basándote en el párrafo (3) identifica las palabras del texto que significan:

20 restos

21 venenoso

22 beneficio

23 argumento

24 necesitar

25 licencia

26 máximo

27 Basándote en el párrafo (4) identifica el error contenido en la siguiente afirmación.

La oferta para construir casas prefabricadas es muy amplia y es importante comprobar las diferentes estimaciones económicas ofrecidas por los fabricantes, así como todo tipo de información pormenorizada sobre los materiales utilizados. También se recomienda obtener la opinión de entendidos en construcciones ecológicas, además de consultar a los trabajadores de la compañía contratada para comprobar si están contentos con su trabajo.

Lengua

La comparación
- Busca en el párrafo (3) del Texto A las estructuras comparativas que allí se encuentran.
- Recuerda la fórmula básica de la comparación:
  más + adjetivo + *que*
  menos + adjetivo + *que*
  tan + adjetivo + *como*
- Algunas formas son irregulares: *mejor, peor, mayor, menor*
  ¿Recuerdas también el uso del superlativo?
  – *Pedro es el **más** inteligente de la clase.*
- También podemos expresar la idea superlativa con el sufijo *-ísimo*: *dificilísimo, riquísimo, grandísimo*

Texto B

Transformar la energía

1 Las renovables suponen sólo el 10% de la energía consumida en España y el objetivo es llegar al 20% en 2020. El sol, el viento, el mar, las microalgas... Como siempre, la clave radica en romper inercias, pensar, echarle imaginación, investigar, y así encontrar nuevas vías y salidas desconocidas hasta el momento. Y teniendo en cuenta que la energía ni se crea ni se destruye, sino que se transforma, existen iniciativas muy plausibles que tratan de romper con los esquemas archiconocidos petróleo-gas-carbón-nuclear.

2 Agua, viento y sol se han convertido en los últimos 20 años en fuentes de energía más o menos limpia y autóctona para nuestro país. Las energías renovables aportan ya en torno a un 20% de la electricidad que se consume en España y casi un 10% de toda la energía primaria, según datos del Instituto para la Diversificación y Ahorro de la Energía (IDAE). No ha sido un camino fácil el de las últimas décadas, con sus luces y sus sombras. La energía eólica despegó definitivamente y se hizo competitiva y comenzó a sembrar de molinos las llanuras y crestas ibéricas en la segunda mitad de los años noventa, hasta el punto de que ahora ella sola supone la mitad de toda la generación de electricidad con fuentes renovables.

3 La solar fotovoltaica pegó el salto recientemente, ...9... en un solo curso multiplicó ...10... cinco la potencia instalada; ...11... que desestabilizó el sistema y ha tenido que ser revisado desde el Gobierno. Se instalaron 2.600 megavatios, que colocaron a España ...12... líder mundial en fotovoltaica por habitante, por ...13... de Alemania, referencia mundial en energías renovables. Tanto avance se ha logrado gracias a un marco legal, un sistema de tarifas que prima generosamente el kilovatio renovable ...14... al producido de forma convencional. "Ese esfuerzo desde la Administración ha permitido generar expectativas en las empresas, en las entidades financieras, en la sociedad, hasta armar un tejido empresarial y tecnológico muy competitivo a nivel mundial", explica Jaume Margarit, director de Energías Renovables del IDAE.

4 En este contexto han crecido y se han hecho muy sólidas las empresas que buscan aplicaciones sostenibles y opciones que contribuyan a un planeta menos contaminado. Además, esto supone diversificar y asegurar nuestra oferta, porque son recursos autóctonos que permiten reducir nuestra dependencia del exterior, que se acerca al 80%, sobre todo por el gas y el petróleo.

5 Pero Margarit tiene una espinita clavada: la biomasa, es decir, aprovechar restos agrícolas, forestales, de la industria maderera y de muebles... para calderas, para calentar agua, como calefacción, en viviendas aisladas y en comunidades. Insiste en que es nuestra gran asignatura pendiente, y que además traerá unas consecuencias muy beneficiosas, desde la limpieza de montes y bosques, que evitará grandes incendios forestales, hasta el traslado de recursos, renta y empleos al mundo rural, lo que permitirá dar una salida a muchas zonas despobladas. Un auténtico vuelco en muchos aspectos.

6 Son muchas las iniciativas que pueden considerarse hitos en este cambio del motor de un país. Por ejemplo, en la isla de El Hierro se busca cómo obtener del agua y del viento toda la energía para sus 11.000 habitantes, o las plataformas solares en Andalucía y Castilla-La Mancha, con miles y miles de espejos recolectando sol. Proyectos futuristas, pero que están ya aquí, en nuestros enchufes. Además, la imaginación no termina. Ya hay experimentos para producir biocarburantes a partir de microalgas, bombas que permiten calentar el agua con la fuerza del "corazón" de la Tierra (geotermia) o proyectos en Asturias, Cantabria y el País Vasco para aprovechar la fuerza de las olas...

Rafael Ruiz
El País Semanal

1 Basándote en el párrafo (1) del texto identifica cuál de las siguientes afirmaciones es falsa.

   A   La meta para el año 2020 es que el gasto de energías renovables en España alcance el 20%.

   B   La solución se halla en el estudio creativo para descubrir maneras alternativas de hacer las cosas.

   C   A pesar de todo, el concepto de energía basado en el petróleo o gas sigue siendo más admisible que las nuevas alternativas.

   D   Factores naturales, tales como el sol o el viento, pueden ofrecer la fuente para producir las nuevas energías renovables.

Basándote en el párrafo (2) elige la opción que tiene **el mismo significado** que la palabra en negrita.

2 **fuentes** de energía más o menos limpia y autóctona para nuestro país

   A   manantial   B   tipo   C   origen

3 las energías renovables **aportan** ya en torno a un 20% de la electricidad

   A   proporcionan   B   consumen   C   ayudan

4 y **casi** un 10% de toda la energía primaria

   A   pero   B   prácticamente   C   apenas

5 **según** datos del Instituto para la Diversificación y Ahorro de la Energía

   A   sin   B   hasta   C   conforme

6 se hizo competitiva y comenzó a **sembrar** de molinos

   A   plantar   B   arrancar   C   ocultar

7 las **llanuras** y crestas ibéricas en la segunda mitad de los años noventa

   A   llamas   B   planicies   C   montañas

8 Explica con tus propias palabras la expresión *"con sus luces y sus sombras"*. (*párrafo 2*)

Basándote en el párrafo (3) completa los espacios numerados (9–14) con una palabra tomada de esta lista.

a	por	tan	como	pero	frente	delante	
adelante	para	tanto	enfrente	sobre			

Basándote en el párrafo (3) identifica las **palabras** del texto que significan:

15 últimamente

16 aumentar

17 colocar

18 comprobar

19 cabeza

20 progreso

21 tasa

22 favorecer

23 empeño

24 esperanza

25 corporación

Basándote en los párrafos (4) y (5) indica si estas frases son verdaderas (V), falsas (F) o no se mencionan (NM). Corrige las frases falsas.

26 Las compañías sólidas fueron las primeras en incorporarse a este nuevo entorno.

27 El Gobierno se muestra muy preocupado por el grado de polución en el país.

28 Gracias a este fenómeno se afianza y amplía la producción energética.

29 Los bienes autóctonos se aproximan al 80%.

30 Margarit está interesado en montar una industria de madera y muebles.

31 Las casas incomunicadas se beneficiarían de un servicio de calefacción.

32 No está claro que los resultados vayan a ser muy provechosos.

33 Los fuegos en montes y bosques se podrán prevenir.

34 La atención al mundo rural dejará sin asistencia a las áreas deshabitadas.

35 La mudanza de la población joven al entorno rural provocará auténticos cambios en muchos aspectos de su vida social.

Explica con tus propias palabras las siguientes expresiones que aparecen en el párrafo (5).

36 tiene una espinita clavada

37 es nuestra gran asignatura pendiente

38 un auténtico vuelco en muchos aspectos

Basándote en el párrafo (6) identifica las **palabras del texto** que significan:

39 conseguir

40 recoger

41 plan

42 energía

Para ir más lejos...

▶ ¿Qué piensas de las casas prefabricadas como opción ecológica?

▶ ¿Has visto alguna vez alguna? ¿Te gustaría vivir de esta manera?

▶ ¿Existe la tradición de las casas prefabricadas en tu país?

▶ ¿Has visto alguna vez un parque eólico o paneles solares? ¿Se integran satisfactoriamente en el paisaje?

▶ ¿Crees que el gobierno de tu país está haciendo un esfuerzo para favorecer las energías renovables?

▶ En el párrafo (6) del Texto B se mencionan varias localidades y regiones españolas. ¿Podrías identificarlas en el mapa e investigar sus aspectos principales para exponerlos en la clase?

▶ Ahora podemos considerar otros países hispanohablantes. ¿Qué medidas se están tomando para que su producción energética sea más limpia y verde?

▶ Prepara en grupos propuestas de estudio sobre varios países para exponer en la clase.

Perfil de la comunidad del IB

▶ Como miembros de la Comunidad de aprendizaje del IB nos esforzaremos por ser íntegros y solidarios, para tratar de influir positivamente en la vida de las personas y el medio ambiente.

▶ ¿Crees que el tema que estamos estudiando en esta unidad puede ayudarnos a poner en práctica los aspectos mencionados? Vamos a debatir entre todos este tema con la ayuda de las siguientes cuestiones.

– ¿Cómo fijar estándares de vida sostenibles y, a la vez, respetuosos con el medio ambiente?

– ¿Cómo disminuir el impacto del hombre y la tecnología sobre la naturaleza?

– ¿Qué instituciones deberían ser responsables a nivel local y planetario para fijar y conseguir los estándares deseados?

– ¿Qué nuevos tipos de tecnología y producción de energías renovables son los más adecuados para mantener el planeta lo más verde posible?

– ¿Qué tipo de comportamientos prácticos individuales y colectivos pueden ayudar a que el uso cotidiano de la tecnología no destruya el planeta?

Actividades orales

1 Actividad oral individual

Naturaleza, tecnología y sociedad

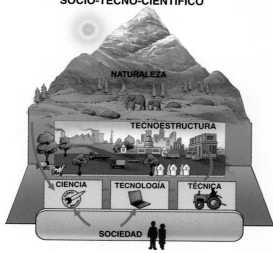

ENTRAMADO SOCIO-TECNO-CIENTÍFICO

1 Ofrece una breve explicación de lo que ves en este gráfico.

2 ¿Es incompatible el desarrollo tecnológico con el respeto a la naturaleza ?

3 ¿Puedes pensar en algún tipo de actividades sociales dependientes de la tecnología que se deberían promover para mantener un mundo más verde y ecológico ?

4 ¿Cómo describirías la relación entre tecnología y medio ambiente en tu propio entorno familiar y escolar ?

2 Actividad oral interactiva

Busca en YouTube el video *"Impacto de la tecnología en la naturaleza"*, realizado por Ángeles Rocío Pardo (Universidad Subcolombiana). Después de verlo podemos entablar un debate teniendo en cuenta aspectos como estos:

▶ ¿Equivale la evolución del hombre a la destrucción de la naturaleza y sus recursos ?

▶ ¿Hemos perdido la noción de la naturaleza como hábitat del ser humano ?

▶ La relación entre desarrollo y tecnología: el aumento de las comodidades lleva normalmente consigo la aparición de aparatos y dispositivos electrónicos que usamos y reemplazamos rápidamente. Pero, ¿nos deshacemos de ellos responsablemente ? ¿Te resulta fácil reciclar aparatos electrónicos en tu localidad ?

▶ ¿Es posible imaginar la evolución humana sin necesariamente destruir el medio ambiente y aumentar la contaminación ?

▶ ¡Vamos a debatir estas cuestiones desde dos puntos de vista enfrentados utilizando argumentos convincentes!

Tareas escritas

1 Respuesta personal

Lee el siguiente fragmento y elabora una respuesta personal usando como mínimo 150 palabras. Compara las actitudes y situaciones, tanto similares como diferentes, sobre este tema en la cultura hispana y en la tuya propia.

> La mayoría de los españoles se muestran poco entusiasmados para asumir sacrificios personales con el fin de reducir problemas medioambientales relacionados con el consumo de energía. Así, un 34% aceptaría la subida del precio de la gasolina para crear nuevos impuestos medioambientales. Un 38% pagaría un 5% más por la electricidad procedente de energías renovables y sólo un 16% llegaría a pagar un 10% más.
>
> *www.energias-renovables.com*

2 Tareas de redacción

Realiza una de estas tareas relacionadas con el tema de la tecnología medioambiental. Escribe un mínimo de 250 palabras.

a En un encuentro internacional de jóvenes para intercambiar puntos de vista sobre el uso de energías renovables, has tenido la oportunidad de entrevistar a un político. Escribe el texto de la **entrevista** para publicarla en la revista del colegio con el fin de transmitir las ideas que el político tiene sobre el tema.

▶ Incluye un título, la fecha y respeta el formato preguntas/respuestas.

▶ Usa un tono formal.

▶ Planifica el contenido de la entrevista de forma que las preguntas sigan un orden coherente.

b Tu ciudad está organizando unas jornadas sobre los últimos avances científicos y tecnológicos y tú has sido elegido como representante de tu colegio para dar una conferencia sobre un avance tecnológico que te interesa y que es respetuoso con el medio ambiente. Escribe el texto de la **conferencia**.

▶ Incluye un título, firma y fecha.

▶ Usa un tono formal y persuasivo y dirígete a la audiencia.

▶ Planifica bien la exposición e incluye una presentación de la idea, una argumentación detallada con razones y datos a favor del avance escogido y una conclusión que confirme tu opinión.

Teoría del conocimiento

Vamos a desarrollar y compartir ideas sobre las implicaciones éticas del desarrollo tecnológico con respecto al medio ambiente.

▶ ¿Es objeto de preocupación ética el cambio medioambiental que el hombre es capaz de producir?

▶ ¿Son la ciencia y la tecnología éticamente neutrales?

▶ ¿Es el comportamiento del hombre la única causa de los problemas medioambientales?

▶ ¿Deberían los gobiernos fortalecer su política intervencionista a nivel legal y técnico para garantizar que el desarrollo tecnológico no tenga efectos nocivos sobre la naturaleza?

▶ ¿Quién debería tener la autoridad de cuestionar y supervisar el tipo de ciencia y tecnología que se desarrolla?

2 Alimentos transgénicos y manipulación genética

Ciencia y tecnología

Objetivos

▷ Analizar el mundo de la innovación científica a través de temas polémicos como los alimentos transgénicos y la manipulación genética.

▷ Reflexionar sobre los aspectos positivos y negativos de estos temas.

Lengua: ampliar el vocabulario relacionado con la ciencia y la investigación; revisar las frases condicionales y las estructuras de posibilidad y suposición.

Contextualización

▷ Observa la siguiente tabla y comenta con tus compañeros: qué productos aparecen, qué países producen más Organismos Modificados Genéticamente (OMG), qué sabías, qué has descubierto.

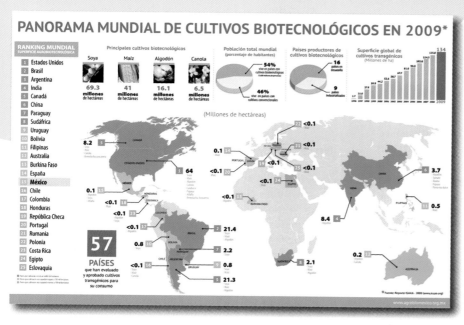

PANORAMA MUNDIAL DE CULTIVOS BIOTECNOLÓGICOS EN 2009*

En pequeños grupos vamos a comentar lo siguiente y después contrastaremos nuestras opiniones con el resto de la clase. ¿Hay coincidencias?

▷ ¿Crees que son importantes la ciencia y la tecnología para el desarrollo? ¿En qué aspectos de nuestra vida cotidiana podemos verlos: alimentación, medicina, cosmética, publicidad, educación, medio ambiente, urbanismo, etc.?

▷ ¿Qué descubrimientos científicos han sido los más importantes de nuestro tiempo? Consulta Internet u otros medios de comunicación para hacer una lista. ¿Qué te gustaría que consiguiera la ciencia?

Texto A

La eugenesia plantea abrir un debate sobre el «mejoramiento» humano

1 Un ordenador y una conexión a internet es todo lo que necesita el hombre del siglo XXI para controlar su vida. Sentado frente a una pantalla puede trabajar, conseguir comida, jugar al solitario o incluso encontrar pareja, si uno **juega bien sus cartas**. Todo lo que hace unos años **requería** tiempo y esfuerzo ahora está a sólo un click de distancia. Sin embargo, las mismas comodidades que han permitido al hombre de la sociedad digital **dar un salto** en su calidad de vida le han hecho esclavo de un nuevo mundo **gobernado** por la tecnología. Vivir en un **entorno** automatizado ha convertido al ser humano en un animal **abocado** al sedentarismo, principio y final de todas las enfermedades que **amenazan** su existencia.

2 Hipertensión, diabetes y obesidad son ahora los principales **depredadores** de nuestra especie, que contempla como su organismo, heredado del hombre de las cavernas, no ha sabido **sincronizar** su evolución física con la revolución social que ha transformado su entorno. El cuerpo humano ha dicho basta. Ya no necesita consumir grandes cantidades de comida para **afrontar** el **desgaste** físico diario. La capacidad **innata** para **cicatrizar** rápido las heridas se ha vuelto en su contra y ahora amenaza con provocar ictus y ataques al corazón. Además, la facilidad con la que se puede conseguir comida convierte en innecesarias las ocho horas de sueño que pide el organismo.

Mejora humana

3 La genética podría ser la clave …(6)… actualizar este desfase evolutivo. …(7)… así opinan dos de los máximos responsables del Instituto del Futuro de la Humanidad de la Universidad de Oxford, Nick Brostom y Anders Sandberg, principales defensores de la eugenesia, en la actualidad **rebautizada** … (8)… «técnicas de mejoramiento humano».

…(9)… estos dos «gurús» de la genética del futuro, los avances en este campo podrían permitir al hombre moderno **pisar el acelerador en la carrera evolutiva** y **allanar** el camino a la aparición del «Homo Sapiens 2.0». …(10)… si de una actualización de «software» se tratase, la genética permitiría

reprogramar al ser humano para que necesitará dormir y comer menos, tuviese una mayor capacidad de concentración y pudiera nacer sin **predisposiciones** genéticas a determinadas enfermedades.

4 **La idea no es descabellada**, …(11)… la ciencia aún tiene un largo camino que recorrer hasta alcanzar esta **meta**. «El ser humano ha ido evolucionando lentamente a lo largo de los siglos …(12)… a la selección natural. La manipulación genética sería una manera de acelerar este proceso y dirigirlo …(13)… donde más nos interese», explicó a este semanario Salvador Macip, científico español que ha investigado las posibilidades de la genética durante casi diez años en el Hospital Monte Sinaí de Nueva York.

5 …(14)…, este especialista recuerda que la manipulación genética, una técnica que ya se **emplea** para conseguir cultivos resistentes al frío o animales con los que desarrollar nuevas **vacunas**, «está prohibida en los humanos y, …(15)…, ningún laboratorio trabaja en este sentido».

Sociedad «Gattaca»

6 Otro de los **reparos** que surgen al pensar en «mejorar» al ser humano parte del miedo a que, de la unión del dinero y la ciencia, nazca una «élite genética» que **lidere** la que se podría denominar sociedad «Gattaca», en honor a la película de 1997 dirigida por Andrew Niccol. En ella, los rasgos físicos y mentales de los individuos eran seleccionados desde el nacimiento, limitando el futuro de aquellos a quienes sus padres no pudieron o quisieron **costear** los tratamientos.

Otros pensadores **alertan** del peligro de que los científicos «jueguen a ser Dios», **atreviéndose** incluso a cambiar la esencia del ser humano **dotándole** de capacidades **impropias** de su especie, como por ejemplo leer la mente.

Javier Leo/Cristina Sánchez
La Razón

1 Antes de leer el texto selecciona de la segunda columna una palabra sinónima a otra en la primera columna.

1	requerir	a	deterioro
2	gobernar	b	solicitar
3	entorno	c	desafiar
4	amenazar	d	destinado
5	abocado	e	ámbito
6	depredadores	f	simultanear
7	sincronizar	g	osar
8	afrontar	h	nocivos
9	desgaste	i	utilizar
10	innato	j	dirigir
11	cicatrizar	k	soportar
12	rebautizar	l	avisar
13	allanar	m	objeciones
14	predisposiciones	n	natural
15	meta	o	aplanar
16	emplear	p	nombrar
17	vacunas	q	dirigir
18	reparos	r	objetivo
19	liderar	s	inyectar
20	costear	t	curar
21	alertar	u	improcedentes
22	atreverse	v	sufragar
23	dotar	w	asignar
24	impropias	x	tendencias

¿Sabes qué significan las expresiones que aparecen a continuación? Elige la opción correcta.

2 jugar bien tus cartas

A   arriesgarse con lo que se hace
B   tener un as en la manga
C   utilizar la inteligencia para conseguir algo

3 dar un salto

A   avanzar
B   correr
C   jugar

4 pisar el acelerador de la carrera evolutiva

A   ir a tontas y a locas
B   adelantar avances en la evolución
C   frenar la evolución humana

5 ser una idea descabellada

A   ser una idea acertada
B   ser una idea razonable
C   ser una idea absurda

Basándote en los párrafos (3), (4) y (5) completa los espacios numerados (6–15) con una palabra tomada de esta lista.

> como (x 2)   al menos   para   gracias   según   pero
>   y   por el momento   hacia   sin embargo

16 ¿Qué significa el título del texto? Busca otras alternativas y justifícalas.

Basándote en el texto indica si estas frases **(17–22)** son verdaderas **(V)** o falsas **(F)** e indica las palabras del texto que justifican tu respuesta.

17 La sociedad digital ha conseguido que la calidad de vida de los hombres mejore.

18 Con la tecnología han desaparecido enfermedades que antes eran peligrosas para el hombre.

19 El hombre ha conseguido equilibrar su evolución física con la revolución social que hay a su alrededor.

20 Según Brostom y Sandberg, la eugenesia puede ser una solución ante el desfase evolutivo que sufre el hombre.

21 La manipulación genética ya se ha practicado con animales y seres humanos.

22 Uno de los inconvenientes que mucha gente ve a las técnicas de mejoramiento de la salud humana es la posibilidad de que el dinero domine a la ciencia.

23 Resume las ideas más importantes del texto en 150 palabras.

24 Enumera las enfermedades y condiciones que afectan a los humanos de este siglo que aparecen en el texto y explica en qué consisten. ¿Qué consejos darías a una persona para evitar en lo posible sufrir alguna de ellas?

25 ¿Qué opinas sobre los siguientes temas relacionados con la eugenesia?

▶   Es importante mejorar la calidad de vida de un ser humano.

▶   Las técnicas de mejoramiento humano evolucionarán con el tiempo.

▶   Es fundamental que la ética siempre esté presente en el campo de medicina.

¿Qué conclusiones podemos sacar?

Texto B

Los alimentos transgénicos influyen en nuestras vidas

En el año 2050 habrá probablemente 9 mil millones de personas en el planeta, un 50 por ciento más que en la actualidad. Durante el último periodo en que la población mundial se **duplicó**, de 3 mil millones en 1960 a 6 mil millones en el 2000, la producción de alimentos aumentó en paralelo. Ello fue posible por la **optimización** de las técnicas de cultivo, el uso de variedades mejoradas genéticamente y diversas **innovaciones** en los sistemas de riego y recolección. También se introdujeron **plaguicidas** más eficaces y biodegradables, así como nuevos **fertilizantes** sintéticos y orgánicos para reponer los nutrientes del suelo.

Las plantas transgénicas son sólo una parte de la respuesta

Los cultivos transgénicos no representan la solución mágica para alimentar a la humanidad. Pero ciertamente ayudarán ya que son parte integral del proceso continuo de búsqueda del mejoramiento genético de los **cultivos**. No podemos permitirnos **rechazar** esta tecnología, como pretenden algunos, aunque debemos también mejorar otras. Necesitamos una resistencia más **perdurable** a las enfermedades y plagas, sistemas de **irrigación** que consuman menos agua o estrategias de cultivo que reduzcan la erosión del suelo. Tenemos que optimizar el tipo de laboreo, la aplicación de fertilizantes y la rotación de cultivos para producir los mejores suelos posibles con los microorganismos más adecuados.

Los cultivos transgénicos no pueden eliminar por sí solos el hambre o la pobreza, ya que sus causas están **enraizadas** en el ámbito socio-político. De hecho, aunque la producción de alimentos es hoy suficiente para **erradicar** el hambre del planeta, no disponemos aún de un sistema económico que **promueva** una distribución más equitativa de los mismos. Las tecnologías no son nunca una **panacea**, especialmente en su fase inicial. Los automóviles contaminan y muchas personas fallecen en accidentes de tráfico, pero casi nadie parece dispuesto a **prescindir** de ellos. Las tecnologías agrícolas también tienen efectos **adversos** y hará falta nuestra inventiva para perfeccionarlas.

Algunas cosas que debería saber...

Si le preocupa la seguridad alimentaria, le conviene saber que los alimentos transgénicos son tan seguros como los demás, y que provienen de cultivos tratados con menos plaguicida que los tradicionales.

Si **padece** usted alguna alergia, debería saber que la ingeniería genética puede eliminar los compuestos alergénicos de los alimentos. Además, las plantas transgénicas son sometidas a controles **rigurosos** para evitar la aparición de nuevas alergias. Ya se están obteniendo variedades vegetales desprovistas de sus alérgenos más importantes.

Si tiene dudas sobre legislación, debería saber que la introducción de un producto transgénico en el mercado viene **precedida** por numerosos controles y un largo proceso legal. En la historia de la alimentación humana no ha existido nunca un nivel de control tan **estricto** como el actual.

Si siente **inquietud** por los problemas medioambientales, le conviene saber que los cultivos transgénicos pueden aminorar el impacto negativo que tiene la agricultura sobre nuestro medio ambiente.

Si el hecho de comer genes le preocupa, debería saber que en un plato de comida convencional (un guiso de carne con papas, cebolla, zanahoria y tomate, por ejemplo) hay millones y millones de copias de más de doscientos cincuenta mil genes diferentes. Si algunos ingredientes fuesen transgénicos usted comería unos pocos genes adicionales, que serían degradados en su estómago tan fácilmente como los demás.

Si **desconfía** de los mensajes **difundidos** por las compañías multinacionales, escuche entonces a los científicos independientes, a los que trabajan en universidades y centros públicos de investigación.

Maarten J. Chrispeels
Centro para la Agricultura Molecular de San Diego

Lengua

Vocabulario técnico – científico: neologismos y préstamos

- El mundo de la tecnología es una fuente rica de neologismos y préstamos de otras lenguas. Para la construcción de tecnicismos se suelen usar recursos que ya se existen en el idioma. En español algunos de los recursos más comunes son:

  - verbos a partir de sustantivos (*telefonear, chatear*)

  - sustantivos compuestos a partir de verbo + sustantivo (*el lavaplatos, el parachoques*)

  - sustantivos compuestos con dos sustantivos (*geodidáctica, electrooxidación*)

  - adjetivos a partir de sustantivos (*computerizado*)

  - adjetivos a partir de nombres propios (*darwiniano*)

  - sustantivos con prefijos y sufijos

  - palabra ya existente con una nueva función (*telescopio, metared, multimedia, interfaz*)

  - palabras prestadas de otros idiomas, como préstamos, extranjerismos o adaptaciones (*emoticones, e-mail, módem*).

- ¿Podéis aumentar esta lista con más palabras? Consulta algunos diccionarios monolingües o guías de estilo para conocer más neologismos.

Perfil de la comunidad del IB

- Averigua haciendo una búsqueda en Internet y con ayuda de artículos de prensa o reportajes en los medios de comunicación qué tipo de adelantos se están consiguiendo en el campo de la ciencia y la medicina para mejorar la calidad de vida de los seres humanos. ¿Qué conclusiones podemos sacar?

1 Antes de leer el texto, busca un sinónimo para cada una de las palabras de la primera columna que aparecen en el texto.

1 duplicar	a mejorar	11 erradicar	k reemplazar
2 optimizar	b arraigadas	12 promover	l creaciones
3 innovaciones	c sufrir	13 panacea	m insecticidas
4 plaguicidas	d doblar	14 prescindir	n riego
5 fertilizantes	e plantaciones	15 adversos	o desfavorables
6 cultivos	f rehusar	16 participación	p colaboración
7 rechazar	g duradero	17 padecer	q divulgados
8 perdurable	h abonos	18 rigurosos	r anticipada
9 irrigación	i remedio	19 precedida	s riguroso
10 enraizadas	j dudar	20 estricto	t preocupación
		21 inquietud	u severos
		22 desconfiar	v impulsar
		23 difundidos	w eliminar

Copia y completa la siguiente tabla de antónimos y sinónimos. Consulta un diccionario si es necesario.

	sinónimo	antónimo
2 duplicar		
3 aumentar		
4 eficacia		
5 rechazo		
6 perdurable		
7 numeroso		
8 desconfiar		
9 estricto		
10 inquietud		
11 equitativo		
12 aminorar		

Lee las siguientes frases y decide si la información es verdadera (**V**) o falsa (**F**) teniendo en cuenta la información del texto. Corrige las frases falsas.

13 La población del planeta se ha doblado de 1960 a 2000, pero no ha ocurrido lo mismo con la producción de alimentos.

14 Las mejoras tecnológicas en la agricultura han posibilitado que las cosechas sean mejores.

15 Según el texto, los cultivos transgénicos son la solución para erradicar el problema del hambre en el mundo.

16 Los OMG utilizan más insecticidas que los productos normales.

17 Los OMG son sometidos a rigurosos controles de calidad.

18 Para estar informados sobre el tema de los transgénicos solo tenemos que hacer caso de lo que dicen sobre ellos las multinacionales.

Lengua

Tipos de textos

▶ Podemos describir distintos tipos de textos según su función pedagógica: textos descriptivos, narrativos, argumentativos, expositivos e instructivos. En grupos vamos a buscar las características principales de cada uno de estos textos. Cada grupo se puede dedicar a uno y después presentar un resumen y un ejemplo al resto de la clase.

▶ ¿A qué tipo de texto pertenece el Texto B? ¿Qué características le definen?

19 Examinamos el texto: ¿Qué se debe mejorar para poder contar con una agricultura óptima? Enumera al menos **tres características** citadas en el texto. ¿Qué otras cosas se pueden mejorar para que la agricultura sea más productiva y equitativa?

20 Según el texto, ¿por qué los transgénicos por sí solos no pueden eliminar el problema del hambre en el mundo? ¿Estás de acuerdo? ¿Qué otras cosas podrían hacer los gobiernos y los ciudadanos del mundo?

21 ¿Qué aspectos positivos sobre los transgénicos comenta el texto? Haz un resumen de la última parte del texto (a partir de "*Algunas cosas que debería saber…*"), recogiendo las ideas principales.

Lengua

Las frases condicionales: tipos y usos

▶ Fíjate en la última parte del Texto B (*Algunas cosas que debería saber…*) e intenta clasificar las frases condicionales que aparecen en estos apartados:

– *Si* + presente, presente
– *Si* + presente, condicional
– *Si* + presente, imperativo
– *Si* + imperfecto de subjuntivo, condicional

▶ ¿Qué otros tipos de estructuras condicionales faltan?

22 *La otra cara de la moneda*: No todos los ciudadanos están a favor de los OMG. Vamos a examinar algunos de los argumentos que se utilizan a favor y en contra del uso de transgénicos.

Vamos a trabajar en parejas y seleccionar la información que corresponda a la primera columna: **Argumentos a favor**, o a la segunda columna: **Argumentos en contra**. Se pueden añadir más elementos en cada una de las columnas buscando más argumentos en los medios de comunicación.

Después formaremos algunas frases condicionales en las que utilizaremos las nuevas estructuras. Por ejemplo, "*Si ingerimos alimentos genéticamente modificados, podemos desarrollar alergias*"

Los argumentos

▶ Incremento del uso de tóxicos en la agricultura
▶ Contaminación genética
▶ Resistencia de las plantas a los pesticidas y plagas
▶ Aumento de la seguridad alimentaria
▶ Contaminación del suelo
▶ Plantas y frutos más fuertes
▶ Mayor aprovechamiento del suelo
▶ Pérdida de la biodiversidad
▶ No es ético manipular los genes de un organismo
▶ Posibilidad de mayor producción de alimentos
▶ Desarrollo de alimentos que pueden curar enfermedades
▶ Destrucción de bosques para cultivo
▶ Aparición de nuevas alergias
▶ Aumento en el uso de herbicidas y plaguicidas
▶ Incremento de las normativas de producción de alimentos
▶ Aumento de las vitaminas, nutrientes y minerales en los productos
▶ Reducción de los costos de producción agrícolas

Perfil de la comunidad del IB

▶ Busca más información sobre la polémica en torno al uso de los OMG. Puedes traer noticias, documentos y fotos que representen tanto la aprobación como su rechazo.

▶ Después coméntalo con el resto de la clase. ¿Qué hemos aprendido? Y tú, ¿qué posición tomas? ¿Por qué?

Actividades orales

1 Actividad oral individual

El alcance de los transgénicos. Observa la imagen y contesta a las preguntas.

1 Describe qué ves en la imagen.

2 Busca un título adecuado.

3 ¿Cuál crees que es el mensaje de esta ilustracion? ¿Estás de acuerdo?

4 ¿Crees que los OMG pueden mejorar la salud y/o la economía del mundo? ¿Por qué?

5 ¿Cómo responderías a las preguntas del cartel?

2 Actividad oral interactiva

▶ *El coloquio de la semana.* Podemos elegir uno de los siguientes temas.

– *"Alimentos transgénicos, ¿beneficiosos o perjudiciales?"*

– *"¿Cuáles son los límites de la ciencia?"*

– *"¿Para qué sirve la tecnología científica?"*

– *"¿Es justificable aspirar a la perfección humana?"*

– *"¿Puede la ingeniería genética acabar con el hambre en el mundo?"*

Dividiremos la clase en distintos grupos y cada uno de ellos preparará algunas ideas para el tema de debate elegido. Los grupos prepararán una pequeña presentación con sus ideas. Después de cada presentación habrá un turno de preguntas por parte del resto de la clase y cuando todos los temas se hayan presentado haremos una evaluación global de las conclusiones.

▶ *Repaso a la prensa.* ¿Qué dicen los periódicos y las revistas de divulgación científica sobre los productos genéticamente modificados y la eugenesia? ¿Hay otros temas interesantes en el campo de la ciencia y la tecnología? En parejas o grupos de tres, presentaremos la noticia y expondremos nuestra opinión. Prestaremos también atención al nuevo vocabulario presentado.

▶ Podemos elegir algunas de estas actividades para realizar en pequeños grupos.

  ▶ ¿Cómo será el mundo del futuro?

  ▶ Un invento que cambiaría el mundo.

  ▶ Celebramos en clase el día de la ciencia y la tecnología. ¿Qué haríamos? Confeccionamos presentaciones, carteles, folletos informativos.

  ▶ Nos hemos convertido en "Observadores de transgénicos": vamos a indagar qué productos GM encontramos y cómo se consumen en nuestro país. Después presentaremos nuestros descubrimientos al resto de la clase.

Tareas escritas

1 Respuesta personal

Elabora una respuesta personal a la siguiente información, usando como mínimo 150 palabras. Compara las actitudes y situaciones, tanto similares como diferentes, sobre este tema en la cultura hispana y en la tuya propia.

> "No podemos dar marcha atrás al reloj en el caso de la agricultura y utilizar sólo métodos que fueron desarrollados para alimentar a una población mucho más reducida."
>
> *Norman E. Borlaug,*
> *Premio Nobel de la Paz (1970)*

¿Qué opinas? Puedes hablar de cúales son las innovaciones tecnológicas en la agricultura, qué ventajas y desventajas tienen, por qué es importante intentar eliminar el hambre en el mundo, tu opinión personal.

2 Tareas de redacción

Realiza una de estas tareas relacionadas con el tema de alimentos transgénicos. Escribe un mínimo de 250 palabras.

a ¿Es necesario imponer límites en el mundo de la ciencia y la medicina?

b Los avances de la medicina y su importancia.

c ¿Cómo te imaginas el mundo de la ciencia en el siglo XXII? ¿Qué cosas se habrán alcanzado?

d Elabora un texto para incluir en un **folleto informativo** sobre los alimentos transgénicos. Incluye recomendaciones para los lectores. Revisa el uso de los imperativos para utilizarlos en la redacción.

e El periódico de tu colegio está preparando un especial sobre ciencia y tecnología y os han pedido colaboración. Los temas son muy variados, por lo que vamos a elegir uno y prepararemos un texto sobre lo siguiente.

- Una entrevista a un investigador en el campo de la biotecnología.

- Un reportaje sobre la última manifestación contra el consumo y producción de OMG en tu ciudad/país.

- Una noticia sobre el último logro en el campo de la medicina.

f Has encontrado un foro en Internet en el que se discute la necesidad o no de consumir alimentos genéticamente modificados. Como te interesa el tema, has decidido escribir una **entrada en este foro**.

g *Escritura creativa*: Describe cómo será el mundo en el año 2090. Piensa en cómo serán las ciudades, el campo, los seres humanos, todo lo que les rodea, etc.

CAS

Proyecto de CAS

- Creamos un proyecto dedicado a la ciencia y la tecnología.

- Nos dividiremos en pequeños grupos y desarrollaremos una campaña de apoyo a ideas que sean importantes e innovadoras en el campo de la ciencia y la tecnología (por ejemplo, "*Fundación para jóvenes científicos*", "*Premio a la promoción de la tecnología entre los jóvenes*", "*Medicinas para todos*", "*Jóvenes médicos sin fronteras*", etc.).

- Presentaremos nuestras ideas a la clase, incluyendo: por qué es importante realizarlo, cuáles son sus objetivos y cómo se llevará a cabo.

3 Exploración espacial

Objetivos

Considerar…

▷ diferentes proyectos encaminados a la exploración del espacio.

▷ la explotación económica que tienen los viajes espaciales.

▷ los aspectos positivos y negativos de estos viajes y proyectos.

▷ si hay vida en otros planetas, galaxias y las consecuencias que puedan tener para el hombre.

Lengua: el uso del futuro.

Contextualización

▷ Mira la siguiente foto e individualmente, escribe un mínimo de 12 palabras (adjetivos, sustantivos, verbos) que te sugiera.

▷ Ahora en parejas comparte tus palabras y explica por qué las has elegido. ¿Son las mismas? ¿Cuáles son iguales? ¿Y diferentes?

▷ En parejas reflexiona sobre lo siguiente.

– ¿Qué hay ahí fuera en el espacio? ¿Estaremos solos en el universo?

– ¿Qué siente el hombre ante el universo (soledad, miedo, emoción, etc.? ¿Por qué?

– ¿Es importante para nosotros su exploración? ¿Por qué?

El primer hotel del espacio tiene ya 38 reservas para pasar 4 días a 450 kilómetros de la Tierra

1 **Empezará a funcionar en 2012 y recibirá dos vuelos semanales, con cuatro turistas y dos tripulantes. Los huéspedes, entre los que hay cuatro españoles, pagarán 3 millones de euros y necesitarán 18 semanas de formación en una isla del Caribe.**

2 Un total de 38 personas ya han reservado una habitación en Galactic Suite, el primer hotel espacial. El complejo turístico, que tiene previsto abrir sus puertas en 2012, se encontrará a 450 kilómetros de la tierra y contará con un spa en gravedad cero para que los clientes puedan disfrutar con una burbuja de agua.

3 De las 38 reservas realizadas a partir de enero de 2008 a través de la web de la compañía, sólo cuatro son de españoles. De los 34 restantes, ocho proceden de Estados Unidos, siete de los Emiratos Árabes, seis de China, cinco de Rusia, otros cinco de Australia y tres de Sudamérica, según ha explicado a Efe Xavier Claramunt, creador de este proyecto de turismo global.

4 El viaje tendrá un coste de 3 millones de euros e incluye, además de la estancia en el Galactic Suite, 18 semanas de preparación en una isla del Caribe para entrenar al turista en su experiencia espacial, donde podrá viajar acompañado de su familia.

Actividades físicas, lúdicas y científicas

5 Claramunt ha explicado que la compañía trabaja ahora en el programa de actividades físicas, lúdicas y científicas que los turistas realizarán durante los cuatro días que dura la estancia". Al poco tiempo de llegar al hotel, los turistas podrán conectarse con la Tierra para saludar a familiares, amigos y a los medios de comunicación que lo soliciten.

6 Durante la estancia los turistas podrán ver salir y ponerse el sol 15 veces al día, y cada 80 minutos se completará una órbita alrededor de la Tierra. En todo momento podrán consultar información referente a la posición y velocidad del hotel, así como buscar zonas geográficas en la Tierra o en el mapa sideral del espacio a través de unas pantallas instaladas junto a las ventanas de los módulos.

7 Sin embargo, una de las experiencias más novedosas, según el empresario, es el spa que están desarrollando ingenieros y arquitectos de Galactic Suite. Se trata de una esfera transparente en la que se introducirá una burbuja de agua de 20 litros con la que los huéspedes podrán jugar.

El hotel espera 350 huéspedes al año

8 En cada vuelo viajarán seis personas, dos tripulantes y cuatro turistas, y durante los cuatro días de estancia en el hotel orbital el transbordador permanecerá anclado en el módulo base de llegada para dar seguridad al pasajero. Este módulo cumplirá la función de zona común de estar, y conectará con las habitaciones, cada una de ellas para dos personas, y con un módulo de servicios.

9 Inicialmente está previsto programar dos viajes a la semana y enviar unas 350 personas al año al espacio, pero no se descarta lanzar más módulos si la demanda de plazas es superior.

10 Asegura Xavier Claramunt que en el año 2012 habrá unas 40.000 personas con capacidad económica para comprar un billete de tres millones de euros, una cantidad que, pese a ser astronómica, dista mucho de los más de 20 millones de dólares que pagó el multimillonario Dennis Tito para ser el primer turista del espacio.

Déborah Hap
EFE

Copia y completa las siguientes frases con palabras del texto.

1 Antes de poder alojarse en el hotel espacial los turistas tienen que…

2 Se han empezado a recibir reservas…

3 El nombre del creador de este proyecto es…

4 Los tres tipos de actividades que se podrán hacer en el hotel espacial son…

5 El requisito que tienen que cumplir los medios de comunicación para poder saludar a los primeros turistas es…

6 Durante los cuatro días que estarán en el hotel los turistas podrán ver… puestas de sol.

Basándote en los párrafos (1), (2) y (3) del texto transcribe los **verbos** que significan:

7 comenzar (*párrafo 1*)

8 esperar (*párrafo 2*)

9 estar situado (*párrafo 2*)

10 disponer de (*párrafo 2*)

11 otros (*párrafo 3*)

12 venir de (*párrafo 3*)

Basándote en los párrafos (1), (2) y (3) del texto indica si estas frases son verdaderas (**V**) o falsas (**F**) y escribe las **palabras del texto** que justifican tu respuesta.

13 Los viajes se realizarán con una frecuencia de ocho veces al mes.

14 Siete de las reservas ya hechas son de turistas procedentes de países hispanohablantes.

15 Los turistas tendrán un periodo de más de cuatro meses de preparación antes de viajar al espacio.

16 Las 18 semanas de preparación previa al viaje no están incluidas en el precio de 3 millones de euros.

Basándote en la información del texto completa las siguientes frases para que tengan sentido.

¡Cuidado! hay más finales de los que necesitas.

17 La nave tardará…	**A** profesionales de diferentes países.
18 En este proyecto trabajan…	**B** participar un máximo de seis turistas.
	C están diseñadas con una zona común.
19 En todos los viajes podrán…	**D** una hora y veinte minutos en completar una vuelta alrededor de la Tierra.
20 Cada habitación…	**E** profesionales de diferentes sectores.
21 El número inicial de viajes…	**F** viajar hasta seis personas.
	G se podrá ampliar si hay suficiente demanda.
	H puede acoger a dos personas.

Lengua

El futuro

▶ El futuro simple expresa una acción futura. Puede sustituirse por la perífrasis **ir a** + infinitivo: *Esta noche **iré** al cine contigo.*

▶ Puede expresar probabilidad en el presente: *Mis primos **llegarán** a las doce.*

▶ Utilizamos *seguramente* y *supongo que* para referirnos al futuro con alguna duda: *Seguramente **comerá** en casa. Supongo que **terminaréis** temprano.*

Para reflexionar

En parejas discute y reflexiona sobre lo siguiente.

▶ ¿Sabías de la existencia de este proyecto? ¿Qué te parece? ¿Te gustaría participar en esta experiencia? ¿Por qué?

▶ ¿Crees que son seguros esos viajes?

▶ ¿Qué puede motivar a la gente a participar en este tipo de experiencias? ¿Qué tipo de persona crees que decidirá hacer este tipo de viajes?

▶ En el texto se menciona que hay 40.000 personas en el mundo que podrían permitirse este lujo, ¿crees que será rentable?

▶ Piensa y discute sobre qué consecuencias podría tener este proyecto para el medio ambiente, la economía, la ciencia, etc.

273

Texto B

"Tendremos el próximo viaje tripulado en 2020, así como la primera mujer en la Luna"

El hombre pisó la Luna el 20 de julio de 1969, desde entonces, **otras seis misiones** *Apollo* volvieron al suelo lunar.

EE UU y China son los favoritos a la hora de comenzar una nueva carrera espacial.

Los **18 estados miembros** de la Agencia Espacial Europea (ESA) se plantean ir a la Luna en el marco de un **programa de cooperación** internacional. Rusia y Japón ya cooperan con la NASA y con la ESA en la Estación Espacial Internacional y podrían unirse a los planes de una futura **Base Lunar Internacional**.

Entrevista a Bernard Foing
Principal científico para la SMART-1 de la ESA

1 – ¿......?

   – No era un programa creado ...(2)... razones científicas pero ha dado unos resultados ...(3)... han cambiado nuestra visión de la Luna y la Tierra. Las muestras de materiales y rocas han permitido estudiar el origen de la Luna y comprender ...(4)... fue su evolución. Ahora pensamos ...(5)... es una especie de hija de la Tierra, y que nació de una colisión de un cuerpo celeste con nuestro planeta. El programa *Apollo* es un proyecto a largo plazo en el que han trabajado miles de personas, pero que ha inspirado a millones más en ...(6)... el mundo.

2 – ¿......?

   – Por culpa de la recesión se ha vuelto más difícil invertir en innovación ...(7)... investigación, aunque ahora lo que se quiere es la construcción de una base lunar internacional. El programa *Apollo*, que era ...(8)... político que científico, era un programa puntual ...(9)... no sostenible, por eso se acabó, ...(10)... no existía el concepto de poner una instalación permanente en la Luna. El desarrollo tecnológico ha servido para potenciar otros programas que han permitido la exploración del sistema solar, como el programa *Voyager*, y estos sí, para aplicaciones científicas.

3 – ¿......?

   – Es el momento de viajar de forma más efectiva y con más personal. La idea de la SMART-1 es la de poner una base robótica estable para medir los recursos del suelo lunar y los minerales, y ver si se podrían utilizar estos recursos para vivir del suelo aprovechando el material lunar.

4 – ¿......?

   – Tendremos el próximo viaje tripulado en 2020, así como la primera mujer en llegar a la Luna. Estamos pensando en un sistema con una base avanzada que incluya la posibilidad de quedarse unos meses mediante la rotación de esta tripulación para tener una permanencia humana en la Luna. Podremos investigar así aspectos importantes de nuestra civilización, aspectos tecnológicos y humanos. Para mantener a esta tripulación habría que convertir esta base avanzada en algo aún más grande, un pueblo con humanos de varios países y ciudades. La idea es tener un pueblo robótico en 2015.

5 – ¿......?

   – Nuevos datos científicos para entender mejor la fundación de la Luna e historia de la Tierra; cómo se puede llevar vida terrestre y crearla en la Luna; desarrollar nuevas tecnologías gracias a la cooperación internacional pacífica; y la oportunidad de llevar nuevos negocios a través de misiones privadas a la Luna.

6 – ¿......?

   – Europa con la misión SMART-1 ha mostrado que tiene su lugar en la investigación del cosmos. Cada europeo aporta un cuarto de euro para llevar a Europa a la Luna. España es un país que apoya activamente la exploración del sistema solar.

C. Galán / D. Yagüe
20 Minutos

1 En la entrevista faltan las preguntas (1–6), relaciona las preguntas con su respuesta correspondiente.

A ¿Cuándo y cómo volverá el hombre a la Luna?

B ¿Qué diferencia habrá entre esta y las anteriores misiones?

C ¿Qué aportó la llegada del hombre a la Luna?

D ¿Qué papel juega España?

F ¿Qué aportará?

G ¿Cuál es el futuro de las misiones a la Luna?

Basándote en las respuestas completa los espacios numerados (2–10) con una palabra tomada de esta lista.

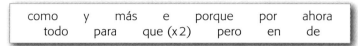

como	y	más	e	porque	por	ahora
todo	para	que (x2)		pero	en	de

Indica a que se refieren las siguientes cifras según el texto.

11 2020

12 1969

13 6

14 18

15 2015

Basándote en el texto, copia y completa la tabla en tu cuaderno.

En la frase…	la(s) palabra(s)	en el texto se refiere(n) a…
16 …fue **su** evolución. (*pregunta 1*)	"su"	
17 …y **estos** sí, para aplicaciones científicas. (*pregunta 2*)	"estos"	
18 …y crear**la** en la Luna… (*pregunta 5*)	"la"	

19 Según el texto, ¿a qué problema se enfrentan las misiones a la Luna?

Basándote en la información del texto completa las siguientes frases para que tengan sentido.

20 Los países europeos…

21 El programa *Apollo*…

22 El próximo objetivo de las misiones a la Luna es…

23 Los proyectos lunares nos permitirán…

A fue la inspiración para muchísimas personas.

B planean un proyecto en común con China y Estados Unidos.

C quieren cooperar para viajar a la Luna.

D es un proyecto a corto plazo.

E estudiar más sobre diferentes partes del universo.

F construir una base internacional.

G saber más sobre nuestro propio planeta.

24 Describe las diferencias entre los programas espaciales anteriores, como el *Apollo* y los actuales, como el *Voyager*.

Basándote en las preguntas (4), (5) y (6) indica si estas frases son verdaderas **(V)** o falsas **(F)** y escribe las **palabras del texto** que justifican tu respuesta.

25 En 2020 la mujer pisará la Luna por primera vez.

26 En 2015 tendremos ciudades habitadas por humanos en la Luna.

27 Las empresas privadas podrán desarrollar sus negocios con las oportunidades que ofrecerán los viajes a la Luna.

28 Los españoles contribuyen con 25 céntimos de euro al programa espacial.

Basándote en el texto transcribe la **palabra** que significa:

29 preferidos (*introducción*)

30 colaborar (*introducción*)

31 motivos (*pregunta 1*)

32 originarse (*pregunta 1*)

33 a causa de (*pregunta 2*)

34 permanente (*pregunta 3*)

35 origen (*pregunta 5*)

36 contribuir (*pregunta 6*)

Basándote en las preguntas (4), (5) y (6) completa las siguientes frases con una **palabra literal del texto**.

37 En los próximos viajes algunos de los miembros de la … serán mujeres.

38 Con la información obtenida en estos viajes podremos tener un conocimiento mejor de nuestra propia …

39 Los … que aporten estos viajes nos ayudarán a desarrollar nueva tecnología.

40 La … del espacio es muy importante para muchos gobiernos.

41 Según el texto el viaje a la Luna tiene **cuatro aportaciones principales,** enuméralas.

Para reflexionar

En parejas discute y reflexiona sobre lo siguiente.

▸ El título del texto menciona que una mujer llegará a la Luna también, esta información se vuelve a repetir en el texto. ¿Por qué crees que se hace tanto hincapié en esto? ¿Crees que la mujer está poco valorada dentro del campo científico? ¿Cómo podemos cambiar esto?

▸ En el texto se mencionan los diferentes planes que los países tienen para los viajes a la Luna. ¿Crees que tendrá más éxito los viajes individuales de Estados Unidos o China o los viajes en común de los países europeos? ¿Por qué?

▸ ¿Qué intereses pueden tener los países que quieren viajar individualmente? ¿Crees que es importante ser el primero en instalar una colonia en la Luna?

▸ ¿Qué beneficios puede tener para nosotros el viajar a la Luna? ¿Cuáles serían los aspectos negativos?

Perfil de la comunidad del IB

▸ Busca información más detallada sobre una de las organizaciones relacionadas con la exploración del espacio: Agencia Espacial Europea (ESA), NASA, Estación Espacial Internacional, SMART-1, y prepara una presentación para la clase donde expongas qué son, quiénes participan en ellas y cuáles son sus objetivos.

Actividades orales

1 Actividad oral individual

1 ¿Qué ves en esta foto?

2 ¿Piensas que podemos estar llenando el universo de basura?

3 ¿Qué tipo de basura es esa?

4 ¿Cómo podemos evitarlo? ¿Queremos evitarlo?

2 Actividad oral interactiva

▶ Tras escuchar la canción infantil "*Mis amigos los marcianos*" de Enrique y Ana, o la canción "*Los Visitantes*" de Gillman, se puede entablar un debate sobre la existencia o no de vida en otros planetas. Algunas ideas para la reflexión podrían ser:

- ¿Crees que puede existir vida en otros planetas?

- ¿Crees que otros seres extraterrestres nos han visitado?

- ¿Cómo te imaginas que son esos seres?

- ¿Qué condiciones tendrán que tener esas civilizaciones para poder visitarnos?

- ¿Qué intereses pueden tener para esas visitas?

- ¿Crees que los gobiernos ya han tenido contactos pero no nos dicen nada por motivos de seguridad?

▶ Busca información sobre diferentes iniciativas de turismo al espacio. Elige una y prepara una presentación para la clase incluyendo tu opinión personal sobre esta iniciativa.

Tareas escritas

1 Respuesta personal

Lee la siguiente carta y elabora una respuesta personal usando como mínimo 150 palabras. Compara las actitudes y situaciones, tanto similares como diferentes, sobre este tema en la cultura hispana y en la tuya propia.

> La tecnología es positiva solo si la sabemos aprovechar, utilizándola para nuestras más profundas y valiosas intenciones.

2 Tareas de redacción

Realiza una de estas tareas relacionadas con el tema de la exploración espacial. Escribe un mínimo de 250 palabras.

a Imagina que eres uno de los primeros turistas del hotel espacial. Escribe una **charla** que darás a otros posibles participantes hablándoles sobre tu experiencia. Cuéntales todos los preparativos que tuviste que hacer antes de irte, tu experiencia y sensaciones en el espacio y por qué crees que es una experiencia inolvidable.

b Imagina que eres uno de los miembros del equipo de expertos encargados de la fundación y organización de una colonia en la Luna. Escribe un **informe** para el gobierno de tu país sobre qué tipo de instalaciones, edificios, profesionales y ayudas necesitarás para que esta ciudad funcione de una forma adecuada.

c Eres miembro de una asociación que da la bienvenida a los extraterrestres a nuestro planeta Tierra. Diseña un **folleto informativo** para que estos seres tengan una integración fácil a nuestro mundo. No te olvides de mencionar cosas básicas de nuestra vida diaria, así como consejos de cosas o situaciones que deberían evitar para tener una vida tranquila.

d Eres uno de los primeros ciudadanos en ocupar la ciudad lunar recientemente fundada. Escribe una **entrada a tu diario** de cómo es un día de tu nueva vida, comparándola con tu vida pasada en la Tierra.

e Hace unas semanas aterrizó una nave espacial en tu ciudad donde venía una delegación de habitantes de otro planeta. Como miembro de la revista de tu colegio has hecho una **entrevista** a uno de los miembros de esta delegación donde le preguntaste sobre cómo era la vida en su planeta, cómo han llegado hasta la Tierra y sus intenciones.

4 El papel de la ciencia y tecnología en nuestras vidas

Objetivos

Considerar…

▷ cómo usamos la ciencia y la tecnología.

▷ los aspectos positivos y negativos de los adelantos en la tecnología y las ciencias.

▷ las consecuencias que puede tener el acceso o carencia de acceso a los nuevos adelantos científicos y tecnológicos.

▷ Explorar diferentes iniciativas tecnológicas o científicas. Lengua: prefijos.

Contextualización

En parejas discute sobre lo siguiente.

▷ Mira la foto y describe lo que ves.

▷ ¿Qué diferencias hay entre las dos personas? ¿Cuántos años crees que han pasado entre las dos? ¿Cuánto ha tardado en desarrollarse la tecnología?

▷ ¿Qué ventajas tiene esta nueva tecnología? ¿Y desventajas?

▷ ¿Cómo nos ayuda a relacionarnos o a no relacionarnos la tecnología? ¿Crees que la tecnología nos aísla?

Ropa inteligente, una nueva forma de vestirse

(1) Hasta ahora, la moda era pura estética, hoy es inteligente. Prendas que levantan el ánimo, que mantienen la temperatura corporal, que calman el estrés o que repelen a los mosquitos engloban el nuevo concepto de ropa inteligente, "una forma de vestirse que aúna diseño y tecnología para vivir mejor", explica la diseñadora Laura Morata.

(2) Tras años de investigación, esta diseñadora, que proviene del mundo del diseño industrial, ha conseguido fusionar la tecnología con el diseño, con el fin de crear prendas que faciliten la vida a la mujer.

(3) "Son prendas con tecnología que permiten personalizar la ropa, preservar el medioambiente y encontrar el bienestar", dice a *Efe* la diseñadora.

(4) Así, basándose en la aromaterapia y en el sentido del olfato que llega directo al cerebro, la diseñadora ha creado prendas en las que incluye microcápsulas con esencias naturales que, en el momento de vestirlas, despliegan todos sus beneficios.

(5) "La vainilla y el jazmín, las suelo utilizar en trajes de novia, ya que calman los nervios y relajan, lo que permite disfrutar de ese día tan especial con serenidad", dice la creadora.

"Ni el jefe te podrá fastidiar"

(6) El aroma de la fresa y la de manzana ácida los utiliza en prendas de consumo diario – vestidos, pantalones o camisas– para estimular los ánimos decaídos y dibujar la sonrisa en el rostro. "De esta manera, ninguna persona, ni tan siquiera el jefe, te puede fastidiar el día", explica.

(7) Utilizando la tecnología del plasma y mediante un proceso absolutamente ecológico, la firma Madre Mía del Amor Hermoso ha creado prendas antimanchas que repelen la lluvia y cualquier líquido, bien sea vino, cava o sopa. "Son prendas que, al mismo tiempo que dan seguridad, evitan que se laven continuamente, proceso que contamina los ríos", asegura.

(8) Esta diseñadora también ha creado prendas antiestrés. No se trata de diseños con masajes incorporados, sino de prendas con microcápsulas de antiestáticos que evitan que las mujeres se carguen de la energía electroestática que desprende el teléfono móvil o el ordenador, que, además de facilitar la vida, consiguen llevar los nervios a flor de piel.

(9) "Estas prendas, a las que denomino 'qué paz' absorben la electricidad electroestática y ayudan a eliminar las barreras del estrés", explica Laura Morata.

Prendas antimosquitos

(10) Un cuarto invento de esta firma son las prendas antimosquitos, que a través de un producto repelente encapsulado en las tramas del tejido consigue desviar los picotazos de este impertinente insecto.

(11) ...(25)... el PCM –Phase Change Material– , ...(26)... microencapsulado en abrigos y chaquetas, esta joven catalana ha conseguido coser prendas que mantienen la temperatura corporal ...(27)... en verano como en invierno, en las condiciones climáticas ...(28)... adversas.

(12) Recurre a la pintura fosforescente, ...(29)... absorbe energía de los rayos ultravioletas y emite luz en la oscuridad, ...(30)... diseñar vestidos de novia. "Son tintas luminiscentes, que abanderan la estética como única funcionalidad, no facilita la vida, ...(31)... divierte mucho", dice la propietaria ...(32)... la firma Madre Mía del Amor Hermoso.

(13) Con el paso del tiempo, las bondades de la tecnología van desapareciendo de las prendas, pero están estudiando el poder recargarla para que duren más tiempo, aún así se disfruta de sus virtudes durante más de un año.

(14) Laura Morata, que no cesa de trabajar para propiciar una vida más sencilla y cómoda, está desarrollando productos para el hogar con nanotecnología, ya que le permite trabajar un campo apasionante: las bacterias.

(15) "Disfruta de los vestidos que te ayudan y siente el bienestar de sentirte bella" es la filosofía de la diseñadora.

EFE

Basándote en el texto copia y completa las siguientes frases con la información que se te pide.

1 Cita las diferencias entre la moda del pasado y la de la actualidad según el texto.

2 Cita cuatro tipos de ropa inteligente que se mencionan en el texto.

3 ¿Para qué tipo de personas están diseñadas estas prendas?

4 Cita tres beneficios que estas prendas poseen.

5 Dos elementos que se usan en vestidos para relajar a la persona que lo lleva son…

6 ¿Por qué son ecológicas las prendas antimanchas?

Completa las siguientes frases con **palabras del texto**.

7 Estas prendas están diseñadas para…

8 La profesión original de Laura Morata se desarrolló en el área del…

9 Un sinónimo de diseñadora es…

10 El nombre que Laura Morata ha dado a la ropa antiestrés es…

Basándote en el texto transcribe la **palabra o grupo de palabras** que significa:

11 unir (*párrafo 2*)

12 acostumbrar (*párrafo 5*)

13 tranquilidad (*párrafo 5*)

14 olor (*párrafo 6*)

15 cara (*párrafo 6*)

16 arruinar (*párrafo 6*)

Basándote en el texto elige la opción que tiene **el mismo significado** que la palabra en negrita.

17 ayudan a **eliminar** las barreras del estrés (*párrafo 9*)

    A sacar   **B** ayudar a   **C** suprimir

18 un cuarto invento de esta **firma** (*párrafo 10*)

    A tienda   **B** compañía   **C** moda

19 los picotazos de este **impertinente** insecto (*párrafo 10*)

    A imperturbable   **B** impasible   **C** molesto

20 en las condiciones climáticas más **adversas** (*párrafo 11*)

    A favorecedoras   **B** desfavorables   **C** esperadas

Basándote en el texto indica si estas frases son verdaderas (**V**) o falsas (**F**) y escribe las **palabras del texto** que justifican tu respuesta.

21 Las prendas antiestrés incluyen masajes.

22 El uso de cierta tecnología afecta a nuestros estados de ánimo.

23 Los trajes de novia fosforescentes solo tienen una función estética.

24 La diseñadora está intentando que los efectos positivos de sus prendas se mantengan durante más tiempo.

Basándote en los párrafos (11) y (12) completa los espacios numerados (25–32) con una palabra tomada de esta lista.

también	pero	para	con	cuando	ya	que
	de	en	tanto	más		

Para reflexionar

En parejas discute y reflexiona sobre lo siguiente.

▶ ¿Qué te parece la ropa que ofrece esta empresa? ¿Te parece útil?

▶ ¿Te gustaría comprar alguno de sus productos? ¿Por qué?

▶ En parejas pensaremos qué características nos gustaría que tuviera la ropa inteligente de Laura Morata en el futuro y por qué.

Texto B

Los robots en la sociedad del futuro

¿Cómo cambiarán la vida de cada uno de nosotros, en nuestro ámbito laboral o social?

(1)   …(2)… la opinión de los investigadores, en el año 2020 se producirá un punto de inflexión tecnológica, gracias al cual los robots "serán capaces de ver, actuar, hablar, dominar el lenguaje natural y ser más inteligentes. Entonces nuestra relación con ellos será …(3)… constante y …(4)… cercana. Los autómatas dejarán de ser máquinas sofisticadas …(5)… llaman nuestra atención en exposiciones o series de TV para convertirse en herramientas cotidianas que nos ayudarán en las tareas más comunes.

(2)   Según el investigador, Antonio López Peláez, los robots androides …(6)… construiremos a partir de ese año, contarán con funciones y niveles de inteligencia tales que se convertirán …(7)… compañeros para la especie humana. De hecho esta singularidad hará que la inteligencia de nuestras máquinas sea equiparable …(8)… la nuestra. En este contexto, resultan obvias las diferencias que tendrán …(9)… sí las sociedades que cuenten con estas máquinas y aquellas que no las posean.

(3)   La clave para que se produzca este punto de inflexión se encuentra en los avances que se han producido en áreas tales como el reconocimiento de voz, el sentido del tacto robótico, la inteligencia artificial, la nanotecnología, la antropología robótica y, cómo no, la capacidad de los robots de superar el famoso Test de Turing.

(4)   Robots con estas características cambiarán nuestro futuro. Suponiendo que evitemos su uso como máquinas de matar, podremos tenerlos en casa para ayudarnos con las tareas de limpieza o incluso con la educación de nuestros hijos. También tendrán trabajo en las granjas, cosechando el cereal y hasta ordeñando las vacas. En las fábricas, un robot con estas cualidades físicas e intelectuales será mucho más eficiente que los que usamos hoy para, por ejemplo, montar automóviles. Serán más flexibles y capaces de solucionar problemas que aparezcan en las cadenas de montajes. Y todo eso trabajando en tres turnos,

las 24 horas del día. De hacerse realidad las predicciones de Antonio, la incorporación de robots evitará la exposición de los obreros a ambientes peligrosos, estresantes o poco saludables, eliminado los fantasmas de los riesgos laborales.

Nanomáquinas y cyborgs

(5)   Pero no todos los robots serán así de grandes. De hecho, es posible que la mayor ayuda provenga de sus hermanos más pequeños, aquellos que se construirán gracias a los avances de la nanotecnología. Estos pequeños ingenios, con tamaños micrométricos, podrán hasta ingresar a nuestro organismo y realizar "reparaciones" en nuestras arterias, venas y órganos internos. ¿Tienes una arteria tapada por culpa del colesterol? No necesitarás cirugía, solo un nanorobot que se desplace por su interior y quite la obstrucción.

(6)   Durante años se ha especulado con multitud de mecanismos construidos a escala nanométrica. Motores, pistones, trozos de circuitos y casi cualquier cosa que te imagines puede ser construido a escala molecular. Por fin, y luego de millones de horas de investigación, estamos en condiciones de comenzar a fabricar cosas útiles con esta tecnología.

(7)   Toda la tecnología que hará posible la existencia de esos maravillosos robots también podrá utilizarse para sustituir nuestras partes defectuosas. Efectivamente, no hay razones para que, disponiendo de brazos robóticos dotados de manos capaces de reconocer superficies mediante el tacto, o cámaras que ven mejor que un ojo, no las utilicemos como piezas de reemplazo en nuestros cuerpos.

(8)   El famoso punto de inflexión parece finalmente estar a la vuelta de la esquina. Solo queda determinar su momento exacto, y las consecuencias que ocasionará tanto para los agraciados que se encuentren dentro de ella, como para aquellos que se queden fuera de la nueva brecha tecnológica.

www.taringa.net

1 Basándote en el párrafo (1) copia y completa el siguiente cuadro.

verbo	sustantivo	adjetivo
investigar		–
	capacidad	
acercar		
	construcción	–
acompañar		–
equiparar		
diferenciar		
	posesión	–

Basándote en los párrafos (1) y (2) completa los espacios numerados (2–9) con una palabra tomada de esta lista.

más (x2)   entonces   que (x2)   tan   cuando
ya   según   a   en   entre

Basándote en los párrafos (1) al (4) completa la siguiente información.

10 Cita dos adjetivos que describan el tipo de interacción entre humanos y robots en el futuro.

11 Cita una palabra sinónima de "robot".

12 Cita dos ambientes en los que estamos acostumbrados a ver robots en la actualidad.

13 Cita tres ámbitos donde tendremos robots en el futuro.

14 Cita los tres adjetivos que describen los ambientes a los que los obreros evitarán exponerse con la incorporación de los robots al mundo laboral.

Basándote en el texto, copia y completa la tabla en tu cuaderno.

En la frase…	la(s) palabra(s)	en el texto se refiere(n) a…
15 Entonces nuestra relación con **ellos** será …(párrafo 1)	"ellos"	
16 …y aquellas que no **las** posean. (párrafo 2)	"las"	
17 …no **las** utilicemos como piezas de reemplazo … (párrafo 7)	"las"	

Basándote en el párrafo (4) transcribe la **palabra** que significa:

18 peculiaridad   22 perjudiciales

19 cultivar   23 erradicar

20 resolver   24 en el trabajo

21 originar

Basándote en el texto indica si estas frases son verdaderas (V) o falsas (F) y escribe las **palabras del texto** que justifican tu respuesta.

25 Los robots podrán ocuparse de educar a los niños en el futuro.

26 Todos los robots serán del mismo tamaño.

27 Una vez que la tecnología robótica se desarrolle algunos tipos de cirugía serán superfluos.

28 Falta mucho para que los robots puedan ser utilizados en nuestras vidas diarias con frecuencia.

29 Están claras las consecuencias que tendrá la introducción de los robots en nuestras vidas diarias.

Basándote en los párrafos (5) al (7) completa las siguientes frases para que tengan sentido.

30 El impacto de los robots…

    A dependerá de su tamaño.
    B no será muy grande.
    C afectará a cómo se practica la medicina.

31 La nanotecnología…

    A nos permitirá construir robots diminutos.
    B ha tardado poco tiempo en desarrollarse.
    C se usa ya en cirugía.

32 La nueva tecnología…

    A no afectará mucho a nuestras vidas.
    B conllevará cambios en las vidas de las personas que las posean y las personas que no las posean.
    C será usada por todos.

Lengua

Formación de palabras: prefijos

▶ En el Texto B hay varias palabras que empiezan por 'nano': es un prefijo que significa '*milmillonésima parte*'. Hoy en día se usa para expresar que alguna cosa es muy pequeña, diminuta.

▶ En español hay muchos prefijos que se usan para cambiar los significados de muchas palabras:

prefijo	significado	ejemplo
a-, an-	carente de o sin	**a**normal, **a**morfo
anti-	contra	**anti**natural , **anti**cuerpo
auto-	uno mismo	**auto**servicio
bi-/bis-/biz-	dos/doble	**bi**cicleta, **bis**abuelo
des-	negación o inversión del significado	**des**contento
in-, im-, ir-	no	**in**frecuente, **im**probable, **ir**resuelto
pre-	anterioridad	**pre**mamá
re-	repetición	**re**aparecer

▶ Observa la tabla y después, añadiendo un prefijo a estas palabras, forma palabras nuevas.

legal, social, nieto, pagado, racional, conectar, posible, hacer, activo, completo, mensual, confiar, juicio, natal, justo, historia, necesario, establecido, control, enviar

Para reflexionar

En parejas discute y reflexiona sobre lo siguiente.

▶ Si pudieras tener un robot, ¿qué características te gustaría que tuviera?

▶ ¿Podrán los robots llegar a sustituir a los humanos como compañía? ¿Y podrán llegar a sustituir a los animales como mascotas? ¿Existe ya algún ejemplo?

▶ En el texto se menciona que habrá diferencias entre las personas que tengan acceso a los robots y las personas que no tengan acceso a esta nueva tecnología. En parejas discutiremos a qué se puede referir el autor del artículo, qué tipos de consecuencias puede representar el tener o no tener un robot.

Perfil de la comunidad del IB

▶ En el texto se menciona el famoso Test de Turing relacionado con la robótica pero no especifica qué es. Busca información detallada sobre qué consiste.

Actividades orales

1 Actividad oral individual

1 ¿Qué está pasando en la foto?

2 ¿Qué dos fechas representan las dos viñetas?

3 ¿Cuál es la diferencia entre la primera y la segunda parte de la viñeta?

4 ¿Qué mensaje nos quiere transmitir?

5 ¿Estás de acuerdo con ese mensaje?

2 Actividad oral interactiva

Tras visionar escuchar las canciones *"Atrapados en la Red"* de Tam Tam Go o *"MI PC"* de Juan Luis Guerra se pueden discutir los siguientes temas:

▶ La importancia de la red en diferentes aspectos de nuestras vidas: aspectos positivos y negativos.

▶ El cambio en las relaciones interpersonales con la introducción de la tecnología.

▶ Los peligros que pueden presentar las relaciones a través de la red.

▶ El papel de la red en la vida y el desarrollo personal de los jóvenes.

Tareas escritas

1 Respuesta personal

El mayor telescopio del mundo fue inaugurado en España en el 2009. Lee la siguiente noticia y elabora una respuesta personal, usando como mínimo 150 palabras, sobre los beneficios que tendrá este avance científico para España en particular y para el mundo en general.

> El Gran Telescopio CANARIAS (GTC) es un telescopio de 10,4 metros de diámetro instalado en uno de los mejores lugares del hemisferio norte: el Observatorio del Roque de los Muchachos. Este telescopio es una iniciativa española, con el apoyo de la Administración del Estado y la Comunidad Autónoma Canaria, a través de los Fondos Europeos de Desarrollo Regional de la Comunidad Europea, y la participación de México y Estados Unidos.
>
> Es el último de la llamada generación de telescopios de 8–10 metros y es el telescopio con mayor superficie colectora de luz.

2 Tareas de redacción

Realiza una de estas tareas relacionadas con el tema de ciencia y tecnología. Escribe un mínimo de 250 palabras.

a Eres una novia que ha decidido adquirir uno de los trajes diseñados por Laura Morata para este día tan especial. Escribe una **entrada a tu diario** explicando cómo ha sido tu día y cómo esta prenda ha contribuido a que hayas tenido un día maravilloso.

b Hace un tiempo conociste a una chica en un foro, comenzasteis a hablar y piensas que estás enamorado. Ahora ha llegado la hora de conoceros personalmente. Desgraciadamente no todos los datos que le facilitaste sobre ti son exactos. Escríbele un **correo electrónico** contándole la verdad y las razones por las que no fuiste completamente sincero con ella desde el principio.

c Acabas de adquirir el último modelo de robot que ha sido lanzado por una compañía japonesa y estás encantado con tu nueva adquisición. Escríbele una **carta** a un amigo contándole las características que tiene este robot, todas sus funciones y cómo crees que cambiará tu vida con él.

d En tu colegio se ha organizado una campaña que se titula *"Seguros en la red"*. Elabora un **folleto** para informar a tus compañeros sobre qué medidas deben de tomar para poder usar Internet de una forma segura. Dales ejemplos de acciones que deben tomar para estar seguros y ejemplos de acciones que conllevan algún tipo de riesgo.

e Imagina que eres un científico famoso que está participando en una convención para presentar una innovación que has desarrollado en el campo de las ciencias o de la tecnología. Escribe el **discurso** que has dado a tus colegas presentándoles lo que has hecho y por qué será importante en nuestras vidas.

1 Celebraciones familiares

Objectivos

Considerar…

▸ algunos ejemplos de celebraciones familiares como pueden ser bautizos, comuniones, cumpleaños, fiestas de quinceañera, bodas, etc.

▸ la importancia de estas celebraciones y los cambios que han sufrido.

Lengua: ampliar el vocabulario relacionado con el entorno de las celebraciones familiares; revisar el uso de las preposiciones; practicar la composición y presentación de textos relacionados con este tipo de celebraciones: discursos, invitaciones, álbumes, etc.

Contextualización

▸ Observa la fotografía y comenta con tus compañeros: ¿Para qué celebraciones familiares son estas invitaciones? ¿Son iguales en tu país? ¿Qué otras celebraciones familiares de tu cultura conoces? ¿Y de los países de habla hispana? ¿Hay diferencias?

▸ ¿Qué tipo de festejos celebras en tu familia? ¿Cuál te gusta más? ¿Por qué? ¿Coincides con tus compañeros? Describe la última celebración familiar a la que asististe.

▸ Todas las celebraciones tienen características especiales. Realiza cuatro campos semánticos eligiendo de la lista de palabras las expresiones relacionadas con: una boda, un bautizo, un cumpleaños o la fiesta de los 15 años.

ponerse un vestido largo y blanco / lanzar el ramo / llevar algo nuevo, algo viejo, algo prestado y algo azul / cantar "las mañanitas" / la pedida de mano / mantear a la persona que cumple años / bailar el vals / romper una piñata / llevar una corona y un vestido largo de princesa / cruzar la puerta en brazos / pedir un deseo / mojar la cabeza con agua bautismal / presentar las alianzas / lanzar arroz / regalar una muñeca / ir de luna de miel / tirar de las orejas / hacer un viaje de novios / dar un recordatorio / realizar un discurso / ponerse una liga / tener un ajuar / hacer una fiesta / hacer un banquete / enviar una invitación / enviar una felicitación / soplar las velas del pastel

¡Belén 15 años!

Bautizo de Claudio

¡¡nos casamos!! ¡¡y estáis invitados!!

El Cuerpo de Cristo

287

Texto A

Fiestas para divorcios y cumpleaños de perros: los agasajos más insólitos

En Buenos Aires hay mercados para todos los gustos. Se pueden ver fiestas muy raras y bastante caras.

(1) Lo que antes era motivo de tristeza o desazón, hoy se convirtió en una excusa para el festejo. Desde hace cinco años, las fiestas de divorcio son un boom en la Argentina. Después de firmar los papeles que ponen fin a la relación conyugal, muchas mujeres deciden festejar su nueva soltería. Y lo hacen como si fuera un casamiento… pero sin novio.

(2) En los últimos tres años, Laura Ares organizó por lo menos 25 fiestas de divorcio al estilo boda. "La mayoría de las que vienen a averiguar son amigas, pero con la complicidad de la divorciada. Y en la mayoría de los casos, la que festeja es la mujer de 45 a 55 años", contó Ares.

(3) Como en todos los festejos, aquí también se manejan diferentes alternativas y presupuestos. La opción más completa y más costosa es la que incluye la fiesta y un cambio de look previo para llegar divina a ese día. "Las que eligen un cambio de imagen se hacen desde extensiones, electrodos, mesoterapia y botox hasta un tratamiento para bajar de peso", dijo Ares, que llegó a organizar estas fiestas casi de casualidad. "Siempre organicé eventos. Hace tres años, mi prima se había separado y me pidió organizar algo. A las amigas les gustó y me empezaron a llamar y se armó la cadena", dijo Ares.

(4) En el día de la fiesta hay una parte previa exclusiva para la agasajada y sus amigas que incluye un cóctel, la firma del libro de divorcio (con copia de los papeles de la desvinculación), o una clase de seducción por ejemplo. Después llega el resto de los invitados –hombres y otras mujeres que no formaron parte de la primera parte– y se comen delicias dulces, entre ellas la famosa torta de divorcio. "Es como una torta de casamiento, pero en el piso más alto hay una novia muy sexy y abajo, el novio está tirado en el piso, patas para arriba y bañado en sangre", dijo la organizadora de eventos.

(5) El costo de estas fiestas varía, pero parten de los 5.000 pesos (si se hacen puertas adentro) hasta los 15.000 (con el cambio de imagen, el catering y el alquiler de un salón). "La fiesta más cara de este tipo que organicé tuvo un costo de $ 50.000, pero no es lo habitual. Cada fiesta es particular. Están las más conservadoras y las más jugadas. Siempre digo que este tipo de fiestas son como las de casamiento, pero llevadas a la liberación", dijo Ares.

(6) Como recuerdo de ese día, el clásico suvenir es la bombonería erótica, aunque también se imponen las remeras con leyendas. "100% libre", "Just divorced" o "Libre", con el característico cartelito de taxi.

Un evento guau

(7) Ahora los festejos no se reservan sólo a las personas. El mejor amigo del hombre también tiene su agasajo el día de su cumpleaños. Varias boutiques y veterinarias de Buenos Aires incluyen entre sus servicios la organización del cumpleaños del can en un salón al aire libre, donde puede celebrar a pata suelta su nuevo año.

(8) Una fiesta de estas características, en un salón de la capital con jardín, torta de cumpleaños para el perro y diez amigos perrunos más, suvenires, y algo de tomar y comer para 20 invitados humanos cuesta unos 700 pesos, según la propuesta de La Boutique Guau, una de las primeras tiendas para mascotas en organizar este tipo de festejos.

(9) El perro, además de la fiesta, recibe regalos que pueden ser desde ropa y juguetes hasta almohadones y lonas personalizadas con su nombre, caricaturas, CD de música para perros y hasta un perfume.

Contexto

1 Antes de leer el texto, busca un **sinónimo** para cada una de las palabras de la primera columna que aparecen en el texto.

1	desazón	a	cotidiano
2	casamiento	b	homenajes
3	agasajos	c	animal de compañía
4	festejos	d	disgusto
5	conyugal	e	boda
6	costoso	f	caro
7	divina	g	espléndida
8	habitual	h	perro
9	can	i	matrimonial
10	perruno	j	canino
11	mascota	k	celebraciones

Basándote en el texto elige la opción que tiene **el mismo significado** que estas expresiones.

2 para todos los gustos (*introducción*)

   A exóticos   **B** variados   **C** apetecibles

3 ser un boom (*párrafo 1*)

   A ser un éxito   **B** ser un desastre   **C** ser una fiesta

4 a pata suelta (*párrafo 7*)

   A con dificultad
   B con éxito
   C con total libertad

Basándote en texto indica si estas frases **(5–14)** son verdaderas **(V)** o falsas **(F)** y escribe las **palabras del texto** que justifican tu respuesta.

5 Las fiestas de divorcio son cada vez más populares en Argentina y suelen ser festejos caros.

6 Estas celebraciones se parecen mucho a las que se realizan en un casamiento.

7 La mayoría de las mujeres que deciden celebrar una fiesta de divorcio están en la treintena.

8 Ares, la organizadora de este tipo de fiestas, siempre se ha dedicado a la organización de este tipo de eventos.

9 Uno de los agasajos más solicitados es el de fiesta y transformación de imagen.

10 A muchas homenajeadas en la fiesta les gusta que su fiesta sea diferente.

11 La tarta de divorcio es exactamente igual que la de boda.

12 También se han puesto de moda las fiestas de cumpleaños caninas.

13 Este tipo de eventos están solo reservados para el perro y sus amigos perrunos.

14 Es normal que el dueño del perro que cumple años regale a los asistentes a la fiesta algún recuerdo.

15 Explica en qué consiste un fiesta de divorcio según el artículo, qué pasos hay, quién va, etc.

16 ¿Qué tipo de productos reciben los asistentes a estas fiestas?

17 ¿Qué tipo de productos recibe un perro en una fiesta de cumpleaños canina?

18 ¿Qué te parece este tipo de celebraciones? ¿Qué otro tipo de acontecimientos se podrían celebrar? ¿Cómo mejorarías estos eventos? ¿Hasta qué punto crees que hay celebraciones que promueven el consumismo y se apartan de la idea intrínseca de la celebración o la tradición, como el Día de San Valentín, la fiesta de cumpleaños de una mascota, etc.? Comparte con tu compañero tus ideas.

19 En pequeños grupos vamos a pensar de qué manera podríamos celebrar el cumpleaños de nuestra mascota o cómo celebraríamos un evento especial. Prepararemos una presentación para el resto de la clase explicando en qué consiste la celebración, cómo se prepararía, qué haríamos, cuándo se realizaría y todo lo que incluiríamos (invitaciones, preparativos, música, regalos, etc.).

Perfil de la comunidad del IB

▸ Averigua haciendo una búsqueda en Internet y con ayuda de artículos de prensa o reportajes en los medios de comunicación cómo son otras celebraciones familiares en el ámbito hispano (bodas, bautizos, comuniones, cumpleaños, etc.). Explica cuáles son sus orígenes, cómo se celebran, si cambian en los distintos países, etc.

Texto B

Extravagantes fiestas de los 15 años en medio de la pobreza

- **Yailén celebra sus 15 años con toda la pompa.**
- **El matrimonio Sarduy ahorró por 12 años para celebrar los 15 de su hija.**
- **Son pocos los cubanos que no ahorran para festejar a las quinceañeras.**
- **La tradición y la ilusión son más importantes que pasar limitaciones.**

(1) Y llegó el día. El matrimonio de Rogelio Sarduy y Maritza López, en la mañana del 30 de enero se despertaron bien temprano para asegurar todos los detalles de la fiesta de 15 años de Yailén, su única hija.

(2) Nerviosos y satisfechos van a la carrera por toda La Habana. En una libretica tienen anotados los asuntos pendientes. Ver si el hombre encargado de elaborar los *cakes* (tartas) ya los tiene listos. E insistentemente llamar para confirmar la participación de un locutor de la televisión contratado para ejercer como **maestro de ceremonia**.

(3) Todo empezó 12 años atrás, cuando con paciencia asiática los padres comenzaron a guardar en el bolsillo de un viejo **gabán** parte del dinero que le enviaban sus parientes al otro lado del estrecho de la Florida.

(4) "Nos **privamos** de muchas cosas, pero siempre **tuvimos en mente** hacerle una fiesta por todo lo alto a nuestra hija. Valió la pena. Nos salió estudiosa y educada, se merece todo el sacrificio que hemos hecho", comentan los felices padres a pocas horas de que su hija **arribe** a la edad de la ilusión.

(5) Es una tradición cubana que al cumplir 15 años, a las adolescentes les celebren una **fiesta fastuosa** con coreografías, bailes con trajes largos y sesiones interminables de fotos y vídeos. Los más pobres también se las **ingenian** para conmemorar la fecha. Los hijos varones no forman parte de esa costumbre.

El negocio de los 15

(6) Alrededor de las quinceañeras se ha montado un **jugoso negocio** particular, sobre todo en La Habana. Tomen nota. El matrimonio Sarduy tuvo que pagar 110 cuc (pesos cubanos convertibles) por dos álbumes de fotos y un CD con efectos especiales. 70 cuc por el alquiler de diferentes vestidos para cambiarse durante las fotos, hechas en diferentes locaciones. Por utilizar 6 horas el salón de un elegante **hotel capitalino**, 150 cuc. Súmele además, que entre comida, ron, cerveza, buffet, dulces y **ostentosos** *cakes*, gastaron 600 cucas (unos 24 dólares).

(7) Por si no bastara, una semana antes de la fiesta, además de comprarle a Yailén tres conjuntos de ropa y calzado, desembolsaron 900 cucas para pasar los tres un fin de semana en un hotel de la playa de Varadero, a 100 kilómetros al este de la ciudad. El joven que montó la coreografía del baile para las 15 parejas cobró 60 cucas. Más cara fue la tarifa del **conductor** de la tele: 100 cucas.

(8) El grifo de la moneda dura no se cerró ahí. Casi 300 cucas costó alquilar una flota de taxis y minibuses. Luego de darse un trago amplio de ron Habana Club añejo 7 años, el padre sonríe. No cree que todavía sea el momento de 'pasar raya' y sacar cuentas. Aunque por lo bajo señala que "entre una cosa y otra, hemos gastado 4 mil cucas, toda la plata que llevábamos doce años guardando".

Una fiesta de reyes

(9) Para que se tenga una idea: 4.000 cucas equivalen a 100 mil pesos cubanos. Esa cantidad será lo que ganara en 14 años un profesional que por su trabajo mensualmente recibiera 600 pesos (unos 24 dólares) y que al año sumaran 7.200 pesos.

(10) Como se ve, no todos en Cuba pueden tirar la casa por la ventana como lo acaba de hacer el matrimonio Sarduy. Pero con tal de celebrarle los 15 a su hija, hasta las familias pobres gastan lo que no tienen y se endeudan.

(11) Es la tradición. Tal vez en Europa y otras partes del mundo la consideren 'kitsch' e inexplicable: gastar el dinero que no abunda en festejos superficiales, donde no faltan sesiones de fotos como si la muchacha fuera una modelo internacional.

(12) Son pocas las familias cubanas que a pesar de comer poco y mal y desayunar solo café, no **despilfarren** ese día. Unos, como el matrimonio Sarduy, guardan la plata en el bolsillo de un abrigo. Otros venden artículos de valor, piden prestado o se empeñan. Lo que sea. Con tal de celebrarle los 15 a la hija.

(13) A la mañana siguiente, sin un centavo en la cartera, con la resaca de la bebida **ingerida** y la felicidad de haber organizado una fiesta que sonó en todo el barrio, es cuando empieza lo bueno.

(14) En esos casos, el matrimonio Sarduy tiene una filosofía muy particular. "Mañana será otro día", dice Sarduy mientras con emoción contenida vuelve a mirar el vídeo de los 15 de su única hija. "Vale la pena. Es una fiesta que se celebra una vez en la vida".

Iván García
El Mundo

1 ¿Conoces las fiestas de quinceañeras? ¿Se celebran en tu país? ¿En qué consisten? Trabaja con un compañero y contrasta sus conocimientos con los tuyos. Después pon en común los resultados con el resto de la clase.

2 Antes de leer el texto selecciona de la segunda columna la opción más lógica para cada inicio de frase en la primera columna sobre la tradición de las fiestas de los 15.

1 La celebración de quince años de una joven sirve…	a culturas modernas dejan que la joven escoja otro color para su vestido.
2 En muchas culturas, al llegar a la fecha de quince años, las jóvenes salían…	b para indicar la entrada a la vida adulta y la aceptación de responsabilidades de las mujeres.
3 Una de las tradiciones dentro de esta celebración incluye el…	c tirar una muñeca, así como se tira la liga en una boda.
4 La quinceañera usa sandalias o zapatos planos para la celebración, pero después el papá le cambia ese calzado…	d de la familia a la escuela y se preparaban para el matrimonio.
5 El color tradicional del vestido de la quinceañera es blanco o rosa, pero hoy en…	e por un zapato de taco alto.
6 También la quinceañera para esa noche porta…	f en su cabeza una corona o tiara.

Basándote en el texto elige la opción que tiene **el mismo significado** que estas expresiones.

3 con toda la pompa (*introducción*)

A con grandeza y solemnidad
B con sencillez y serenidad
C con dificultad económica

4 ir a la carrera (*párrafo 2*)

A hacer algo sin pensar
B hacer algo a toda prisa
C hacer algo precipitadamente

5 por todo lo alto (*párrafo 4*)

A con pretensión
B con poco gasto
C con mucho lujo y gasto

6 tirar la casa por la ventana (*párrafo 10*)

A gastar sin ningún tipo de control
B ser tacaño
C no querer derrochar más de lo necesario.

7 decir por lo bajo (*párrafo 8*)

A decir a los cuatro vientos
B decir de manera oculta
C decir sin pensar

8 Busca en el texto las palabras **en negrita** y relaciónalas con una palabra o expresión similar de las que hay en la siguiente lista.

celebración ostentosa   alojamiento de la capital   abstenerse   tomada
llegar   pasteles fastuosos   negocio provechoso   presentador (x 2)
pensar   abrigo   malgastar   idear   salir   vestido

9 ¿Qué significa el título del texto? Busca otras alternativas y justifícalas.

Basándote en la información del texto indica si estas frases son verdaderas **(V)** o falsas **(F)** e indica las **palabras del texto** que justifican tu respuesta.

10 Los padres de Yailén están preocupados por la celebración de su hija.

11 Han preparado todo con precisión y paciencia.

12 Han podido hacer esta celebración gracias al dinero que han conseguido ahorrar de sus sueldos.

13 Además de la fiesta hay sesiones de fotos y preparaciones coreográficas para la celebración.

14 Los chicos también tienen una parte muy activa en esta celebración.

15 La familia de Yailén ha estado guardando dinero durante 10 años para poder celebrar esta fiesta.

16 Debido al alto coste de estas fiestas a muchas familias no les queda más remedio que llenarse de deudas para poder pagar la celebración.

17 La familia Sarduy está muy desilusionada con el resultado de la fiesta.

Elige las opciones adecuadas (18–34) para completar este discurso teniendo en cuenta los usos de las preposiciones.

Discurso 18 (*para/del/al*) **padre:**

19 (*A/Hacia/Por*) mi hija… Hoy es el gran día **20** (*ante/de/sin*) mi linda princesita: hoy nuestros corazones rebosan **21** (*sin/de/por*) dicha infinita como **22** (*por/sin/a*) vez primera **23** (*de /hace /a*) 15 años, cuando felices tu madre **24** (*a/y/o*) yo, te recibimos **25** (*sobre/a/en*) nuestros brazos. ¡Ah! como has crecido, ¡Mi niña hermosa! Y pareciera apenas ayer cuando tomaba tu manita, sostenía **26** (*para/y /de*) te enseñaba **27** (*de/para/a*) caminar, mientras me devolvías una tierna sonrisa, y me decías: Papá. Hoy después de 15 años empieza tu aventura: adiós **28** (*ante/a/de*) las muñecas, adiós a tus caricaturas, adiós a tus sueños **29** (*con/para/de*) niña, Adiós a tus travesuras. Hoy empiezas una nueva vida, y como siempre aquí tú madre y yo **30** (*ante/de/a*) tu lado. Vive tranquila y sin premuras, sé como siempre, amable y gentil, tierna, triunfante **31** (*y/o/sin*) feliz.

Y cuando la duda o la tristeza de pronto te embargue, busca como siempre **32** (*para/de/a*) tu amigo fiel: ¡TU PADRE! Quien siempre te dará una frase **33** (*sin/de/con*) alivio, un abrazo, un beso y todo su cariño, pues eres de mi vida un lindo capullo. A quien hoy, **34** (*en/ de/ para*) sus 15 años presento con orgullo y alegría: ¡Mi hija!

35 ¿Qué significa el título del artículo? Busca otros títulos alternativos.

36 Resume las ideas más importantes del texto en 150 palabras.

37 La fiesta de quinceañera solo la celebran las chicas, ¿qué otras fiestas podrían celebrar los chicos? ¿Cómo serían? Coméntalo con tus compañeros.

38 ¿Qué opinas sobre los siguientes temas relacionados con el artículo:

- La tradición y la ilusión son más importantes que pasar limitaciones.
- Aunque estas celebraciones se consideren "kitsch" en otros lugares, se trata de una tradición.
- Este tipo de fiestas merecen la pena aunque sean carísimas porque solo ocurren una vez en la vida.

¿Qué conclusiones podemos sacar?

Lengua

El discurso

- Un discurso es un texto argumentativo en el que se realiza una exposición razonada ante un auditorio y aunque el discurso es una forma de expresión oral, exige una preparación escrita previa.

- Para preparar un discurso es preciso tener en cuenta el auditorio (el público al que va dirigido), la intención (desde difundir ideas a dar las gracias como en los casos de las celebraciones) y el tiempo (depende de la intención del discurso).

- Las partes del discurso son: *introducción*, *desarrollo* y *conclusión*.

- Practica este tipo de textos escribiendo un discurso para una celebración familiar. Después la clase puede ser el público y se puede elegir el más original, el más gracioso, el más emotivo, el más cursi, el más diplomático, etc.

Actividades orales

1 Actividad oral individual

▲ Alex Freyre y José María Di Bello celebraron su casamiento en un registro civil de la ciudad de Ushuaia, en Argentina, lo que constituye la primera boda de homosexuales en América Latina.

Observa la imagen y contesta a las preguntas.

1 Describe qué se ve en la imagen y su relación con el titular de la noticia.

2 ¿Qué te parece? ¿Crees que se han vencido los obstáculos suficientes para llegar a la igualdad social?

3 ¿Cuál es la situación de tu país con respecto a la celebración de bodas del mismo género?

4 ¿Hasta qué punto son importantes este tipo de celebraciones familiares?

5 ¿Crees que ha habido un cambio en la celebración de estas fiestas familiares en las últimas décadas? ¿Por qué?

2 Actividad oral interactiva

▶ *Un debate para la clase de español.* Podemos elegir uno de los siguientes temas para comentar en clase:

– *"La necesidad o no de celebrar festejos familiares"*

– *"¿Hasta qué punto son comerciales las celebraciones familiares?"*

– *"¿Es justificable gastar mucho dinero en una boda o una fiesta de quinceañera?"*

Dividiremos la clase en distintos grupos y cada uno de ellos preparará algunas ideas para el tema de debate elegido. Los grupos prepararán una pequeña presentación con sus ideas. Después de cada presentación habrá un turno de preguntas por parte del resto de la clase y cuando todos los temas se hayan presentado haremos una evaluación global de las conclusiones.

▶ *"Expo celebración".* En pequeños grupos vamos a planificar la boda, la fiesta de quinceañera o el cumpleaños de un personaje de actualidad. Cada grupo hará una propuesta y cada miembro se encargará de un aspecto de la planificación: música, invitaciones, lista de invitados, ceremonia, preparativos, etc. Después daremos a conocer nuestra propuesta al resto de la clase y entre todos decidiremos la planificación que mejor vaya con la personalidad del famoso/a.

▶ *Celebraciones familiares en el mundo.* ¿Cómo son las celebraciones familiares en otros países y culturas del mundo hispano? Individualmente vamos a elegir un país o cultura para después hacer una presentación de los aspectos más interesantes de alguna celebración familiar. Después haremos una presentación al resto de la clase incluyendo también un cartel informativo. Hay muchos temas a elegir, entre ellos: las bodas gitanas, purépechas, zapotecas, el bautizo totonaca, tarahumara, etc.

CAS

Proyecto de CAS: Jóvenes solidarios

▶ En pequeños grupos nos vamos a encargar de diseñar actividades y proyectos solidarios para ayudar a algunas personas a cumplir sus sueños de realizar una fiesta de cumpleaños o una fiesta de quinceañera sorpresa para una persona especial, o bien para ayudar a repartir entre otras personas los regalos que otra gente no quiere o no necesita.

▶ ¿Cómo conseguiríamos todo lo necesario para hacer realidad los sueños de estas personas? ¿Qué proyecto podríamos crear para reutilizar esos objetos y hacer que sirvieran para causas justas? Después de preparar nuestros proyectos los presentaremos al resto de la clase. ¿Qué grupo ha tenido las ideas más originales? ¿Y las más viables?

Tareas escritas

1 Respuesta personal

Elabora una respuesta personal a la siguiente pregunta, usando como mínimo 150 palabras. Compara las actitudes y situaciones, tanto similares como diferentes, sobre este tema en la cultura hispana y en la tuya propia. Razona y ejemplifica tu respuesta.

> ¿Crees que es importante celebrar fiestas de tradición familiar como cumpleaños, bodas, bautizos, etc.?

2 Tareas de redacción

Realiza una de estas tareas relacionadas con el tema de celebraciones familiares. Escribe un mínimo de 250 palabras.

a Responde a una de estas cuestiones.

> ▶ Las celebraciones familiares son un momento para disfrutar de la familia.
>
> ▶ Muchas fiestas familiares son demasiado ostentosas.
>
> ▶ Las celebraciones familiares sirven para preservar las tradiciones culturales.

b Escribe una entrada en un **blog** en la que hagas un relato de una celebración familiar a la que hayas asistido. Puedes comentar algunos de estos puntos.

> ▶ El motivo de la celebración.
>
> ▶ Los preparativos.
>
> ▶ La ceremonia.
>
> ▶ Los sentimientos de la persona/las personas que lo celebraban.

c La revista de tu colegio quiere recoger testimonios sobre distintos aspectos de las celebraciones familiares. Elige uno de los siguientes temas y prepara un **texto**.

> ▶ Una entrevista a la persona que organiza el evento.
>
> ▶ Un reportaje sobre la celebración: puede ser una especie de diario con fotografías y anécdotas ocurridas durante todo el transcurso de la preparación y celebración del acontecimiento. (Te puedes inspirar en los muchos que encontrarás en Internet.)
>
> ▶ Una noticia sobre el bautizo, la boda, la fiesta de quinceañera de un personaje popular de tu país (real o imaginario).
>
> ▶ La celebración de una fiesta de tradición familiar contrastándola con la misma celebración en otros países o culturas (parecidos y diferencias).

d *Un concurso de invitaciones*: vamos a escribir las **invitaciones** para tres celebraciones familiares diferentes. Después las expondremos todos en clase y decidiremos cuáles son las más originales. Podemos hacer una consulta en Internet para buscar inspiración e ideas.

e Escribe la entrada de un **diario** en el que relates el día a día de los preparativos para celebrar un cumpleaños especial.

f *Trabajo creativo*: en pequeños grupos podemos elegir uno de estos proyectos para realizar y después presentar en clase: un álbum de recuerdos y memorias sobre una celebración familiar a la que hemos sido invitados (real o imaginaria) o una presentación PowerPoint. Podemos redactar distintas entradas sobre: la invitación, la preparación, los preparativos, el discurso de alguno de los miembros, etc. Intentaremos también ilustrar los textos con imágenes.

g Escritura creativa: *El día de la boda/del cumpleaños de un familiar algo terrible pasó.* ¿Qué pudo haber pasado? Escribe un texto explicando qué ocurrió.

2 Fiestas e identidad cultural

Objetivos

Considerar…

▶ diferentes aspectos relacionados con las celebraciones y fiestas como transmisoras de la identidad cultural de las comunidades hispanas.

▶ la importancia del Carnaval de Veracruz en México.

▶ las Fallas valencianas como un ejemplo de exaltación de la identidad.

Lengua: las preposiciones *por* y *para*.

Contextualización

Fiestas del mundo hispano

▶ El mundo hispano es muy rico en tradiciones culturales y todos los países conservan y celebran muchas fiestas que contribuyen a preservar sus respectivas identidades y peculiaridades.

▶ Observa las siguientes fiestas en la columna de la izquierda: ¿has oído hablar alguna vez de ellas?

▶ En la columna de la derecha tenemos una relación de los países donde se celebran: intenta averiguar con tu grupo a qué país corresponde cada fiesta y en qué consisten.

▶ Al final, vamos a compartir nuestra información entre todos y a exponer los conocimientos adquiridos en el mural de la clase.

El carnaval de Humahuaca

La fiesta del Sol

El día de los muertos   *Colombia*

Los sanfermines   *Venezuela*

La fiesta del café   *Perú*

Los voladores de Papantla   *Argentina*

La fiesta de San Juan Bautista   *España*

La feria de abril   *México*

El carnaval de Veracruz

(1) El Carnaval de Veracruz se celebra desde 1866, cuando el país soportaba la imposición del Imperio de Maximiliano. En esta época, los jarochos[1], siempre dados al buen humor, solicitaron a Domingo Bureau, prefecto superior de Departamento, permiso para celebrar la "Fiesta de Máscaras", que eran bailes de disfraces realizados en los principales centros sociales de la época, tales como el teatro y algunos salones donde el pueblo daba rienda suelta a su alegría y buen humor. Nace así el Carnaval de Veracruz, al que la cultura afro-caribeña imperante en el puerto de la ciudad le da un carácter especial, mucho más exuberante, lo que lo convierte en el carnaval más sensual del país.

(2) Actualmente el Carnaval de Veracruz da comienzo el llamado martes de carnaval, nueve días antes del miércoles de ceniza, con un desfile de niños por las principales avenidas del centro de la ciudad como preámbulo del nacimiento del Carnaval de Veracruz, leyéndose un bando solemne e invitando a propios y extraños a que se sumen a este relajo, quedando, de este modo, inaugurado oficialmente. Prosiguen los días sucesivos con la coronación de los reyes infantiles, el rey de la alegría y, ya el viernes, la reina del Carnaval.

(3) Con la llegada del sábado se da inicio, casi llegando el crepúsculo, a los tan esperados desfiles, razón de ser del Carnaval, con todo el desborde de alegría, color, imaginación y folclore de los veracruzanos mediante la puesta en escena de sus carros alegóricos, con sus esculturales mujeres llenas de sensualidad y plagadas de música, brillo, sabor y danza impecable. Asimismo, llenas de cadencia y riqueza espiritual pasan las comparsas del Carnaval de Veracruz arrollando por la calle, algunas con máscaras, otras con sombreros, pero todas con esa picardía y esa gracia que caracteriza al jarocho. Los disfraces también están presentes en el Carnaval, parodiando personajes, hechos o narraciones de diferentes épocas de la historia antigua, contemporánea y actual. Las batucadas,

las bandas y las bastoneras también son parte del Carnaval de Veracruz, formando una larga longaniza que abarca de punta a cabo compactamente más de dos kilómetros.

(4) El domingo de carnaval es la apoteosis, con sus dos desfiles, es el día que más florece Veracruz en todo el año, es el día donde México …30… no es México, ya que México es el Carnaval de Veracruz. …31… este frenético día, llega el desfile del lunes de carnaval, más tranquilo, como si se estuviera agarrando carga para adentrarnos en la doble jornada del martes de carnaval, el último de los desfiles, donde los veracruzanos espectadores ya casi no pueden ni …32… siquiera hablar, ni cantar, ni bailar, después de tanta actividad en estos días. En esta última celebración las comparsas, carros y disfraces libran la batalla campal entre ellos …33… el codiciado estandarte que los declarará vencedores del Carnaval de Veracruz en una encarnizada competencia después de largos meses de esfuerzo y sacrificio.

(5) Pero todo lo que empieza tiene que terminar y esto se está acabando porque el miércoles de ceniza ya viene por las principales calles de la ciudad el entierro del …34… famoso personaje de la fiestecita, el querido y entrañable amigo Juan Carnaval, para recomendar a todos los presentes y ausentes, a los de aquí y a los de allá, que se porten bien los días de cuaresma después de haber dado rienda suelta a tantas locuras, …35… pasiones y tantas alegrías en estos nueve días de música, alegría y color que una vez más ha traído el Carnaval de Veracruz.

www.carnavalveracruz.com.mx

---

[1] Natural de Veracruz

1 Basándote en el párrafo (1) del texto identifica cuál de las siguientes afirmaciones es falsa.

A El Carnaval de Veracruz se comenzó a festejar en 1866.

B El gobernador Bureau concedió la autorización para llevar a cabo la fiesta de los disfraces.

C La gente expresaba con total libertad su entusiasmo y gozo.

D Tan sólo las celebraciones afro-americanas del puerto superan la vitalidad del Carnaval.

Basándote en el párrafo (2) elige la opción que tiene **el mismo significado** que la palabra en negrita.

2 actualmente el Carnaval de Veracruz da comienzo el llamado martes de Carnaval

A de hecho   B ahora   C normalmente

3 con un **desfile** de niños por las principales avenidas de la ciudad

A relevo   B juego   C procesión

4 como **preámbulo** del nacimiento del Carnaval de Veracruz

A introducción   B premio   C complemento

5 leyéndose un bando **solemne** e invitando a propios y extraños

A solo   B solidario   C formal

6 quedando, de este modo, **inaugurado** oficialmente

A inalterado   B terminado   C abierto

7 prosiguen los días sucesivos con la coronación de los reyes infantiles

A continúan   B interrumpen   C retrasan

Basándote en los párrafos (1) y (2) identifica las **palabras** del texto que significan:

8 sufrir

9 mandato

10 requerir

11 dominante

12 abundante

13 decreto

14 añadir

15 siguiente

16 Explica con tus propias palabras la expresión *"a propios y extraños"*. (*párrafo 2*)

Basándote en los párrafos (3) y (4) completa las siguientes frases con **palabras tomadas del texto**.

17 El comienzo tiene lugar el sábado, aproximadamente a la hora del…

18 Los cortejos de la calle siempre muestran el encanto…

19 También es común la imitación de… de cualquier período.

20 La culminación tiene lugar…, cuando todo el país se identifica con el Carnaval de Veracruz.

21 Todos los participantes intervienen en la final… para tratar de conseguir la deseada insignia del ganador.

Basándote en los párrafos (3) y (4) identifica las **palabras del texto** que significan:

22 motivo

23 simbólico

24 perfecto

25 igualmente

26 rivalidad

Basándote en el texto, copia y completa la tabla en tu cuaderno.

En la frase…	la(s) palabra(s)	en el texto se refiere(n) a…
27 …**tales** como el teatro… (*párrafo 1*)	"tales"	
28 …pero **todas** con esa picardía y esa gracia… (*párrafo 3*)	"todas"	
29 …que **los** declarará vencedores… (*párrafo 4*)	"los"	

Basándote en los párrafos (4) y (5) completa los espacios numerados (30–35) con una palabra tomada de esta lista.

sólo	por	ya	mejor	tras
para	que	tantos	más	tantas
	después	tan		

La historia de las fallas

(1) Hacia mediados del siglo XVIII, las fallas eran un simple festejo incluido en el programa de la fiesta de San José (19 de marzo). Al amanecer del día 18 en algunas calles aparecían peleles colgados, o pequeños tablados colocados ...32... a la pared, sobre los cuales se exponían a la vergüenza pública uno o dos muñecos (ninots) alusivos a algún suceso o personaje censurable. Durante el día, los niños y adolescentes recogían material combustible y preparaban pequeñas piras de trastos viejos que también recibían el nombre de fallas. Todo junto era quemado ...33... anochecer de la víspera de San José, congregando en torno a la hoguera una amplia participación popular. El día siguiente era festivo y los carpinteros y los valencianos devotos acudían a los templos parroquiales para festejar a su patrono. En suma, una fiesta popular y vecinal.

(2) En 1858, se intentó levantar una falla con una alusión directa a las desigualdades sociales, pero fue prohibida ...34... la autoridad y durante todo el siglo XIX el Ayuntamiento mantuvo una actitud vigilante y censora ante las fallas. Esta política represiva, justificada por la necesidad de modernizar y civilizar las costumbres de la ciudad, pretendía erradicar algunos festejos populares (Carnaval y Fallas, entre otros), pero esta presión generó, ...35... reacción, un movimiento en defensa de las tradiciones y en 1885 la revista La Traca otorgó por primera vez premios a las mejores fallas. Este apoyo explícito de la sociedad civil mediante premios despertó un espíritu competitivo entre comisiones de vecinos, estimuló el fervor fallero y produjo una decantación esteticista, dando lugar a la falla artística, de la que no desaparecía necesariamente la crítica, pero en la que comenzaba a predominar la preocupación formal y estética del monumento.

(3) Aunque con titubeos, en 1901 el Ayuntamiento de Valencia otorgó los primeros premios a las fallas, consistentes en 100 y 50 pesetas. El clima social para esta intervención municipal era favorable y las fallas se decantaron cada vez ...36... hacia la exaltación valencianista y se produjo una creciente fusión entre la fiesta fallera y la identidad valenciana. Desde principios del siglo XX, las fallas aumentaron sus dimensiones y su contenido alegórico estaba latente en todo el conjunto escultórico y debía ser descifrado por el espectador rodando la falla y recorriéndola con la mirada de arriba abajo. La falla ahora debía ser fastuosa, imponente y sugestiva, visible ...37... la lejanía. El crecimiento de la fiesta precisó una mejor organización y surgieron la Asociación General Fallera Valenciana y el Comité Central Fallero, que representaban a las comisiones y organizaban la fiesta. Ya en 1932 el Ayuntamiento se convirtió en la entidad organizadora y gestora de todo el programa de actos, instaurando la Semana Fallera.

(4) La mayoría de los monumentos son obra de artesanos especializados que durante varios meses viven para la construcción de los mismos en sus talleres. La tarea más difícil estriba en la confección de los moldes para las cabezas, moldes que saca el artista de un barro en el que plasma una efigie. Su pintado es muy difícil y muy pocos aciertan a saber infiltrar con sus colores el aspecto de vida requerido; mas, a fuerza de estudio y perseverancia, el milagro se efectúa. Más fácil es la construcción de los cuerpos, montados con un palo de madera en su interior que se encargará de sujetar fuertemente la estructura. Terminada la labor, se clavan los bastidores y molduras a los muñecos, que en la oscuridad de la noche se confunden con la gente de verdad, llegando el observador a no saber distinguir entre ...38... real y lo fantástico.

Antonio Ariño
www.fallas.com/historia.htm

1 ¿Qué **dos palabras** en el párrafo (1) significan *"celebración"* o *"conmemoración"*?

2 ¿Qué **dos palabras** en el párrafo (1) significan *"títere"* o *"monigote"*?

3 ¿Qué **dos palabras** en el párrafo (1) se refieren al comienzo y al final del día?

4 ¿Qué **dos palabras** en el párrafo (1), diferentes de falla, significan *"fuego"*?

Basándote en el párrafo (1) elige la opción que tiene **el mismo significado** que la palabra en negrita.

5 se exponían a la **vergüenza** pública uno o dos muñecos

    A   bochorno   B   orgullo   C   orden

6 alusivos a algún **suceso** o personaje censurable

    A   sociedad   B   celebración   C   evento

7 los niños y adolescentes recogían material **combustible**

    A   inflamable   B   variado   C   combinado

8 congregando **en torno a** la hoguera una amplia participación popular

    A   sobre   B   lejos de   C   alrededor de

9 los carpinteros y valencianos **devotos** acudían a los templos parroquiales

    A   aficionados   B   piadosos   C   adultos

10 en suma, una fiesta popular y **vecinal**

    A   privada   B   alegre   C   comunal

Basándote en el párrafo (2) indica si estas frases (11–14) son verdaderas (**V**), falsas (**F**) o no se mencionan (**NM**) e indica las **palabras del texto** que justifican tu respuesta.

11 Los vecinos sostuvieron una postura alerta y crítica con motivo de la celebración de las fallas durante el siglo XIX.

12 La verdadera intención era eliminar la celebración de varias fiestas públicas.

13 La coacción política causó una respuesta adversa y contraria a la protección de las costumbres.

14 La rivalidad entre los comités vecinales ocasionó el entusiasmo por el aspecto decorativo de las fallas.

15 ¿Qué **cuatro verbos** en el párrafo (2) se usan con el sentido de *"causar"* o *"provocar"*?

Basándote en los párrafos (1) y (2) identifica las **palabras del texto** que significan:

16 pender

17 muro

18 utensilio

19 vigilia

20 santuario

21 diferencia

22 actualizar

23 a través de

Lengua

Las preposiciones *por* y *para*

▶ El uso y las diferencias entre las preposiciones *por* y *para* constituye uno de los aspectos más difíciles del español y ambas preposiciones aparecen fácilmente en cualquier texto que leamos.

▶ Examina estos ejemplos y trata de inferir algunos casos en los que se deben utilizar estas preposiciones.

*Estas flores son **para** tu casa.*

*Ayer salieron **para** Burgos.*

*Estudiamos **para** aprobar el examen.*

*Los deberes son **para** el miércoles.*

***Para** él, este asunto no es importante.*

*¿Cuánto pagarías **por** mi casa?*

*Gracias **por** el regalo.*

*Envié el mensaje **por** correo electrónico.*

*Es mejor ir **por** Toledo.*

*Lo hice **por** ti.*

Basándote en el párrafo (3) finaliza cada frase de la columna de la izquierda con una de la columna de la derecha de forma que tengan sentido.

24 En 1901 las autoridades valencianas dieron premios por primera vez a las fallas…	**A** implícito en la escultura.
25 La progresiva identificación entre fallas y valencianismo fue posible…	**B** con resolución.
26 El público debía interpretar el asunto simbólico…	**C** manifiesto de forma patente en el tamaño de las fallas.
27 Diferentes organismos, e incluso el Ayuntamiento, se coordinaron para preparar y administrar la fiesta…	**D** pero de forma dudosa. **E** hasta 1932. **F** la ascendente unión entre la fiesta y la personalidad valenciana.
28 La Semana Fallera quedó establecida…	**G** gracias a la población propicia a la glorificación de su identidad. **H** desde 1932. **I** debido a su desarrollo.

29 ¿Qué **tres palabras** en el párrafo (3) significan "*institución*" u "*organismo*"?

30 Basándote en el párrafo (4) del texto identifica cuál de las siguientes afirmaciones es falsa.

   A Los monumentos son producidos por expertos y dedicados obreros en sus estudios.
   B La elaboración de los cuerpos no resulta tan complicada como la forma de las cabezas.
   C Se utiliza una barra de piedra para sostener firmemente la estructura de la escultura.
   D En la penumbra nocturna se confunden las imágenes de la gente y las de los monumentos.

31 ¿Qué **tres palabras** en el párrafo (4) significan "*trabajo*" o "*faena*"?

Basándote en el texto completa los espacios numerados (32–38) con una palabra tomada de esta lista.

de	como	en	lo	al	cerca	desde	mas
tanta	contra	junto	por	el	más	para	

Basándote en el texto, copia y completa la tabla en tu cuaderno.

En la frase…	la(s) palabra(s)	en el texto se refiere(n) a…
39 …sobre los **cuales** se exponían a la vergüenza… (*párrafo 1*)	"cuales"	
40 …pero en **la** que comenzaba a predominar la preocupación formal… (*párrafo 2*)	"la"	
41 …viven para la construcción de **los mismos**… (*párrafo 4*)	"los mismos"	
42 …un barro en **el** que plasma una efigie… (*párrafo 4*)	"el"	

Para ir más lejos…

▸ ¿Te gustan las fiestas de carnaval? ¿Se celebra algún carnaval en tu región o país? ¿Has participado en él?

▸ En el Texto A se menciona *el Miércoles de Ceniza* y *la Cuaresma*. ¿Podrías averiguar y explicar en qué consisten estas celebraciones? ¿Son de tipo religioso o popular?

▸ La Cuaresma precede a la Semana Santa, muy popular en España y América Latina. Investigad en qué consiste y qué se celebra esa semana. Para ayudarte aquí tienes los días más señalados de la Semana Santa:

Domingo de Ramos
Jueves Santo
Viernes Santo
Domingo de Resurrección

▸ ¿Habías oído hablar de las Fallas de Valencia anteriormente? Busca imágenes en YouTube para tener una idea más real de esta popular fiesta y comenta tus impresiones con tus compañeros.

▸ En el Texto B se menciona el día de San José, que se celebra el 19 de marzo, y que también es el día del Padre en España. ¿Cuándo se celebra el día del Padre en tu país y por qué?

▸ A continuación tienes una relación de los días en que tienen lugar algunas de las más importantes festividades españolas y latinoamericanas. Averigua cómo se llaman y qué se celebra:

1 de enero   6 de enero
1 de mayo   15 de agosto
12 de octubre   6 de diciembre   8 de diciembre

▸ El Texto B se alude a San José como patrono de los carpinteros. ¿Sabrías decir de quién son patronos los siguientes santos?

San Cristóbal   Santa Cecilia Santo Tomás de Aquino   San Francisco de Asís

Actividades orales

1 Actividad oral individual

De fiesta

1. Describe la escena de esta fotografía

2. ¿Reconoces este baile y su procedencia?

3. ¿Cómo crees que se siente la bailarina principal?

4. ¿Se parece al folclore de tu país?

2 Actividad oral interactiva

▸ Tras escuchar la canción "*Un año más*" del grupo Mecano se puede entablar un debate sobre la celebración de la fiesta de fin de año.

▸ Nos aseguraremos de que entendemos bien el significado de estas expresiones antes de escuchar la canción:

Puerta del Sol   uvas   petardos   reloj   cuenta atrás   gritos

▸ Entre todos vamos a interpretar el sentido de la canción, asegurándonos de que hemos entendido en qué consiste esta peculiar celebración española de fin de año: ¿Cuál es su origen?

▸ Podemos ver las imágenes de esta fiesta en YouTube para tener una idea visual aproximada.

▸ Podemos tener en cuenta estos otros aspectos:

 – ¿Existe alguna tradición similar en tu cultura?

 – Comenta con tus compañeros las distintas formas de celebrar el fin de un año.

 – ¿Observas alguna ironía en la letra de la canción?

 – ¿Crees realmente que este tipo de tradiciones ayuda a mantener y fijar la identidad de una comunidad?

Tareas escritas

1 Respuesta personal

Lee el siguiente fragmento y elabora una respuesta personal usando cómo mínimo 150 palabras. Compara las actitudes y situaciones, tanto similares como diferentes, sobre este tema en la cultura hispana y en la tuya propia.

> La prohibición de las corridas de toros en algunas regiones españolas ha suscitado un acalorado debate: para algunos, se trata de la fiesta nacional que mejor define la cultura e identidad española, mientras que, para otros, constituye un rasgo rechazable por tratarse de una práctica de maltrato a animales.

2 Tareas de redacción

Realiza una de estas tareas relacionadas con el tema de la identidad cultural de las fiestas y celebraciones. Escribe un mínimo de 250 palabras.

a Un familiar tuyo, ya muy mayor, siempre está diciendo que la sociedad actual ha cambiado mucho y que los jóvenes de hoy no se preocupan por conservar las tradiciones populares. Escríbele una **carta** dándole tu opinión.

> ▶ Incluye fecha, encabezamiento y despedida.
>
> ▶ Usa un tono informal y emotivo a la vez.
>
> ▶ Planifica bien los datos que vas a incluir y redáctalos de una forma natural y personal.

b Has visitado un país de lengua española con tradiciones y celebraciones muy diferentes a las tuyas. Escribe un **artículo** para una revista de Turismo Juvenil en el que comentarás los aspectos de la identidad cultural de ese país que más te han llamado la atención.

> ▶ Incluye el nombre de la revista, fecha, título y firma.
>
> ▶ Usa un tono semiformal, descriptivo y emotivo sobre tus impresiones.
>
> ▶ Planifica los datos a incluir y ofrece información detallada sobre tu experiencia.

CAS

Proyecto de CAS

▶ ¿Conoces bien el significado y origen de las celebraciones y fiestas representativas de tu país y cultura?

▶ ¿Por qué no intercambiamos nuestro conocimiento e investigaciones?

▶ Podríamos crear un interesante foro mediante una actividad de CAS sobre el papel que las celebraciones festivas tienen en el mantenimiento de las identidades culturales.

▶ Ofrece tus opiniones personales: qué fiestas prefieres y cuáles no te gustan e incluso prohibirías porque no te parecen aceptables.

▶ Vamos a entablar un debate constructivo con opiniones sobre una celebración concreta.

3 Creencias y religión: inclusión y exclusión

Objetivos

Considerar…

▸ diversas tradiciones.

▸ el uso y percepción de algunas tradiciones.

▸ si el uso de determinados símbolos religiosos puede incluir o excluir a ciertos sectores de la sociedad.

▸ la diferencia entre religión y tradición.

▸ tradiciones y sus cambios en el tiempo.

Lengua: verbos preposicionales.

Contextualización

En parejas discute sobre lo siguiente.

▸ ¿Mira el dibujo. ¿Qué mensaje quiere enviarnos?

▸ ¿Para qué sirven las tradiciones?

▸ ¿Qué podemos descubrir de una cultura a través de sus tradiciones?

▸ ¿Sabes que religión es la predominante en el mundo hispano? ¿Qué celebraciones tradicionales del mundo hispano conoces? ¿Cuáles de ellas tienen relación con la religión?

▸ ¿Crees que una persona de otra religión se puede sentir excluida en el mundo hispano? ¿De qué manera?

▸ ¿Qué podemos hacer para incluir a todos en nuestras tradiciones?

▸ ¿Qué ventajas tiene el abrir nuestras tradiciones a personas de otras culturas?

Texto A

Yasmina, reina de las fiestas pese a todo

(1) "Yasmina nació aquí en Toledo, en el Virgen de la Salud. Tiene 15 años y se presentó hace tres semanas a la reina del pueblo. La eligieron por sorteo. Cuando salió el libro (el programa de las fiestas) es cuando saltó la polémica". Mohammed Mouatadir, de origen marroquí y residente en España, comenzaba así el relato de la polémica en la que se ha visto envuelta su hija.

(2) Yasmina fue elegida reina de las fiestas de su pueblo. Y su pueblo, Chozas de Canales, una localidad de Toledo de apenas 4.000 habitantes, dedica sus 'días grandes' al Cristo de la Misericordia.

(3) Y ahí es donde llegan los problemas. En la decisión de las reinas y damas no participó la parroquia ni los 750 socios de la Hermandad, sino que el ayuntamiento actual optó porque "las reinas y damas expongan la multiculturalidad de la localidad", cuenta el sacerdote del municipio, el padre Juan Manuel Uceta.

(4) "Nos encontramos en el libro de las fiestas con una chica de cada raza. Nosotros no estamos contra la multiculturalidad, trabajamos con 44 familias marroquíes, pero no entendemos que sea una fiesta religiosa con una reina musulmana", opina el párroco. Por eso, "propuse que no participase en la misa y sí en los actos civiles de las fiestas", añade.

Y Yasmina no es musulmana...

(5) Sin embargo, la madre de Yasmina aclaró que la chica no profesaba la religión musulmana y que no se oponían a que la menor participase en las ofrendas florales al Cristo. Lo declaró incluso por escrito, en un comunicado que estuvo a las puertas de la Iglesia de Santa María Magdalena de la localidad, a petición del cura.

(6) Su padre, por su parte, ratificaba a ELMUNDO.es esta circunstancia con estas palabras: "la niña es una menor y cuando cumpla la mayoría de edad podrá elegir la religión que quiera ella".

(7) Tampoco le importaba que asistiera a la misa, como así fue. De hecho, madre e hija estuvieron en el oficio religioso que tuvo lugar tras la procesión. Eso sí, reina y damas de honor se quedaron en la parte trasera de la iglesia tal y como había adelantado el párroco, contrario a permitir que la reina se sentara en el primer banco "como la representante de una comunidad cristiana".

Entonces, ¿dónde está la polémica?

(8) Para el padre Juan Manuel, que ya sabía que la chica no era musulmana, la polémica llegó de la mano de la prensa, con un artículo en 'La Tribuna de Toledo' titulado 'Una reina mora para las Fiestas del Cristo en Chozas'.

(9) Según el sacerdote, "el artículo pinta muy bonito todo lo de la multiculturalidad", pero "tergiversa las declaraciones del presidente de la Cofradía" del Cristo de la Misericordia, Alejandro de la Vega y da a entender que a todos les parece muy bien la situación.

(10) Fue el alcalde, finalmente, quien coronó el enredo reclamando refuerzos de la Guardia Civil de la vecina Valmojado para la salida del Cristo de la ermita y su posterior procesión hasta la iglesia, ofrenda floral y misa. Todos estos actos religiosos, que comenzaron el pasado viernes a las ocho de la tarde, eran el pistoletazo de salida de las fiestas.

La procesión

(11) Y en el aire, la confusión de los vecinos, que se veían desbordados por la presencia de cámaras y periodistas en 'sus fiestas'.

(12) Sin duda, los medios de comunicación se convirtieron, sin quererlo y por un rato, en la gran atracción de la fiesta. Y mientras tanto, su reina, Yasmina, marchaba en procesión vestida de manchega, serena, distante y con "la cabeza bien alta", como pidió su madre.

Ana Bravo Cuiñas
El Mundo

Basándote en el texto completa con la información que se te pide.

1 La nacionalidad de Yasmina.

2 La nacionalidad del padre de Yasmina.

3 El nombre del lugar donde vive Yasmina.

4 En el párrafo (2), dos palabras que significan *"ciudad pequeña"*.

5 En los párrafos (3) y (4), tres palabras que significan *"cura"*.

6 En el párrafo (7), otra expresión que significa *"misa"*.

7 El nombre del periódico que desencadenó la polémica.

8 Tres actos religiosos que son parte de las fiestas.

Basándote en el texto, copia y completa la tabla en tu cuaderno.

En la frase…	la(s) palabra(s)	en el texto se refiere(n) a…
9 **La** eligieron por sorteo… (*párrafo 1*)	"la"	
10 …se ha visto envuelta **su** hija (*párrafo 1*)	"su"	
11 … dedica **sus** 'días grandes' al Cristo… (*párrafo 2*)	"sus"	

Basándote en el texto transcribe la **palabra** o **grupo de palabras** que significa:

12 confirmar (*párrafo 6*)

13 acudir a (*párrafo 7*)

14 controversia (*párrafo 8*)

15 distorsionar (*párrafo 9*)

16 estar de acuerdo (*párrafo 9*)

17 comienzo (*párrafo 10*)

18 tranquila (*párrafo 12*)

Basándote en la información del texto indica si estas frases son verdaderas (**V**) o falsas (**F**) y escribe las **palabras del texto** que justifican tu respuesta.

19 La polémica se originó en el momento de la elección.

20 Los responsables de la elección de la reina de las fiestas querían que la selección reflejara la multiculturalidad del lugar.

21 Yasmina es musulmana.

22 La misa ocurrió después de la procesión.

23 El padre Juan Manuel ignoraba que Yasmina no fuera musulmana.

Basándote en la información del texto decide a qué se refieren los siguientes números.

24 15

25 3

26 4.000

27 750

28 44

29 8

Basándote en la información del texto decide qué afirmación completa la frase.

30 Don Juan Manuel Uceta…

A no está a favor del trabajo multicultural.
B trabaja con familias de diferentes nacionalidades.
C piensa que gente de otras religiones no deberían de participar en las actividades del pueblo.

31 La madre de Yasmina….

A no está de acuerdo con que la chica participe en los actos religiosos.
B es musulmana como su marido.
C apoya a su hija como reina de las fiestas.

32 El alcalde…

A empeoró la situación cuando convocó a la policía.
B decidió que las fiestas empezaran el viernes.
C acompañó al Cristo hasta la iglesia.

33 Los medios de comunicación…

A apoyaban a Yasmina como reina de las fiestas.
B no presentaron los hechos con objetividad.
C fueron en cierta medida los protagonistas de la fiesta.

Para reflexionar

En parejas discute y reflexiona sobre lo siguiente.

▸ ¿Qué piensas de la actitud del sacerdote del pueblo? ¿Crees que tiene razón en defender su postura?

▸ ¿Y de la reacción de Yasmina y sus padres? ¿Crees que tienen motivos para sentirse ofendidos?

▸ ¿Qué harías tú si fueras Yasmina?

Perfil de la comunidad del IB

▸ En todos los pueblos españoles hay un patrón, una especie de protector de sus habitantes. Una vez al año se suelen celebrar eventos en conmemoración de este patrón. Investiga cuál es el origen de estas tradiciones y cómo se celebra.

Crucifijos no, pero belenes sí

(1) El debate se reabre cada año en el umbral de la Navidad. Bajo las raíces del abeto, junto al consumo, el frío y la fiesta, hay una iconografía religiosa, los belenes, que fundamenta las creencias de la Iglesia católica. ¿Cabe esa simbología en el espacio común que es un centro de enseñanza? Padres y profesores gallegos creen que sí porque los nacimientos son "una tradición cultural" que "no vulnera la libertad religiosa" y que, sostienen, "nada tiene que ver" con la colocación de crucifijos en las aulas.

(2) La inminente llegada de la Navidad ha vuelto a encender el debate sobre la conveniencia de mantener o retirar los símbolos religiosos en los colegios de titularidad pública. La instalación de los belenes, en los que se representa el nacimiento de Jesucristo, continúa suscitando polémica y, en los últimos años, varios centros escolares españoles han optado por prescindir de esa tradición alegando que "podría herir la sensibilidad de los no cristianos".

(3) …(8)…, el Tribunal Superior de Justicia de Murcia acaba de echar por tierra ese argumento haciendo pública una sentencia en la que defiende la colocación de nacimientos en los colegios al entender que "no vulneran el derecho a la igualdad …(9)… a la libertad religiosa". El fallo de este Tribunal surge en respuesta al recurso presentado …(10)… un profesor …(11)… la Consejería de Educación de esa región en el que pedía la retirada de un belén instalado en el colegio …(12)… da clase y acusaba a la administración educativa de "hacer proselitismo" de una determinada confesión.

(4) Tanto los padres como los profesores gallegos aplauden la resolución del Tribunal Superior de Justicia de Murcia ya que, entienden, "los belenes son una tradición cultural" que, además, "a los alumnos les encanta".

(5) "El belén es una tradición, un acontecimiento social que no se puede negar a los escolares cuando la mayoría luego lo vive en sus casas, en las calles o en su entorno", sostiene el presidente de la Asociación de Directores de Colegios Públicos de la provincia de A Coruña, Venancio Graña, quien además matiza que los nacimientos "nada tienen que ver" con la colocación permanente de crucifijos en las aulas de los centros públicos. "En este último caso, sí estaríamos hablando de imposición religiosa. España es un Estado aconfesional y, por tanto, la escuela pública debe intentar ser lo más aséptica y neutral posible".

(6) En la misma línea, el presidente de la Confederación Galega de APAs de Centros Públicos, Virgilio Gantes, asegura que los padres siempre han defendido la libertad religiosa e intentado que en los centros "se lleven a cabo actividades relacionadas con cualquier festividad". "Instalar un nacimiento en un colegio no es como colgar un crucifijo. Los belenes son una tradición que forma ya parte de la cultura de nuestro país, mientras que los crucifijos son, únicamente, un símbolo religioso", subraya Gantes, quien además recuerda que la última palabra sobre la colocación de los nacimientos la tienen "los consejos escolares de los centros".

(7) El debate abierto otras Navidades en torno a los nacimientos ha levantado tanta polvareda que hasta el ministro de Justicia, Francisco Caamaño, se ha pronunciado al respecto. Caamaño considera que el poner belenes en los colegios no es algo que deba verse afectado por la reforma de la Ley de Libertad Religiosa que el Gobierno va a promover esta legislatura, ya que se trata de "una tradición cultural" que debe ser "respetada y mantenida".

(8) El ministro sostiene que el Ejecutivo quiere modernizar la legislación religiosa para diferenciar "con mayor nitidez" en algunos campos "lo que es función del Estado de lo que es función religiosa".

www.farodevigo.es

Basándote en el texto completa con la información que se te pide.

1 Fecha exacta en la que surge la polémica de los belenes.

2 Cuatro cosas que se relacionan con la Navidad.

3 Un sinónimo de "*estudiante*" en el párrafo (5).

4 Diferencias entre los belenes y los crucifijos.

5 La religión oficial de España.

6 Un sinónimo de "*belén*" en el párrafo (6).

7 Basándote en los párrafos (1) al (4) elige **cuatro afirmaciones** que recogen información del texto.

A   Algunos colegios tienen crucifijos pero no belenes.
B   Los crucifijos no deben de colocarse en las aulas porque es dar prioridad a una religión sobre otras.
C   Los belenes se colocan en todas las escuelas.
D   A los estudiantes les gustan mucho los belenes.
E   Los belenes conmemoran la llegada de Jesús a este mundo.
F   Todos los años antes de la Navidad surge la polémica de los belenes.
G   Los crucifijos están presentes en todos los edificios públicos.

Basándote en el párrafo (3) completa los espacios numerados (8–12) con una palabra tomada de esta lista.

| por | donde | como | a | para | contra | y | sin embargo | entre |

Elige **la palabra/expresión** que mejor explica el significado de la palabra en negrita.

13 la Navidad ha vuelto a **encender el debate** (*párrafo 2*)

A   continua
B   inflamar
C   cerca

14 podría **herir la sensibilidad de** los no cristianos (*párrafo 2*)

A   ofender a
B   ayudar a
C   enfrentar a

15 acaba de **echar por tierra** ese argumento (*párrafo 3*)

A   escuchar
B   permitir
C   quitar validez a

16 los profesores gallegos **aplauden** la resolución (párrafo 4)

A   están en contra de
B   se alegran de
C   se molestan con

17 en torno a los nacimientos **ha levantado tanta polvareda** (*párrafo 7*)

A   se ha creado polémica
B   se ha manchado mucho
C   se ha permitido

18 Francisco Caamaño, **se ha pronunciado al respecto** (*párrafo 7*)

A   está de acuerdo con ello

B   ha dado su opinión

C   se ha callado

Basándote en la información de los párrafos (5) al (8) decide qué afirmación completa la frase.

19 Los belenes…

A   pueden verse en todas partes durante la Navidad.

B   son típicos de la provincia de A Coruña.

C   no son permanentes.

20 Las escuelas….

A   tienen problemas para decidir qué religión enseñar.

B   pueden decidir si colocan o no en sus clases los belenes.

C   celebran la diversidad cultural con diferentes fiestas.

21 El ministro de Justicia…

A   cree que debemos seguir poniendo belenes en las escuelas.

B   dice que debe de cambiarse la ley para prohibir los belenes.

C   piensa que las escuelas deben de modernizarse.

Para reflexionar

En parejas discute y reflexiona sobre lo siguiente.

▶   ¿Qué piensas tú del uso de símbolos religiosos en los colegios? ¿Y en los edificios públicos?

▶   ¿Deberían de prohibirse o permitirse? Si se permitieran, ¿qué elementos y de qué cultura deberían permitirse?

▶   ¿Crees qué se siente excluida la gente de otras culturas al ver esos símbolos?

▶   ¿Cómo es en tu país?

Lengua

▶   En el texto se pueden encontrar varios verbos que necesitan una preposición determinada, son los llamados verbos preposicionales. Localízalos y haz una lista.

▶   Al mismo tiempo relaciona el verbo con la preposición correspondiente en la siguiente lista.

1   acabar

2   acordarse

3   acostumbrar

4   alegrarse

5   amenazar

6   arriesgarse

7   avergonzarse

8   ayudar

9   burlarse

10   chocar

11   depende

12   enfadarse

13   enfermar

14   influir

15   olvidarse

16   participar

a (x3)   **de** (x8)   **con** (x2)

contra   **en** (x2)

Actividades orales

1 Actividad oral individual

1 ¿Qué ves en el dibujo?

2 Enumera los elementos positivos que refleja.

3 Enumera los elementos negativos que refleja.

2 Actividad oral interactiva

Tras escuchar la canción *"Contamíname"* de Ana Belén se puede entablar un debate sobre las aportaciones que personas de otros países pueden hacer a nuestra cultura y viceversa. Podemos hablar sobre lo siguiente:

▶ ¿De qué tema trata la canción?

▶ ¿Qué has sentido al escuchar la música?

▶ ¿Qué nos enseña?

▶ ¿Estás de acuerdo con el contenido de la canción, con lo que plantea o denuncia?

Tareas escritas

1 Respuesta personal

Lee la siguiente afirmación y elabora una respuesta personal usando cómo mínimo 150 palabras. Compara con tu propia cultura.

> En España los niños reciben sus regalos navideños de los Reyes Magos, Melchor, Gaspar y Baltasar el 6 de enero. El 5 de enero se celebran las tradicionales cabalgatas donde los Reyes Magos desfilan por las ciudades saludando a los niños y obsequiándolos con caramelos. Las vacaciones de Navidad también se prolongan hasta el día siguiente de esta celebración.

2 Tareas de redacción

Realiza una de estas tareas relacionadas con el tema de las tradiciones. Escribe un mínimo de 250 palabras.

a Vas a invitar a un amigo extranjero a unas fiestas que se celebran en tu ciudad o a una celebración tradicional en tu casa. Escríbele un **correo electrónico** invitándole y explicando en qué consiste ese evento, cómo y por qué lo celebráis y de qué manera podrá participar.

b Un miembro de una organización religiosa ha dado una **conferencia** sobre las razones por las que miembros de otros grupos religiosos pueden participar en celebraciones religiosas, pero no de una forma activa, sino solamente como espectadores. Transcribe el texto de esa conferencia.

c Imagina que eres Yasmina y ya se ha celebrado la procesión, la misa y todas las actividades de las fiestas patronales. Escribe una entrada a tu **diario** donde expliques cómo ha sido ese día, incluyendo tus reflexiones sobre la polémica que se ha desatado por ser de ascendencia marroquí.

d En el artículo se habla de belenes y crucifijos. Se menciona que el crucifijo es un símbolo religioso mientras que el belén se considera una tradición a pesar de originalmente ser un símbolo religioso. Escribe un **ensayo** titulado. *"Religión y tradición: diferencias y semejanzas"*.

e Imagina que eres miembro del periódico de tu colegio y vais a dedicar un número a la multiculturalidad presente en vuestro centro. Transcribe una **entrevista** que has hecho a un estudiante sobre este tema. Pregúntale qué aspectos de la religión y cultura del país son diferentes a los de su cultura, qué le ha chocado, qué reacciones provocan en él estos elementos y cómo hace para integrarse en la cultura/religión de su nuevo país.

Perfil de la comunidad del IB

▸ Prepara una presentación o un folleto para compartir con la clase con algún aspecto religioso o una tradición de los países hispanos. Incluye de qué tipo de tradición se trata, cómo se celebra, quiénes participan y vete aún más lejos y propón cómo podría incluirse a personas de otras religiones/culturas en estas celebraciones. Aquí tienes algunos ejemplos.

Misa del Gallo

Día de los Difuntos

Navidad

Nochebuena

Carnavales

Cuaresma

Día de Reyes

Miércoles de Ceniza

Entierro de la Sardina

Domingo de Ramos

Jueves Santo

Domingo de Resurrección

4 Fusiones culturales en el mundo moderno

Objetivos

Considerar…

▶ la fusión de diversas manifestaciones culturales y su aportación a la interculturalidad en el mundo contemporáneo.

▶ el papel del Camino de Santiago como nexo de la identidad europea.

▶ La música como unión de ritmos culturales diversos.

Lengua: los nombres homónimos y el contraste entre indefinido e imperfecto.

Contextualización

El camino de Santiago

▶ El camino de Santiago ha unido desde el siglo IX la mayor parte de Europa con Santiago de Compostela, meta de los peregrinos que acuden a esta localidad del noroeste español para visitar la tumba del apóstol Santiago en su catedral.

▶ Pocos fenómenos culturales han sido capaces de generar un diálogo intercultural tan rico entre diferentes pueblos y países por medio de tan variados aspectos: religión, comercio, historia, política, arte, gastronomía, literatura, fiestas…

▶ Vamos a centrarnos en el tramo español del camino, que une los casi 800 kilómetros que transcurren entre los montes Pirineos, en la frontera con Francia, y el destino gallego, Santiago de Compostela.

▶ Localiza y ordena en un mapa de España estas localidades por las que pasa el camino de Santiago.

Roncesvalles	**Estella**
Logroño	**Arzúa**
Ponferrada	**Pamplona**
Nájera	**Sahagún**
Burgos	**Frómista**
Astorga	**Viana**
O Cebreiro	**Castrojeriz**
Puente la Reina	**Samos**
León	**Melide**
Santo Domingo de la Calzada	**Carrión de los Condes**

▶ Ahora vamos a pensar en la mochila para hacer el camino: ¿qué llevarías?

▶ ¡Piensa en los artículos que son imprescindibles para no llevar demasiados kilos encima!

¡Feliz camino!

Texto A

Camino de Santiago, el camino de Europa

(1) Goethe afirmó que "Europa se hizo peregrinando a Compostela", de forma que el Camino de Santiago es una fuente de identidad gallega, española y europea. Esta ruta milenaria ha permitido a todos los europeos, independientemente de su origen y de su idioma, compartir un alma, un arte y un lenguaje común. A día de hoy, el Camino es un fenómeno que hermana a gente de toda Europa y del mundo entero, es un símbolo de unión entre pueblos y culturas. Además, podemos decir que el Camino es la mejor metáfora de Europa en el sentido de aventura, valores y destino común.

(2) Reflejo de su importancia y valor fue su reconocimiento como "Itinerario Cultural Europeo", denominación que, por primera vez en la historia, otorgaba el Consejo de Europa en 1987. Seis años más tarde, en 1993, fue declarado "Patrimonio de la Humanidad" por la Unesco. Pero, ante todo, es un patrimonio vivo, una experiencia que se renueva, actualiza y amplía con cada caminante.

(3) En el Parlamento Europeo, un grupo de unos cincuenta eurodiputados de distintas nacionalidades y de todos los signos políticos hemos decidido constituir el intergrupo "Caminos de Santiago", cuyo principal objetivo es, parafraseando a nuestro presidente Francisco Millán, "recordar y divulgar el papel que los Caminos de Santiago han desempeñado en la creación de la cultura europea y de una identidad europea común, así como en la forja de los valores que subyacen a ésta".

(4) Pretendemos contactar y realizar intercambios con las regiones, ciudades, instituciones y expertos vinculados a los Caminos de Santiago y promover la identificación, recuperación y señalización de los Caminos de Santiago en Europa. Queremos mantener, fomentar y difundir el espíritu del Camino y su valor patrimonial y artístico. Ambicionamos que esta ruta interminable se extienda y abrace todo el espacio europeo.

(5) El Camino tiene un profundo significado religioso. Santiago fundamenta el carácter apostólico de la iglesia occidental y representa la vocación ecuménica del cristianismo. Pero no podemos olvidar que el Camino es también una ruta espiritual en sentido amplio. A lo largo del mismo nos encontramos multitud de manifestaciones artísticas: catedrales, iglesias, capillas, puentes, hospitales de peregrinos, monasterios, monumentos y cruces que han surgido con el pasar de los años. Huellas de humanidad que han convertido el Camino en un escenario plagado de señales y habitado por mensajes, la expresión incomparable de un diálogo intergeneracional inagotable.

(6) Pero el Camino de Santiago no es ...22... un camino de creyentes y las influencias paganas pueden verse a lo largo ...23... toda la ruta. Según una vieja leyenda, hacer el camino era un ritual de fertilidad pagano, lo que podría explicar que la concha, símbolo de fecundidad, es un símbolo del camino. Otra interpretación alternativa es que la concha, que se asemeja ...24... una puesta de sol, era el tema central de los rituales celtas de la zona. ...25... decir, el origen pre-cristiano del Camino de Santiago era un viaje celta ...26... la muerte, hacia el sol poniente, que terminaba en "el fin del mundo" (Finisterre, en la costa gallega), de forma que el pórtico de la Gloria de la catedral compostelana sería la antesala del más allá. Por eso, también se ha sugerido que el Camino tiene un origen astral, la Vía Láctea.

(7) No sólo hacemos camino, sino que el camino nos hace. Todos los países que en su momento estaban unidos a través del Camino, forman hoy parte de la Unión Europea. Hoy, más que nunca, el Camino de Santiago es un camino de todos los europeos. Hacer Camino es hacer Europa.

Antolín Sánchez Presedo
www.eixoatlántico.com

1 Basándote en el párrafo (1) del texto identifica cuál de las siguientes afirmaciones es falsa:

A El Camino de Santiago se puede considerar como una de las causas que han configurado la identidad europea.

B Los europeos poseen un idioma común para comunicarse entre sí.

C El Camino de Santiago es un acontecimiento capaz de vincular a diferentes culturas.

D El itinerario del Camino de Santiago es un auténtico símbolo europeo.

Basándote en el párrafo (2) identifica las **palabras** del texto que significan:

2 conceder

3 proclamar

4 herencia

5 viajero

6 ¿Qué **dos palabras** en el párrafo (2) significan "*consideración*" o "*designación*"?

Basándote en los párrafos (3) y (4) elige la opción que tiene **el mismo significado** que la palabra en negrita.

7 cuyo principal objetivo es, **parafraseando** a nuestro presidente Francisco Millán

A desmintiendo B paralizando C reproduciendo

8 recordar y **divulgar** el papel que los Caminos de Santiago

A difundir B encubrir C doblar

9 **han desempeñado** en la creación de la cultura europea

A han empeñado B han ejercido
C han desembocado

10 así como en la **forja** de los valores que subyacen a ésta

A forma B fuga C formación

11 **pretendemos** contactar y realizar intercambios con las regiones

A procuramos B fingimos C prestamos

12 esta ruta interminable se extienda y **abrace** todo el espacio europeo

A envuelva B suelte C abrase

13 ¿Qué **otra palabra** en el párrafo (4) es sinónima de "*pretendemos*"?

14 ¿Qué **tres verbos** en el párrafo (4) se usan con el sentido de "*impulsar*"?

Basándote en el párrafo (5) identifica las **palabras** del texto que significan:

15 sustentar

16 universal

17 muestras

18 aparecer

19 transformar

20 lleno

21 ¿Qué **dos palabras** en los párrafos (4) y (5) significan "*infinito*" o "*eterno*"?

Basándote en el párrafo (6) completa los espacios numerados (22–26) con una palabra tomada de esta lista.

según	de	solo	es	también
por	a	esto	hacia	sólo

Basándote en el texto, copia y completa la tabla en tu cuaderno.

En la frase…	la(s) palabra(s)	en el texto se refiere(n) a…
27 …independientemente de **su** origen y de **su** idioma… (*párrafo 1*)	"su"	
28 …**cuyo** principal objetivo… (*párrafo 3*)	"cuyo"	
29 …los valores que subyacen a **ésta**… (*párrafo 3*)	"ésta"	
30 A lo largo del **mismo**… (*párrafo 5*)	"mismo"	
31 …que **terminaba** en "el fin del mundo"… (*párrafo 6*)	"terminaba"	
32 …**forman** hoy parte de la Unión Europea… (*párrafo 7*)	"forman"	

AFRICA Y CUBA TOCAN DE LA MANO

① Un estreno mundial: *AfroCubism*, el ambicioso proyecto que finalmente reúne a músicos de Cuba y Malí. El objetivo del guitarrista Ry Cooder y del productor Nick Gold, en 1996 en La Habana, era traer de Bamako a unos músicos malienses para grabar con cubanos. Un problema de visados dejó en tierra a Bassekou Kouyaté y a Djelimady Tounkara, y el obligado cambio de planes se convirtió en el maravilloso disco del Buena Vista Social Club (BVSC) que abrió al son cubano las puertas del mundo. Aquel encuentro entre caribeños y africanos no se pudo hacer, pero la idea quedó en el aire. Y, ahora, 14 años después, llega por fin *AfroCubism*.

② Nadie hoy representa mejor la tradición del son cubano que Eliades Ochoa, nadie toca el *n'goni* (ancestro del banjo) como Bassekou Kouyaté y no hay *kora* (arpa-laúd) más asombrosa que la que acaricia Toumani Diabaté. Pero en *AfroCubism* también están Lassana Diabaté percutiendo con maestría el balafón (un tipo de xilófono) y Djelimady Tounkara con su solvente guitarra.

③ Empezó el concierto con *Al vaivén de mi carreta*: "Trabajo de enero a enero, y de sol a sol, y qué poquito dinero me pagan por mi sudor", cantaba Eliades Ochoa, luciendo uno de esos sombreros negros con el que le fotografió Anton Corbijn. Y Kasse Mady Diabaté retomó la canción con su voz de ángel heredada de un abuelo que provocaba lágrimas de felicidad al cantar. Espectacular estuvo Lassana Diabaté al balafón con los 13 músicos rumbeando y el remache final de las trompetas de Elantes de *La culebra*, en la que los malienses aportan un suave perfume africano a la grabación original del ritmo. Toumani, Bassekou y Eliades se quedaron solos para una sutil Guantanamera y el contagioso son *Para los pinares se va Montoro*, guiño a Compay Segundo, que al

igual que los añorados Ibrahim Ferrer, Pío Leyva o Rubén González siguen muy vivos en nuestra memoria.

④ Nick Gold cree que la cosa funciona: "Es mejor de ...23... que había imaginado o soñado. Hay más repertorio maliense que en la idea original, que consistía en dar otro aroma ...24... la música tradicional cubana. Esta colaboración me parece más radical y sustanciosa". Confiesa que la primera vez que escuchó música de Cuba fue tocada ...25... africanos. Y le gustó ...26... lo hacían, de una forma más suave, ligera, que él prefiere incluso a la de los propios cubanos. "Me preguntan si yo quería unir dos culturas, pero no se trata de eso", dice riendo. "Me maravilla cómo suenan juntas las guitarras, la *kora*, las maracas, el balafón... Como un auténtico grupo". ...27... se habían producido anteriormente aproximaciones ...28... *Africando*, serie en la que el productor Ibrahima Sylla juntó músicos latinos con cantantes senegaleses, o como *CubÁfrica*, el disco que Eliades Ochoa grabó con el saxofonista camerunés Manu Dibango. "Pero esta mezcla que estamos haciendo nosotros no se ha visto antes", afirma Eliades Ochoa.

⑤ El estreno de *AfroCubism*, retransmitido por Radio 3, trajo hasta Cartagena a periodistas de la BBC, *The Guardian* o *Libération*. Durante los ensayos del concierto uno de los malienses hablaba en bambara y un cubano en español, y se entendían: estaba hablando la música. Ahora comenzará la gira mundial que les llevará desde Madrid hasta Nueva York. Ninguno de los protagonistas de BVSC se imaginó lo que iba a pasar con aquel disco y tampoco ahora se atreve nadie a augurar el futuro de *AfroCubism*. La clave del éxito quizá sea que ellos se lo pasen mejor sobre el escenario que el propio público.

Carlos Galilea
El País

1 ¿Qué **tres palabras** en el párrafo (1) significan *"meta"* o *"fin"*?

2 Basándote en el párrafo (1) del texto identifica cuál de las siguientes afirmaciones es falsa.

   A El debut de *AfroCubism* agrupa a intérpretes procedentes de Cuba y de Malí.

   B Cuestiones de tipo administrativo impidieron viajar a algunos músicos de Malí en 1996.

   C La grabación de Buena Vista Social Club permitió que la gente conociese los ritmos latinos.

   D Finalmente la reunión entre africanos y caribeños pudo hacerse en un avión 14 años más tarde.

3 Enumera todos los instrumentos musicales que identifiques en el párrafo (2).

Basándote en el párrafo (2) identifica las **palabras** del texto que significan:

4 personificar

5 costumbre

6 antepasado

7 deslumbrante

8 tocar

9 golpear

10 destreza

11 acreditado

Basándote en el párrafo (3) elige la opción que tiene **el mismo significado** que la palabra en negrita.

12 y qué poquito dinero me pagan por mi **sudor**

   A salario **B** esfuerzo **C** tiempo

13 **luciendo** uno de esos sombreros negros

   A alumbrando **B** manifestando **C** exhibiendo

14 Kasse Mady Diabaté **retomó** la canción con su voz de ángel

   A retocó **B** retiró **C** reinició

15 los malienses **aportan** un suave perfume africano a la grabación original

   A quitan **B** aprecian **C** añaden

16 se quedaron solos para una **sutil** Guantanamera

   A delicada **B** simple **C** suspicaz

17 que al igual que los **añorados** Ibrahim Ferrer, Pío Leyva o Rubén González

   A recordados **B** olvidados **C** presentes

Basándote en el párrafo (3) indica si estas frases son verdaderas (**V**), falsas (**F**) o no se mencionan (**NM**). Corrige las frases falsas.

18 Kasse Mady Diabaté causó risas entre el público con su voz.

19 La sensacional Lassana Diabaté ofreció 13 canciones al público.

20 En mitad de la grabación los artistas tuvieron que tomar un descanso.

21 La interpretación del son *Para los pinares se va Montoro* fue una insinuación a Compay Segundo.

22 Finalmente Ibrahim Ferrer, Pío Leyva y Rubén González actuaron para finalizar el concierto.

Basándote en el párrafo (4) completa los espacios numerados (23–28) con una palabra tomada de esta lista.

la	por	lo	los	como	ya
para	cómo	a	el	no	

Basándote en el párrafo (4) identifica las **palabras** del texto que significan:

29 catálogo   **30** planteamiento

31 contribución   **32** drástico

33 ágil   **34** fascinar

35 antes   **36** acercamiento

37 unir   **38** unión

Basándote en el texto, copia y completa la tabla en tu cuaderno.

En la frase…	la(s) palabra(s)	en el texto se refiere(n) a…
39 …más asombrosa que **la** que acaricia Toumani… (*párrafo 2*)	"la"	
40 …uno de esos sombreros negros con **el** que le fotografió Anton… (*párrafo 3*)	"el"	
41 …uno de esos sombreros negros con el que **le** fotografió Anton… (*párrafo 3*)	"le"	
42 …retomó la canción con **su** voz de ángel… (*párrafo 3*)	"su"	
43 …en **la** que los malienses aportan un suave perfume… (*párrafo 3*)	"la"	
44 …que él prefiere incluso a **la** de los propios cubanos… (*párrafo 4*)	"la"	

Basándote en el párrafo (5) identifica las **palabras** del texto que significan:

45 prueba   **48** triunfo

46 intérprete   **49** tal vez

47 predecir

Para ir más lejos…
- ¿Te gustaría hacer la ruta de peregrinación a Santiago de Compostela, ahora que la conoces mejor? ¿Desde dónde partirías y cuántos días dedicarías a cada tramo?
- ¿Crees que la denominación de "Patrimonio de la Humanidad" puede influir en la difusión de esta ruta?
- España es un país que cuenta con muchos monumentos y ciudades con este reconocimiento que otorga la Unesco: investiga cuáles son algunos de estos ejemplos y cúales te gustaría visitar.
- Al final del Texto A se menciona la Unión Europea: ¿Cuántos son sus estados miembros? Vamos a preparar información en grupos sobre ellos.
- ¿Qué opinas sobre iniciativas como el concierto de fusión de música cubana y africana que has leído en el Texto B?
- Busca información sobre Buena Vista Social Club: quiénes fueron sus integrantes, qué instrumentos tocaban y algunos datos biográficos de los miembros.

Actividades orales

1 Actividad oral individual

Una fiesta intercultural

1 ¿Qué opinas del diseño de este cartel para este tipo de fiesta?

2 ¿Cambiarías o añadirías algo al programa?

3 ¿Has asistido alguna vez a una fiesta de este tipo en tu país?

4 Imagínate que fuiste a esta fiesta y cuenta qué es lo que más te gustó y por qué.

2 Actividad oral interactiva

▶ Las canciones del famoso cantante Manu Chao se caracterizan por ofrecer una fusión y síntesis de distintas tradiciones musicales latinoamericanas y crear, de este modo, un discurso alternativo que celebra la diversidad cultural y lingüística.

▶ Vamos a escuchar su conocida canción *"Me gustas tú"* para entablar un debate sobre las fusiones culturales a través de la música.

▶ Vamos a tener en cuenta estos aspectos:

– ¿Puedes identificar algunas de las tendencias musicales fusionadas en este tema?

– ¿Te gusta que se mezclen idiomas?

– ¿Qué elementos de esta canción crees que han contribuido a su éxito internacional?

– ¿Es la interculturalidad algo pasajero o, por el contrario, es la forma positiva de entender la globalización?

– ¿Qué otros ejemplos musicales de fusión cultural conoces que te parecen interesantes?

– ¿Piensas que a causa de la comercialización y popularidad este tipo de música puede llegar a trivializarse y perder su significado?

Tareas escritas

1 Respuesta personal

Lee el siguiente fragmento y elabora una respuesta personal usando como mínimo 150 palabras. Compara las actitudes y situaciones, tanto similares como diferentes, sobre este tema en la cultura hispana y en la tuya propia.

> En la ciudad de Barcelona se ha creado la asociación cultural *Barcelona Sound* para facilitar la cooperación entre músicos procedentes de diferentes culturas y países. El fin de este proyecto es fomentar las fusiones étnicas, no sólo musicales, sino también de otras manifestaciones artísticas, como la danza, la pintura o la moda.

2 Tareas de redacción

Realiza una de estas tareas relacionadas con el tema de las fusiones culturales en el mundo moderno. Escribe un mínimo de 150 palabras.

a Has visto en el periódico un anuncio de un curso de formación de voluntarios que trabajan con grupos interculturales. Escribe una **carta** a los organizadores explicando tus motivaciones para solicitar este curso.

> ▶ Incluye fecha, encabezamiento y despedida.
> ▶ Usa un tono formal y convincente.
> ▶ Planifica bien las razones que te llevan a solicitar este curso y exprésalas de forma clara y ordenada.

b Ayer se celebró la fiesta de fin de curso y tú fuiste el representante de los alumnos para organizar un concierto que reflejara la interculturalidad de tu colegio. Escribe en tu **diario** cómo organizaste el concierto y el resultado final.

> ▶ Incluye encabezamiento (*Querido diario…*), despedida y fecha.
> ▶ Usa un tono personal, informal e íntimo.
> ▶ Da información detallada sobre la organización del evento y cómo transcurrió.

Perfil de la comunidad del IB

▶ Como miembros de la Comunidad de aprendizaje del IB nos esforzaremos por desarrollar una mentalidad internacional, siendo conscientes de la condición que nos une como seres humanos, para contribuir a la creación de un mundo más pacífico.

▶ ¿En qué medida las diferentes fusiones culturales pueden ayudarnos a conseguir este objetivo?

▶ Las fusiones culturales, ¿ayudan a fomentar la comprensión y apreciación mutua o, por el contrario, destruyen las diferencias culturales genuinas para crear nuevos estereotipos?

▶ Vamos a debatir entre todos las posibles respuestas a esta cuestión.

5 ¿Costumbres parecidas o costumbres diferentes?

Objetivos

Considerar…

▶ algunas representaciones del patrimonio inmaterial representativo de la cultura del mundo hispano.

▶ algunas de las celebraciones más tradicionales en algunos países de habla hispana.

▶ algunos aspectos similares en las tradiciones.

▶ el vocabulario relacionado con fiestas y tradiciones.

Lengua: revisar y practicar las preposiciones y el estilo indirecto.

Contextualización

▶ ¿Qué palabras asocias con fiestas y celebraciones? Completa esta lista con el mayor número de palabras posibles. ¿Coincides con el resto de tus compañeros? *procesión, baile, disfraces, verbenas, platos típicos, adornos, …*

A

B

1

Celebradas desde la época colonial, las procesiones de Semana Santa de la ciudad de Popayán son una de las más antiguas conmemoraciones tradicionales de toda Colombia. Desde el martes hasta el sábado anterior a la Pascua de Resurrección tienen lugar, entre las 20 y las 23 horas, cinco procesiones dedicadas respectivamente a la Virgen María, Jesucristo, la Santa Cruz, el Santo Entierro y la Resurrección, que recorren un itinerario de unos dos kilómetros por el centro de la ciudad. Los elementos centrales de las procesiones son los pasos, imágenes representativas de la Pasión de Cristo, creadas y agrupadas con arreglo a normas complejas, que se hacen desfilar con una rica ornamentación floral. Las estatuas de los pasos, que son de madera y datan su mayoría de finales del siglo XVII, son acompañadas en su recorrido por hileras de fieles portadores de cirios y vestidos con hábitos religiosos…

2

La ceremonia ritual de los voladores es una danza asociada a la fertilidad que ejecutan diversos grupos étnicos de México y Centroamérica, en particular los totonacos del Estado de Veracruz, situado al este de México. Su objeto es expresar el respeto profesado hacia la naturaleza y el universo espiritual, así como la armonía con ambos. En el transcurso de la ceremonia, cuatro jóvenes trepan por un mástil de 18 a 40 metros de alto fabricado con el tronco de un árbol recién cortado en el bosque tras haber implorado el perdón del dios de la montaña. Sentado en la plataforma que remata el mástil, un quinto hombre, el caporal, toca con una flauta y un tambor melodías en honor del sol, así como de los cuatro vientos y puntos cardinales…

▶ Observa las fotografías pertenecientes a expresiones del Patrimonio Cultural Inmaterial de la Humanidad (UNESCO) y decide con un compañero cuál es la fiesta que representa, eligiendo la descripción adecuada.

▶ ¿Qué otras fiestas y tradiciones del mundo hispano conoces? Haz una lista con ayuda de otros compañeros y presenta a la clase una de ella explicando dónde ocurre, en qué fechas y qué se celebra.

Instantáneas de un pueblo

El fotógrafo León Darío Peláez lanza un libro sobre las fiestas de San Pacho en Quibdó. El primer registro visual de esta tradición.

[1] Hace cinco años, el fotógrafo León Darío Peláez registró por primera vez las imágenes de las fiestas de San Pacho en Quibdó. Al regresar, decidió que su trabajo no estaba terminado y continuó yendo cada septiembre, hasta que el año pasado, con una selección finalizada, se propuso hacer un libro. San Pacho, un santo blanco para un pueblo negro, el único registro visual que existe en Colombia sobre la tradicional celebración, se lanzó la semana pasada en el Centro Cultural de Moravia en Medellín y se lanzará en Quibdó el próximo septiembre.

[2] La fecha coincide con la inauguración de la fiesta de San Pacho el 20 de septiembre, en honor a San Francisco de Asís, patrono de Quibdó. La conocida historia del santo que dejó sus posesiones para dedicarse a los pobres se materializó en el sentir de los 100.000 habitantes de la capital más abandonada del país. En contraste, una tierra de exuberancia natural y con una sólida herencia cultural celebra durante 15 días los favores recibidos por San Pacho, un milagroso al que le rinden honores, pero que ven como a un quibdoseño más.

[3] La ocasional lluvia y la temperatura de casi 35 grados no son obstáculo para que los residentes de los 12 barrios franciscanos de Quibdó se armen con sus coloridos uniformes – a los que llaman 'cachés'– y se vuelquen a las calles al ritmo de las chirimías[1]. Un día por barrio. Doce días. Hay también un desfile de banderas, amaneceres y verbenas, desfiles de balsadas[2] en el río Atrato, misas y dos procesiones mayores. Todo esto viene acompañado por los disfraces, que son los carros alegóricos, cuyo tema se mantiene en secreto durante un año y que, por lo general, es una crítica social y un llamado a los gobernantes para que detengan la corrupción y la indiferencia.

[4] El libro está dividido en cuatro secciones, más un video documental dirigido por Carlos Mario Muñoz. Las fotos registran no solo las fiestas oficiales, sino sus preparativos y la cotidianidad de los participantes. Pero, además, visibilizan el contraste entre el colorido de los vestidos y la alegría de la gente, con los huecos en las calles y las paredes tapizadas de avisos políticos.

[5] Y también hay historias, como la de la comunidad gay de Quibdó, que crea los mejores cachés, aunque nunca ha recibido un premio. O la de las verbenas de los ancianos. O la procesión del 4 de octubre en la madrugada. Este año se celebra la edición número 85 de San Pacho, y para quienes no han ido el libro de Peláez es una buena iniciación.

www.semana.com

---

[1] chirimías: gaitas, clarinetes

[2] balsadas: conjunto de pequeñas embarcaciones, balsas

1 Antes de leer el texto, busca un sinónimo para cada una de las palabras de la primera columna que aparecen en el texto.

1	registrar	a	comienzo
2	proponerse	b	alba
3	inauguración	c	plantearse
4	materializarse	d	conmemorar
5	celebrar	e	habitual
6	rendir honor	f	concretarse
7	alegórico	g	catalogar
8	detener	h	simbólico
9	cotidianidad	i	parar
10	madrugada	j	procesar culto

2 Después de leer el texto intenta explicar con otras palabras: "*exuberancia natural*", "*sólida herencia*" y "*los residentes se arman con sus coloridos uniformes*".

Después de leer el texto contesta a las siguientes preguntas sobre el texto.

3 ¿En qué mes se celebra esta festividad?

4 ¿En honor a qué santo se realiza la fiesta?

5 ¿Cuántos días dura la celebración?

6 ¿Cómo se llaman los uniformes de los representantes de los barrios franciscanos?

7 ¿Qué eventos podemos ver en estas fiestas?

8 ¿Qué contraste reflejan las fotos de León Darío Fernández?

9 Intenta averiguar algunos datos más sobre esta tradición haciendo una búsqueda en Internet.

Basándote en el texto indica si estas frases son verdaderas (**V**) o falsas (**F**). Corrige las frases falsas.

10 El fotógrafo León Darío Fernández ha fotografiado durante más de cinco años las fiestas de San Pacho.

11 Su trabajo fotográfico constituye la primera presentación gráfica hasta el momento de esta celebración.

12 El patrón de Quibdó era un hombre pobre que se dedicó a ayudar a los demás.

13 Quibdó es una de las ciudades con más pobreza del país colombiano.

14 El clima de este año durante las fiestas fue soleado y caluroso.

15 En Quibdó hay quince barrios franciscanos.

16 Cada día de celebración es el turno de un barrio.

17 La temática de los disfraces se da a conocer el año previo a la próxima celebración.

18 El libro de León Darío Fernández recoge fotografías de los días festivos.

Basándote en las palabras del texto, copia y completa la tabla en tu cuaderno.

En la frase…	la(s) palabra(s)	en el texto se refiere(n) a…
19 …al que **le** rinden honores… (*párrafo 2*)	"le"	
20 …a **los** que llaman "cachés" (*párrafo 3*)	"los"	
21 …como **la** de la comunidad gay… (*párrafo 5*)	"la"	
22 …para **quienes** no han ido… (*párrafo 5*)	"quienes"	

23 En las fiestas de San Pacho los disfraces y los carros alegóricos tienen un contenido de crítica social. ¿Conoces otras celebraciones o tradiciones en las que también haya crítica social? Trabaja con un compañero para buscar información sobre otras celebraciones de contenido satírico (las Fallas, los carnavales, etc.).

24 ¿Qué te parece la iniciativa del fotógrafo de retratar esta celebración de forma gráfica? ¿Te gustaría realizar algo así con otra celebración? ¿Cuál? Comparte con tu compañero tus ideas.

25 Imagina que eres uno de los organizadores de los festejos a San Pacho. Prepara un programa con algunos de los festejos para realizar durante las fiestas. Prepara también un póster para anunciar las fiestas y después preséntalo al resto de la clase. Entre todos, ¿qué ideas son las más interesantes!

Perfil de la comunidad del IB

▶ Busca más información sobre las fiestas y tradiciones de algún país de habla hispana. Puedes hacer un calendario para presentar a la clase y si cada estudiante elige un lugar distinto, podemos conseguir una amplia información sobre este tema.

Un 36% de los chilenos no sabe bailar cueca

Encuesta de la Universidad Central arrojó que sólo un 27,7% de la muestra declara que baila bien la danza tradicional de Chile.

[1] Las Fiestas Patrias de este año tienen un carácter especial, porque se **celebran 200 años de los hechos que condujeron a la Independencia Nacional.** Por esa razón, el Centro de Estudios Sociales y Opinión Pública (CESOP) de la Universidad Central, realizó una encuesta para conocer la forma en que los chilenos piensan celebrar estas fiestas.

[2] Se mantiene la tradición de vestir a los niños con traje de huaso, encontrándose cifras similares entre quienes visten a sus hijos con tenida de huaso[1] elegante o con tenida de huaso choro, y en menor medida, de chilote[2], nortino[3] o pascuense[4]. Osvaldo Torres, antropólogo de la Universidad Central explicó que, "en la Región Metropolitana hay poco reconocimiento de la diversidad de vestimentas tradicionales, por lo cual se privilegia el vestuario de huaso dado el peso de la tradición española, por sobre los trajes del Norte o de Isla de Pascua, que teniendo influencia aymara y polinésica, respectivamente, también son importantes en la cultura chilena".

[3] El 60% de los encuestados señaló que piensa adornar sus casas de modo especial, aunque el 82.3% no se viste de huaso para esta fecha. Osvaldo Torres sostuvo que "esta tradición es más reciente y arranca desde mitad del siglo pasado cuando la gente ocupaba el aguinaldo[5] para ir a las ramadas[6], comprarse ropa y hermosear las casas, además que los municipios subvencionaban la pintura de las fachadas" y agregó que esta tradición "es sostenida más por la clase media y baja, ya que las clases altas suelen con más frecuencia viajar a la costa o al extranjero".

[4] Consultados acerca si sabían bailar cueca, el 36% declaró que no, un 36% señaló que bailaba regular, y tan sólo el 27.7% admitió que sabía bailar bien. Estos resultados, …(3)… el académico …(4)… la Universidad Central se explican …(5)… "la cueca es un rasgo cultural estimulado …(6)… el sistema escolar que no logra que pase …(7)… ser un baile oficial a un baile popular, ya que …(8)… menos esfuerzo y menos años de difusión, la cumbia o el reggaetón son mucho más populares".

[5] La encuesta, no obstante, constató que los jóvenes bailan más y mejor la cueca que los adultos, lo cual es estimulado …(9)… un movimiento cultural juvenil que fomenta la llamada cueca urbana. Esta tendencia ha emergido fuerte y se espera que se prolongue …(10)… el tiempo.

www.latercera.com

---

[1] huaso: término utilizado en Chile para referirse al individuo que vive en la zona centro y sur del país y se dedica a tareas propias de sectores rurales

[2] chilote: de Chiloé, archipiélago de islas en el sur de Chile

[3] nortino: del Norte de Chile

[4] pascuense: de la Isla de Pascua

[5] aguinaldo: paga extra

[6] ramadas: tipo de fondas o restaurantes donde se puede ir a comer en días de fiesta

1 ¿Te gusta bailar? ¿Conoces algún baile tradicional perteneciente al mundo hispano como la cueca o la cumbia? ¿Sabes que es el reggeatón? Explica al resto de la clase algún dato relacionado con ese baile: dónde se practica, cuándo, cómo se baila. También puedes buscar en Internet y mostrar al resto de la clase algún video o audio del mismo.

2 Antes de leer el texto, busca un sinónimo para cada palabra de la primera columna en la segunda lista.

1	reconocimiento		a	baile
2	vestimenta		b	inclinación
3	privilegiar		c	vestido
4	danza		d	preferir
5	carácter		e	fama, prestigio
6	adornar		f	promover
7	reciente		g	actual
8	fachada		h	característica
9	rasgo		i	financiar
10	subvencionar		j	naturaleza
11	tendencia		k	hermosear
12	fomentar		l	frontis

En los párrafos (4) y (5) faltan algunas preposiciones. Completa los espacios numerados (3–10) con la palabra más adecuada.

porque	en (x2)	entre	para	de (x2)	por	con

11 En el texto aparecen algunos sinónimos del verbo *decir*. Intenta encontrar los siete sinónimos que aparecen.

Basándote en la información del texto indica si estas frases (12–19) son verdaderas (V) o falsas (F) e indica las palabras del texto que justifican tu respuesta.

12 Según la encuesta muchos chilenos bailan bien la cueca.

13 El peso de la tradición española hace que el vestido de huaso sea más popular que el de nortino, pascuense o chilote.

14 Vestirse de huaso es una de las cosas que menos chilenos realizan en sus fiestas de celebración.

15 Para las Fiestas Patrias mucha gente suele pintar las paredes exteriores de sus casas.

16 Según el antropólogo Osvaldo Torres la práctica de acicalar las fachadas es unánime entre los chilenos.

17 La cueca se promociona en el sistema escolar chileno.

18 Los jóvenes bailan más la cueca que la cumbia.

19 La cueca urbana es un fenómeno reciente.

20 Resume las ideas más importantes del texto en 150 palabras.

Revisa los cambios que se realizan en el estilo indirecto (recuerda los ejercicios que se plantean en la unidad de extensión *Diversidad cultural 1: La relación entre pasado, presente y futuro: aspectos históricos y geográficos*). En el artículo se recogen las palabras del antropólogo Osvaldo Torres en estilo directo. Copia estas palabras y completa los espacios numerados (21–33) con los verbos adecuados.

Osvaldo Torres explicó que en la región Metropolitana …(21)… poco reconocimiento de la diversidad de vestimentas tradicionales, por lo cual …(22)… el vestuario de huaso dado el peso de la tradición española, por sobre los trajes del Norte o de Isla de Pascua, que teniendo influencia aymara y polinésica, respectivamente, también …(23)… importantes en la cultura chilena.

También comentó que esta tradición …(24)… más reciente y …(25)… desde mitad del siglo pasado cuando la gente …(26)… el aguinaldo para ir a las ramadas, comprarse ropa y hermosear las casas, además que los municipios …(27)… la pintura de las fachadas.

Después añadió que esta tradición …(28)… sostenida más por la clase media y baja, ya que las clases altas …(29)… con más frecuencia viajar a la costa o al extranjero.

Por último manifestó que la cueca …(30)… un rasgo cultural estimulado en el sistema escolar que no …(31)… que …(32)… de ser un baile oficial a un baile popular, ya que con menos esfuerzo y menos años de difusión, la cumbia o el reggaetón …(33)… mucho más populares.

34 En el artículo se habla de las Fiestas Patrias de Chile. ¿Conoces otras Fiestas Patrias de otros países del mundo de habla hispana? Busca información para compartir con tus compañeros: cuándo, cómo, por qué se celebran, etc.

35 El artículo enumera distintos trajes típicos de Chile: huaso, chilote, pascuense, nortino. ¿Has visto alguna vez estos trajes tradicionales de Chile? Intenta buscar alguna imagen de estos trajes y de otros atuendos típicos de otros países de habla hispana.

Entre toda la clase podéis hacer un póster en el que se recojan el mayor número posible de trajes típicos que representen la diversidad cultural del mundo hispano. Podemos acompañar cada imagen con información interesante sobre los mismos: de dónde son, cuándo se llevan, de qué prendas está formado el traje, etc.

Comenta con tus compañeros las siguientes cuestiones. Busca ejemplos para mostrar tus conclusiones.

36 ¿Qué elementos caracterizan a las fiestas tradicionales? (baile, comida, vestuario)

37 ¿Por qué muchas de las tradiciones tienen elementos de distintas culturas?

38 ¿Qué aspectos de la naturaleza y la religión suelen tener las fiestas y costumbres tradicionales?

Actividades orales

1 Actividad oral individual

Observa la imagen y contesta a estas preguntas:

1 Describe qué ves en esta imagen.

2 Busca un título adecuado.

3 ¿Te gustaría participar en un acontecimiento de este tipo? ¿Por qué?

4 ¿Te gustan las celebraciones? ¿Te parecen importantes?

5 ¿Asistes a este tipo de fiestas tradicionales? Explica qué hiciste la última vez que formaste parte de una celebración.

2 Actividad oral interactiva

▶ *Un tema de debate*: Podemos elegir uno de los siguientes temas.

– *"Muchas fiestas tradicionales se pierden porque los jóvenes no disfrutan con esos eventos."*

– *"¿Hasta qué punto es importante preservar estas tradiciones y fiestas?"*

– *"En muchas fiestas hay maltrato de animales."*

– *"Las fiestas y tradiciones son parte indivisible de la cultura popular de un país."*

Dividiremos la clase en distintos grupos y cada uno de ellos preparará algunas ideas para el tema de debate elegido. Los grupos prepararán una pequeña presentación con sus ideas. Después de cada presentación habrá un turno de preguntas por parte del resto de la clase y cuando todos los temas se hayan presentado, haremos una evaluación global de las conclusiones.

▶ *Un recorrido por algunas tradiciones*: Como forma de promocionar la diversidad cultural en nuestra clase, vamos a hacer presentaciones sobre algunas fiestas y tradiciones de los países hispanos. En grupos de tres, prepararemos una presentación sobre una fiesta popular que nos interese. Incluiremos: situación geográfica, historia de la fiesta, preparativos y documentos gráficos para presentarla.

▶ *El proyecto de salvaguardia*: Como hemos podido ver en esta unidad, algunas tradiciones se encuentran amenazadas porque cada vez se están perdiendo más y corren el riesgo de desaparecer.

Después de consultar la página de la Unesco dedicada a la salvaguardia del patrimonio inmaterial de la humanidad, vamos a elegir algunas de las fiestas de algún país hispano que todavía no han aparecido en la unidad y presentar un proyecto de salvaguardia.

En pequeños grupos estudiaremos una de estas fiestas o tradiciones y presentaremos un proyecto para darle popularidad. Podemos pensar en: cómo promocionarla en el país de origen y también en el extranjero, hacer un anuncio en prensa, tele, cine, radio, internet o un folleto informativo para la comunidad de donde procede.

▶ *Un concurso de preguntas sobre tradiciones en el mundo hispano*: Cada estudiante va a preparar entre 7 y 10 preguntas con tres opciones de respuesta (una verdadera y dos falsas) sobre tradiciones y fiestas en el mundo hispano. Después plantearemos las preguntas al resto de compañeros.

▶ ¿Qué dicen los periódicos sobre las celebraciones tradicionales? Vamos a traer recortes de prensa o encontrados en Internet sobre el tema de fiestas y tradiciones en el mundo hispano. Cada estudiante puede presentar lo que más le ha interesado. ¿Qué conclusiones sacamos?

Tareas escritas

1 Respuesta personal

Lee el siguiente enunciado y elabora una respuesta personal usando como mínimo 150 palabras. Compara las actitudes y situaciones, tanto similares como diferentes, sobre este tema en la cultura hispana y en la tuya propia. La respuesta deberá expresar tu opinión sobre el tema y justificarla.

> "Conservar las fiestas y tradiciones de una cultura sirve para identificarnos y conocernos mejor."

2 Tareas de redacción

Realiza una de estas tareas relacionadas con el tema de las interacciones interculturales. Escribe un mínimo de 250 palabras.

a Escribe una entrada en un **blog** en la que expliques una tradición o fiesta del mundo hispano que te parezca interesante.

b Escribe un **texto** para una revista de viajes en el que hagas:

- Una entrevista a un participante en una fiesta tradicional del mundo hispano.
- Un reportaje gráfico sobre una fiesta del mundo hispano que consideres importante dar a conocer.
- Un folleto informativo en el que presentes una tradición del mundo hispano.

c Te has enterado por el periódico de tu ciudad sobre el riesgo de desaparición de una tradición milenaria en un país hispano y decides escribir una **carta** a las autoridades de ese país explicando la importancia de preservarla. Revisa las fórmulas que se utilizan en las cartas formales para planificar su estructura y registro. Puedes elegir una de las siguientes tradiciones o escribir sobre otra que te interese más:

- El carnaval de Baranquilla (Colombia)
- La tradición del teatro bailado de Rabinal Achi (Guatemala)
- El misterio de Elche (España)
- La tradición del teatro bailado Cocolo (República Dominicana)

d Has pasado unos días disfrutando de las fiestas tradicionales de un pueblo de un país hispano y escribes a un amigo explicando la experiencia. Revisa las fórmulas que se utilizan en las cartas informales y presta atención al registro que vas a utilizar.

Puedes hablar entre otras cosas de: qué se celebran, en honor a quién se preparan, en qué consisten las fiestas (procesiones, bailes, etc.), qué sensaciones has experimentado, qué es lo que más te gustó, si has visto algo parecido en otras celebraciones, etc.

Teoría del conocimiento

Algunas preguntas para debatir en clase:

▶ ¿Son necesarias las fiestas y las tradiciones? ¿Por qué?

▶ ¿Qué elementos similares tienen las tradiciones?

▶ ¿Por qué evolucionan?

▶ Plantea tú otras preguntas de reflexión para el resto de compañeros relacionadas con las tradiciones.

Textos literarios (Nivel superior) y Trabajo escrito (Nivel medio y nivel superior)

❧ Gúrbez se va de viaje ❧

(1) Gúrbez es un español cuya ilusión más importante en los últimos tiempos es pasar una temporadita en Guiriland. Para ello se ha preparado concienzudamente: durante unos años ha estudiado guiriñés en la Academia Normaplús, en la que, bajo la apariencia de una enseñanza comunicativa, ha hecho acopio de todas las reglas estructurales de la lengua meta y, de vez en cuando, ha participado en conversaciones libres sobre distintos temas. Gúrbez, hombre muy responsable, está muy ilusionado con poner en práctica todos sus conocimientos durante los pocos días que durará su estancia. De Guiriland hay muy poca información, apenas una *Guía del Trotalands* y algunos folletos superficiales recogidos en varias agencias de viajes. A través de esa información, y de algunos comentarios que, de pasada, se hicieron en las clases, sabe que los horarios de las tiendas y de las comidas son distintos a los de los españoles, sabe qué platos son los más típicos, qué moneda manejan -el Guílar-, y también qué monumentos, museos, teatros, restaurantes, bares y salas de fiesta no debe perderse.

(2) Cuando Gúrbez se traslada a Guiriland se da cuenta de que tiene bastante fluidez, de que entiende una buena parte de lo que le dicen y de que él, a su vez, se hace entender. Sin embargo, Gúrbez tiene muchos problemas: se siente incomprendido en ocasiones, en otras se siente irritado, a veces se siente ridículo y muchas veces maltratado.

1.1. La estancia de Gúrbez en Guiriland

(3) Cuando le presentan a alguien duda continuamente sobre cuál es el nombre y cuál es el apellido: Cármenez Mar Montejo Womanes o Mar Víctorez Riejo Manes. Le parece un auténtico lío y más con esa manía de que todos se llaman Mar en algún momento/posición de su nombre. Eso sin hablar de que él se precipita a dar besos a las mujeres cuando ellas le dan palmaditas en la espalda, mientras se alejan de la fogosidad de Gúrbez.

(4) Comprar es una auténtica pesadilla. Tarda días en descubrir las patatas, porque las venden envueltas por unidades en papel de distintos colores. No logró encontrar ajos en ninguna parte y tuvo que realizar varios itinerarios completos al supermercado hasta localizar el aceite, que estaba junto al caviar y en botellas de 100 ml.

(5) Y comer es toda una aventura. En Guiriland hay un orden preestablecido: de primero se toma una fruta; de segundo, una sopa; de tercero, un té, y de cuarto, carne o pescado. A Gúrbez le parece un orden irracional e, incluso, malsano.

(6) Un día acude a una cena en casa de unas personas que acaba de conocer y lleva una espléndida docena de rosas a la anfitriona, que, sin embargo, casi no le agradece el detalle, pone mala cara y, francamente conmocionada, empieza desesperadamente a colocar las rosas en floreros distintos poniéndolas de tres en tres. ¡Qué desagradecida!, piensa Gúrbez. ¡Qué agorero[1]!, piensa la anfitriona.

(7) Otro día va a casa de un conocido, que vive en el piso 23, a recoger unos libros. En el ascensor entra con un señor desconocido que, en cuanto se cierran las puertas, lo saluda efusivamente dándole un fuerte abrazo y le pregunta por su familia y por su estado de salud. Gúrbez se siente amenazado por tanta cercanía e intimidad y, además, no quiere explicarle nada personal a esa persona que nunca volverá a ver. Lo suyo es hablar del tiempo, en el caso de que haya que hablar. A su vez, el desconocido piensa que nunca se había encontrado a nadie tan hosco, distante y frío.

(8) Casi a punto de volver a España, un compañero de pensión le enseña la foto de su hijo recién nacido. Gúrbez le dice que es muy guapo. Su compañero lo niega absolutamente y sólo le encuentra defectos. Gúrbez cree que lo hace para que insista y sigue diciéndole lo bonitos que tiene los rasgos y lo hermoso que está, ante lo cual su compañero incrementa sus críticas.

(9) Gúrbez cree que estos guirilandeses no tienen ningún sentido de la paternidad, que son unos desapegados o unos tremendos hipócritas. El padre de la criatura lo considera un inconsciente, un descastado y un solemne pesado, y maldice el momento en que se le ocurrió enseñarle la foto de su querido bebé.

Fuente: *Gúrbez en Guiriland*, Lourdes Miquel (Texto adaptado)

[1] agero: que trae male suerte

1 Según la parte *Gúrbez se va de viaje*:

  A ¿Cuál es la nacionalidad de Gúrbez?

  B ¿Qué palabra describe el tipo de preparación que ha tenido Gúrbez para su viaje?

  C ¿Qué lengua ha estado estudiando Gúrbez?

  D ¿Qué palabra describe la actitud de Gúrbez ante el trabajo?

  E ¿Qué dos diferencias hay entre España y Guiriland?

  F ¿Cuál es el nivel de Gúrbez en la lengua que ha estudiado?

  G ¿Qué cuatro adjetivos describen cómo se siente Gúrbez en Guiriland?

2 Basándote en *Gúrbez se va de viaje* decide si las siguientes afirmaciones son verdaderas (**V**) o falsas (**F**) y justifíca tu respuesta con palabras del texto.

  A Gúrbez está emocionado con su viaje.

  B Gúrbez se quedará en Guiriland mucho tiempo.

  C Guiriland no es un país muy conocido y no hay mucha información detallada sobre él.

  D Gúrbez tiene conocimiento sobre varios aspectos culturales que debe conocer cuando este en el país.

3 Elige la definición que más se acerca a la palabra en negrita.

  1 …es un español cuya **ilusión** más importante

    A anhelo

    B ansiedad

    C alegría

  2 …se ha preparado **concienzudamente**

    A durante mucho tiempo

    B a fondo

    C básicamente

  3 …**ha hecho acopio** de todas las reglas

    A ha recopilado

    B ha enseñado

    C ha desarrollado

  4 …de algunos comentarios que, **de pasada**, se hicieron en las clases

    A extensamente

    B con interés

    C superficialmente

4 Basándote en los **párrafos 3 y 4** completa las frases con palabras del texto.

  A Gúrbez piensa que los nombres y apellidos son…

  B A modo de saludo las mujeres … a Gúrbez.

  C Ir de compras se convierte en … para Gúrbez.

  D Las patatas no se venden por kilos sino que se venden…

5 Basándote en los **párrafos 5 y 6** indica que palabras significan:

  A para empezar

  B ilógico

  C poco saludable

  D maravilloso

  E dar las gracias

  F realmente

  G poner

6 Basándote en el **párrafo 6** indica las reacciones opuestas que Gúrbez y la anfitriona tienen en el episodio de las flores.

7 Basándote en los **párrafos 7, 8 y 9** completa las frases con la información correcta.

  1 El conocido de Gúrbez…

  2 En el ascensor…

  3 El compañero de pensión…

  a vive en un piso alto.

  b tiene un hijo feo.

  c Gúrbez se encontró con un conocido

  d Gúrbez prefiere hablar del tiempo.

  e espera una reacción diferente ante la foto de su hijo.

  f quiere recoger unos libros.

8 Basándote en el **último párrafo**…

  A ¿Qué dos adjetivos expresan la opinión de Gúrbez sobre las habilidades paternales de los guirilandeses?

  B ¿Qué dos palabras se usan para referirse al hijo de su compañero?

9 Según el texto…

En la frase…	la(s) palabra(s)…	se refiere(n) a…
A Garbez es un español **cuya** ilusión… (*párrafo 1*)	"cuya"	
B Para **ello** se ha preparado (*párrafo 1*)	"ello"	
C hasta localizar el aceite, **que** estaba junto al caviar (*párrafo 4*)	"que"	
D en floreros distintos poniéndo**las** de tres en tres (*párrafo 6*)	"las"	
E le enseña la foto de **su** hijo (*párrafo 8*)	"su"	
F Su compañero **lo** niega (*párrafo 8*)	"lo"	

Texto 2

☀ *La taberna del Turco*

(1) No era el hombre más honesto ni el más piadoso, pero era un hombre valiente. Se llamaba Diego Alatriste y Tenorio, y había luchado como soldado de los tercios viejos en las guerras de Flandes. Cuando lo conocí malvivía en Madrid, (…)

(2) El capitán Alatriste vivía de su espada. Hasta donde yo alcanzo, lo de capitán era más un apodo que un grado efectivo. El mote venía de antiguo: cuando, desempeñándose de soldado en las guerras del Rey, tuvo que cruzar una noche con otros veintinueve compañeros y un capitán de verdad cierto río helado, imagínense, (…) con la espada entre los dientes y en camisa para confundirse con la nieve, a fin de sorprender a un destacamento holandés (…) Mi padre fue el otro soldado español que regresó aquella noche. Se llamaba Lope Balboa (…) y también era un hombre valiente.

(3) Dicen que Diego Alatriste y él fueron muy buenos amigos, casi como hermanos; y debe de ser cierto porque después, cuando a mi padre lo mataron (…) le juró ocuparse de mí cuando fuera mozo. Ésa es la razón de que, a punto de cumplir los trece años, mi madre (…) me mandara a vivir con el capitán, aprovechando el viaje de un primo suyo que venía a Madrid. Así fue como entré a servir, entre criado y paje, al amigo de mi padre. Una confidencia: dudo mucho que, de haberlo conocido bien, la autora de mis días me hubiera enviado tan alegremente a su servicio. Pero supongo que el título de capitán le daba un barniz honorable al personaje. Además, mi pobre madre no andaba bien de salud y tenía otras dos hijas que alimentar. (…)

(4) Recuerdo que cuando entré a su servicio había transcurrido poco tiempo desde su regreso de Flandes, porque una herida fea que tenía en un costado aún estaba fresca y le causaba fuertes dolores; y yo, recién llegado, tímido y asustadizo como un ratón, lo escuchaba por las noches, desde mi jergón, pasear arriba y abajo por su cuarto, incapaz de conciliar el sueño. Y a veces le oía canturrear en voz baja coplillas entrecortadas por los accesos de dolor, versos de Lope, una maldición o un comentario para sí mismo en voz alta, entre resignado y casi divertido por la situación. Eso era muy propio del capitán: encarar cada uno de sus males y desgracias como una especie de broma inevitable. Quizá ésa era la causa de su peculiar sentido del humor áspero, inmutable y desesperado. (…)

(5) Me llamo Íñigo. Y mi nombre fue lo primero que pronunció el capitán Alatriste la mañana en que lo soltaron de la vieja cárcel de Corte, donde había pasado tres semanas. (…) El capitán salió de la cárcel una de esas mañanas azules y luminosas de Madrid, con un frío que cortaba el aliento. Desde aquel día que – ambos todavía lo ignorábamos – tanto iba a cambiar nuestras vidas, ha pasado mucho tiempo y mucha agua bajo los puentes del Manzanares; pero todavía me parece ver a Diego Alatriste flaco y sin afeitar, parado en el umbral con el portón de madera negra cerrándose a su espalda. Recuerdo perfectamente su parpadeo ante la claridad cegadora de la calle, con aquel espeso bigote que le ocultaba el labio superior, su delgada silueta envuelta en la capa, y el sombrero bajo cuya sombra entornaba los ojos claros, deslumbrados, que parecieron sonreír al divisarme sentado en la plaza. Había algo singular en la mirada del capitán: por una parte era muy clara y muy fría. Por otra, podía quebrarse de pronto en una sonrisa cálida y acogedora (…) mientras el rostro permanecía serio, inexpresivo o grave. Poseía, aparte de ésa, otra sonrisa más inquietante que reservaba para los momentos de peligro o de tristeza. (…)

(6) La sonrisa que me dirigió aquella mañana, al encontrarme esperándolo, pertenecía a la primera clase: la que le iluminaba los ojos desmintiendo la imperturbable gravedad del rostro (…) Miró a un lado y otro de la calle, pareció satisfecho al no encontrar acechando a ningún nuevo acreedor, vino hasta mí, se quitó la capa a pesar del frío y me la arrojó, hecha un gurruño.

– Íñigo –dijo–. Hiérvela. Está llena de chinches.

Fuente: *El capitan Alatriste*, Arturo Pérez-Reverte
(Texto adaptado)

1 La intención del texto es:

   A contar la historia de Alatriste
   B presentar a Íñigo
   C describir la relación entre Íñigo y Alatriste
   D presentar a Alatriste y su relación con Íñigo

2 Según la información que tenemos, ¿quién narra la historia?

3 Según el **párrafo 1**, ¿qué virtud tenía Alatriste?

4 En el **párrafo 2** identifica dos palabras que signifiquen el nombre ficticio que se da a una persona.

5 Basándote en los **párrafos 1 y 2** indica si estas frases son verdaderas (**V**) o falsas (**F**) y justifíca tus respuestas con palabras del texto.

   A Alatriste tenía una buena vida.
   B Alatriste se ganaba la vida luchando.
   C Alatriste realmente no era capitán.
   D Alatriste luchó contra el Rey en Holanda.
   E Alatriste fue el único soldado que sobrevivió a la guerra contra los holandeses.

6 Basándote en el **párrafo 3**, contesta las siguientes preguntas:

   A ¿Qué relación unía a Alatriste y Lope Balboa?
   B ¿Qué promesa le hizo Alatriste a Lope Balboa?
   C ¿En qué situación le hizo esta promesa?

7 Basándote en los **párrafos 3 y 4** completa las frases con la información apropiada.

   1 La madre lo envió a vivir con Alatriste porque…
   2 Con Alatriste trabajó…
   3 La madre consideraba…
   4 Alatriste sufrió una herida…

   a bastante grande antes de regresar a España.
   b en el costado después de regresar a España.
   c que podía proteger a su hijo.
   d como sirviente.
   e que Alatriste era una persona honorable porque era capitán.
   f estaba enferma y eran tres hermanas.
   g pensaba que Alatriste era un caballero.
   h como ayudante y espadachín.

8 Basándose en el **párrafo 4** elige la opción que tiene el mismo significado que la palabra en negrita.

   1 cuando entré a su servicio **había transcurrido** poco tiempo
      A había trasladado
      B había pasado
      C había usado

   2 incapaz de **conciliar el sueño**
      A soñar
      B tranquilizarse
      C dormirse

   3 **encarar** cada uno de sus males
      A afrontar
      B evitar
      C asumir

9 Escoge las tres frases verdaderas según la información incluida en el **párrafo 5**.

   A La primera palabra que Alatriste pronunció al salir de la cárcel fue el nombre de Íñigo.
   B Los dos sabían que destino les aguardaba.
   C Hace mucho tiempo que Alatriste salió de la cárcel.
   D La luz molestaba a Alatriste en los ojos.
   E Alatriste tenía buen aspecto cuando abandonó la cárcel.
   F Alatriste sonrió cuando vio que Íñigo le esperaba.

10 Según el **párrafo 5**…

   A ¿Qué tres adjetivos contradictorios describen la sonrisa de Alatriste?
   B ¿Qué tipo de sonrisa tenía cuando se sentía triste?

11 Según el **párrafo 6** indica la(s) palabra(s) que expresa(n)…

   A el momento del día en que salió a la calle
   B el motivo por el que se siente satisfecho
   C la prenda que llevaba

12 Basándote en el texto…

En la frase…	la(s) palabra(s)…	se refiere(n) a…
A cuando a mi padre **lo** mataron (*párrafo 3*)	"lo"	
B el viaje de un primo **suyo** (*párrafo 3*)	"suyo"	
C Recuerdo que cuando entré a **su** servicio (*párrafo 4*)	"su"	
D tanto iba a cambiar **nuestras** vidas (*párrafo 5*)	"nuestras"	
E y el sombrero bajo **cuya** sombra (*párrafo 5*)	"cuya"	
F Poseía, aparte de **esa** (*párrafo 5*)	"esa"	
G y me **la** arrojó (*párrafo 6*)	"la"	

13 Ordena las acciones según ocurren en el texto.

   A El padre de Íñigo fallece.
   B Alatriste regresa de Flandes.
   C Alatriste cruza un río helado en Holanda.
   D Alatriste tira la capa a Íñigo.
   E Íñigo acompaña a un familiar a Madrid.
   F Alatriste abandona la cárcel.

❧ Vida Nueva ❧

1 –¡Qué asco! –dijo Emiliano Ruiz–. ¡Qué asco! Acabo de pasar por la tienda y está todo abarrotado de gente. Las uvas, más caras que nunca, y todos ahí, aborregados[1], peleándose por comprarlas. Podridas estaban las que yo vi.

2 Don Julián le miró vagamente, con sus ojillos lacrimosos. –No se ponga usted así, don Emiliano –le dijo–. No se ponga usted así.

3 –El caso es –dijo Emiliano, limpiando con su pañuelo el banco de piedra– que si usted los oye, desprecian todo. Pero luego hacen las mismas tonterías que los antiguos. Yo no sé a qué conducen estas estupideces a fecha fija. Tonterías de fechas fijas. Alegrarse ahí todos, porque sí. Porque sí. No, señor; yo me alegro o me avinagro[2] cuando me da la gana. Como si mañana me da por ponerme un gorro de papel en la cabeza. Porque me dé la gana. Pero así, quieras o no quieras... ¡Bueno, modos de pensar!

4 Don Julián sacó miguitas y empezó a esparcirlas por el suelo. Una bandada de pájaros grises llegó, aterida.[3] –Lo que a usted le pasa, y perdone –dijo–, es que está usted más solo que un hongo. Que es usted y ha sido siempre un solterón egoistón y no quiere reconocerlo. Le duele a usted que yo tenga mis hijos y mis nietos. Le duele a usted que yo tenga una familia que me quiere y que me cuida. Y que se celebre en casa de uno (en lo que uno pueda, claro) la fiesta, como es de Dios.[4] Ahí tiene, esta bufanda. Esta bufanda es el regalo de estas fiestas. ¿A que a usted no le ha regalado nadie una bufanda, ni nada?

5 Emiliano clavó una pálida mirada despectiva en la bufandita de su amigo, el pobre don Julián. A don Julián le llamaban en el barrio «el abuelo». Vivía con su hija, casada, y dos nietecitos. Ambos, don Julián y Emiliano, eran amigos desde hacía años. Todas las tardes se sentaban al sol, en la plazuela de la fuente. Al tibio y pálido sol del invierno, donde los pajarillos buscaban las migas que esparcía don Julián, y escuchaban, entre nubecillas de vapor, las quejas que salían de la boca de Emiliano Ruiz, el viejo profesor jubilado.

6 Don Emiliano llevaba un trajecillo negro verdoso, cuello duro y pulcro, corbata y puños salientes. Un sombrero de fieltro marrón, cepillado, botines y guantes de lana. Siempre con bastón. Emiliano tenía el rostro pálido y los ojos diminutos y negros. «El abuelo» iba con un viejo abrigo rozado, una hermosa bufanda y una boina negra. Llevaba los pies bien enfundados en dos pares de calcetines de lana y embutidos[5] en zapatillas a cuadros. Cuando nevaba, no salía, y desde la ventana del piso, sobre la tienda, contemplaba al audaz, al duro, al implacable Emiliano Ruiz, que le miraba despreciativamente y le saludaba de lejos. Emiliano nunca llevaba abrigo. «A esos jóvenes estúpidos quiero yo ver a cuerpo, como yo.» Todo el mundo sabía que la jubilación la llevaba don Emiliano clavada en el alma, y odiaba a los estudiantes. «El abuelo», por el contrario, vivía contento, según decía, dejando la tienda en manos de su yerno. «Ahora vivo con mis hijos, satisfecho, disfrutando el ganado descanso a mis muchas fatigas. Eso por haber tenido hijos y nietos, que me cuidan y me quieren. Los que dicen lo contrario, envidia y solo envidia.»

7 Era el día 31 de diciembre, y en la población todos se preparaban para la entrada del año. Las callecitas de la pequeña ciudad olían a pollo asado y a turrones, y los tenderos salían a las puertas de sus comercios con la cara roja, un buen puro y los ojillos chiquitines y brillantes.

Fuente: *Vida nueva*, Ana María Matute

(Texto adaptado)

---

[1] aborregados: reunidos en multitud.
[2] me avinagro: me enfado.
[3] aterida: helada a causa de frío.
[4] como es de Dios: expresión, equivalente a como Dios manda, que alude a la forma correcta de hacer algo.
[5] embutidos: metidos de manera muy ajustada.

1 Basándote en los **párrafos 1–4** elige la opción que tiene **el mismo significado** que la palabra en negrita:

1 está todo **abarrotado** de gente
A vacío B lleno C desocupado

2 que si usted los oye, **desprecian** todo
A valoran B estiman C desdeñan

3 yo no sé a qué **conducen** estas estupideces
A suenan B llevan C gustan

4 yo me alegro o me **avinagro** cuando me da la gana
A enfado B preocupo C alegro

5 una bandada de pájaros grises llegó, **aterida**
A asustada B concentrada C helada a causa del frío

2 Basándote en los **párrafos 4 y 5** contesta a estas preguntas.

A ¿Qué **expresión** se usa para señalar soledad?
B ¿Qué **palabras** utiliza don Julián para describir a don Emiliano?
C ¿Qué **expresión** visual nos indica que a don Emiliano no le gusta el regalo de su amigo?
D ¿Qué apodo (nombre) tiene don Julián?
E ¿Qué **palabras** nos indican que los dos señores se conocían?
F ¿Qué **dos expresiones** nos indican que estamos en invierno?

3 Escoge las **cuatro** frases verdaderas según la información incluida en los **párrafos 1–6**.

A Don Emiliano se alegra porque llega la Navidad.
B Don Julián tiene un carácter más plácido que don Emilio.
C Los dos señores están jubilados.
D Don Julián trabajó de profesor.
E Los dos amigos suelen sentarse a hablar en la plaza por las tardes.
F Don Julián le regala una cesta de uvas a Emiliano.
G A don Emiliano le gustaba quejarse de casi todo.

4 Basándote en los **párrafos 5, 6 y 7** identifica las **palabras** del texto que significan:

A descolorido B pequeños C gastado
D ajustados E osado F complacido
G sufrimientos H vendedores I tiendas

5 Explica con tus propias palabras las siguientes expresiones que aparecen en el **párrafo 6**.

A ver a cuerpo
B clavada en el alma
C dejar en manos de alguien

6 Escoge las **cuatro** frases verdaderas según la información contenida en los **párrafos 6 y 7**.

A Don Julián vive con su familia en un piso encima de su tienda.
B Don Julián sale siempre, tanto en días soleados como cuando nieva.
C Don Emiliano disfruta de estar jubilado.
D Don Julián está contento viviendo con su hija y sus nietos.
E Don Emiliano suele salir a la calle sin abrigo.
F Don Emiliano echa de menos a sus estudiantes y sus días de profesor.
G El yerno de don Julián se ocupa del negocio familiar.
H Don Julián utiliza bastón para salir a la calle.

7 Explica con tus propias palabras las diferencias que hay entre don Julián y don Emiliano (tanto a nivel de presencia como de carácter).

8 Basándote en el texto:

En la frase…	la(s) palabra(s)…	se refiere(n) a…
A Podridas estaban **las** que yo vi. (párrafo 1)	"las"	
B …si usted **los** oye desprecian todo. (párrafo 3)	"los"	
C …y empezó a esparcir**las**… (párrafo 4)	"las"	
D Le duele **a usted** que yo tenga… (párrafo 4)	"a usted"	
E **Los** que dicen lo contrario, envidia… (párrafo 6)	"los"	
F …dejando la tienda en manos de **su** yerno. (párrafo 6)	"su"	

9 En el texto hay muchas muestras de palabras con sufijos. Escribe la palabra de la que derivan. ¿Qué valor tiene el uso del sufijo en cada caso: tamaño (grande, pequeño), cariño, ironía, compasión, desprecio, crítica?

A ojillos G plazuela
B miguitas H pajarillos
C solterón I nubecillas
D egoistón J trajecillo
E bufandita K callecitas
F nietecitos L chiquitines

EL MUNDO TRASPARENTE

1 Desde mucho tiempo atrás se sabía que con unos receptores especiales se podía escuchar lo que se hablaba en una casa próxima, sin utilizar transmisor alguno. El sistema siempre fue reservadísimo y parece que solo lo utilizaba el servicio de contraespionaje y, en ciertos casos muy particulares, la policía.

2 Luego llegó la noticia, también muy oculta, de que se podía conseguir ver lo que ocurría en un lugar próximo por una pantalla de T.V. Este nuevo procedimiento también quedó cuidadosamente velado y se utilizaba de manera muy reservada.

3 Pero últimamente –y aquí comienza de verdad nuestra historia– un aficionado a las cosas de radio y televisión aunque oficialmente no era ingeniero ni cosa parecida, redescubrió, parece ser que sin proponérselo del todo, que con un simple receptor de televisión aplicándole no sé qué otro aparato de facilísima adquisición, consiguió ver y oír a través de las paredes a una distancia bastante considerable.

4 El inventor publicó su descubrimiento a los cuatro vientos, y como la oferta era tan golosa[1], antes de que las autoridades reaccionasen, la ciudad se llenó de aquellos combinados receptores que prometían tanto solaz para las gentes aburridas y curiosas. Al cabo de poco más de un año, en todos los hogares medianamente acomodados podía verse lo que ocurría en diez kilómetros a la redonda, sin más que poner en marcha el vulgar televisor y ayudarse con un selector de imágenes fácilmente fabricable.

5 Este es el prólogo de la situación que se planteó en seguida y que contribuyó tanto al universal desastre que todos conocemos.

6 La mentalidad de la gente cambió en pocos meses de manera inconcebible. Jamás se ha producido una metamorfosis, a lo largo de la historia, de la psicología colectiva, tan radical y dramática. De pronto, todo el mundo se sintió espiado y observado minuto a minuto de su vida; y a la vez, con un deseo obsesivo de espiar, de observar la vida del prójimo. La cosa llegó a tal extremo que era muy frecuente que los buscadores del secreto del prójimo, al intentar localizar a ese prójimo, lo hallaran junto a su receptor, mirando al mismo que los buscaba.

7 Pero los hombres más sensibles primero, y luego absolutamente todos, entraron en una situación de angustia inenarrable[2], una vez pasada la novedad del juego. Aquellos relajos[3] naturales del ser humano cuando se siente solo, desaparecieron. Y la gente empezó a comportarse en todo momento de una manera artificial, como si la puerta de su cuarto siempre estuviera entreabierta.

8 Verdad es que las primeras reacciones colectivas ante el fenómeno del ojo universal fueron realmente graciosas y me atrevería a calificar de benefactoras para los usos y costumbres sociales.

9 Por ejemplo, las señoras, a la hora de almorzar, procuraban que la mesa estuviese puesta con mucha distinción, siempre con manteles limpios y la vajilla nueva. Todos se sentaban a la mesa bien vestidos y se hablaban entre sí con mesura y sonrientes. Las comidas, por el temor al qué dirán, eran realmente buenas y bien servidas. Los presupuestos familiares se resentían por la necesidad de esta forzada, política[4] y circunspección.[5] La señora de la casa trabajaba a todas horas con una pulcritud[6] y orden admirables. Las chicas de servicio a toda hora aparecían uniformadas, los niños en correcto estado de revista y todos los objetos de la casa despedían luz de puro limpios. Y no digamos la competencia de mejorar los menús. Era realmente ejemplar. «Debíamos tomar suflé[7] de postre comolos señores del 158... Y coñac francés con el café, novaya a pensar esa boba que nos estará mirando que no ganamos lo suficiente para permitirnos estas finuras.»

10 Los matrimonios tuvieron que abandonar el hábito de discutir y de hablar de dinero. Estos parlamentos[8] vidriosos[9] o denunciativos solían hacerlos cuando iban de viaje, pues el recibir imágenes y sonidos de vehículos en marcha resultaba todavía muy difícil.

11 Había familias que adoptaron para su comunicación la costumbre de pasarse notitas escritas con letra muy menuda, que leían pegándoselas mucho a los ojos o amparándose con la mesa y utilizando la minúscula linterna.

12 Los hombres cuidaban sus lecturas, se ocultaban para beber y para llorar. Las señoras ponian especial empeño en la decoración de sus casas y la marca de sus perfumes y vestidos.

Fuente: *El mundo transparente*, Francisco García Pavón
(Texto adaptado)

---

[1] golosa: apetitosa.
[2] inenarrable: que no se puede explicar con palabras.
[3] relajos: relajaciones, y también distracciones propias de un momento de distensión.
[4] política: modo de comportamiento.
[5] circunspección: seriedad, y también decoro.
[6] pulcritud: esmero en la ejecución de un trabajo.
[7] suflé: pastel hueco hecho de masa ligera.
[8] parlamentos: razonamientos.
[9] vidriosos: que deben tratarse con mucha precaución.

1 Basándote en los **párrafos 1–3** identifica las **palabras** del texto que significan:

A cercana

B muy secreto

C método

D oculto

E apasionado

F instrumento

2 Según los **párrafos 1–3**, ¿qué información es verdadera?

A El protagonista ha inventado un nuevo aparato de televisión.

B El invento era de dominio público.

C Existe un invento que permite ver qué pasa en las casas vecinas.

D El inventor de esa máquina es ingeniero.

E El inventor descubrió las cualidades del aparato por casualidad.

3 Busca en los **párrafos 4–6** del texto las expresiones que significan:

A por todas partes, en todas direcciones

B propuesta apetitosa, atractiva

C proponer tanta distracción

D familias con bastantes recursos económicos

E alrededor de

F televisión común

G catástrofe general

H de forma incomprensible

I la actividad de los demás

4 Completa las frases con información correcta según la información de los **párrafos 4–6**.

1 En la ciudad se podían ver…

2 El nuevo aparato sirvió…

3 El invento hizo cambiar…

4 De repente la gente se empezó…

a a preocupar y a sentirse espiada.

b para alegrar la vida de las gentes curiosas y aburridas.

c la mentalidad de los habitantes de la ciudad.

d muchos aparatos de televisión.

5 Basándote en los **párrafos 7–10** elige la opción que tiene **el mismo significado** que la palabra en negrita.

1 hablar con **mesura**

A afirmación

B moderación

C preocupación

2 temor **al qué dirán**

A a los rumores

B a los vecinos

C a los inventos

3 forzada política y **circunspección**

A indiscreción

B atención

C prudencia

4 con una **pulcritud** y orden admirables

A limpieza

B atención

C suciedad

5 los niños en **correcto estado de revista**

A corregidos

B preparados

C sucios

6 estos parlamentos **vidriosos**

A delicados

B poco importantes

C aburridos

7 con letra muy **menuda**

A curiosa

B pequeña

C importante

8 poner especial **empeño**

A dinero

B astucia

C interés

6 Busca en los **párrafos 7–10** las palabras o expresiones que utiliza el autor para:

A indicar el cuidado de las señoras

B describir cómo se vestían las sirvientas y los niños

C explicar cómo eran todas las casa por dentro

D describir cómo eran las relaciones entre los miembros de la familia

E explicar cómo actuaban los hombres

7 Señala qué información es verdadera (**V**) o falsa (**F**) según el fragmento. Corrige la información falsa.

A Las familias gastaban más de lo necesario.

B Las apariencias no importaban.

C Las familias no discutían ya de dinero.

D Las señoras se preocupaban por los libros que leían.

E Los señores iban muy bien vestidos.

F Los niños vestían correctamente.

8 Busca otro título para el fragmento y razona tu elección.

9 Resume el fragmento en 150 palabras y después compara tu texto con el resto de compañeros.

10 El texto fue escrito en los años sesenta. ¿Qué estereotipos de la época presenta en cuanto a la representación de los hombres y mujeres?

11 En el fragmento de este relato se presenta a una humanidad preocupada por la existencia de un aparato que permite saber en todo momento lo que una persona está haciendo. ¿Crees que el tema de la privacidad es algo importante para la sociedad de hoy en día? Habla con otros compañeros para comentar estos aspectos:

▷ la seguridad ciudadana

▷ la necesidad o no de cámaras de vigilancia

▷ el fenómeno Gran Hermano de la televisión.

❧ LA COMPUERTA NÚMERO DOCE ❧

1 El viejo tomó de la mano al pequeño y juntos se internaron en el negro túnel. Eran de los primeros en llegar y el movimiento de la mina no empezaba aún. De la galería, bastante alta para permitir al minero erguir su elevada talla, sólo se distinguía parte de la techumbre cruzada por gruesos maderos. Las paredes laterales permanecían invisibles en la oscuridad profunda que llenaba la vasta y lóbrega excavación.

2 A cuarenta metros del pique se detuvieron ante una especie de gruta excavada en la roca. Del techo agrietado, de color de hollín, colgaba un candil de hoja de lata cuyo maciento resplandor daba a la estancia la apariencia de una cripta enlutada y llena de sombras. En el fondo, sentado delante de una mesa, un hombre pequeño, ya entrado en años, hacía anotaciones en un enorme registro. Su negro traje hacía resaltar la palidez del rostro surcado por profundas arrugas. Al ruido de pasos levantó la cabeza y fijó una mirada interrogadora en el viejo minero, quien avanzó con timidez, diciendo con voz llena de sumisión y de respeto:

—Señor, aquí traigo al chico.

3 Los ojos penetrantes del capataz abarcaron de una ojeada el cuerpecillo endeble del muchacho. Sus delgados miembros, y la infantil inconsciencia del moreno rostro en el que brillaban dos ojos muy abiertos como de medrosa bestezuela, lo impresionaron desfavorablemente, y su corazón endurecido por el espectáculo diario de tantas miserias experimentó una piadosa sacudida a la vista de aquel pequeñuelo arrancado a sus juegos infantiles, y condenado, como tantas infelices criaturas, a languidecer miserablemente en las humildes galerías, junto a las puertas de ventilación. Las duras líneas de su rostro se suavizaron, y con fingida aspereza le dijo al viejo, que, muy inquieto por aquel examen, fijaba en él una ansiosa mirada:

4 —¡Hombre! Este muchacho es todavía muy débil para el trabajo. ¿Es hijo tuyo?

—Sí, señor.

—Pues debías tener lástima de sus pocos años, y antes de enterrarlo aquí, enviarlo a la escuela por algún tiempo.

—Señor —balbuceó la voz ruda del minero en la que vibraba un acento de dolorosa súplica—, somos seis en casa y uno solo el que trabaja. Pablo cumplió ya los ocho años y debe ganar el pan que come y, como hijo de mineros, su oficio será el de sus mayores, que no tuvieron nunca otra escuela que la mina.

5 Su voz opaca y temblorosa se extinguió repentinamente en un acceso de tos, pero sus ojos húmedos imploraban con tal insistencia, que el capataz vencido por aquel mudo ruego llevó a sus labios un silbato y arrancó de él un sonido agudo que repercutió a lo lejos en la desierta galería. Oyose un rumor de pasos precipitados y una oscura silueta se dibujó en el hueco de la puerta.

6 —Juan —exclamó el hombrecillo, dirigiéndose al recién llegado—, lleva a este chico a la compuerta número doce. Reemplazará al hijo de José, el carretillero, aplastado ayer por la corrida.

Y volviéndose bruscamente hacia el viejo, que empezaba a murmurar una frase de agradecimiento, díjole con tono duro y severo:

—He visto que en la última semana no has alcanzado a los cinco cajones que es el mínimo diario que se exige de cada barretero. No olvides que si esto sucede otra vez, será preciso darte de baja para que ocupe tu sitio otro más activo.

Y haciendo con la diestra un ademán enérgico, lo despidió.

Fuente: *La Compuerta Número Doce*,
Baldomero Lillo

1 ¿Que dos palabras en el párrafo 1 se usan con el sentido de 'pasillo'?

2 Basándote en el **párrafo 1** elige la opción que tiene **el mismo significado** que la palabra en negrita.

1 el viejo tomó de la mano al pequeño y juntos se **internaron**
   A intimidaron   B intentaron   C introdujeron

2 la galería bastante alta para permitir al minero **erguir**
   A mostrar   B levantar   C escapar

3 su elevada **talla**
   A altura   B edad   C posición

4 sólo se distinguía parte de la **techumbre**
   A tejado   B pared   C habitación

5 cruzada por gruesos **maderos**
   A mesas   B tablas   C puertas

6 en la oscuridad profunda que llenaba la **vasta** y lóbrega excavación
   A vieja   B finita   C extensa

3 Basándote el **párrafo 2**, contesta a estas preguntas:

A ¿Qué **dos palabras** se usan con el sentido de "cueva"?
B ¿Qué tipo de iluminación hay en el cuarto?
C ¿Qué **expresión** nos indica que el hombre se encuentra en el interior?
D ¿Qué **expresión** nos indica que el hombre ya no es joven?
E ¿Qué actividad está desempeñando el hombre?
F ¿Qué **expresión** nos indica que la cara del hombre ha envejecido?
G ¿Qué **tres palabras** nos indican la actitud humilde del viejo?

4 Busca en el **párrafo 3** las palabras o expresiones que utiliza el autor para:

A designar a la persona encargada del trabajo
B indicar que el niño tiene una constitución frágil
C nombrar las desgracias cotidianas
D mostrar la compasión que el hombre siente al ver al niño
E indicar que el niño va a debilitarse si se incorpora a este trabajo
F señalar que la dureza del hombre no es real

5 ¿Qué **dos palabras** en el **párrafo 3** se usan con el sentido de "intranquilo"?

6 Basándote en el **párrafo 3** identifica las **palabras** del texto que significan:

A agudo   D relucir
B englobar   E individuo
C inestabilidad

7 Escoge las **tres** frases verdaderas según la información contenida en el **párrafo 4**:

A El nieto todavía no es apto para trabajar.
B El padre debería mostrar compasión por su hijo.
C El niño está a punto de entrar en el colegio.
D El tono del minero refleja una actitud de ruego.
E Pablo lleva ocho años trabajando en una panadería.
F Pablo continuará la profesión de sus progenitores.
G El trabajo de la mina es sólo para los mayores.

8 Explica con tus propias palabras la expresión "debe ganar el pan que come" (**párrafo 4**).

9 Busca en el **párrafo 5** las palabras o expresiones equivalentes a las siguientes:

A apagarse   D ruido de
B suplicar reiteradamente   movimientos rápidos
C derrotar   E figura

10 Basándote en el **párrafo 6** indica la opción correcta (A, B, C ó D):

1 El hombre encarga a Juan que acompañe al chico para
   A trabajar con el hijo de José
   B sustituir a José en la compuerta número doce
   C relevar al hijo del carretillero
   D reemplazarle en la compuerta número doce

2 El viejo respondió al hombrecillo
   A de forma brusca y violenta
   B susurrando su gratitud
   C de parte de su familia
   D de un modo grave y brusco

3 Si el viejo no alcanza el ritmo de trabajo exigido
   A se bajará el mínimo requerido
   B se le cambiará su sitio en el trabajo
   C tendrá otra oportunidad semanal
   D perderá su trabajo

11 ¿Qué **palabra** en el **párrafo 6** significa "gesto"?

12 Basándote en el texto:

En la frase...	la(s) palabra(s)	se refiere(n) a...
A ...**cuyo** macilento resplandor... (*párrafo 2*)	"cuyo"	
B ...y **fijó** una mirada interrogadora... (*párrafo 2*)	"fijó"	
C ...**lo** impresionaron desfavorablemente... (*párrafo 3*)	"lo"	
D ...**su** oficio será el de sus mayores... (*párrafo 4*)	"su"	

⊞ Huitzilopoxtli ⊞

1 Tuve que ir, hace poco tiempo, en una comisión periodística, de una ciudad frontera de los Estados Unidos a un punto mexicano en que había un destacamento de Carranza. Allí se me dio una recomendación y un salvoconducto para penetrar en la parte de territorio dependiente de Pancho Villa, el guerrillero y caudillo militar formidable. Yo tenía que ver a un amigo, teniente en las milicias revolucionarias, el cual me había ofrecido datos para mis informaciones, asegurándome que nada tendría que temer durante mi permanencia en su campo.

2 Hice el viaje, en automóvil, hasta un poco más allá de la línea fronteriza en compañía de míster John Perhaps, médico, y también hombre de periodismo, al servicio de diarios yanquis, y del Coronel Reguera, o mejor dicho, el Padre Reguera, uno de los hombres más raros y terribles que haya conocido en mi vida. El Padre Reguera es un antiguo fraile que, joven en tiempos de Maximiliano, imperialista, naturalmente, cambió en el tiempo de Porfirio Díaz de Emperador sin cambiar en nada de lo demás. Es un viejo fraile vasco que cree en que todo está dispuesto por la resolución divina. Sobre todo, el derecho divino del mando es para él indiscutible.

3 —Porfirio dominó —decía— porque Dios lo quiso. Porque así debía ser.

—¡No diga macanas! —contestaba mister Perhaps, que había estado en la Argentina.

—Pero a Porfirio le faltó la comunicación con la Divinidad... ¡Al que no respeta el místerio se lo lleva el diablo! Y Porfirio nos hizo andar sin sotana por las calles. En cambio Madero...

Aquí en México, sobre todo, se vive en un suelo que está repleto de misterio. Todos esos indios que hay no respiran otra cosa. Y el destino de la nación mexicana está todavía en poder de las primitivas divinidades de los aborígenes. En otras partes se dice: «Rascad... y aparecerá el...». Aquí no hay que rascar nada. El misterio azteca, o maya, vive en todo mexicano por mucha mezcla social que haya en su sangre, y esto en pocos.

4 —Coronel, ¡tome un whisky! dijo míster Perhaps, tendiéndole su frasco de ruolz.

Prefiero el comiteco —respondió el Padre Reguera, y me tendió un papel con sal, que sacó de un bolsón, y una cantimplora llena de licor mexicano.

Andando, andando, llegamos al extremo de un bosque, en donde oímos un grito:

«¡Alto!». Nos detuvimos. No se podía pasar por ahí. Unos cuantos soldados indios, descalzos, con sus grandes sombrerones y sus rifles listos, nos detuvieron.

5 El Viejo Reguera parlamentó con el principal, quien conocía también al yanqui. Todo acabó bien. Tuvimos dos mulas y un caballejo para llegar al punto de nuestro destino. Hacía luna cuando seguimos la marcha. Fuimos paso a paso. De pronto exclamé dirigiéndome al viejo Reguera:

—Reguera, ¿cómo quiere que le llame, Coronel o Padre?

—¡Como la que lo parió! - bufó el apergaminado personaje.

—Lo digo —repuse- porque tengo que preguntarle sobre cosas que a mí me preocupan bastante.

6 Las dos mulas iban a un trotecito regular, y solamente míster Perhaps se detenía de cuando en cuando a arreglar la cincha de su caballo, aunque lo principal era el engullimiento de su whisky.

Dejé que pasara el yanqui adelante, y luego, acercando mi caballería a la del Padre Reguera, le dije:

—Usted es un hombre valiente, práctico y antiguo. A usted le respetan y lo quieren mucho todas estas indiadas. Dígame en confianza: ¿es cierto que todavía se suelen ver aquí cosas extraordinarias, como en tiempos de la conquista?

—¡Buen diablo se lo lleve a usted! ¿Tiene tabaco?

Le di un cigarro.

Fuente: *Huitzilopoxtli*,
Rubén Darío

1 ¿Cuál de las siguientes frases es verdadera según el **párrafo 1**?

   A El protagonista viaja con una patrulla estadounidense.

   B Pancho Villa va a recibir al protagonista en su territorio.

   C El protagonista necesita visitar a un confidente conocido.

   D El territorio es peligroso y la vida del protagonista está en peligro.

2 Basándote en el **párrafo 1** identifica las **palabras** del texto que significan:

   A encargo

   B autorización

   C extraordinario

   D garantizar

   E tener miedo

3 ¿Qué **dos palabras** en el **párrafo 1** se usan con el sentido de "tropa" o "patrulla"?

4 Basándote en el **párrafo 2** indica si estas frases son verdaderas (**V**), falsas (**F**) o no se mencionan (**NM**) e indica las **palabras del texto** que justifican tu respuesta:

   A Míster John Perhaps le acompañó en coche hasta la frontera.

   B Míster John Perhaps colabora con periódicos norteamericanos.

   C El coronel Reguera es amigo del Padre Reguera.

   D El protagonista considera que el coronel Reguera es una persona muy extraña.

   E El protagonista y el coronel Reguera se conocieron en tiempos del emperador Maximiliano.

   F El coronel Reguera es de origen europeo.

   G Según el coronel Reguera, Dios decide los hechos que ocurren.

5 Basándote en el **párrafo 3** elige la opción que tiene **el mismo significado** que la palabra en negrita:

   1 —¡No diga **macanas**!

      A mentiras

      B tonterías

      C blasfemias

   2 Porfirio nos hizo andar sin **sotana** por las calles

      A ropa

      B armas

      C hábito

   3 se vive en un **suelo** que está repleto de misterio

      A superficie

      B salario

      C casa

   4 se vive en un suelo que está **repleto** de misterio

      A vacío

      B primitivo

      C lleno

   5 Aquí no hay que **rascar** nada

      A frotar

      B esconder

      C mostrar

   6 por mucha **mezcla** social que haya en su sangre

      A conflicto

      B masa

      C unión

6 Busca en el **párrafo 4** las palabras o expresiones equivalentes a las siguientes:

   A extender

   B parar

   C sin zapatos

   D fusil

7 ¿Qué **dos palabras** en el **párrafo 4** se utilizan para designar un recipiente que sirve para contener líquidos?

8 Escoge las **tres** frases verdaderas según la información contenida en el **párrafo 5**:

   A Reguera, mister Perhaps y el soldado indio ya se conocían.

   B Reguera era miembro del parlamento.

   C Contaron con tres animales para seguir su camino.

   D La expedición continuó de noche.

   E El ritmo del viaje fue rápido.

   F El protagonista confunde al viejo Reguera con su hijo joven.

9 Busca en el **párrafo 6** las palabras o expresiones que utiliza el autor para:

   A indicar el ritmo de los animales al caminar

   B la afición de mister Perhaps a la bebida

   C la heroicidad del Padre Reguera

   D un grado de intimidad

10 Basándote en el texto:

En la frase…	la(s) palabra(s)	se refiere(n) a…
A …el **cual** me había ofrecido datos… (*párrafo 1*)	"cual"	
B …durante mi permanencia en **su** campo… (*párrafo 1*)	"su"	
C …por mucha mezcla social que haya en **su** sangre… (*párrafo 3*)	"su"	
D …El viejo Reguera parlamentó con el principal, **quien** conocía… (*párrafo 5*)	"quien"	
E …el engullimiento de **su** whisky… (*párrafo 6*)	"su"	
F …A usted **le** respetan… (*párrafo 6*)	"le"	

Libros piratas: un fenómeno que está creciendo al ritmo de la crisis

Se calcula que un 5% de todo lo que se edita es ilegal. Los best-séllers son los más "pirateados".

Unos 800 títulos son los que circulan en estos momentos en el país en ediciones piratas. El número se desprende de las estimaciones de la Cámara Argentina de Publicaciones. Pero hay más: el número de ejemplares truchos se calcula en 1.200.000, es decir, un 5 por ciento de todo lo que se edita. La Cámara afirma que la piratería obliga a los editores a bajar el precio de los libros en un 30 por ciento debido a la competencia desleal, lo que finalmente genera un perjuicio de diez millones de dólares anuales.

Todo comenzó en la última Feria del Libro. Un recinto donde se reúne la crema y nata de la industria editorial argentina, con más de un millón de asistentes, miles de expositores, prensa, luces, brillo. Precisamente allí pasó lo inimaginable: se vendían libros truchos. Un fenómeno criminal había llegado al ámbito de mayor legalidad y la bomba estalló. La víctima fue la editorial Alfaguara: copias piratas de la serie Crepúsculo, específicamente *Amanecer* y *Luna Nueva*, estaban siendo vendidas en el stand de Ediciones Global Libros, en pabellón Azul–que más tarde sería cerrado–a un precio mucho menor que el oficial. Lo cierto es que más allá del shock inicial, el episodio puso en primer plano el auge del mercado de libros ilegales, para muchos sencillamente desconocido.

El problema es que ni los propios editores a veces son capaces de diferenciar un libro pirata del verdadero. Hugo Levin, de Editorial Galerna, señala: "Hay libros truchos que están muy bien hechos. Tienen el original y lo escanean, le copian la tapa y lo llevan a la imprenta.

Lo cierto es que más allá del desconocimiento que pueda haber sobre el fenómeno, cuando a alguien le ofrecen *Amanecer* a 55 pesos en un stand de un parque y en la librería de enfrente lo venden a 78, algo raro está pasando. "Carmelitas en el comercio de libros no hay –grafica Mariel Stingel, directora de Relaciones Institucionales, de la CAP–. Si uno los compra legalmente, el margen no da. Hay una ley de protección a la actividad librera que fija el precio y debe ser respetado".

Muchas veces el libro trucho no es copiado sino directamente robado. "Roban por encargo. Uno va a Parque Rivadavia, Centenario, Plaza Italia o Plaza Lavalle, pide un libro y se lo 'consiguen'. Ni hablar de los libros que se roban de las editoriales: asaltan el camión que va de la imprenta al depósito y después se lo venden a otro distribuidor de saldo que termina siendo el que distribuye en los canales. Los jueces hacen un allanamiento cada tanto pero tampoco entienden mucho del tema", explica Levin. Otro factor que impacienta al mundo editorial es la proliferación de los libros digitales piratas.

Carlos de Santos, presidente de la Cámara Argentina del Libro, afirma que el gran problema es la complicidad del usuario: "Cuando compra a mitad de precio en una plaza o puede bajar un libro de Internet gratis sin autorización, sabe que hay alguien a quien le está haciendo daño. La idea de que la cultura es gratis resulta muy peligrosa y dañina para las futuras producciones culturales. Si se quiere que la cultura sea gratis, el Estado o la comunidad, alguien, debería pagar el trabajo de ofrecer esos contenidos culturales. Mientras tanto, es un delito".

Fuente: Juan Carlos Antón
El Clarín

Observatorio Mundial de Lucha Contra la Piratería

Tipos de piratería

Los tipos más comunes de piratería de obras protegidas por el derecho de autor atañen a los libros, la música, las películas y los programas informáticos.

• Libros

El sector editorial es el que por más tiempo se ha enfrentado a la piratería. Cualquier utilización no autorizada de una obra protegida por el derecho de autor, como un libro, un manual escolar, un artículo de periódico o una partitura, constituye una violación del derecho de autor o un caso de piratería, a menos que dicha utilización sea objeto de una excepción a ese derecho. La piratería de las obras impresas afecta tanto a las copias en papel como a las de formato digital. En algunos países en desarrollo, el comercio de libros pirateados es con frecuencia superior al mercado legal. Las instituciones educativas representan un mercado primordial para los que se dedican a la piratería. Las actividades que violan el derecho de autor comprenden tanto fotocopiar y/o imprimir y reproducir ilegalmente con fines comerciales libros y otros materiales impresos en formato digital, como distribuir copias impresas o en formato digital.

• Música

La piratería en el ámbito de la música abarca tanto el uso ilegal tradicional de contenido musical como la utilización no autorizada de dicho contenido en redes de comunicación en línea. El "bootlegging" (grabación o reproducción ilícitas de una interpretación en directo o radiodifundida) y la falsificación (copia ilícita del soporte físico, las etiquetas, el diseño y el embalaje) son los tipos más comunes de piratería tradicional en la esfera musical. El hecho de cargar ilegalmente y poner a disposición del público archivos musicales o de descargarlos utilizando Internet, se conoce como piratería del ciberespacio o en línea. Dicho tipo de piratería también puede comprender ciertos usos de tecnologías relacionadas con el "streaming".

• Películas

Como en el caso de la música, la piratería cinematográfica puede ser tradicional o perpetrarse mediante Internet. Esta práctica abarca, de manera no exclusiva, la piratería de vídeos y DVD, las filmaciones con videocámaras en salas de cine, el hurto de copias de películas destinadas a los cines, el robo de señales y la piratería de radiodifusión, así como la piratería en línea.

• Programas informáticos

La piratería de programas informáticos denota los actos relacionados con la copia ilícita de dichos programas.

Piratería cibernética (en línea)

La descarga o distribución ilícitas en Internet de copias no autorizadas de obras, tales como películas, composiciones musicales, videojuegos y programas informáticos se conoce, por lo general, como piratería cibernética o en línea. Las descargas ilícitas se llevan a cabo mediante redes de intercambio de archivos, servidores ilícitos, sitios Web y ordenadores pirateados. Los que se dedican a la piratería de copias en soporte físico también utilizan Internet para vender ilegalmente copias de DVD en subastas o sitios Web.

Fuente: *UNESCO*

Fuente: *Oficina Española de Patentes y Marcas*

Trabajo escrito

Tema troncal: Cuestiones globales

▶ El trabajo escrito consiste en una lectura intertextual, es decir, lectura de textos relacionados por algún tema troncal, seguida de una tarea escrita (300–400 palabras) y una justificación (100 palabras).

▶ Lee los tres textos relacionados con el tema de **la piratería** y usa la información de estas tres fuentes para escribir un nuevo texto. Puedes trabajar con otros compañeros y al terminar es importante comparar con los demás grupos para, entre todos, mejorar tanto el contenido como la expresión en nuestro texto final.

Posibles propuestas:

a Eres una persona que está preocupada por la proliferación de la piratería y has decidido escribir una **carta al director** de un periódico, para concienciar al resto de lectores del periódico de la necesidad de buscar soluciones entre todos para luchar contra la piratería.

b Para la revista del colegio te han encargado un **artículo** que trate de la piratería, explicando algunos casos concretos.

c Prepara una **entrevista** sobre el tema de la piratería con un productor musical, un productor de cine o un ejecutivo de una editorial para publicar en el periódico del colegio.

Entre los jóvenes, 2 de cada 3 son empleados informales

La marginalidad laboral y social de los jóvenes es un problema complejo que responde a carencias en sus hogares, educación de baja calidad y pertinencia, y una legislación laboral mal diseñada.

Bajo el discurso de generar normas que protegen a los trabajadores, en la práctica se montan poderosos mecanismos de discriminación contra los jóvenes. Se trata de otro aspecto en donde hace falta una revisión legislativa profunda y con sentido innovador asumiendo como eje conceptual la idea de que la mejor forma de proteger a los jóvenes es multiplicando las posibilidades de conseguir rápidamente un empleo formal y de alta calidad. En la medida que los jóvenes no encuentran posibilidades de conseguir un empleo de calidad, a partir del cual iniciar una carrera laboral, las probabilidades de que se inclinen por las actividades ilícitas aumentan. El cierre de puertas a una inserción productiva lleva a que las actividades ilícitas crezcan como campo propicio para buscar medios de vida.

Desde esta perspectiva, resulta muy relevante analizar a qué se dedican los jóvenes argentinos. Según datos de la Encuesta Permanente de Hogares del INDEC para el 4° trimestre del 2009, se puede observar que entre los jóvenes de entre 18 y 24 años:
– El 25% no trabaja ni estudia.
– El 31% sólo estudia.
– El 44% trabaja, de los cuales el 36% lo hace como asalariado formal en empresas privadas mientras que el 64% declara trabajar como asalariado no registrado, cuentapropista, planes públicos, servicio doméstico o colaborador sin salario.

Los datos, aunque son muy generales, confirman las enormes dificultades que enfrentan los jóvenes. Poco menos de un tercio se dedica exclusivamente a estudiar, mientras que 1 de cada 4 ni estudia ni trabaja. Semejante proporción se entiende cuando se observa que entre los que consiguen un empleo prevalecen las ocupaciones de muy baja calidad. Se trata de un panorama muy sombrío que constituye uno de los factores promotores del crecimiento de las conductas delictivas entre los jóvenes.

El problema nace en la baja calidad y pertinencia de la educación, pero se prolonga y profundiza por la forma en que están diseñadas las instituciones laborales. Las normas laborales encarecen la contratación de trabajadores "en blanco". Esto resulta particularmente discriminador contra las jóvenes. En la medida que es costoso y riesgoso contratar un nuevo trabajador cumpliendo con las normas laborales, naturalmente las empresas formales tienden a optar por ocupar sus puestos de trabajo con gente más experimentada y con antecedentes probados. Así, se cierran las puertas de la formalidad a los jóvenes a quiénes sólo les queda como vía de acceso al mercado de trabajo la informalidad.

Los cambios introducidos en la legislación laboral en los últimos años van en el sentido de profundizar esta discriminación. Un ejemplo concreto es la ley de pasantías. Esta norma estipuló, entre otras disposiciones, una cantidad importante y compleja de requisitos administrativos, el límite de 20 horas semanales y la obligación de pagar el proporcional de un salario de convenio con más el seguro de riesgos de trabajo y la obra social. Con esto, prácticamente se eliminaron las pasantías. Cabe la comparación con países de alta protección social, como los europeos, donde los contratos de aprendizaje estipulan salarios inferiores a los de convenios y no se aplican pagos al seguro social. Se entiende que no es una relación de trabajo sino una situación en la cual el joven está completando su educación, de manera que junto con la retribución también recibe formación, experiencia y las credenciales para futuros empleos.

La anulación del contrato de pasantía implica cercenar las posibilidades de inserción laboral y progreso personal a los jóvenes. Con pocas oportunidades laborales en la formalidad, algunos jóvenes se resignan a trabajar en la informalidad con el pesimismo de saber que sus posibilidades de progreso futuro son remotas. Otros, se sienten legitimados a encontrar medios de vida en la ilegalidad. La manera de romper con esta situación no es intensificando la represión sino, como lo demuestran los éxitos alcanzados en otros países, transformado la institucionalidad educativa y laboral.

Fuente: *http://empleo-argentina.universiablogs.net/*

Trabajo escrito

Tema troncal: Relaciones sociales

▶ El trabajo escrito consiste en una lectura intertextual, es decir, lectura de textos relacionados por algún tema troncal, seguida de una tarea escrita (300–400 palabras) y una justificación (100 palabras).

▶ Busca otros dos textos relacionadas con el tema del **empleo juvenil en el mundo hispano** y usa la información de las tres fuentes para escribir un nuevo texto.

▶ Tipos de texto para realizar la tarea: artículo, blog, catálogo, folleto, octavilla, panfleto, anuncio publicitario, entrada en un diario, entrevista, reportaje periodístico, apertura de debate, informe, reseña, instrucciones, directrices, discurso, charlas y presentaciones, correspondencia escrita, ensayo.

Posibles propuestas:

a Eres un joven hispano y has decidido escribir en tu **blog** personal cómo te están afectando en este momento de tu vida los problemas relacionados con el trabajo juvenil.

b Tienes la oportunidad de entrevistar al ministro de trabajo de un país hispano para charlar sobre la situación laboral de los jóvenes. Redacta el texto de la **entrevista** que se publicará en tu periódico local.

c En tu asociación juvenil has investigado con tus amigos la situación laboral juvenil. Redacta el **informe** final elaborado entre todos que se publicará en la revista de la asociación.

La Patera – *Ella Baila Sola*

mirando fijamente
se ha quedado a la orilla de un lago
que une dos continentes
ahora es sólo cuerpo y mente
su corazón se ha quedado en el barco
donde no cabe más gente

y maldice su suerte
no sabe que ha burlado a la muerte
que el barco que zarpó
cargado de ilusión
no pudo resistir sin capitán y sin timón

pensando claramente
hoy ha juntado todo lo que han ahorrado
sudor de muchas frentes

ya tiene suficiente
pero ha llegado con el tiempo pegado
ya se irá en el siguiente

y maldice su suerte.
y maldice su suerte.

ahora entiende
que el mundo se divide en una mitad
que si llegas vivo te devolverán
que si llegas muerto sólo eres
una noticia más
una noticia más

y maldice su suerte
no sabe que ha burlado a la muerte

y maldice su suerte.
y maldice su suerte.

Trabajo escrito

Tema troncal: Relaciones sociales

▶ El trabajo escrito consiste en una lectura intertextual, es decir, lectura de textos relacionados por algún tema troncal, seguida de una tarea escrita (300–400 palabras) y una justificación (100 palabras).

▶ Busca otros dos textos relacionadas con el tema de la **inmigración** y usa la información de las tres fuentes para escribir un nuevo texto.

▶ Tipos de texto para realizar la tarea: artículo, blog, catálogo, folleto, octavilla, panfleto, anuncio publicitario, entrada en un diario, entrevista, reportaje periodístico, apertura de debate, informe, reseña, instrucciones, directrices, discurso, charlas y presentaciones, correspondencia escrita, ensayo.

Posibles propuestas:

a Eres un joven inmigrante que ha estado viviendo en España por algún tiempo sin papeles y has decidido escribir un **blog** para ayudar a otros emigrantes que se encuentran en la misma situación que tú estabas cuando llegaste por primera vez.

b Trabajas como voluntario en una asociación que ayuda a emigrantes en tu país. Esta asociación ha decidido realizar un informe sobre la situación de los emigrantes incluyendo diferentes aspectos como nacionalidades, adaptación, dificultades etc. Redacta el **informe** que se publicará en la revista de la asociación.

c Eres un inmigrante que ha sido entrevistado por el periódico local sobre su experiencia en España. Transcribe esa **entrevista**.

Texto 4

ALGUNAS ASPIRACIONES GITANAS

Los gitanos aspiran a cambiar muchas de las circunstancias que condicionan negativamente su existencia y a potenciar las costumbres que hacen de ellos un pueblo unido en la diversidad y culturalmente rico. Estas son algunas de las denuncias, observaciones y aspiraciones de los *romà* europeos, muchas de ellas inspiradas en las conclusiones del I Congreso Europeo de la Juventud Gitana celebrado del 6 al 9 de noviembre de 1997 en Barcelona.

Aspectos legales— Los derechos del pueblo *romanò* deberían plasmarse en una Carta Europea de los Derechos de los *Romà* que reconozca a esta comunidad como minoría étnica cultural no gubernamental y posibilite una acción de los poderes públicos firme y continuada para poner freno a las acciones delictivas antigitanas.

Una oficina de los derechos gitanos— Es imprescindible que las autoridades europeas revisen suspolíticas de asilo y migración. La creación de una oficina internacional para la información, orientación y asesoramiento para los derechos del pueblo *romà* sería de gran ayuda en la solución de estos problemas.

Los jóvenes apuestan por su cultura— Los jóvenes *romà* europeos manifiestan su deseo de encontrar un camino que permita conseguir el bienestar social y cultural de su pueblo y su plena incorporación a la sociedad plural europea. Esto implica la necesaria conservación de su patrimonio cultural y de sus tradiciones.

El *romanó* debería llegar a las escuelas— La lengua romaní ha de ser considerada como uno más de los idiomas minoritarios europeos de la Carta Europea de las Lenguas Regionales y Minoritarias sin que su aterritorialidad signifique un menoscabo para su protección y desarrollo. Los poderes públicos y las organizaciones *romanè* deben poner en marcha programas de formación de profesorado para la enseñanza del *romanò* en las escuelas públicas. Se impone la protección de la literatura romaní estableciendo una política de promoción de las creaciones literarias en *romanò*.

Recuperar valores culturales— Se debería realizar un programa de investigación multidisciplinar e internacional que reúna los materiales etnográficos y culmine con el establecimiento de un museo europeo de la cultura romaní. Las instituciones públicas europeas deberían tutelar un proyecto de escuela europea de música romaní y propiciar la finalización de los trabajos de la Enciclopedia Romaní colaborando en su difusión.

Incorporar la cultura romaní a los contenidos curriculares— Es necesario facilitar a los jóvenes *romà* el acceso a la educación no sólo primaria, sino también secundaria y universitaria. Las instituciones responsables deberían facilitar la realización de un proyecto oficial de formación del profesorado que posibilite la posterior introducción de los conceptos referidos a la educación intercultural en los colegios. Es muy importante la figura del mediador gitano como instrumento válido para lograr la sensibilización de las familias *romanè* y de los centros escolares en general.

Los jóvenes *romà* están interesados en la creación de una Red Europea de Asociaciones Juveniles *Romanè* con el fin de que se les tenga en cuenta.

El papel de las jóvenes gitanas— Es imprescindible el reconocimiento del rol de las jóvenes gitanas tanto dentro de su comunidad como en el conjunto de la sociedad. El respeto a la tradición exige que ésta se adapte a los tiempos y circunstancias actuales. Esta es una de las responsabilidades de los jóvenes *romà*, que en constante diálogo con sus mayores deben ir desechando, por obsoletas, todas aquellas prácticas que perjudiquen el desarrollo de las gitanas como personas. Es importante la creación de una Red Europea de Mujeres Gitanas.

Las condiciones de vivienda y salud— Un alto porcentaje de la población romaní europea malvive en infraviviendas y en hábitats insanos, lo que ocasiona que buena parte de estas personas padezcan un amplio conjunto de enfermedades. Para fomentar la mejora de las condiciones de salud es necesario actuar en diversos frentes: adecuación de los hábitats insalubres, sensibilización de los profesionales de la salud, facilitación del acceso a los servicios de salud normalizados y campañas de prevención sanitaria.

Las instituciones han de poner en marcha programas sanitarios integrales dirigidos a las comunidades *romanè* que viven en condiciones de pobreza y marginación. Estas actuaciones no han de limitarse sólo a la vivienda sino que han de atender también a su entorno y siempre habrán de contar con el asesoramiento de los propios afectados. Resulta inaplazable que las instituciones europeas, nacionales, regionales y locales, junto con las organizaciones *romanè* emprendan acciones depromoción de la formación y del empleo que hagan posible que los romà alcancen mejores niveles de vida.

Fuente: *Union Romani*

Trabajo escrito

Tema troncal: Relaciones sociales

▶ El trabajo escrito consiste en una lectura intertextual, es decir, lectura de textos relacionados por algún tema troncal, seguida de una tarea escrita (300–400 palabras) y una justificación (100 palabras).

▶ Busca otros dos textos relacionadas con el tema de **el pueblo romanè** y usa la información de las tres fuentes para escribir un nuevo texto.

▶ Tipos de texto para realizar la tarea: artículo, blog, catálogo, folleto, octavilla, panfleto, anuncio publicitario, entrada en un diario, entrevista, reportaje periodístico, apertura de debate, informe, reseña, instrucciones, directrices, discurso, charlas y presentaciones, correspondencia escrita, ensayo.

Posibles propuestas:

a Eres un joven que tiene un amigo gitano con el que compartes parte de tu tiempo de ocio. Hoy has ido a su casa y has estado con su familia. Escribe una entrada a tu **diario** sobre como ha sido esa visita a la casa de tu amigo.

b En el colegio habéis estado estudiando sobre diferentes minorías étnicas y tu has elegido el tema de los gitanos. Transcribe la **charla** que darás a los estudiantes de tu curso sobre este tema.

c A tu colegio asisten varias familias gitanas y se ha decidido que se harán unos **folletos** para difundir la historia y las costumbres gitanas. Redacta ese folleto que harás en colaboración con un joven de etnia gitana.

Día Internacional por la igualdad salarial

La Comisión de Derechos de la Mujer e Igualdad de Género de la Unión Europea ha presentado a principios del mes de febrero un informe sobre la igualdad entre mujeres y hombres, donde se subraya la importante diferencia salarial existente entre ambos en toda la Unión Europea. Esto ha llevado a la Comisión a solicitar en el punto 18 de dicho informe que el día 22 de febrero sea declarado Día Internacional de la Igualdad Salarial.

Las mujeres cobran de media las tres cuartas partes de lo que gana un hombre realizando el mismo trabajo. Se ha elegido esta fecha porque una mujer debe trabajar hasta el 22 de febrero para obtener los mismos ingresos que un hombre a 31 de diciembre. Señalar este día sirve para tomar mayor conciencia de la precariedad laboral de las mujeres, ya que a pesar de una evolución positiva hacia una sociedad y un mercado laboral más igualitarios, las desigualdades persisten, en detrimento de las mujeres.

El informe señala que es más frecuente que las mujeres ganen menos que los hombres aun realizando trabajos de igual categoría, que su incorporación al mercado laboral sea menor, y que padezcan una mayor precariedad laboral, con las consiguientes repercusiones sobre los ingresos a lo largo de su carrera laboral, la protección social y las pensiones. En consecuencia, el índice de riesgo de pobreza de las mujeres es mayor, especialmente después de la jubilación.

Las diferencias salariales entre hombres y mujeres también se ven reforzadas por la segregación del mercado laboral. Todavía tienden a trabajar en trabajos diferentes y suelen predominar en determinados sectores, en los que las mujeres trabajan por medio de contratos menos valorados y peor pagados que los suscritos por los hombres.

Fuente: *http://blog.educastur.es*

Trabajo escrito

Tema troncal: Relaciones sociales

▶ El trabajo escrito consiste en una lectura intertextual, es decir, lectura de textos relacionados por algún tema troncal, seguida de una tarea escrita (300–400 palabras) y una justificación (100 palabras).

▶ Busca otros dos textos relacionados con el tema de **la igualdad en el trabajo en el mundo hispano** y usa la información de las tres fuentes para escribir un nuevo texto.

▶ Tipos de texto para realizar la tarea: artículo, blog, catálogo, folleto, octavilla, panfleto, anuncio publicitario, entrada en un diario, entrevista, reportaje periodístico, apertura de debate, informe, reseña, instrucciones, directrices, discurso, charlas y presentaciones, correspondencia escrita, ensayo.

Posibles propuestas:

a Para la revista de tu colegio vas a preparar una **entrevista** con una experta en temas laborales. El tema de la entrevista es la igualdad salarial.

b Eres miembro de un foro de internautas que reclaman la igualdad salarial y decides escribir una **entrada a ese foro** explicando tu opinión personal sobre el tema.

c Has estudiado el tema de la igualdad salarial y preparas una **charla** para informar al resto de tus compañeros sobre este asunto. Escribe el texto de la charla.

Secretos H$_2$O

Un litro de aceite de cocina contamina 1.000 litros de agua y una sola pila alcalina 175.000. Sólo el 1% del agua del planeta es dulce: Consejos para cuidar el medio ambiente desde casa.

PELIGRO

Una niña mauritana enseña una muestra de agua contaminada de la única fuente de agua en su villa. Según la OMS, al menos 25 mil personas mueren cada día en el mundo por causas derivadas de su consumo.

Las cifras gritan ¡ya! Según la ONU, para el año 2025, la demanda de agua potable será del 56% más que el suministro. El agua contaminada se ha convertido en uno de los asesinos más peligrosos del mundo. Pero, ¿cómo cuidar el agua empezando por casa?

¿Qué hacer con el aceite usado?

Desde hace un tiempo circula un mail que dice, básicamente, lo siguiente: "¿Sabes donde tirar el aceite de las frituras hechas en casa? Cuando freímos alimentos tiramos el aceite usado en la pileta de la cocina, ¿verdad? Ese es uno de los mayores errores que podemos cometer: ¡un litro de aceite contamina cerca de un millón de litros de agua!, cantidad suficiente que una persona consumo agua durante 14 años". ¿Por qué lo hacemos? Simplemente porque no hay nadie que nos explique cómo hacerlo en forma adecuada. Este mensaje mezcla información real con otra que es errónea y confunde. El aceite comestible es difícilmente biodegradable y, tanto el de girasol como el de soja, el de oliva o el de maíz, forman en los ríos una película difícil de eliminar que afecta a su capacidad de intercambio de oxígeno y altera el ecosistema. Con el tratamiento adecuado, el aceite usado puede convertirse en jabón, fertilizantes y hasta combustible para los vehículos diesel. "Actualmente el aceite vegetal usado y contaminado no apto para el uso en alimentación, es arrojado al medio ambiente, con la consiguiente contaminación. Un litro de aceite (de cocina) contamina 1.000 litros de agua", según un trabajo publicado por el Instituto Nacional de Tecnología Industrial.

En realidad, cuando el texto dice que un litro de aceite contamina cerca de un millón de litros de agua, formando una mancha de cuatro mil metros cuadrados, debería decir aceite usado de motor o lubricantes (no debe ser vertido en la tierra o en las alcantarillas cuando se cambia el aceite del coche). Los hidrocarburos saturados que contiene no son biodegradables (en el mar el tiempo de eliminación de un hidrocarburo puede ser de 10 a 15 años). El plomo, cadmio o manganeso, son algunos de los metales que pueden estar incluidos. Si el aceite de motor usado se arroja a la tierra, destruye el humus vegetal y acaba con la fertilidad del suelo; y si llega al agua, directamente o por el alcantarillado, produce una película impermeable, que al impedir la adecuada oxigenación puede asfixiar a los seres vivos que habitan allí.

La Agencia de Protección Ambiental de Estados Unidos aconseja, por ejemplo, poner el aceite usado de motor en un recipiente de plástico limpio con tapa.

En el caso del aceite de cocina aconsejan ponerlo en una botella de plástico, cerrarla y llevarla a un lugar dónde se pueda tratar, hacer jabón en casa o, como último recurso, colocar la botella con la basura orgánica.

Otro problema: las colillas de cigarrillo y las pilas

Una colilla de cigarrillo provoca la contaminación de 50 litros de agua. Los filtros de los cigarrillos están hechos de acetato y no son biodegradables, explica el Ministerio de Salud de la Nación, por lo que permanecen durante décadas en el ambiente antes de degradarse. "Las colillas son la mayor causa de basura en el mundo. ¿Qué sucede al arrojar la colilla de un cigarrillo a la calle? generalmente la lluvia la acarrea hasta la fuente de agua. Los millones de colillas de cigarrillos que llegan desprenden los químicos que contienen dañando el ecosistema y malogrando la calidad del agua", destaca el Ministerio.

No hay cifras de la Argentina pero en Australia, por ejemplo, se ha calculado que el 50% de los cigarrillos consumidos se fuma en el exterior, y de estos el 59% se tira al suelo en vez de en un cenicero o un tacho de basura. Para evitarlo, basta con utilizar una pequeña lata como cenicero o algún tipo similar de cenicero portátil (nunca tirarlas en el inodoro). Respecto a las pilas, cuando ya no sirven se tiran a la basura o a cielo abierto y, con el paso de tiempo y por la descomposición de sus elementos, se oxidan y derraman diferentes tóxicos en suelo, agua y aire. Lo mismo sucede cuando se queman en basureros o se incineran. Una sola pila alcalina puede contaminar 175.000 litros de agua.

Por lo pronto, lo más recomendable es disminuir su consumo utilizando las recargables y evitar comprar aparatos que requieran su uso. También existen programas de reciclado, como el Taller Ecologista de Rosario. Para saber qué hacer con los celulares y accesorios que ya no se usan se puede consultar en ECOMOTO. Otros datos de *ecología hogareña* a tener en cuenta para cuidar las fuentes de agua dulce: si se deja la canilla abierta al lavarse los dientes o al afeitarse, se gastan cerca de 20 litros de agua en el primer caso y entre 40 y 60 litros en el segundo. Y si una familia de cuatro personas toma todos los días duchas de cinco minutos, gasta más de 2.600 litros de agua por semana, el equivalente a lo que bebe una persona a lo largo de tres años.

Fuente: Mariana Nisebe
El Clarín

Trabajo escrito

Tema troncal: Cuestiones globales

▶ El trabajo escrito consiste en una lectura intertextual, es decir, lectura de textos relacionados por algún tema troncal, seguida de una tarea escrita (300–400 palabras) y una justificación (100 palabras).

▶ Busca otros dos textos relacionados con el tema del **problema del agua en el mundo hispano** y usa la información de las tres fuentes para escribir un nuevo texto.

▶ Tipos de texto para realizar la tarea: artículo, blog, catálogo, folleto, octavilla, panfleto, anuncio publicitario, entrada en un diario, entrevista, reportaje periodístico, apertura de debate, informe, reseña, instrucciones, directrices, discurso, charlas y presentaciones, correspondencia escrita, ensayo.

Algunos sitios web:

http://www.consumoresponsable.org (consejos)

http://karimoviedo.blogspot.com (un blog sobre el uso del agua)

http://www.guiadelnino.com (relato)

http://www.abc.com.py (noticia)

Posibles propuestas:

a Eres un estudiante preocupado por la situación del mundo y el problema del agua y has elegido este tema para presentar un **discurso** ante el resto de tus compañeros del colegio.

b Eres miembro de una asociación ecologista y habéis decidido editar un **folleto informativo** sobre por qué es importante preservar el agua dirigido a los jóvenes.

c Prepara un **reportaje periodístico** sobre el uso del agua para la revista de tu colegio.

DECÁLOGO PARA LA SEGURIDAD WEB DE TU FAMILIA

① Para poder supervisar lo que tu hijo hace en internet, es necesario saber cóma funciona la web. De ahi que es importante saber el funcionamiento del correo electrónic, del chat, foros, etc, asi como de los sitios web por los que navegarán tus hijos.

② La mejor herramienta contra el ciberacoso es la prevención. Bloquea el contenido que no sea adecuado para tus hijos y utiliza un programa de control parental que te avise cuando tu hijo navegue por pàginas inadecuadas para su edad.

③ Convierte la navegación en internet en un momento de ocio familiar. Comparte internet con tus hijos y coloca el ordenador en un espacio común, donde puedas supervisar las horas que pasa conectado.

④ Ayuda a tus hijos a crear su propia cuenta de email. Si escogéis proveedores gratuitos, como Hotmail, Gmail, etcétera, podrán abrir su propia cuenta sin proporcionar información personal. Ayúdale a escoger un alias que no revele información ni sea sugerente.

⑤ Explicales a tus hijos la importancia de no facilitar nunca su dirección, número de teléfono u otra información familiar, como el nombre de la escuela, los horarios habituales o dónde les gusta jugar.

⑥ Enseña a tus hijos que la diferencia entre lo que está bien y lo que está mal es la misma en la red que en la vida real. Si ven que alguien molesta a otra persona en internet, no han de ser cómplices y han de explicárselo a un adulto de su confianza.

⑦ Recomienda a tus hijos que se guien siempre por su sentido común. Recuèrdales que nunca dialoguen o muestren signos de confianza con desconocidos y que duden de lo que otros interlocutores escriben en internet, porque puede no ser cierto.

⑧ Adviérteles de que nunca se citen con una persona que hayan conocido en internet, igual que tampoco se irian con un desconocido en la calle. Recomiéndales también que no compartan fotos o datos personales con extraños, tanto de si mismos como de sus amigos.

⑨ Es posible que no siempre puedas estar presente mientras tus hijos navegan por Internet, pero puedes consultar el historial de sus páginas visitadas. Hazlo con discreciòn, para asi no perder su respeto y confianza.

⑩ Es importante que estès pendiente de cambios de humor bruscos o de la alteración repentina de hàbitos de tus hijos en internet.

Fuente:
Fundación alia2
www.alia2.org

Trabajo escrito

Tema troncal: Comunicación y medios

- El trabajo escrito consiste en una lectura intertextual, es decir, lectura de textos relacionados por algún tema troncal, seguida de una tarea escrita (300–400 palabras) y una justificación (100 palabras).

- Busca otros dos textos relacionados con el tema de **la seguridad en Internet en el mundo hispano** y usa la información de las tres fuentes para escribir un nuevo texto.

- Tipos de texto para realizar la tarea: artículo, blog, catálogo, folleto, octavilla, panfleto, anuncio publicitario, entrada en un diario, entrevista, reportaje periodístico, apertura de debate, informe, reseña, instrucciones, directrices, discurso, charlas y presentaciones, correspondencia escrita, ensayo.

Posibles propuestas:

a Eres un creativo de una empresa de publicidad y te han encargado preparar un **anuncio publicitario** de un programa de seguridad para Internet.

b Eres miembro de un foro de internautas y decides escribir una **entrada en tu blog** explicando cómo podemos utilizar Internet de forma segura.

c Prepara un **reportaje periodístico** sobre la importancia de la seguridad en Internet para la revista de tu colegio.

Texto 8

Radiografía del uso de internet en México

Conmemorando el Día Internacional de Internet, he aquí algunos datos sobre su utilidad, abuso y otras cifras relevantes de los usuarios de este servicio en México.

Actualmente y como consecuencia de una mayor penetración de Internet en el país, los mexicanos cada vez se convierten en usuarios más sofisticados y dependientes de este medio para realizar sus actividades diarias, tanto laborales como personales.

El estudio de Hábitos de Usuarios de Internet en México, realizado por la Asociación Mexicana de Internet (AMIPCI) mostró que en el 2009 la tendencia de género que utiliza la web es relativamente igual (44% mujeres, 56% hombres), y que entre las actividades que con más frecuencia se realizan destaca las social, de entretenimiento y la de comunicaciones.

E-mail, el rey de la web. Revisar el correo electrónico sigue siendo la actividad que se impone en el ámbito social, seguida del chateo y el ingreso de fotos y videos a la red. En cuanto al entretenimiento, la opción más utilizada es la descarga de música, la lectura de chistes y los juegos en línea; mientras que ver noticias es la que se impone en el sector de las comunicaciones superando el radio y la TV online.

Niños, mercado en crecimiento. No sólo los adultos se han hecho adictos a este medio, un sector que ha ido en aumento en las últimas décadas y al que se le ha tomado gran importancia es el de los niños, pues actualmente 58% de ellos utiliza una computadora y 32% accede a Internet.

El estudio Kiddos realizado por Turner Internacional de México muestra que la tendencia de pequeños usuarios de la web aumenta día a día, ya que 59% de ellos utiliza su computadora con alta frecuencia por arriba de países como Chile, Colombia y Venezuela.

Juegos se imponen al colegio. Para los niños según el estudio, jugar videojuegos es lo que más realizan en la web, superando las actividades escolares y el chateo. Lo que muestra la importancia que tiene la web en ellos. Por lo que expertos recomiendan que los adultos supervisen las actividades que realizan en Internet y las horas que pasan dentro.

Mexicanos abusan en horas de trabajo. La cultura del abuso en México llegó a la red, y de acuerdo a la encuesta Web@Work sobre uso de Internet, los empleados mexicanos son los que más dedican horas de trabajo para navegar por motivos personales.

Usuarios, una cifra en aumento. La medición reciente realizada por la empresa comScore, mostró en su informe más reciente que en México había 15 millones 500,000 usuarios domésticos de Internet, lo que representa 20% más que el año anterior.

Internet va con todo. En el último año, el uso online ha aumentado en casi todas las medidas. El número total de visitantes ha crecido hasta llegar a más de 15 millones con un promedio de 28 horas en línea, que representan 1,898 páginas de contenido, o sea 49 veces se colocaron en línea durante un mes.

Delitos cibernéticos, mal en expansión. El crecimiento de este medio resulta preocupante ante el problema de delitos cibernéticos, los cuales han aumentado en un 10%, según informó la empresa Grupo Multisistemas de Seguridad Industrial.

Fuente: Raúl Delgado/David Ordaz
El Economista (Mexico)

Trabajo escrito

Tema troncal: Comunicación y medios

▶ El trabajo escrito consiste en una lectura intertextual, es decir, lectura de textos relacionados por algún tema troncal, seguida de una tarea escrita (300–400 palabras) y una justificación (100 palabras).

▶ Busca otros dos textos relacionadas con el tema del **uso de Internet en el mundo hispano** y usa la información de las tres fuentes para escribir un nuevo texto.

▶ Tipos de texto para realizar la tarea: artículo, blog, catálogo, folleto, octavilla, panfleto, anuncio publicitario, entrada en un diario, entrevista, reportaje periodístico, apertura de debate, informe, reseña, instrucciones, directrices, discurso, charlas y presentaciones, correspondencia escrita, ensayo.

Posibles propuestas:

a En la asociación de vecinos de tu barrio se va a desarrollar una campaña para promover el uso de internet. Redacta un **folleto** informativo en el que se indique la utilidad de Internet en nuestras vidas.

b Redacta un **reportaje** periodístico en el que se comparen las tendencias del uso de Internet en diferentes países hispanos.

c Los delitos cibernéticos son un peligro constante en Internet. Redacta el texto de una **charla** que vas a dar a tus compañeros del colegio para informarles y alertarles sobre este aspecto.

Dos palabras

Tenía el nombre de Belisa Crepusculario, pero no por fe de bautismo o acierto de su madre, sino porque ella misma lo buscó hasta encontrarlo y se vistió con él. Su oficio era vender palabras. Recorría el país, desde las regiones más altas y frías hasta las costas calientes, instalándose en las ferias y en los mercados, donde montaba cuatro palos con un toldo de lienzo, bajo el cual se protegía del sol y de la lluvia para atender a su clientela. No necesitaba pregonar su mercadería, porque de tanto caminar por aquí y por allá, todos la conocían. Había quienes la aguardaban de un año para otro, y cuando aparecía por la aldea con su atado bajo el brazo hacían cola frente a su tenderete. Vendía a precios justos. Por cinco centavos entregaba versos de memoria, por siete mejoraba la calidad de los sueños, por nueve escribía cartas de enamorados, por doce inventaba insultos para enemigos irreconciliables. También vendía cuentos, pero no eran cuentos de fantasía, sino largas historias verdaderas que recitaba de corrido, sin saltarse nada. Así llevaba las nuevas de un pueblo a otro. La gente le pagaba por agregar una o dos líneas: nació un niño, murió fulano, se casaron nuestros hijos, se quemaron las cosechas. En cada lugar se juntaba una pequeña multitud a su alrededor para oírla cuando comenzaba a hablar y así se enteraban de las vidas de otros, de los parientes lejanos, de los pormenores de la Guerra Civil. A quien le comprara cincuenta centavos, ella le regalaba una palabra secreta para espantar la melancolía. No era la misma para todos, por supuesto, porque eso habría sido un engaño colectivo. Cada uno recibía la suya con la certeza de que nadie más la empleaba para ese fin en el universo y más allá.

Belisa Crepusculario había nacido en una familia tan mísera, que ni siquiera poseía nombres para llamar a sus hijos. Vino al mundo y creció en la región más inhóspita, donde algunos años las lluvias se convierten en avalanchas de agua que se llevan todo, y en otros no cae ni una gota del cielo, el sol se agranda hasta ocupar el horizonte entero y el mundo se convierte en un desierto. Hasta que cumplió doce años no tuvo otra ocupación ni virtud que sobrevivir al hambre y la fatiga de siglos. Durante una interminable sequía le tocó enterrar a cuatro hermanos menores y cuando comprendió que llegaba su turno, decidió echar a andar por las llanuras en dirección al mar, a ver si en el viaje lograba burlar a la muerte. La tierra estaba erosionada, partida en profundas grietas, sembrada de piedras, fósiles de árboles y de arbustos espinudos, esqueletos de animales blanqueados por el calor. De vez en cuando tropezaba con familias que, como ella, iban hacia el sur siguiendo el espejismo del agua. Algunos habían iniciado la marcha llevando sus pertenencias al hombro o en carretillas, pero apenas podían mover sus propios huesos y a poco andar debían abandonar sus cosas. Se arrastraban penosamente, con la piel convertida en cuero de lagarto y los ojos quemados por la reverberación de la luz. Belisa los saludaba con un gesto al pasar, pero no se detenía, porque no podía gastar sus fuerzas en ejercicios de compasión. Muchos cayeron por el camino, pero ella era tan tozuda que consiguió atravesar el infierno y arribó por fin a los primeros manantiales, finos hilos de agua, casi invisibles, que alimentaban una vegetación raquítica, y que más adelante se convertían en riachuelos y esteros.

Belisa Crepusculario salvó la vida y además descubrió por casualidad la escritura. Al llegar a una aldea en las proximidades de la costa, el viento colocó a sus pies una hoja de periódico.

Ella tomó aquel papel amarillo y quebradizo y estuvo largo rato observándolo sin adivinar su uso, hasta que la curiosidad pudo más que su timidez. Se acercó a un hombre que lavaba un caballo en el mismo charco turbio donde ella saciara su sed.

– ¿Qué es esto? – preguntó. – La página deportiva del periódico – replicó el hombre sin dar muestras de asombro ante su ignorancia.

La respuesta dejó atónita a la muchacha, pero no quiso parecer descarada y se limitó a inquirir el significado de las patitas de mosca dibujadas sobre el papel.

– Son palabras, niña. Allí dice que Fulgencio Barba noqueó al Negro Tiznao en el tercer round.

Fuente: *Cuentos de Eva Luna,* Isabel Allende

Trabajo escrito

Escritura creativa

▶ El trabajo escrito consiste en la producción de una tarea de escritura creativa basada en una obra literaria estudiada como parte integrante del curso, pudiendo usarse información relacionada tomada de otras lecturas. Además de la tarea escrita (500–600 palabras), se incluirá una justificación (150 palabras).

▶ Tipos de texto para realizar la tarea: artículo, blog, catálogo, folleto, octavilla, panfleto, anuncio publicitario, entrada en un diario, entrevista, reportaje periodístico, apertura de debate, informe, reseña, instrucciones, directrices, discurso, charlas y presentaciones, correspondencia escrita, ensayo.

Posibles propuestas:

a Escribe el texto de Belisa Crepusculario como si fuera una **noticia** de un periódico.

b Belisa ayudó a mucha gente vendiendo palabras. Escribe una **carta** de agradecimiento de alguna de estas personas a las que Belisa escribió algún texto.

c El texto está escrito desde el punto de vista de un narrador omnisciente. Reescribe la **historia** desde el punto de vista de Belisa.

d Imagina una de las **cartas** que Belisa escribió para alguna de las personas a las que ayudaba.

e Prepara un **folleto publicitario** en el que Belisa anuncia sus servicios.

Texto 2

La aventura de un fotógrafo en La Plata

Alrededor de las cinco, después de un viaje en ómnibus, tan largo como la noche, Nicolasito Almanza llegó a La Plata. Se había internado una cuadra en la ciudad, desconocida para él, cuando lo saludaron. No contestó, por tener la mano derecha ocupada con la bolsa de la cámara, los lentes y demás accesorios, y la izquierda, con la valija de la ropa. Recordó entonces una situación parecida. Se dijo: "Todo se repite", pero la otra vez tenía las manos libres y contestó un saludo que era para alguien que estaba a sus espaldas.

Miró hacia atrás: no había nadie. Quienes lo saludaron repetían el saludo y sonreían, lo que llamó su atención, porque no había visto nunca esas caras. Por la forma de estar agrupados, pensó que a lo mejor descubrieron que era fotógrafo y querían que los retratara. "Un grupo de familia", pensó. Lo componía un señor de edad, alto, derecho, aplomado, respetable, de pelo y bigote blancos, de piel rosada, de ojos azules, que lo miraba bondadosamente y quizá con un poco de picardía; dos mujeres jóvenes, de buena presencia, una rubia, alta, con un bebe en brazos, y otra de pelo negro; una niñita, de tres o cuatro años. Junto a ellos se amontonaban valijas, bolsas, envoltorios. Cruzó la calle, preguntó en qué podría servirles. La rubia dijo:

— Pensamos que usted también es forastero.
— Pero no tan forastero como nosotros — agregó riendo la morena —y queríamos preguntarle...
— Porque hay que desconfiar de la gente pueblera, más que nada si uno deja ver su traza de pajuerano —explicó el señor con gravedad, a último momento atenuada por una sonrisa.

Almanza creyó entender que por alguna razón misteriosa todo divertía al viejo, sin exceptuar el fotógrafo de tierra adentro, que no había dicho más de tres o cuatro palabras. No se ofendió. La morena concluyó su pregunta:

— Si no habrá un café abierto por acá.
— Un lugar de toda confianza, donde le sirvan un verdadero desayuno —dijo el señor, para agregar sonriendo, con una alegría que invitaba a compartir —. Sin que por eso lo desplumen.
— Lamento no poder ayudarlos. No conozco la zona. —Tras un silencio, anunció—. Bueno, ahora los dejo.

— Yo pensé que el señor nos acompañaría —aseguró la morena.
— Yo quisiera saber por qué trajimos tantos bultos —protestó la rubia.

Entre las dos no atinaban a cargarlos.
— Permítame —dijo Almanza.
— Le voy a encarecer que nos acompañe —dijo el señor, mientras le pasaba los bultos, uno tras otro—. El pueblero, y peor cuando se dedica al comercio, es muy tramposo. Hay que presentar un frente unido. A propósito: Juan Lombardo, para lo que ordene.
— Nicolás Almanza.
— Una auspiciosa coincidencia. ¡Tocayos! Mi nombre completo es Juan Nicolás Lombardo, para lo que ordene.

Almanza vio semblantes de asombro en la rubia, de regocijo en la morena, de amistosa esperanza en don Juan. Éste le tendía una mano abierta. Para estrecharla, se disponía a dejar en el suelo los bultos recién cargados, cuando la muchacha de pelo negro le dijo:

— ¡Pobre Papá Noel! Miren en qué situación lo ponen. Ya va a tener tiempo de darle la mano a mi padre.

El grupo se adentró en la ciudad. Don Juan, con paso enérgico, marchaba al frente. Se rezagaba un poco Almanza, estorbado por la carga, pero alentado por las muchachas. La niñita, durante las primeras cuadras pidió algo que no consiguió, por lo que finalmente agregó su llanto al del hermano. Como quien despierta, Almanza oyó la animosa voz de don Juan, que anunciaba:

— Aquí tenemos un local aparente, salvo mejor opinión de nuestro joven amigo.

Se apuró en asentir. Estaban frente a un café o bar cuyo personal, en ropa de fajina, baldeaba y cepillaba el piso, entre mesas apiladas. A regañadientes les hicieron un lugar y por último les trajeron cinco cafés con leche, con pan y manteca y medias lunas. Comieron y conversaron. Se enteró entonces Almanza de que...

Fuente: *La aventura de un fotógrafo en La Plata*, Adolfo Bioy Casares

Trabajo escrito

Escritura creativa

▶ El trabajo escrito consiste en la producción de una tarea de escritura creativa basada en una obra literaria estudiada como parte integrante del curso, pudiendo usarse información relacionada tomada de otras lecturas. Además de la tarea escrita (500–600 palabras), se incluirá una justificación (150 palabras).

▶ Tipos de texto para realizar la tarea: artículo, blog, catálogo, folleto, octavilla, panfleto, anuncio publicitario, entrada en un diario, entrevista, reportaje periodístico, apertura de debate, informe, reseña, instrucciones, directrices, discurso, charlas y presentaciones, correspondencia escrita, ensayo.

Posibles propuestas:

a Escribe una entrada en el **diario** de Nicolás Almanza explicando sus primeras horas en la ciudad.

b Prepara una **carta** en la que Nicolás Lombardo explica qué le pasó al llegar a La Plata y conocer a Nicolás Almanza.

c Escribe un **texto con instrucciones** para viajeros que llegan o viajan a grandes ciudades.

d Imagina cómo puede continuar la historia de estos personajes. Escribe una **continuación** al fragmento.

e Escribe la **conversación** que podrían tener estos nuevos amigos en el café.

Escenas de cine mudo

Desde cada fotografía, nos mira siempre el ojo oscuro y mudo del abismo. A veces, como en ésta, ese ojo oscuro es apenas perceptible, se diluye en el clima escolar y apacible de una mañana de invierno que la estufa que mi padre ponía en marcha antes de que llegáramos los alumnos llenaba de calor y de un suave olor a humo. La estufa no aparece en la fotografía. La recuerdo en una esquina de la escuela, entre la carbonera y el armario de los libros, grande y negra como un tren y con la barriga siempre al rojo vivo. Mi padre la encendía muy temprano, para que cuando llegáramos sus alumnos no hiciera frío, y, luego, nosotros nos encargábamos de atizarla cada poco añadiéndole el carbón que la empresa nos mandaba de la mina. [...]

...Apareció en la escuela una mañana por sorpresa (al menos, yo no recuerdo que nadie nos avisara) con su maleta al hombro y la cámara y el trípode en la mano. Era un hombre ya mayor vestido con un sombrero y un traje de rayas y con ese extraño aspecto de los hombres que caminan por el mundo muy cansados. Era gallego (o portugués, quién sabe) y llevaba muchos años, según le dijo a mi padre, recorriendo las ciudades y los pueblos del país con la maleta al hombro y la cámara y el trípode en la mano. Se ganaba la vida visitando las escuelas y haciendo fotografías que luego pintaba a mano.

—Mira, chaval. De aquí soy yo— recuerdo que me dijo, señalando algún punto hacia el oeste, mientras le ayudaba a colgar un mapa encima del encerado.

Durante todo el día estuvo haciendo fotos, con el permiso expreso de mi padre, que también posó ante la cámara. Montó el trípode en el medio de la escuela y, uno detrás de otro, fuimos pasando todos por la mesa del maestro, en la que previamente había colocado un cuaderno y una pluma y la bola del mundo giratoria que teníamos guardada en el armario. Como telón de fondo, una sábana doblada y el mapa que yo le ayudé a colgar encima del encerado.

—Quieto, no te muevas. Mira fijo hacia la cámara.

Durante todo el día, uno detrás de otro, fuimos pasando todos por delante de la cámara, repitiendo el mismo gesto y la misma actitud rígida y artificiosamente espontánea: la pluma en una mano, apuntando hacia el cuaderno sin mirarlo, la otra en la bola del mundo (con los dedos sobre España) y los ojos clavados en aquel cristal oscuro desde el que él nos miraba, la cabeza escondida bajo el sombrero y la mano derecha sujetando el final del cable.

Nunca lo volví a ver. El fotógrafo se fue igual que había venido cuando acabó su trabajo, dejándonos tan sólo de recuerdo una sonrisa y, al cabo de algunos días, en que llegaron a la escuela por correo, nuestras propias fotografías coloreadas. A las pocas semanas ya nadie hablaba de él ni se acordaba siquiera de su paso. Pero, durante mucho tiempo, yo esperé su vuelta en vano, vigilando cada poco la ventana con la esperanza de ver aparecer viejo coche dando tumbos por el fondo de la plaza.

Quizá por eso lo recuerdo todavía, tantos años después y (tantas fotografías en la distancia) y, aunque en la suya no encuentre más que mi propio fantasma, su recuerdo sigue impreso en mi memoria como si fuera una foto coloreada: su sombrero de fieltro, su maleta, su trípode y su cámara, su viejo traje de rayas y el perfil de su figura silenciosa inclinada ante el volante mientras su destartalado coche se alejaba dando tumbos entre las escombreras de la mina abandonada.

Fuente: *Escenas de cine mudo*, Julio Llamazares

Trabajo escrito

Escritura creativa

▶ El trabajo escrito consiste en la producción de una tarea de escritura creativa basada en una obra literaria estudiada como parte integrante del curso, pudiendo usarse información relacionada tomada de otras lecturas. Además de la tarea escrita (500–600 palabras), se incluirá una justificación (150 palabras).

▶ Tipos de texto para realizar la tarea: artículo, blog, catálogo, folleto, octavilla, panfleto, anuncio publicitario, entrada en un diario, entrevista, reportaje periodístico, apertura de debate, informe, reseña, instrucciones, directrices, discurso, charlas y presentaciones, correspondencia escrita, ensayo.

Posibles propuestas:

a Imagina que el fotógrafo ha fallecido sin llegar a revelar las fotos, y su mujer les manda una carta al colegio explicándoles lo que ha pasado y disculpándose porque es incapaz de mandarles las copias. Redacta esta **carta** de disculpas donde la mujer no solo se excusa sino que reflexiona sobre la importancia que la fotografía tenía en la vida del fotógrafo.

b La historia está escrita desde el punto de vista del alumno que también es el hijo del maestro. Narra la misma historia a través de los ojos del maestro.

c La vida del fotógrafo transcurre viajando de pueblo en pueblo retratando las diferentes facetas de la gente. Escribe un **diario** imaginando que eres el fotógrafo narrando tus experiencias.

Nada
(capítulo 6)

Mi amistad con Ena había seguido el curso normal de unas relaciones entre dos compañeras de clase que simpatizan extraordinariamente. Volví a recordar el encanto de mis amistades de colegio, ya olvidadas, gracias a ella. No se me ocultaban tampoco las ventajas que su preferencia por mí me reportaba. Los mismos compañeros me estimaban más. Seguramente les parecía más fácil acercarse así a mi guapa amiga.

Sin embargo, era para mí un lujo demasiado caro el participar de las costumbres de Ena. Ella me arrastraba todos los días al bar –el único sitio caliente que yo recuerdo, aparte del sol del jardín, en aquella universidad de piedra– y pagaba mi consumición, ya que habíamos hecho un pacto para prohibir que los muchachos, demasiado jóvenes todos, y en su mayoría faltos de recursos, invitaran a las chicas. Yo no tenía dinero para una taza de café. Tampoco lo tenía para pagar el tranvía –si alguna vez podía burlar la vigilancia de Angustias y salía con mi amiga a dar un paseo– ni para comprar castañas calientes a la hora del sol. Y a todo proveía Ena. Esto me arañaba de un modo desagradable la vida. Todas mis alegrías de aquella temporada aparecieron un poco limadas por la obsesión de corresponder a sus delicadezas. Hasta entonces nadie a quien yo quisiera me había demostrado tanto afecto y me sentía roída por la necesidad de darle algo más que mi compañía, por la necesidad que sienten todos los seres poco agraciados de pagar materialmente lo que para ellos es extraordinario: el interés y la simpatía.

No sé si era un sentimiento bello o mezquino –y entonces no se me hubiera ocurrido analizarlo– el que me empujó a abrir mi maleta para hacer un recuento de mis tesoros. Apilé mis libros mirándolos uno a uno. Los había traído todos de la biblioteca de mi padre, que mi prima Isabel guardaba en el desván de su casa, y estaban amarillos y mohosos de aspecto. Mi ropa interior y una cajita de hoja de lata acababan de completar el cuadro de todo lo que yo poseía en el mundo. En la caja encontré fotografías viejas, las alianzas de mis padres y una medalla de plata con la fecha de mi nacimiento. Debajo de todo, envuelto en papel de seda, estaba un pañuelo de magnífico encaje antiguo que mi abuela me había mandado el día de mi primera comunión. Yo no me acordaba de que fuera tan bonito y la alegría de podérselo regalar a Ena me compensaba muchas tristezas. Me compensaba el trabajo que me llegaba a costar poder ir limpia a la universidad, y sobre todo parecerlo junto al aspecto confortable de mis compañeros. Aquella tristeza de recoser los guantes, de lavar mis blusas en el agua turbia y helada del lavadero de la galería con el mismo trozo de jabón que Antonia empleaba para fregar sus cacerolas y que por las mañanas raspaba mi cuerpo bajo la ducha fría. Poder hacer a Ena un regalo tan delicadamente bello me compensaba de toda la mezquindad de mi vida. Me acuerdo de que se lo llevé a la universidad el último día de clase antes de las vacaciones de Navidad y que escondí este hecho, cuidadosamente, a las miradas de mis parientes; no porque me pareciera mal regalar lo que era mío, sino porque entraba aquel regalo en el recinto de mis cosas íntimas del cual los excluía a todos. Ya en aquella época me parecía imposible haber pensado nunca en hablar de Ena a Román, ni aun para decirle que alguien admiraba su arte.

Ena se quedó conmovida y tan contenta cuando encontró en el paquete que le di la graciosa fruslería, que esta alegría suya me unió a ella más que todas sus anteriores muestras de afecto. Me hizo sentirme todo lo que no era: rica y feliz. Y yo no lo pude olvidar ya nunca.

Fuente: *Nada*, Carmen Laforet

Trabajo escrito

Escritura creativa

▶ El trabajo escrito consiste en la producción de una tarea de escritura creativa basada en una obra literaria estudiada como parte integrante del curso, pudiendo usarse información relacionada tomada de otras lecturas. Además de la tarea escrita (500–600 palabras), se incluirá una justificación (150 palabras).

▶ Tipos de texto para realizar la tarea: artículo, blog, catálogo, folleto, octavilla, panfleto, anuncio publicitario, entrada en un diario, entrevista, reportaje periodístico, apertura de debate, informe, reseña, instrucciones, directrices, discurso, charlas y presentaciones, correspondencia escrita, ensayo.

Posibles propuestas:

a Imagina la conversación que estas dos jóvenes amigas tienen cuando van a tomar su café. Transcribe el **diálogo** que tienen.

b Ena está emocionada con el regalo de Andrea y le escribe una **carta** dándole las gracias y explicándole lo que significa para ella su amistad.

c El texto está escrito desde la perspectiva de Andrea, escribe una entrada al **diario** desde el punto de vista de Ena y narrando cómo vive ella la experiencia de su amistad con Andrea.

d Imagina que vida tendrán ambas amigas tras terminar la universidad. Escribe la **historia** de estas chicas en 20 años.

Correspondencia privada

¿Qué ocurrió después, mamá? A menudo preguntas o aventuras en qué momento, a qué edad, dejé yo de quererte, y dejó de quererte mi hermano y han dejado de quererte mis hijos, porque al parecer, tú así lo dices, todos —menos mi padre, claro, pero a él no lo nombras— hemos dejado, antes o después, de quererte (aunque preguntas siempre el cuándo, pero nunca el porqué, como si se tratara de un fenómeno debido a nuestra malevolencia e ingratitud u obedeciera a un proceso natural e irreversible, algo, en cualquier caso, que no tuviera nada que ver contigo ni con tu actitud). Y tal vez aguardas que yo responda que sí dejé efectivamente de quererte en tal o cual momento, o que asegure que no he dejado de quererte nunca. Y yo no respondo nada, porque no lo sé: no sé a qué edad dejé de quererte, no sé si he dejado ni si dejaré de quererte nunca. No sé en qué preciso momento algo se echó a perder en nuestra relación. Era inevitable que tu mito, como todos, sufriera un deterioro —jugar a los dioses entraña siempre un riesgo—, no sólo porque mis ojos feroces de adolescente o mis ojos lúcidos de mujer adulta no podían verte como te habían visto y tú habías querido que te vieran mis ojos de niña, sino porque tantos años hueros (tiene gracia que te irriten los días festivos y que desapruebes los puentes que hacemos en el despacho: tú que no has trabajado en nada ni uno solo de los días de tu vida), tantas capacidades desperdiciadas, tantas energías moviéndose en el vacío y desembocando en crisis de jaqueca o de nervios, te han ido sumergiendo en una pereza creciente y te han conducido a un egoísmo tan brutal que tal vez no sea ya egoísmo y habría que inventar otra palabra para nombrarlo. Pero si nuestra relación se quebró, si en algún momento de la adolescencia me enfrenté a ti y no bajé durante tantos años la guardia, no fue por nada que me dijeras, me hicieras, me dejaras de hacer, por nada que dijeras, o hicieras o dejaras de hacer a otros. Fue porque comprendí —en una súbita revelación que debía de haber madurado largo tiempo en secreto en mi interior— que nunca (y, en cuanto se relaciona contigo, «nunca» es un nunca sin paliativos ni esperanza), por mucho que me aplicara, lograría tu aprobación. Aunque llegara a ser tan elegante y tan seductora y tan señora como tú, aunque obtuviera el que consideraras tú el mejor de los maridos, aunque tuviera unos hijos de lujo (altos y rubios y con ojos claros, hijos que parecieran extranjeros), aunque llegara a superar tu crol y a ser campeona de natación, aunque escribiera mejor que Cervantes y pintara mejor que Rembrandt, aunque consagrara la vida entera a conformar la imagen que tú habías fantaseado de mí, y en la que debían estar implícitas tus frustraciones, no iba a conseguir jamás tu aprobación: estaba descalificada de antemano —y ni siquiera estoy segura de que mi idolatrado hermano lo tuviera en este aspecto mucho mejor—, y por consiguiente el único modo de afirmarme y de no sucumbir era enfrentarme a ti. Pero descubrí algo todavía más grave y por igual irreversible, y era que tampoco nunca, por mucho que nos esforzáramos, ibas a permitir que te hiciéramos feliz (ni siquiera íbamos a verte contenta, ¿sabes que intento evocar un momento en que estuvieras contenta, de veras contenta, en que exultaras de alegría, y no encuentro ninguno?). Es paradójico que gustándote tanto a ti misma y disponiendo de tantas cosas a tu alcance y sin tener la más remota idea de lo que pueda ser un sentimiento de culpa, no hayas sido ni medianamente feliz. (O tal vez la felicidad te pareciera algo ilusorio y desdeñable, reservado a los necios, del mismo modo en que comer te parecía una ordinariez.) ¿Y qué relación cabe mantener, mamá, con alguien que no va a darnos nunca su aprobación y no va a permitir nunca que le hagamos feliz?

Esta noche he vuelto a soñar —me ocurre con frecuencia— que estaba en vuestra casa, en la casa que tú construiste a tu medida y donde viví los años más intensos de mi vida, y tú estabas también allí —sentada en el sillón orejero verde donde leías horas y horas y que aparece en tantos cuadros de mi hermano, encendiendo en la chimenea de la biblioteca un fuego siempre desmesurado, de pie ante el armario de tu vestidor, dejándome oler tu perfume, mostrándome las joyas de tu madre y de tu abuela, que a mí me gustaban tanto y que ibas a destruir en su mayor parte para hacer otras nuevas—, y me han invadido tantos y tantos recuerdos, y pienso que hubiera podido establecer aquí una larga lista de recíprocas agresiones y agravios, que tal vez comencé esta carta con la intención de convertirla en un ajuste de cuentas, pero he descubierto que los agravios y las agresiones han dejado hace mucho de importarme, que hace mucho tiempo también que, sin ser consciente de ello, he bajado ante ti la guardia, que he aceptado que ni siquiera ahora, ante la proximidad de la muerte, recurras a mí ni aceptes de mí nada, que la historia se ha, cerrado, ha concluido, que ha bajado definitivamente el telón y estamos definitivamente en paz.

Fuente: *Correspondencia privada,*
Esther Tusquets

Trabajo escrito

Escritura creativa

▶ El trabajo escrito consiste en la producción de una tarea de escritura creativa basada en una obra literaria estudiada como parte integrante del curso, pudiendo usarse información relacionada tomada de otras lecturas. Además de la tarea escrita (500–600 palabras), se incluirá una justificación (150 palabras).

▶ Tipos de texto para realizar la tarea: artículo, blog, catálogo, folleto, octavilla, panfleto, anuncio publicitario, entrada en un diario, entrevista, reportaje periodístico, apertura de debate, informe, reseña, instrucciones, directrices, discurso, charlas y presentaciones, correspondencia escrita, ensayo.

Posibles propuestas:

a Piensa en un episodio de la adolescencia de la narradora en el que se sintiera desaprobada por su madre y redacta una posible **conversación** entre madre e hija sobre este asunto.

b Redacta una **carta** de la madre contestándole a su hija y exponiendo su punto de vista sobre las acusaciones de que es objeto en este fragmento.

c Continúa la historia y redacta un posible **final**.

🚲 Las bicicletas son para el verano 🚲

DON LUIS.—A propósito de alimento, ¿iplanteamos eso que me has dicho?

DOÑA DOLORES.—Me da vergüenza, Luis.

DON LUIS.—Pues no te la ha dado decírmelo a mi.

DOÑA DOLORES.—(*A* MANOLITA *y a* LUIS.) Veréis, hijos, ahora que no está Julio... Y perdóname, Manolita... No sé si'habréis notado que hoy casi no había lentejas [26].

LUIS.—A mí sí me ha parecido que había pocas, pero no me ha chocado: cada vez hay menos.

DON LUIS.—Pero hace meses que la ración que dan con la cartilla es casi la misma. Y tu madre pone en la cacerola la misma cantidad. Y, como tú acabas de decir, en la sopera cada vez hay menos.

LUIS.—¡Ah!

MANOLITA.—¿Y qué quieres decir, mamá? ¿Qué quieres decir con eso de que no está Julio?

DOÑA DOLORES.—Que como su madre entra y sale constantemente en casa, yo no sé si la pobre mujer, que está, como todos, muerta de hambre, de vez en cuando mete la cuchara en la cacerola.

MANOLITA.—Mamá...

DOÑA DOLORES.—Hija, el hambre... Pero, en fin, yo lo único que quería era preguntaros. Preguntaros a todos, porque la verdad es que las lentejas desaparecen.

DON LUIS.—Decid de verdad lo que creáis sin miedo alguno, porque a mí no me importa nada soltarle a la pelma cuatro frescas.

MANOLITA.—Pero, papá, tendríamos que estar seguros.

DON LUIS.—Yo creo que seguros estamos. Porque la única que entra aquí es ella. Y ya está bien que la sentemos a la mesa todos los días...

MANOLITA.—Pero aporta lo de su cartilla.

DOÑA DOLORES.—No faltaba más.

DON LUIS.—Pero nosotros tenemos lo de las cartillas y lo de los suministros de Luisito y yo de la oficina. (*A* MANOLITA.) Tú al mediodía comes con los vales que te han dado en el teatro...

MANOLITA.—Si.

DON LUIS.—Por eso digo que la pelma se beneficia, y si encima mete la cuchara en la cacerola...

LUIS.—Mamá..., yo, uno o dos días, al volver del trabajo, he ido a la cocina... Tenía tanta hambre que, en lo que tú ponías la mesa, me he comido una cucharada de lentejas... Pero una cucharada pequeña...

DON LUIS.— ¡Ah! ¿Eras tú?

DOÑA DOLORES.—¿Por qué no lo habías dicho, Luis?

LUIS.—Pero sólo uno o dos días, y una cucharada pequeña. No creí que se echara de menos.

DOÑA DOLORES.—Tiene razón, Luis. Una sola cucharada no puede notarse. No puede ser eso.

DON LUIS.—(*A* DOÑA DOLORES.) Y tú, al probar las lentejas, cuando las estás haciendo, ¿no te tomas otra cucharada?

DOÑA DOLORES.—¿Eso qué tiene que ver? Tú mismo lo has dicho: tengo que probarlas... Y lo hago con una cucharadita de las de café.

DON LUIS.—Claro, como ésas ya no sirven para nada...

(MANOLITA *ha empezado a llorar.*)

DOÑA DOLORES.—¿Qué te pasa, Manolita?

MANOLITA.—(*Entre sollozos.*) Soy yo, soy yo. No le echéis la culpa a esa infeliz. Soy yo... Todos los días, antes de irme a comer... voy a la cocina y me como una o dos cucharadas... Sólo una o dos..., pero nunca creí que se notase... No lo hago por mí, os lo juro, no lo hago por mí, lo hago por este hijo. Tú lo sabes, mamá, estoy seca, estoy seca...

DOÑA DOLORES.—(*Ha ido junto a ella, la abraza.*) ¡Hija, Manolita!

MANOLITA.—Y el otro día, en el restorán donde comemos con los vales, le robé el pan al que comía a mi lado... Y era un compañero, un compañero... Menuda bronca se armó entre el camarero y él.

DOÑA DOLORES.—¡Hija mía, hija mía!

DON LUIS.—(*Dándose golpes de pecho.*) Mea culpa, mea culpa, mea culpa...

(*Los demás le miran.*)

DON LUIS.—Como soy el ser más inteligente de esta casa, prerrogativa de mi sexo y de mi edad, hace tiempo comprendí que una cucharada de lentejas menos entre seis platos no podía perjudicar a nadie. Y que, recayendo sobre mí la mayor parte de las responsabilidades de este hogar, tenía perfecto derecho a esta sobrealimentación. Así, desde hace aproximadamente un mes, ya sea lo que haya en la cacerola: lentejas, garbanzos mondos y lirondos, arroz con chirlas o agua con sospechas de bacalao, yo, con la disculpa de ir a hacer mis necesidades, me meto en la cocina, invisible y fugaz como Arsenio Lupin, y me tomo una cucharada.

DOÑA DOLORES.—(*Escandalizada.*) Pero... ¿no os dais cuenta de que tres cucharadas...?

DON LUIS.—Y la tuya, cuatro.

DOÑA DOLORES.—Que cuatro cucharadas...

DON LUIS.—Y dos de Julio y su madre.

DOÑA DOLORES.—¿Julio y su madre?

---

[26] Las lentejas se convirtieron en el simbolo de la resistencia: «Píldoras de la resistencia del Dr. Negrin», fueron llamadas. Bien porque en la zona republicana continuaba su cultivo, bien por importaciones masivas, fueron la alimentación básica del Madrid cercado, junto con las «chirlas» (almejas pequeñas), los «chicharros» (pescados de baja calidad) y algunas hortalizas.

DON LUIS.—Claro; parecen tontos, pero el hambre aguza el ingenio. Contabiliza seis cucharadas.Y a veces, siete, porque Manolita se toma también la del niño.

DOÑA DOLORES.—¡Siete cucharadas! Pero si es todo lo que pongo en la tacilla... (*Está a punto de llorar.*) Todo lo que pongo. Si no dan más.

    (MANOLITA *sigue sollozando.*)

DON LUIS.—No lloréis, por favor, no lloréis...

LUIS.—Yo, papá, ya te digo, sólo...

MANOLITA.—(*Hablando al tiempo de* LUIS.) Por este hijo, ha sido por este hijo.

DON LUIS.—(*Sobreponiéndose a las voces de los otros.*) Pero ¿qué más da? Ya lo dice la radio: «no pasa nada». ¿Qué más da que lo comamos en la cocina o en la mesa? Nosotros somos los mismos, las cucharadas son las mismas...

MANOLITA.—¡Qué vergüenza, qué vergüenza!

DON LUIS.—No, Manolita: qué hambre.

DOÑA DOLORES.—(*Desesperada.*) ¡Que llegue la paz! ¡Que llegue la paz! Si no, vamos a comernos unos a otros.

Fuente: *Las bicicletas son para el verano*,
Fernando Fernán Gómez

Trabajo escrito

Escritura creativa

▶ El trabajo escrito consiste en la producción de una tarea de escritura creativa basada en una obra literaria estudiada como parte integrante del curso, pudiendo usarse información relacionada tomada de otras lecturas. Además de la tarea escrita (500–600 palabras), se incluirá una justificación (150 palabras).

▶ Tipos de texto para realizar la tarea: artículo, blog, catálogo, folleto, octavilla, panfleto, anuncio publicitario, entrada en un diario, entrevista, reportaje periodístico, apertura de debate, informe, reseña, instrucciones, directrices, discurso, charlas y presentaciones, correspondencia escrita, ensayo.

Posibles propuestas:

a Escoge uno de los personajes de este fragmento y redacta una **entrada de su diario** expresando su frustración por la situación precaria que están sufriendo en su casa.

b Redacta una **conversación** entre Luis y un amigo inventado por ti con el que comente la trágica situación que se padece en su casa a causa del hambre.

c Imagina un **final** alternativo para esta historia y considera la inclusión de nuevos personajes de tu invención.